für
Andrea u. Michael!
1992

Klaus Schaefer

So schaffen Sie den Schulalltag

Ein Überlebenshandbuch für Lehrer

Zeitgestaltung
Arbeitstechnik
Seelische Gesundheit

Aschendorffsche Verlagsbuchhandlung
Münster

5., erweiterte Auflage

Einbandgestaltung Gerd Mattheis

Gesamtherstellung: Aschendorffsche Verlagsbuchhandlung GmbH & Co., Münster, 1989

ISBN 3-402-04330-0

Meiner Frau,
ohne deren humorvolle Geduld
ich dieses Buch trotz aller Rationalisierungstechniken
nie hätte schreiben können!

Inhalt

Einleitung

Ein Buch über Arbeitstechnik und Zeitgestaltung – für Lehrer? Ist das nicht ein Widerspruch in sich?

Lehrer sind doch – so jedenfalls glauben weite Kreise der Öffentlichkeit – Leute, die lange Ferien haben, nur halbtags arbeiten und für das wenige, was sie tun, zu viel Geld verdienen. Wie alle Beamten.

„Lehrer müßte man sein!" „So gut wie du möchte ich es auch mal haben!" Wer von uns kennt solche Sprüche nicht zur Genüge?

Vielleicht erzählen Sie dem nächsten Bekannten, der Sie mit solchen Sticheleien ärgert, einmal ein paar nette kleine Geschichtchen. Z.B. die Geschichte von der Lehrerin in Los Angeles, deren Schülerinnen sie mit angezündeten Streichhölzern bewarfen und ihr Haar in Brand setzten. Oder das traurige Schicksal eines Englischlehrers in Austin (Texas), der von einem dreizehnjährigen Schüler im Beisein von dreißig Klassenkameraden erschossen wurde. (Der Schüler hatte sich über eine schlechte Note geärgert.)[1]
Das waren zwei Vorfälle aus dem Land der unbegrenzten Möglichkeiten, die Schlagzeilen machten. Von vielen anderen erfährt die Öffentlichkeit nichts; aber das „National Institute of Education" (USA) schätzt, daß monatlich 5200 Lehrer körperlich angegriffen und 6000 beraubt werden.[2]
Lehrer an einer Londoner Gesamtschule stellten den Antrag, mit kleinen Alarmgeräten, sogenannten „bleepers", ausgerüstet zu werden, weil sie in ständiger Angst vor brutalen Angriffen durch Schüler oder deren Verwandte leben mußten.[3] An einer anderen englischen Schule wurde ein Lehrer mit einer Spitzhacke attackiert.[4]

---

[1] *Now it's suburbs where school violence flares.* U.S. News and World Report, 1979, May 21, 63.

[2] A.a.O. 63.

[3] WILCE, *Staff seek safety alarms*, a.a.O.

[4] R. GARNER, a.a.O.

Es ist immerhin tröstlich, daß der Staat sich finanziell um seine ge-
oder beschädigten Lehrkräfte kümmert. In England z.b. wurde kürzlich offiziell festgelegt, wie hoch die Mindestentschädigung ist, wenn
ein Lehrer als Folge eines körperlichen Angriffs durch Schüler oder
Eltern stirbt: £ 23 265 oder fünf Jahresgehälter. Wenn er nur das
Gehör verliert, bekommt er £ 9400; für die Zertrümmerung des
Unterkiefers gibt es £ 7000, und ein großer Zeh ist immerhin noch
£ 2326 wert.[5]
Bei uns in Deutschland sei das Lehrer-Sein weniger gefährlich, glau-
ben Sie? Sie irren sich.
Am Frankfurter Abendgymnasium wurden Lehrer geschlagen und
gedemütigt, wenn sie keine guten Noten gaben. Der Studienrat
Herbert Preißler bekam von Schülern eine stinkende Windel ins
Postfach gelegt, und nachts wurde er mit telefonischen Morddrohun-
gen wachgehalten. Die Schulleiterin dieser progressiven Bildungsstät-
te zog sich Schläge und Tritte zu, als sie versuchte, einen Schüler beim
Anbringen von KBW-Parolen zu hindern.[6]
An einer Gesamtschule in Hannover konnte der Sekundarstufenleiter
bei einer Abiturfeier seine Rede nicht halten, weil er von den Schülern
daran gehindert wurde, und die Aula war von den Zöglingen mit
Plakaten geschmückt worden, die Aufschriften trugen wie „Schüler
aller Schulen, vereinigt Euch, zerstört die Schulen, fickt die Lehrer"
u.ä.[7]
Eine Grundschullehrerin wurde von einem nach ihr geworfenen Stuhl
in den Rücken getroffen; eine Hauptschullehrerin „erlebte, wie ein
Zirkel an ihrem Kopf vorbeisirrte und vibrierend in der Wandtafel
steckenblieb, an der sie gerade schrieb".[8] Schon die Äußerungen der
ABC-Schützen sind mitunter an Unverschämtheit kaum zu überbie-

---

[5] *Teachers' lives worth £ 23,265*. The Times Educational Supplement, April
1981.

[6] *Wie Juden.* Der Spiegel, Dezember 1979, 63ff. Weitere bedrückende Beispiele
von Gewalttätigkeit an deutschen und amerikanischen Schulen (vor allem
von Schülern gegen Schüler, aber auch von Schülern gegen Lehrer) werden
in Heft 6/1976 der Zeitschrift „betrifft: erziehung", das dem Thema „Gewalt in
der Schule" gewidmet ist, berichtet. Dort wird auch auf weitere Literatur
hingewiesen.

[7] Leserbrief in der „Hannoverschen Allgemeinen Zeitung" vom 8. 9. 81; zitiert
nach: Gymnasium aktuell, September 1981.

[8] Lebeck, a.a.O. 34.

ten: „Leck mich am Arsch, du alte Stinkfotze!" schrie ein Erstkläßler seine Lehrerin an.[9]

Zugegeben – solche spektakulären Vorfälle sind nicht typisch für den schulischen Alltag. In ihm geht es weniger dramatisch zu. Aber erschreckend viele Lehrer werden in diesem schulischen Alltag ausgelaugt und aufgerieben.

In Schweden ergab eine Befragung von 500 Lehrern in Grundschulen und weiterführenden Schulen, daß jeder zweite von ihnen unzufrieden mit seinem Beruf war; jeder dritte äußerte, daß er – wenn er die Wahl hätte – keinesfalls wieder den gleichen Beruf ergreifen würde.[10]

Eine englische Untersuchung wies nach, daß sich die Zahl der Lehrkräfte, die wegen eines Nervenzusammenbruchs vorzeitig pensioniert werden mußten, in einem Vergleichszeitraum von zehn Jahren mehr als verdreifacht hatte.[11] Ärzte stellten (ebenfalls in England) fest, daß der Pulsschlag mancher Lehrer sich während des Unterrichts bis auf das Doppelte erhöhte, und die Symptome, die einige von ihnen zeigten, hatten bestürzende Ähnlichkeit mit der sogenannten „Schützengrabenneurose" während der Weltkriege.[12]

Einer weiteren englischen Untersuchung zufolge besteht offenbar ein Zusammenhang zwischen der ungewollten Unfruchtbarkeit vieler Lehrerinnen und dem Streß, dem sie in der Schule ausgesetzt sind.[13]

Telefonseelsorgestellen in Deutschland kamen bei einer Auswertung ihrer Statistiken zu dem Ergebnis, daß die Zahl der Lehrer unter den Anrufern spürbar zugenommen hatte; sie wiesen auch darauf hin, daß mehr und mehr Angehörige dieser Berufsgruppe alkoholgefährdet seien.[14]

Wo liegen die Ursachen für diese bedrohliche Entwicklung?

Die Frage läßt sich nicht mit einem einzigen Satz beantworten. Es gibt eine Reihe von Faktoren, die hier mitwirken. Auf jeden Fall wird man

---

[9] LEBECK, a.a.O. 33.

[10] DUCKENFIELD, *Sweden: Vast majority of teachers complain of stress.* The Times Educational Supplement, 28. 10. 77.

[11] *Why teaching is a dying profession.* The Times Educational Supplement, 12. 11. 76. (Vgl. auch CAUDREY, The Times Educational Supplement, 9. 3. 84).

[12] *‚Shell shock' in the classroom.* The Times Educational Supplement, 30. 4. 76.

[13] WILCE, *Stress blamed for infertility,* a.a.O.

[14] *Nach Dienstschluß: Herumsitzen, Fernsehen, Alkohol.* Frankfurter Allgemeine Zeitung, 5. 3. 81.

davon ausgehen müssen, daß das Unterrichten in der heutigen Zeit –
in allen Schulformen – ein überdurchschnittliches Maß von Energie
und seelischer Spannkraft erfordert.
Eine Unterrichtsstunde wiegt, was die nervliche Belastung angeht,
wesentlich mehr als eine normale Arbeitsstunde in einem anderen
Beruf, und deshalb gehen alle neidischen Vergleiche, die nur die
„langen Ferien" und die „niedrige Zahl der Unterrichtsstunden"
berücksichtigen, an der Sache vorbei.

Aber es gibt andere Vorwürfe, die sich nicht so leicht widerlegen
lassen. Schulen sind im allgemeinen keine Musterbeispiele von Effizienz. Wären sie dem harten Konkurrenzkampf in der freien Wirtschaft ausgesetzt, so würden sie kläglich scheitern. Das liegt zum Teil
an systembedingten Sachzwängen. Zum Teil liegt es aber auch daran,
daß Lehrer praktisch unkündbar sind.
Beobachtungen aus der Industrie deuten darauf hin, daß die beste
Arbeitsmoral und auch die höchste Berufszufriedenheit in solchen
Betrieben herrschen, in denen man vorwärtskommt, wenn man etwas
leistet, und rausfliegt, wenn man versagt.[15] Die Tatsache, daß Lehrer
nicht unter solchen Bedingungen arbeiten, führt dazu, daß einige
wenige von ihnen bewußt den Weg des geringsten Widerstandes
gehen und nur das Allernötigste tun; andere arbeiten zwar fleißig,
☞ 10*   erzielen aber nur dürftige Ergebnisse, weil sie ihre Arbeitskraft nicht
geschickt genug einsetzen – ein Mißstand, der unter Umständen
jahrelang unentdeckt und unbeanstandet bleiben kann. Es gibt zwar
Kriterien für die Beurteilung der Lehrer-Leistung, aber erstens findet
in der Praxis eine Leistungskontrolle kaum statt; zweitens ist es leicht,
die Schuld an Mißerfolgen anderen zuzuschreiben (den Schülern, den
Kollegen, dem Kultusministerium oder dem Lehrbuch), und drittens
hat der Lehrer – trotz des Dschungels von Erlassen und Verfügungen
– immer noch so viel Freiheit und Ermessensspielraum, daß man ihm
kaum in die Karten sehen kann.

Bitte mißverstehen Sie mich nicht. Ich bin froh, daß es diese Freiheit
gibt, denn kreative Schaffensfreude und erzieherische Wirksamkeit
sind nur im Rahmen dieser Freiheit möglich.

---

* Diese Randziffern beziehen sich auf die entsprechenden „Prinzipien" im
Kapitel PERSÖNLICHES ZEITMANAGEMENT.

[15] A. WEINSTOCK, *I blame the teachers*. The Times Educational Supplement, 23. 1.
76.

☞ 33 Es ist jedoch wichtig, daß der Lehrer sich regelmäßig selbst überprüft, ob er aus der Situation, in der er sich befindet, wirklich das Beste macht.

Dazu kann dieses Buch beitragen. Es untersucht, welche Faktoren für die Erhaltung der seelischen Gesundheit wichtig sind, und zeigt, wie Anforderungen, die vielen von uns als unzumutbare Belastungen erscheinen, mit ruhiger Gelassenheit durchaus bewältigt werden können.

Wir können mit dem gleichen Aufwand wesentlich mehr leisten, ohne Verkrampfung und Überlastung. Es ist keineswegs gesagt, daß derjenige, der ständig über Zeitnot klagt, mehr oder bessere Arbeit leistet.

☞ 8 Im Gegenteil. Wer sich aufreibt, wer ständig unter Druck arbeitet, läßt sich von der Umwelt und von den äußeren Umständen vergewaltigen; er reagiert nur, anstatt selbst Regisseur des Geschehens zu sein. Da er den Erfordernissen des Augenblicks ausgeliefert ist, fehlt es ihm an dem nötigen Abstand, um in Ruhe langfristig zu disponieren.

☞ 14 Mangelnde Vorausschau führt zu Ungewißheit und innerer Unsicherheit, zu unrationeller Zeiteinteilung, zu Gehetztheit und Leerlauf und Ärger.

Dabei ist es gerade die Freude an der Arbeit, die die Voraussetzung bildet für befriedigende und gar hervorragende Leistungen.

Wenn man mit dieser Einstellung an die Arbeit herangeht, stellt man überrascht fest, daß tatsächlich jede, auch die langweiligste und unerfreulichste Einzeltätigkeit verbesserungsfähig ist.

☞ 33 Es macht Spaß, nach und nach jede Aufgabe daraufhin zu untersuchen, wie sie rationeller und mit mehr Freude durchgeführt werden kann, mit weniger Zeitaufwand, mit weniger Mühe. (Oder vielleicht auch mit etwas größerem Zeitaufwand und etwas mehr Mühe – aber dafür mit entscheidend besseren Ergebnissen!) Nicht nur für unsere Arbeitsfreude, unser Selbstgefühl und unsere Gesundheit (psychosomatische Zusammenhänge spielen eine viel größere Rolle, als gemeinhin angenommen wird!) ist es wichtig, daß wir in liebevoller Detailarbeit alle unsere Aufgaben rationalisieren. Es liegt auch im Interesse der Schüler und der Schule. Reformen und pädagogische Modernismen werden in ihrer Wirkung oft stark überschätzt; was am Ende wirklich zu Buche schlägt, ist nicht so sehr die ständige Veränderung der äußeren Organisationsformen (womit keine Verurteilung berechtigter Änderungen ausgesprochen werden soll), sondern die Erhöhung der Effektivität der Durchschnittsstunde des einzelnen Lehrers.

Dieses Buch soll Sie anregen, bestimmte Bereiche Ihrer beruflichen Tätigkeit neu zu durchdenken. Es möchte Ihnen helfen, Ihre Zeit intensiv zu nutzen und optimal zu gestalten, anstatt sie ungewollt durch unrationelles Verhalten zu verschwenden. Lassen Sie mich in einem Bild ausdrücken, was ich meine:

☞ 7; 15   Mein kleiner Sohn hat einen Satz bunter Plastikdöschen, eines immer etwas kleiner als das andere. Wenn man sie aufeinander stellt, bilden sie einen hohen Turm. Man kann sie aber auch so ineinanderschieben, daß man nur eine einzige Dose sieht – optimale Raumausnutzung! Übertragen Sie dieses Beispiel: denken Sie an „Zeit" statt an „Raum". Fragen Sie sich, wie Sie es vermeiden können, Ihre Zeitdöschen einfach aufeinanderzustellen, mit all den ungenutzten Hohlräumen. Verdichten sie Ihre Zeit! Sie werden dazu in den folgenden Kapiteln eine Reihe von konkreten Einzeltips finden; aber das Buch will mehr bieten als eine bloße Rezeptsammlung: es will nicht nur Arbeitstechniken nennen, sondern auch Strategien besprechen.

Wenn Sie zu jenen Lesern gehören, die ein Buch nicht unbedingt von vorn nach hinten lesen, sondern darin herumspringen – von zweckmäßigen Lesetechniken wird später noch die Rede sein –, dann können Sie jetzt gleich das Kapitel lesen, das den Grundprinzipien des persönlichen Zeitmanagements gewidmet ist. Die Regeln, die dort dargestellt werden und auf die in den anderen Kapiteln des Buches direkt oder indirekt Bezug genommen wird, sind nicht von mir entdeckt worden; ich habe sie aus verschiedenen Quellen zusammengetragen und auf ihre Bedeutung für die Zielgruppe „Lehrer" untersucht.

Einen solchen Versuch halte ich aus zwei Gründen für sinnvoll:
1. Es gibt wesentliche Unterschiede zwischen den Lehrern einerseits und den Zielgruppen, für die normalerweise Rationalisierungsbücher geschrieben werden (Firmenchefs, Manager etc.), andererseits. Drei dieser Unterschiede seien kurz angedeutet:
– Ein großer Teil der beruflichen Tätigkeit des Lehrers muß zu Hause erledigt werden. Das bringt Probleme mit sich, die ein Büroarbeiter nicht hat.
– Der Lehrer sieht nie (oder selten) das „Endprodukt" seiner Arbeit. Über die langfristigen Ergebnisse seiner Bemühungen kann er nur Vermutungen anstellen.
– Die Qualität der von einem Lehrer gebotenen Leistung bleibt im allgemeinen ohne Einfluß auf sein Gehalt.

Die letztgenannten beiden Punkte bringen es mit sich, daß die Motivation und das Engagement eines Lehrers aus anderen Quellen gespeist werden müssen als bei den oben genannten Berufsgruppen.
2. In der Lehrerausbildung wird der Bereich „Rationelle Arbeitsbewältigung" weitgehend vernachlässigt.

Die Q u e l l e n , aus denen ich Anregungen für dieses Buch gewonnen habe, lassen sich in sechs Gruppen unterteilen:
1. Bücher über Rationalisierung im Betrieb, Managementtechniken, Führungsstil etc. (Adressaten: Angehörige des mittleren und oberen Managements in Wirtschaft und Industrie);
2. Bücher über sinnvolles Lernen und über die Technik der geistigen Arbeit (Adressaten: Schüler, Studenten, fortbildungswillige Erwachsene);
3. Veröffentlichungen über Schulmanagement und Schulorganisation (Adressaten: Schulleiter);
4. Handbücher für Lehrer, in denen nicht nur fachspezifisches Wissen oder pädagogische Theorie vermittelt, sondern auch Ausführungen zur Unterrichtsvorbereitung, zu Problemen der Disziplin etc. gemacht werden;
5. Bücher über den Umgang mit anderen Menschen, über Gesprächsverhalten, Gruppendynamik, Kommunikationsprobleme etc. (Adressaten: psychologisch interessierte Laien, Psychologen, Psychotherapeuten);
6. Bücher über Streß, über die Überwindung emotionaler und psychosomatischer Probleme, über autogenes Training etc. (Adressaten: psychologisch und medizinisch interessierte Laien).

Für wen ist „So schaffen Sie den Schulalltag" geschrieben – und für wen nicht?
Das Buch wendet sich an Lehrer[16] aller Altersgruppen:
– an den Anfänger, der aus der theoretisch überlasteten Ausbildungsphase in die Praxis entlassen wird und der nun, mit voller Wochenstundenzahl, ohne Erfahrung, ohne Hilfe, mühsam Umwege geht;
– an den erfahrenen Praktiker auf der Höhe seiner Leistungskraft, der Freude an seiner eigenen Tüchtigkeit hat und aus dieser Freude an der Arbeit heraus noch zusätzliche Aufgaben angreift, so daß er gezwungen ist, seine Zeitgestaltung weiter zu verbessern;

[16] Selbstverständlich soll sich das Wort „Lehrer" – hier wie überall im Buch – nicht nur auf männliche, sondern auch auf weibliche Lehrkräfte beziehen!

– an den älter werdenden Kollegen, der das allmähliche Schwinden seiner Energiereserven durch geschicktes Haushalten mit der verfügbaren Zeit und Energie kompensieren möchte.

Es wendet sich n i c h t an Schulleiter oder ihre Stellvertreter. Ihre Probleme habe ich bewußt ausgeklammert; zum einen, weil ich auf diesem Gebiet keine persönliche Erfahrung habe, zum anderen, weil es für sie spezielle Bücher, Zeitschriften und Fortbildungskurse gibt. Es wendet sich auch nicht an Lehrer, deren ausdrückliches Ziel es ist, g e g e n das bestehende Schulsystem zu arbeiten.

„So schaffen Sie den Schulalltag" ist – jedenfalls im engeren Sinne – kein politisches Buch. Es geht davon aus, daß der Leser den ihm durch Schulgesetze, Erlasse und Verfügungen vorgegebenen Rahmen immerhin so weit akzeptiert, daß er sich nicht ständig an ihm wundreibt. (Daß damit ein gelegentliches verwundertes Kopfschütteln nicht ausgeschlossen sein soll, versteht sich von selbst – ebenso wie die Erkenntnis, daß es viel seelische Energie sparen kann, hin und wieder eine Hürde dieser Art geschickt zu umgehen, anstatt sich das Schienbein an ihr blutig zu stoßen.)

Das Buch wendet sich an Lehrer aller Schulformen, obwohl die Auswahl der praktischen Beispiele in gewissem Maße durch meine eigenen Erfahrungen bestimmt wird. (Ich unterrichte an einem Gymnasium; meine Fächer sind Englisch und Deutsch.) Ich bin aber überzeugt, daß es jedem Leser möglich ist, die indirekt durchscheinenden oder ausdrücklich genannten Prinzipien und Gesetzmäßigkeiten auf seine persönliche Situation zu übertragen.

Dieser Transfer ist wichtiger und ergiebiger als das bloße Kopieren bestimmter „Tricks", denn optimale Arbeitstechnik und Zeitgestaltung sind in hohem Maße von der individuellen Lebenssituation und der persönlichen Wesensart des einzelnen abhängig.

☞ 1   Sinnvolle Planung ist nur möglich, wenn klare Zielvorstellungen vorhanden sind.
Der Wunsch, die Schule zu überleben, ist legitim und vernünftig, aber er kann nur ein Teilziel bezeichnen. Andere Ziele – fachliche Ziele, pädagogische Ziele, kurzum: Ziele, in deren Mittelpunkt der Schüler und nicht der Lehrer steht – müssen hinzukommen.
Sie im einzelnen zu nennen, ist nicht Aufgabe dieses Buches.
Wer jedoch solche Ziele nicht hat, wird noch nicht einmal das andere Ziel erreichen: er wird die Schule allenfalls physisch überleben, aber nicht seelisch; er wird zum Zyniker oder zur Marionette.

Die Ausbildungsphase

Der Phase der Ausbildung ein eigenes Kapitel zu widmen, erscheint insofern sinnvoll, als die Situation des jungen Lehrers während dieser Zeit zwar auch schon Gemeinsamkeiten mit der Situation der älteren Kollegen aufweist, in wesentlichen Punkten aber doch anders ist. Sie wird durch eine Reihe von spezifischen Belastungen[1] und z. T. einander widersprechenden Anforderungen gekennzeichnet:

1. Der Lehramtsanwärter oder Referendar kann keineswegs sicher sein, nach erfolgreichem Abschluß der Ausbildung gleich eine Stelle zu bekommen. Existenzangst und Pessimismus überschatten seine ohnehin schon schwierige Tätigkeit. Sie wirken in manchen Fällen lähmend; in anderen Fällen führen sie zu einer überangepaßten Streberhaltung, die ungute Auswirkungen auf die Selbstachtung haben kann.

2. Die jungen Lehrer fühlen sich in eine Position der Unmündigkeit und Abhängigkeit zurückgestoßen. Sie haben ein schwieriges Studium absolviert, haben vielleicht beachtliche wissenschaftliche Leistungen erbracht. Viele von ihnen haben bereits eine Familie gegründet. Sie werden in allen anderen Lebensbereichen als „fertige", tüchtige Erwachsene anerkannt. Aber in ihrer Ausbildung finden sie sich plötzlich wieder in der Rolle von Schülern, die laufend beurteilt und kritisiert werden und viele Mißerfolge einstecken müssen.

3. Die Vermischung von Ausbildungs- und Prüfungsfunktion im Ausbildungssystem führt dazu, daß Referendare ihren Fachleitern und Seminarleitern eher mißtrauisch-verschlossen als vertrauensvoll gegenüberstehen. Daraus ergibt sich ein Mangel an Echtheit, eine distanzierte Ritualisierung der Beziehungen, die für beide Seiten schmerzhaft und enttäuschend sein kann.

4. Viele Referendare stellen fest, daß ihre Ausbilder andere Didaktikmodelle vertreten, andere pädagogische und schulpolitische Ansich-

---

[1] Ausführlichere Darstellungen dieser Probleme finden sich in den Aufsätzen von DUTILLY, KLAPPERICH/HAASS, KRAHN, MENZE, NOWOSADKO, SCHÄFER, SCHOLZ, WINKLER; in dem Positionspapier „Zur Gestaltung der zweiten Phase . . ." und in den Büchern von FRECH/REICHWEIN, FUHR, GUDJONS/REINERT, HANNAM et al., MEYER, MÜLLER-FOHRBRODT und OTTY.

ten haben als die, die während des Studiums an sie herangetragen wurden. Wenn diese Gegensätze sehr auffallend sind, ergeben sich belastende Spannungen.

5. In manchen Fällen zeigen sich auch Diskrepanzen zwischen den Erwartungen des Seminars und denen der Ausbildungsschule. Aus der Sicht des Seminars sollte der Unterricht, den der junge Lehrer gibt, vorwiegend Lerngelegenheit sein, während die Schule daran interessiert ist, kurzfristig einsetzbare Aushilfslehrer zu haben. Auch hat der Fachleiter am Seminar möglicherweise ganz andere Vorstellungen von der Art, wie der Referendar unterrichten sollte, als der betreuende ältere Kollege an der Schule, und jeder der beiden ist verstimmt, wenn seine Ratschläge nicht befolgt werden.

6. Besonders in größeren Schulen fühlen sich Anfänger oft hilflos und alleingelassen. Niemand hat Zeit für sie oder zeigt Interesse an ihnen, und sie selbst scheuen sich, die älteren Kollegen anzusprechen, weil sie fürchten, daß jede Bitte um Hilfe, jedes Eingestehen von Ratlosigkeit und Überforderung einen negativen Einfluß auf ihren Ruf an der Schule haben könnte.

7. Anfänger haben häufig erhebliche Disziplinschwierigkeiten. Sie erfahren, daß sie in einer ziemlich machtlosen Position sind. Sie leiden darunter, wenn ihre tolerante, freundlich-entgegenkommende Haltung von den Schülern nicht honoriert wird, und sie quälen sich mit dem Widerspruch herum, daß sie – auf das Drängen von Vorgesetzten oder auch aus eigener Verzweiflung – schließlich doch zu Verhaltensweisen ihre Zuflucht nehmen, die sie innerlich ablehnen.[2]

8. Junge Lehrer werden während der Ausbildung nicht dazu angeleitet, rationell und ökonomisch zu arbeiten. Eher ist das Gegenteil der Fall: Sie lernen, sich mit einem oft geradezu grotesken Aufwand an Zeit, Energie und manchmal auch Material auf ihre Lehrproben vorzubereiten – auf Veranstaltungen also, die man bestenfalls als schöne, aber untypische Sonderfälle pädagogischen Tuns ansehen kann und die häufig mit der Realität schulischen Alltags nur noch wenig gemeinsam haben.[3]

☞ 11

---

[2] Vgl. zu diesem Punkt besonders KLAPPERICH/HAASS (42), G. SCHOLZ (39), FRECH/REICHWEIN (71, 79, 96, 103), FUHR (39), MÜLLER-FOHRBRODT (20, 21, 37f., 45, 143, 160).

[3] Hiermit soll kein Urteil über die grundsätzliche Berechtigung von Lehrproben gefällt werden. Die unterschiedlichen Standpunkte lassen sich nachlesen bei NOWOSADKO einerseits und in dem Positionspapier „Zur Gestaltung der zweiten Phase . . ." andererseits.

Es sind Fälle bekanntgeworden, in denen den Betroffenen die Situation so ausweglos erschien, daß sie sich das Leben nahmen. Die beschwichtigende Feststellung, daß es sich dabei um außergewöhnliche Einzelfälle handelte und daß mit Sicherheit auch außerschulische, persönliche Probleme mitbestimmend waren, soll nicht davon ablenken, daß viele Lehranfänger diese Phase ihres Lebens als quälend empfinden.

Die meisten der hier genannten spezifischen Belastungen lassen sich nicht kurzfristig aus der Welt schaffen.

Die theoretische Diskussion darüber, welche grundlegenden Änderungen des Erziehungssystems oder welche mittelfristigen schulpolitischen Reformen nötig wären, um Abhilfe zu schaffen, gehört nicht in den Rahmen dieses Buches. Sie wäre auch für die Referendare wenig hilfreich – es sei denn, man betrachtet das gemeinsame Schimpfen über die düsteren Aspekte der Ausbildungszeit als ein Ventil, durch das man angestaute Aggressionen herauslassen kann. Solches Klagen hat zwar durchaus einen gewissen therapeutischen Wert – das alte Sprichwort „Geteiltes Leid ist halbes Leid" ist gar nicht so oberflächlich, wie es scheinen mag –, aber es reicht nicht aus, um mit den Problemen fertigzuwerden, und man sollte es auch nicht übertreiben.

Immer nur schwarzzusehen, lähmt – und es macht blind gegenüber dem Schönen und Positiven der Ausbildungszeit.

„Schönes und Positives? Gibt es das überhaupt?" fragen Sie jetzt vielleicht. Ja, das gibt es.

Zunächst einmal muß man darauf hinweisen, daß der Referendar viele Belastungen noch nicht hat, die dem fest angestellten Lehrer manchmal das Leben schwermachen. Er braucht sich nicht mit lästigen Verwaltungsaufgaben herumzuärgern, die mit Pädagogik oft so erschreckend wenig zu tun haben. Die Zahl der Unterrichtsstunden, die er selbst zu geben hat, ist vergleichsweise gering, und man billigt ihm – jedenfalls in gewissem Umfang – noch das Recht zu, Fehler zu machen. In seiner Wohnung türmen sich noch nicht die Heftestapel, die kurzfristig korrigiert werden müssen. Er hat – trotz der Fachsitzungen und sonstigen Seminarveranstaltungen – insgesamt mehr Freizeit als die älteren Kollegen, und weniger Verantwortung.

Außerdem bietet ihm die Ausbildungszeit bestimmte Chancen, die später kaum noch gegeben sind. Er lernt verschiedene Schulen kennen und viele Lehrerpersönlichkeiten; er kann sehr unterschiedliche Formen von Unterricht beobachten und darüber Erfahrungen austauschen. Die Ausbildungszeit ist gekennzeichnet durch einen ständigen Wechsel von theoretischer Reflexion und praktischer Erprobung, der zwar anstrengend und oft verwirrend ist, aber doch auch eine reizvolle intellektuelle Herausforderung darstellt.

Vor allem aber: sein Verhältnis zu den Schülern ist freier, unmittelbarer, echter als es je wieder sein wird. Noch gehört er – für die Schüler – nicht ganz zur Gattung „Lehrer"; noch kann man ihm trauen, kann ihm unverstellt begegnen. Später, sobald er fest „im Amt" ist und der Altersunterschied sich weiter vergrößert hat, sobald er Zensuren geben muß und für Leistungsstand und Verhalten seiner Klassen von Eltern und Kollegen verantwortlich gemacht wird, ist es für beide Seiten viel schwieriger, aus den gewohnten Rollen herauszutreten. (Jedenfalls gilt dies für den Umgang mit Schülern der Sekundarstufe. Grundschulkinder verhalten sich im allgemeinen auch älteren Lehrern gegenüber noch spontan und natürlich.)

☞ 7   Nutzen Sie diesen Vorteil; genießen Sie diese Zeit der neugierigen Fragen und ernsthaften Pausengespräche, der drolligen kleinen Erleb-
☞ 29   nisse, der offenen oder versteckten Zuneigungsbeweise! Und – schreiben Sie auf, was Sie beobachten und erleben.

Halten Sie Ihre ersten kleinen und größeren Erfolge fest; alles, worüber Sie sich freuen und womit Sie zufrieden sein können. Damit schaffen Sie sich ein gutes Gegengewicht zu den unvermeidlichen Rückschlägen und Enttäuschungen, und Sie trainieren eine Fähigkeit, die für Ihre seelische Gesundheit sehr wichtig ist: in allem auch das Gute zu sehen.

Solche ganz persönlichen Aufzeichnungen können zu kostbaren Erinnerungen werden. Sie werden sie in späteren Jahren noch oft mit nachdenklicher Rührung durchlesen – öfter wahrscheinlich und mit größerem Gewinn als die trockenen Mitschriften aus Seminarveranstaltungen.

Andererseits soll aber natürlich nicht geleugnet werden, daß gerade das Verhältnis zu Schülern für viele Referendare ein ungelöstes Problem und eine erhebliche Belastung darstellt.

Warum haben es gerade die unerfahrenen jungen Lehrer in dieser Beziehung so schwer, obwohl sie häufig großen Idealismus und soziales Engagement mitbringen und ihren Schülern mit Liebe und sehr viel gutem Willen entgegenkommen?

Für die Schüler ist der Referendar – ganz gleich, ob sie ihn „mögen" oder nicht – zunächst einmal noch kein „richtiger Lehrer". (Ich erinnere mich noch lebhaft an die spöttische Frage, die mir – auf die

Nachricht hin, daß ich demnächst eine Referendarstelle bekommen und dann nicht mehr bei ihnen unterrichten würde – die Schüler einer 7. Klasse stellten: „Was, Sie sind noch nicht mal Referendar?") Sie merken sehr genau, daß er im Verhältnis zu den älteren Lehrern, unter deren Schutz und Aufsicht er steht und von denen er manchmal sogar im Beisein der Schüler offen oder versteckt kritisiert wird, relativ machtlos ist. Er gibt keine Zensuren (von der Ausnahmesituation des sogenannten „eigenverantwortlichen Unterrichts" abgesehen); er hat weder den Mut noch die Möglichkeit, sich energisch durchzusetzen; er bleibt im allgemeinen nur ein paar Wochen, höchstens ein paar Monate in der Klasse – kurzum, er kann ihnen kaum gefährlich werden.

In einer solchen Situation halten die Schüler es für ihr angestammtes Recht, den Neuling auf die Probe zu stellen, ihn zu ärgern, möglichst wenig für ihn zu arbeiten und die Stunden bei ihm zu geräuschvollen „Unterhaltungsprogrammen" umzufunktionieren.

Man kann es ihnen kaum verdenken, daß sie auf diese Weise einiges von dem Druck, der sich in anderen Stunden bei ihnen staut, abzureagieren versuchen.

Daß sie dabei manchmal entschieden zu weit gehen, daß sie den gutwillig-unsicheren Menschen, der da vor ihnen steht, verletzen und verbittern können, spüren nur wenige von ihnen, und die haben keinen Einfluß auf die Mehrheit.

Für den Referendar ist es wichtig, diese Gegebenheiten klar zu durchschauen, damit er sich nicht voreilig für einen Versager hält und mit übertriebenen Selbstzweifeln herumquält. Ein großer Teil der anfänglichen Probleme verschwindet erfahrungsgemäß von selbst, sobald die Ausbildungszeit vorbei ist.

Auf die allgemeinen Ursachen von Disziplinschwierigkeiten und auf die Möglichkeiten, ihrer Herr zu werden, wird in einem späteren Kapitel ausführlicher eingegangen.

An dieser Stelle möchte ich mich auf zwei Ratschläge beschränken, die speziell auf die Situation des Referendars abgestimmt sind:

1. Drücken Sie sich nicht davor, die Lehrerrolle anzunehmen! Schwanken Sie nicht unschlüssig hin und her zwischen dem Wunsch, sich als eine Art gleichrangiger, auf jeden Druck verzichtender Partner mit den Schülern zu solidarisieren, und den sporadischen Versuchen, die Erfüllung traditioneller Verhaltensnormen zu erzwingen.

Ganz gleich, ob die Unschlüssigkeit bei Ihnen aus Angst vor Liebes-
verlust kommt oder aus einer politisch begründeten Abneigung gegen
„Disziplin" – die Schüler werden dadurch verunsichert und reagieren
mit Verständnislosigkeit, Ablehnung und Aggressivität. Eine amüsan-
te Illustration hierzu findet sich bei KRÜGER:

„. . . Die Schwierigkeiten in der Klasse waren mir momentan wirklich wichtiger. In
der nächsten Zeit setzte ich vor allem Rollenspiele ein, um die Motorik der Schüler
etwas zu besänftigen und gleichzeitig eine Beschäftigung mit ihrem aggressiven
Verhalten untereinander zu erreichen. Das Spielen machte ihnen viel Spaß, jedes
Spiel endete mit einer allgemeinen Schlägerei, und nach jedem Stundengong
standen einige Mädchen um mich herum und fragten, wann wir denn mal ‚was
machen' würden. Ich sagte dann regelmäßig ‚Wir machen doch was!' und setzte
ihnen in langen Vorträgen meine pädagogische Strategie auseinander . . .
. . . jedenfalls fragten sie nach einiger Zeit nicht mehr und beschwerten sich nur
noch über den Krach und die bösen Buben, und ich sollte mich endlich
‚durchsetzen'. Dieses Wort verfolgte mich schon riesengroß in meinen nächtlichen
Angstträumen. Aber alles in mir sträubte sich dagegen, nun mit Strafarbeiten und
Notenbuch den autoritären Hammer rauszuholen. Langsam kam es aber soweit,
daß die Buben ihre tägliche Prügelei austrugen, während die Mädchen gottergeben
auf das Ende der fürchterlichen Stunde warteten, während ich gleichzeitig
diskutierend, besänftigend, schreibend, schreiend, tröstend und diktierend Unter-
richt hielt . . . (27)
. . . Die meisten waren froh, daß jetzt wenigstens zeitweise Ruhe einkehrte. Meine
Strafpraxis war allerdings meinem Gefühl entsprechend sehr inkonsequent. Ich
verteilte Strafarbeiten, zog sie wieder zurück, bestrafte den Falschen[4] (es ist
immer der Falsche), entschuldigte mich, schließlich hatte die ganze Klasse ihre
Strafarbeit weg, das war dann auch wieder ungerecht, und letzten Endes vergaß
ich in der nächsten Stunde, die Arbeiten zu kontrollieren.
So änderte sich an der Unruhe alles in allem nicht übermäßig viel." (29)

---

[4] Hierzu findet sich ein sehr eindringliches und trauriges Beispiel in Thomas
MANNS „Buddenbrooks":
„. . . Als aber Herr Modersohn ihn anherrschte, wurde er ruhig und blickte
still und finster auf den Kandidaten. Er sah in diesem Augenblick alles an
ihm, . . . sah seine ganze armselige und verzweifelte Gestalt. Er sah auch in
sein Inneres hinein. Hanno Buddenbrook war beinahe der einzige, den Herr
Modersohn schon mit Namen kannte, und das benutzte er dazu, ihn
beständig zur Ordnung zu rufen, ihm Strafarbeiten zu diktieren und ihn zu
tyrannisieren. Er kannte den Schüler Buddenbrook nur deshalb, weil er sich
durch stilles Verhalten von den anderen unterschieden hatte, und diese
Sanftmut nützte er dazu aus, ihn unaufhörlich die Autorität fühlen zu lassen,
die er den Lauten und Frechen gegenüber nicht geltend zu machen wagte . . ."
(709).

2. Äußern Sie weder Versprechungen noch Drohungen, von denen Sie nicht sicher sind, daß Sie sie tatsächlich verwirklichen können. Verheißungsvolle Ankündigungen wie „Bei mir gibt es keine Strafarbeiten!" und „Ich nehme grundsätzlich nur die dran, die sich melden!" werden von den Schülern – nicht ganz zu Unrecht – als Umschreibungen des Satzes „Bei mir könnt ihr so laut und so faul sein, wie ihr wollt" angesehen und führen mit ziemlicher Sicherheit eine Situation herbei, in der Sie wählen müssen, ob Sie im Chaos untergehen und sich ein Magengeschwür holen oder ob Sie Ihr Versprechen brechen und sich dadurch spöttische Verachtung zuziehen wollen.

Ebenso gefährlich ist es, Strafen anzudrohen, die kaum durchgesetzt werden können (z. B. weil sie unangemessen drastisch sind und empörte Proteste von den Eltern hervorrufen würden, oder weil der Klassenlehrer seine Unterstützung versagen würde), oder einem Schüler eine Strafarbeit aufzugeben und dann nicht konsequent darauf zu bestehen, daß er sie auch abliefert. (Machen Sie sich eine Notiz; fragen Sie gleich am Anfang der nächsten Stunde nach der Arbeit – überlegen Sie sich aber vorher sehr genau, wie Sie reagieren werden, falls er sie nicht vorzeigen kann!)

Bitte fassen Sie diese Sätze nicht als Empfehlung auf, Strafarbeiten zu verteilen. Nur: w e n n Sie sich einmal nicht mehr anders zu helfen gewußt haben, dann bleiben Sie konsequent. Andernfalls nimmt Sie kein Schüler mehr ernst.

Nicht nur p ä d a g o g i s c h sinnvolles Handeln wird von Ihnen erwartet, wenn Sie als Berufsneuling an eine Schule kommen, sondern auch die Bewältigung einer Fülle von o r g a n i s a t o r i s c h e n Problemen. Manche Schulleiter machen sich nicht hinreichend klar, wie viele Informationen ein Referendar aufnehmen und verarbeiten muß, besonders in einem großen Schulsystem, und nicht alle Schulen sind so gut organisiert, daß sie Ihnen gleich am ersten Tag ein speziell für diesen Zweck entwickeltes Informationsblatt in die Hand drücken.

Hier sind – in Form einer kommentierten alphabetischen Checkliste – einige Punkte, mit denen Sie sich in den ersten Tagen und Wochen werden befassen müssen.

Bücher Besorgen Sie sich möglichst schnell die Lehrbücher, die in Ihren Fächern an der Schule eingeführt sind. Manche (wenn auch nicht alle) Schulbuchverlage sind recht großzügig und stellen Ihnen auf Anforderung Freiexemplare zur Verfügung. (Weisen Sie in Ihrer

Bestellung darauf hin, daß das Buch an der Schule eingeführt ist und daß Sie es für den Unterricht in der betreffenden Klasse benötigen. Lassen Sie die Bestellkarte im Sekretariat abstempeln.)

Geräte   Wo werden Kassettenrecorder, Plattenspieler, Film- und Diaprojektoren aufbewahrt? Zu welchen Zeiten kann man sie ausleihen, für wie lange, und welche Formalitäten sind dazu nötig? Wo liegen die Gebrauchsanweisungen (sofern noch vorhanden) für komplizierte Geräte? An wen wendet man sich, wenn etwas nicht funktioniert?

Haftpflichtversicherung   Auf die Notwendigkeit, eine Haftpflichtversicherung abzuschließen, werden Sie vermutlich von Ihrem Seminarleiter hingewiesen – mit einigen haarsträubenden Geschichten, die der Aufforderung Nachdruck verleihen (Schadenersatzansprüche von Eltern, deren Kinder durch Fahrlässigkeit des Lehrers verunglückten, u. ä.). Was Ihnen niemand sagt, worauf es sich aber zu achten lohnt, ist, daß eine berufsbezogene Haftpflichtversicherung keineswegs automatisch auch dann zahlt, wenn Ihr Hund den Briefträger beißt oder der geplatzte Schlauch Ihrer Waschmaschine in der Wohnung unter Ihnen eine Überschwemmung hervorruft. Erkundigen Sie sich rechtzeitig (am besten bei Kollegen und Bekannten und mehreren Versicherungsvertretern) und schließen Sie eine kombinierte Haftpflichtversicherung ab.

Hausmeister   Wie, wann und wo ist er zu erreichen? Wofür ist er zuständig – und wofür nicht? Wogegen ist er empfindlich? Es gibt Schulen, an denen der Hausmeister gefürchteter ist als der Schulleiter. (Ein Bekannter von mir erzählte, daß er sich eines Nachmittags in der Schule verspätet hatte. Er kam einige Minuten nach 18 Uhr die Treppe hinunter – und stand vor einer verschlossenen Glastür, für die er keinen Schlüssel hatte. Er rief und klopfte und rüttelte, und nach kurzer Zeit kam der Hausmeister, der ihm durch die Glastür hindurch erklärte, daß er jetzt Feierabend habe und weder verpflichtet noch gesonnen sei, ihm die Tür wieder aufzuschließen. Mein Freund rief einen Kollegen an – zum Glück stand das Telefon in einem Raum, zu dem sein Schlüssel paßte –, dieser mußte sich ins Auto setzen, zur Schule zurückfahren und den Gefangenen befreien.)

Hausordnung   Ihr Stil kann Ihnen einen ersten Eindruck von der Atmosphäre vermitteln, die an der Schule herrscht. – Überfliegen Sie die hehren Grundsatzerklärungen; prägen Sie sich die wenigen Punkte ein, die zur Zeit für Sie wissenswert sind – z. B., wann welche Schüler sich wo aufhalten dürfen.

Kaffee   An vielen Schulen gibt es entweder eine kleine Küche oder doch zumindest einen Heißwasserbereiter, mit dem man sich in der großen Pause einen Kaffee machen kann. Manchmal werden die Verbrauchsartikel aus einer gemeinsamen Kasse gekauft und man muß ab und zu einen Beitrag bezahlen; an anderen Schulen hält sich jeder seinen Kaffee selber. Fragen Sie nach; leben Sie nicht einfach auf Kosten anderer – und vor allem drücken Sie sich nicht vor dem Abwaschen!

Kollegen   Es wird längere Zeit dauern, bis Sie sich die Namen aller Kollegen gemerkt haben. An großen Schulen schaffen Sie es vielleicht nie. Wichtig ist, daß Sie sich so schnell wie möglich dem Leiter Ihrer Fachgruppe vorstellen (sofern der Schulleiter Sie nicht schon mit ihm bekanntgemacht hat) und sich von ihm die anderen Fachkollegen nennen lassen. Er wird Ihnen – hoffentlich – auch sofort zeigen, wo Sie wichtige Nachschlagewerke u. ä. finden; er kann Ihnen sagen, mit welchen Büchern in welcher Klasse gearbeitet wird und an welche Fachkonferenzbeschlüsse Sie gebunden sein werden.
Nur: haben Sie Verständnis dafür, wenn er nicht gleich bei der ersten Vorstellung für Sie Zeit hat! Am vernünftigsten ist es, wenn Sie mit ihm einen Termin absprechen, an dem er sich Ihnen eine Viertelstunde lang ungestört widmen kann. Dann können Sie beide sich in Ruhe überlegen, was besprochen werden sollte. (Sie werden bald merken, daß die meisten Kollegen immer wie gestreßte Ameisen herumrennen und einen unansprechbaren Eindruck machen!)

☞ 8

Konferenzen   An welchen der verschiedenen (und leider ziemlich häufigen) Konferenzen und Dienstbesprechungen Sie mit welchen Rechten teilnehmen dürfen oder müssen, wird man Ihnen rechtzeitig sagen. – Im übrigen: siehe Kapitel „Konferenzen"!

Krankenkasse   Da dies ein Punkt von erheblicher finanzieller Bedeutung ist und Fehlentscheidungen sich über lange Zeit hin schädlich auswirken können, sollten Sie sehr gründlich prüfen, bevor Sie sich festlegen. Mögliche Strategie: erst etliche jüngere und ältere Kollegen befragen; nach diesen Gesprächen eine Liste von Gesichtspunkten zusammenstellen und sie laufend modifizieren und ergänzen; danach mit Vertretern verschiedener Versicherungen Termine ausmachen.

Kreide   Schreiben Sie auf, welcher Schüler jeweils in der Klasse für Kreide, Schwamm und saubere Tafel verantwortlich ist – und finden Sie sich nicht einfach damit ab, wenn er dieser Aufgabe nicht nachkommt. Haben Sie vorsichtshalber aber trotzdem immer Kreide bei sich. (Ein Tip für die Aufbewahrung: ein länglicher Zahnbürstenbehälter aus festem Plastik faßt mehrere Stückchen und nimmt nicht viel Platz weg.)

Lehrerbibliothek   Besichtigen Sie in aller Ruhe die staubigen Schätze, die sich dort (und vielleicht auch in der Schülerhilfsbücherei) im Laufe der Jahrzehnte angesammelt haben. An manchen Schulen kann man darüber nur müde lächeln; andere sind hervorragend ausgerüstet und können dem erfreuten Referendar vieles bieten, was im Seminar vielleicht ständig ausgeliehen ist – von wichtigen pädagogischen und psychologischen Grundsatzwerken bis hin zu fachdidaktischen Neuerscheinungen. Aber – bitte halten Sie sich an die Regeln. Aus einer Präsenzbücherei sollten Sie nichts mit nach Hause nehmen; und wenn für die Ausleihe irgendwelche Kärtchen ausgefüllt werden müssen, dann mag das zwar im Moment lästig sein, hilft aber anderen, die möglicherweise das betreffende Buch noch dringender brauchen, seinen Verbleib festzustellen.

Lehrprobenvorbereitung (organisatorische)   Daß Sie in Ihrem eigenen Interesse dafür sorgen, daß die Tafel sauber ist, Kreide und Schwamm vorhanden sind, der Tageslichtprojektor funktioniert und genügend Stühle für die Besucher da sind, versteht sich von selbst. Berücksichtigen Sie aber im Interesse der Schule und der Kollegen auch folgende Punkte:
– Stühle nur nach Rückfrage ausleihen;
– mündliche Mitteilung an den Fachlehrer, der vor der Lehrprobe in der Klasse unterrichtet (damit er pünktlich aufhört!);
– audiovisuelle Geräte rechtzeitig ordnungsgemäß entleihen und anschließend zurückbringen;
– Stühle zurückbringen und die ursprüngliche Sitzordnung wiederherstellen lassen.
An manchen Schulen wird auch erwartet, daß Referendare ihre Lehrproben vorher im Mitteilungsbuch ankündigen, mit genauen Angaben.

Mitteilungsbuch   Gehört zu den Dingen, die unbedingt jeden Morgen gelesen werden müssen. (Manche Schulen haben statt dessen ein besonderes Schwarzes Brett für wichtige Mitteilungen.)

Parallelklassen   Vor allem wenn Sie eigenverantwortlichen Unterricht haben, ist es wichtig für Sie zu wissen, wer Ihr Fach in den Parallelklassen unterrichtet, wie weit man dort im Buch gekommen ist, ob es Absprachen über Termine und Art der Klassenarbeiten gibt usw.
Mein Fachgruppenleiter macht sich jedes Jahr die Mühe, einen Plan zu vervielfältigen, aus dem die Fachkollegen ersehen können, wer in welcher Klasse an welchem Wochentag in welcher Stunde Englisch gibt, wer diese Klasse im Vorjahr unterrichtet hat, wieviel Arbeiten in den einzelnen Klassenstufen geschrieben werden müssen usw. Das ist für Referendare besonders praktisch, weil sie sich dann leicht einen Hospitationsstundenplan zusammenstellen können.

Personalrat   Kann eine erste Anlaufstelle sein, wenn Sie den Eindruck haben, daß Ihnen Unbilliges zugemutet wird (z. B. daß man Ihre Arbeitskraft für Dinge ausnutzen möchte, mit denen Sie als Referendar von Rechts wegen gar nicht belastet werden dürften).

Postfach   Wenn man Ihnen ein eigenes Postfach gegeben hat (was aus Platzmangel nicht selbstverständlich ist: an manchen Schulen gibt es nur ein Fach für alle Referendare zusammen) – leeren Sie es regelmäßig! Ich kenne Kollegen, in deren Postfächern sich so viel Papier angesammelt hat, daß kaum noch etwas hineinpaßt, und man hat das – leider völlig berechtigte – Gefühl: „Es ist sinnlos, Herrn X eine Mitteilung ins Fach zu legen; er liest sie frühestens im nächsten Schuljahr . . .“

Raumplan   Machen Sie sich so rechtzeitig mit dem Raumplan vertraut, daß Sie an Ihrem ersten Unterrichtstag nicht hilflos durch die Gänge irren, sondern genau wissen, wo die Klassen zu finden sind, mit denen Sie zu tun haben.

Sammlungen   Für die mittelfristige Unterrichtsplanung ist es wichtig, daß Sie sich bald mit den Beständen der Schule vertraut machen. Was ist vorhanden? Wer verwaltet die Sammlung? Was darf man ohne weiteres benutzen – und in welchen Fällen sollte man lieber vorher fragen? (Manche Sammlungsleiter haben Lieblingsstücke, an die sie am liebsten niemanden heranlassen; und wehe dem Unglücklichen, der daran etwas verbiegt oder es nach Gebrauch nicht an den richtigen Platz zurückstellt!)

Schlüssel Man bekommt sie im allgemeinen gegen Quittung vom Hausmeister. Schulschlüssel zu verlieren, kann Tausende von Mark kosten, weil unter Umständen alle Schlösser des gesamten Gebäudekomplexes ausgetauscht werden müssen. (Auch aus diesem Grunde ist eine Haftpflichtversicherung ratsam!) Zur Vorbeugung sollten Sie Ihr Schlüsselbund kennzeichnen – natürlich nicht mit Ihrem Namen oder dem der Schule (zur Freude der Einbrecher), sondern z. B. mit der Telefonnummer von Bekannten (die davon allerdings informiert sein sollten). Dadurch läßt sich im Falle eines Schlüsselverlustes die Zeit des ängstlichen Wartens erheblich verkürzen. – Da Sie während der Ausbildungszeit ganz sicher nicht zu den wenigen Privilegierten gehören werden, denen man einen Generalschlüssel anvertraut, sollten Sie sich informieren, zu welchen Zeiten die Schule nachmittags oder abends geöffnet ist, damit Sie nicht vor verschlossenen Türen stehen, wenn Sie Ihre chemischen Experimente für den nächsten Tag vorbereiten wollen.

Schrankfach Als Referendar werden Sie möglicherweise kein Schrankfach bekommen. Wenn doch, dann bewahren Sie keine Wertsachen darin auf. (An meiner Schule z. B. haben Diebe sämtliche Schrankfächer im Lehrerzimmer aufgebrochen und Kassettenrecorder sowie eine größere Summe Bargeld mitgenommen.)

Schulassistent Stellen Sie sich gut mit ihm, dann zieht er Ihre Matrizen auch gelegentlich außerhalb der dafür vorgesehenen Zeiten ab! – Manche Schulassistenten sind erstaunlich geschickt im Reparieren aller möglichen Geräte und sind auch gern bereit zu helfen (natürlich außerhalb der Arbeitszeit), wenn man diesbezüglich mal ein privates Problem hat.

Schulverwaltungsblatt Pflichtlektüre des deutschen Schulbeamten; von mäßigem literarischem Reiz. Manchmal steht Wichtiges darin; allerdings kaum jemals etwas Erfreuliches. Lesen Sie es getreulich jeden Monat – und, noch wichtiger, dokumentieren Sie durch Ihre Unterschrift, daß Sie es gelesen haben.

Sekretariat Ohne das Sekretariat bräche die Schule in wenigen Tagen zusammen. Schulsekretärinnen – ich habe im Laufe der Jahre eine große Zahl kennengelernt – sind tüchtig, nahezu allwissend und überaus hilfsbereit. Wenn trotzdem einmal eine Botschaft nicht rechtzeitig übermittelt wird oder sonst etwas schiefläuft, seien Sie der

Sekretärin nicht allzu böse. Es war wahrscheinlich einer jener Tage, an denen sie pausenlos von Schülern und Lehrern belagert, vom Telefon unterbrochen und von der Schulleitung mit zusätzlichen Aufträgen bombardiert wurde.

Sitzplätze Wenn Sie ganz besonders nett und vorsichtig sein wollen, fragen Sie vorher, ob der Stuhl im Lehrerzimmer, auf den Sie sich setzen wollen, jemandem „gehört". Manche „Veteranen" sind in dieser Hinsicht ein bißchen empfindlich. Sie werden auch wenig Begeisterung hervorrufen, wenn Sie sich als Raucher in einer bislang den Nichtrauchern vorbehaltenen Ecke einquartieren.

Stundenplan Lassen Sie sich den großen Stundenplan einmal in Ruhe erklären, damit Sie ihm in Zukunft schnell die für Sie wesentlichen Informationen entnehmen können. In großen Schulen wird meistens mit Stecktafeln oder Magnetsystemen gearbeitet, mit Hunderten von verschiedenen Symbolen; und der Neuling steht zunächst etwas hilflos vor dieser Vielfalt.

Telefonverzeichnis An vielen Schulen bekommt man automatisch in regelmäßigen Abständen ein auf den neuesten Stand gebrachtes Verzeichnis der Anschriften und Telefonnummern aller Lehrkräfte. Wenn dies nicht der Fall ist, empfiehlt es sich für Sie, sich (z. B. im Sekretariat) die Telefonnummer jener Kollegen geben zu lassen, mit denen Sie vielleicht einmal schnell etwas klären müssen (z. B. Leiter der Fachgruppe, Klassenlehrer Ihrer Lehrauftragsklasse, Fachkollegen, Hausmeister). Grund: nicht alle Kollegen wohnen am Ort, so daß Sie unter Umständen vergebens im Telefonbuch nachschlagen würden.

Vertretungsplan Unbedingt jeden Morgen hineinsehen. (Es kann z. B. sein, daß Ihr Ausbildungsleiter von einer Stundenverlegung betroffen ist und deshalb Ihr eigener Tagesplan durcheinander gerät.)

Vervielfältigungsmöglichkeiten Welche Geräte (Umdrucker, Fotokopiergerät, Thermokopierer, Offsetdrucker) besitzt die Schule? Wer darf sie bedienen, und zu welchen Zeiten? Ist geregelt, für welche Auflagenhöhe welches Gerät genommen werden muß? (An manchen Schulen werden höhere Auflagen grundsätzlich mit dem Offsetdrucker angefertigt.) Was darf man kostenlos vervielfältigen; wofür muß man bezahlen? – In vielen Fällen werden Referendare ausdrücklich darauf hingewiesen, daß sie Unterrichtsentwürfe und andere Papiere,

die nicht für den eigenen Unterricht, sondern für das Seminar
bestimmt sind, n i c h t auf Kosten der Schule vervielfältigen dürfen.
Es kann Ärger geben, wenn Sie gegen solche Regelungen verstoßen.
Noch mehr Ärger gibt es allerdings, wenn Sie am Tage Ihrer Lehrprobe das Kopiergerät blockieren, weil Sie unbedingt in letzter Minute
noch Ihre Enwürfe und sonstigen Materialien kopieren wollen und
von den grimmig Schlange stehenden Kollegen Verständnis dafür
erwarten, daß Sie noch nicht gelernt haben, Ihre Zeit besser einzutei-
len.

Zusätzliches . . . Zum Abschluß dieser Liste zitiere ich einige Zeilen
aus dem „Merkblatt für Referendare" einer größeren Schule:
„Einladungen zu Elternversammlungen sollten Sie stets wahrnehmen.
Sehr empfehlenswert ist die Teilnahme an mündlichen Abiturprüfun-
gen in Ihren Fächern und der Besuch von Informationsveranstaltun-
gen für Schüler und Eltern über Organisation der Oberstufe,
Abschlüsse, Einschulung und Wahlsprachenwahl. . . . Interessieren Sie
sich bitte auch für außerunterrichtliche Aktivitäten und Einrichtungen
der Schule, wie z. B. für Arbeitsgemeinschaften, Klassen- und Studienfahrten, Schul-, Sport- und Klassenfeste, Schulaustauschprogram-
me, Partnerschulen, Lehrersport und gesellschaftliche Veranstaltungen des Kollegiums. Nur so können Sie Schule als Ganzes erleben und
erfahren."

Wahrscheinlich – hoffentlich – sind Sie an Ihrer Schule nicht der
einzige Referendar. Mitreferendare – besonders die, die schon etwas
länger da sind – können sich am besten in Ihre Lage hineinversetzen
und sind hilfreiche und „ungefährliche" Ansprechpartner.
Hilfreich, weil sie Ihnen viele Tips geben können (z. B. wo bestimmte
Bücher, Medien oder sonstige Hilfsmittel zu finden sind und welche
Kollegen als Ausbildungslehrer empfehlenswert oder weniger empfehlenswert sind) und weil sie meistens etwas mehr Zeit haben und
öfter mal in einer Freistunde im Lehrerzimmer sitzen und sich
unterhalten können. „Ungefährlich", weil man ihnen ruhig erzählen
kann, daß man Disziplinschwierigkeiten hat oder sich aus anderen
Gründen überfordert fühlt. Von ihnen werden Sie auch viele Informationen bekommen über die Schwächen und Stärken der einzelnen
Fachleiter und des Seminarleiters – Informationen, die zwar möglicherweise auf untypischen Einzelerlebnissen beruhen und stark subjektiv gefärbt sind, aber doch dazu beitragen können, Ihre finsteren
Befürchtungen etwas abzubauen. (Vielleicht allerdings auch, Ihre gar
zu blauäugig-hoffnungsfrohe Naivität etwas zu erschüttern . . .)

Mitreferendare können Sie trösten und mit Ihnen Kaffee trinken gehen, wenn Ihre erste Lehrprobe eine Katastrophe war oder wenn Sie nach einer Stunde in der verrufenen 8F2 weinend ins Lehrerzimmer zurückkehren.

Und wenn Sie zu den Glücklichen gehören, denen so etwas nie passiert? Dann vergessen Sie bitte nicht, daß es nicht allen so gut geht. Seien Sie nicht blind und taub für die Notsignale anderer, sondern versuchen Sie, ihnen wieder Mut zu machen und ihr zusammengebrochenes Selbstvertrauen wieder aufzurichten.

Die betreuenden Fachlehrer an der Schule, bei denen der Referendar hospitiert und deren Unterricht er übernimmt, spielen laut Aussage vieler Referendare eine sehr wichtige Rolle bei der Ausbildung (FRECH/REICHWEIN 55, 67, 70). Die kurzen und vorsichtig dosierten, aber regelmäßigen Hinweise vor und nach der Stunde helfen dem Anfänger, sich nach und nach der vielfältigen Komponenten seines Verhaltens in der Klasse bewußt zu werden und lassen ihn eher erleben, wie seine Fähigkeit zum Unterrichten wächst, als die isolierten und oft erdrückenden Gaststundennachbesprechungen mit den Seminarausbildern (a. a. O. 67). Die befragten Referendare empfanden es als wesentlich ergiebiger, wenn der Fachlehrer v o r der Stunde ihre Planung mit ihnen besprach und ihnen Anregungen gab; sie sagten aber auch, daß dies leider nicht oft genug geschehe und daß der Hauptakzent im allgemeinen auf der Nachbesprechung liege (a. a. O. 67).

Das ist nicht verwunderlich, denn natürlich ist es für den betreuenden Lehrer leichter, nach einer Stunde zu sagen, was ungeschickt war und wie man es hätte besser machen können, als vorher einen Plan zu skizzieren, bei dem aller Voraussicht nach nichts mehr mißlingen kann.

Immerhin – vielleicht können Sie als Referendar aus den zitierten Untersuchungsergebnissen die Konsequenz ziehen, daß Sie versuchen, häufiger mit Ihrem Fachlehrer eine Stunde gründlich vorzubesprechen. Dazu ist es allerdings nötig, daß Sie überhaupt erst einmal a n f a n g e n zu unterrichten! Es gibt Referendare, die sich darauf beschränken, viele Wochen lang vorsichtig im Hintergrund zu sitzen und sich Notizen zu machen, anstatt mutig die Gelegenheit zu ergreifen, sich so häufig wie möglich in wechselnden Klassen und unterschiedlichen Unterrichtssituationen zu erproben und sich der Kritik (und Selbstkritik!) zu stellen.

Damit soll nicht gesagt sein, daß das Zuhören Zeitverschwendung sei. Es kann sehr sinnvoll sein, bei möglichst vielen Kollegen zu hospitieren, um so die Vielfalt der pädagogischen Möglichkeiten kennenzulernen. Es ist allerdings um so nützlicher, je mehr das Gesehene und Gehörte nicht nur schweigend hingenommen und allenfalls notiert wird, sondern zu intensiven Gesprächen führt. Stellen Sie dem Betreuungslehrer Fragen – nicht nur zu Einzelheiten der gerade erlebten Stunde, sondern auch zu allgemeineren Problemen. Erfragen Sie seine Meinung zu Disziplinar- und Erziehungsproblemen, Lob und Tadel, Motivation, Umfang und Kontrolle von Hausaufgaben, Erstellung und Bewertung von Klassenarbeiten, Leistungsmessung usw!

Es kann sein, daß seine Meinung stark von der Ihren abweicht. Niemand zwingt Sie, Ideen zu übernehmen, die verstaubt, klischeehaft-oberflächlich oder gar gefährlich sind. Sie brauchen sich auch gar nicht in eine heikle Diskussion einzulassen. Nur: seien Sie doch ruhig erst einmal neugierig! Wenn Sie ehrliches Interesse zeigen, werden Sie nicht nur selbst manches hören, was anregend und vielleicht auch nützlich ist, sondern Sie machen auch dem Kollegen eine Freude. (Eine der größten Freundlichkeiten, die man jemandem erweisen kann, besteht darin, daß man ihm aufmerksam zuhört.)

Wenn Ihre Fragen allerdings so formuliert sind, daß man versteckte Kritik dahinter vermuten muß, stoßen Sie wahrscheinlich auf Widerstand. (Ich erinnere mich noch mit Beschämung an Stunden, in denen ich als Referendar in eine Klasse mitgenommen wurde und mich nicht zügeln konnte, sondern mich arrogant und übereifrig am Gespräch beteiligte und versuchte, die Interpretation des Fachlehrers zu ergänzen oder richtigzustellen . . .)

Lassen Sie lieber den Betreuungslehrer gelegentlich spüren, daß Sie sein handwerkliches Können anerkennen; sprechen Sie aus, was Ihnen in der Stunde gefallen hat. (Auch ältere Lehrer brauchen ab und zu ein paar Streicheleinheiten!)

Lassen Sie Ihren Betreuungslehrer rechtzeitig wissen, wenn Sie verhindert sind, eine Stunde zu geben oder auch nur anzuhören. (Hoffentlich denkt er dann seinerseits auch daran, Sie zu informieren, wenn eine Stunde ausfällt oder wenn er eine Arbeit schreiben läßt, damit Sie nicht umsonst kommen!)

Verläßlichkeit gehört – ebenso wie Belastbarkeit, Pünktlichkeit und Planungsfähigkeit – zu jenen Eigenschaften, die vielleicht während der Universitätszeit einen geringeren Stellenwert hatten, die Sie jetzt aber bewußt kultivieren sollten. Ihre Betreuungslehrer werden nämlich gelegentlich vom Schulleiter gefragt, was sie von Ihnen halten, und solche Gespräche sind nicht immer rein sachlich. Menschliche Empfindlichkeiten fließen mit ein – und man kann nie wissen, welche Faktoren letztlich ausschlaggebend dafür sind, ob die Schulleitung ihren Einfluß geltend macht, um Ihnen eine feste Stelle an der Schule zu verschaffen. Verderben Sie sich nicht Ihre Chancen dadurch, daß Sie den Eindruck aufkommen lassen, Sie seien nicht ganz zuverlässig.

Auf das Thema U n t e r r i c h t s v o r b e r e i t u n g wird in einem späteren Kapitel noch eingegangen werden; deshalb hier nur wenige Sätze.

1. Stellen Sie keine unrealistisch überhöhten Ansprüche an sich selbst!
Vor Jahren wollte ich einmal mit einer 12. Klasse Shakespeares „Julius Caesar" lesen. Mit dem Referendar, der in dieses Projekt einsteigen wollte, hatte ich abgesprochen, daß er am ersten Tage – anknüpfend an möglicherweise vorhandene Vorkenntnisse der Schüler – eine Einführung in die Shakespearezeit geben sollte.
Kurz vor der Stunde kam mein Referendar, bleich und übernächtigt, und sagte verzweifelt: „Ich kann einfach nicht!" Er hatte sich so gründlich vorbereitet, daß ihn die schiere Fülle des Stoffes erdrückte. Er sah keine Möglichkeit, die Vielfalt der Fakten und Probleme so zu filtern, daß daraus eine schlichte Doppelstunde Englischunterricht werden konnte – womit er im Grunde völlig recht hatte. Er machte sich heftige Vorwürfe, weil er mich in eine schwierige Lage gebracht hatte; er hielt sich für unfähig und hätte am liebsten auf der Stelle einen anderen Beruf ergriffen. Kein Zureden konnte ihn bewegen, vor die Klasse zu treten.
Ich habe dann improvisiert und die Doppelstunde irgendwie „hingekriegt". Der Referendar beruhigte sich wieder; er übernahm in den folgenden Stunden den Unterricht, machte später ein gutes Examen und ist inzwischen längst in Amt und Würden.
Was zeigt diese Geschichte?
Suchen Sie sich aus, mit welcher Schlußfolgerung Sie am ehesten etwas anfangen können. (Richtig sind alle drei!)
a) Es war unfair, einen Referendar vor eine so schwierig-schwammige Aufgabe zu stellen; die Stunde hätte gemeinsam geplant werden müssen.

b) Referendare sind noch sensibel für Probleme, die „routinierte" Lehrer bereits verdrängt haben.

c) Das Streben nach Perfektion kann manchmal handlungsunfähig machen.

2. Akzeptieren Sie, daß bei Anfängern oft ein ungünstiges Verhältnis zwischen dem zeitlichen Aufwand für die Stundenvorbereitung und dem tatsächlichen Erfolg der Stunde besteht.

Es ist so ungerecht: Ein Referendar gibt sich unendliche Mühe, bereitet liebevoll vier Stunden lang eine Unterrichtsstunde vor – aber die Schüler zeigen nicht das geringste Interesse, sind laut und undiszipliniert und undankbar. Und dann stellt er beim Hospitieren fest, daß es Kollegen gibt, die sechs Seiten aus dem Telefonbuch von Castrop-Rauxel vorlesen könnten, und die Schüler würden lautlos und gebannt an ihren Lippen hängen.

Woran liegt es? Mit großer Wahrscheinlichkeit nicht an der Qualität der sachbezogenen Vorbereitung, sondern an jenen oben bereits skizzierten Faktoren, an denen sich kaum etwas ändern läßt (z. B. an der – in der Sicht der Schüler – unbedeutenden Stellung des Referendars innerhalb der Schulhierarchie).

Ich möchte Sie keineswegs davon abhalten, sich gewissenhaft vorzubereiten. Nur: verdrängen Sie bitte nicht einfach die Forderung nach ☞ 11 einem vernünftigen Verhältnis von Aufwand und Wirkung. Das rechtzeitige, schon während der Ausbildungszeit begonnene Entwik- ☞ 33 keln von Ökonomisierungsstrategien wird Ihnen helfen, später den Alltagsstreß besser zu bewältigen.

Bei der Vorbereitung jener Stunden, in denen Ihnen niemand oder nur der Betreuungslehrer zuhört, wird es Ihnen noch am ehesten gelingen, vernünftig-effektive Verfahren zu entwickeln. Bei der stark formalisierten Vorbereitung von Lehrproben ist es dagegen sehr schwer, sich dem vielerorts zu beobachtenden Zwang zum Schreiben immer längerer Entwürfe zu entziehen.

Das ist nicht nur unerfreulich, sondern auch zweischneidig. Unnötige Länge, aufgeblasenes Theoretisieren und angeberische Fremdwort-Überfrachtung werden vom Leser (der sich für die Lektüre meistens nur wenige Minuten Zeit nehmen kann, bevor die Stunde beginnt) oft als eine Zumutung empfunden und rufen eher Verärgerung als Anerkennung hervor.

Konkrete Hinweise zum Anfertigen von Lehrprobenentwürfen möchte ich Ihnen nicht geben, weil Sie ja doch zunächst einmal das befolgen müssen, was Ihnen hierzu im Seminar gesagt wird. Ich möchte Sie jedoch auf ein nützliches und sehr gut lesbares Buch hinweisen:

HILBERT MEYER, Leitfaden zur Unterrichtsvorbereitung, Scriptor-Verlag, Reihe ‚Ratgeber Schule', 394 S.

Der Verfasser bezeichnet sein Buch selbstironisch als „eine hemdsärmelige und oft parteiische Anleitung zum Schreiben von Unterrichtsentwürfen" (S. VII). Sie bekommen darin zwar auch keine Antwort auf die Frage, wie Sie sich die Arbeit leichter machen und ein angemessenes Aufwand-Wirkung-Verhältnis erzielen können, aber Sie erfahren, vor welchen Fallstricken Sie sich hüten müssen, auf welche Vorüberlegungen Sie keinesfalls verzichten sollten und inwieweit der ganze Aufwand langfristig gesehen doch sinnvoll ist. (Und falls Sie den Eindruck haben sollten, daß die an Ihrem Seminar propagierten didaktischen Grundlagen etwas verstaubt sind: bei MEYER finden Sie genügend Munition, um ein paar Löcher in die Lieblingstheorien Ihres Seminarleiters zu schießen.)

A propos „Schießen": Bei einer Seminar-Abschlußfeier parodierte ein Referendar (voller Freude über das bestandene Examen und beschwingt von ziemlich viel Sekt und der Aussicht auf eine Stelle) den typischen Lehrprobenentwurfs-Jargon. Die w i r k l i c h e n Lernziele in der ersten Unterrichtsstunde, sagte er, seien folgende:

Kognitiv: Der Referendar will sich bis zum Ende der Stunde drei Schülernamen gemerkt haben.

Psychomotorisch: Er will durch geschicktes Ducken und schnelles Zur-Seite-Springen erreichen, daß nicht mehr als 10 Prozent der aus der Klasse auf ihn abgeschossenen Papierflittchen ihn wirklich treffen.

Affektiv: Er will so viel Selbstbeherrschung bewahren, daß er nicht vor der 24. Minute in hilfloses Wutgebrüll ausbricht.

Recht hat er! Mit Anstand und einigermaßen ungerupft zu überleben, ist für den Anfang schon eine recht gute Leistung. Wenn außerdem sogar der eine oder andere Schüler etwas dabei gelernt hat, wird man es erstaunt und dankbar zur Kenntnis nehmen und sich mit Recht für einen vielversprechenden Pädagogen halten.

Da diese realistisch-bescheidene Einstellung aber leider bei den Ausbildern auf wenig Verständnis stößt, kommen Sie nicht darum herum, Ihre Ziele höher anzusetzen, wenn Sie die Lehrprobe bestehen wollen – wobei mit „Zielen" jetzt nicht jene schülerbezogenen Lern- bzw.

Lehrziele gemeint sind, die Sie in den Entwurf schreiben, sondern das, was Sie sich bezüglich Ihres eigenen Verhaltens vornehmen sollten. Zwei Punkte möchte ich nennen.

Erstens: G e l a s s e n h e i t. Ich habe Lehrproben erlebt, in denen der Unterrichtende sachlich hervorragend vorbereitet war (auch einen sehr guten Entwurf geschrieben hatte), sich aber so verkrampfte, daß er nichts mehr wahrnahm. Er war ausschließlich auf „Senden" eingestellt und schaffte es nicht, zwischendurch wieder auf „Empfang" zu schalten. Wenn man sich in einem solchen Zustand befindet, unterrichtet man an den Kindern vorbei, weil man Signale, die für die Interaktion wesentlich wären, nicht empfängt. Damit sind nicht nur verbale Beiträge gemeint (z. B. Antworten, die zwar nicht unmittelbar zu der vom Lehrer gestellten Frage zu passen scheinen, aus denen sich aber – wenn sie geschickt aufgegriffen würden – wichtige Denkanstöße gewinnen ließen), sondern u.a. auch die Körpersprache der Schüler, die dem geübten Beobachter Aufschluß darüber gibt, ob noch alles in Ordnung ist oder ob er die Klasse zu „verlieren" beginnt.

Je gelassener Sie sind, desto harmonischer wird das Ineinandergreifen von Handeln und Wahrnehmen bei Ihnen sein!

Zweitens: F l e x i b i l i t ä t. Selbstverständlich werden Sie den Verlauf der Lehrprobe genau planen, und selbstverständlich werden Sie nicht ohne guten Grund von Ihrem wohldurchdachten Plan abweichen. Aber hin und wieder kommt es eben durchaus vor, daß die Dinge sich anders entwickeln, als man gedacht hat, so daß ein Festhalten am Entwurf sinnwidrig oder zumindest ungünstig wäre. Der angstschweißbedeckte Kandidat muß dann entscheiden, ob er das Urteil „Sie haben zwei Punkte Ihres Entwurfs unberücksichtigt gelassen!" für schlimmer hält als den Spruch „Sie haben sich zu starr an Ihren Plan geklammert!"

Wie man's macht, macht man's falsch, sagen die Pessimisten. Aber ich kann Ihnen eine Geschichte erzählen, die zeigt, daß man den Stier „Abweichung vom Plan" nicht nur beherzt bei den Hörnern fassen, sondern sogar wie ein Zirkuspferdchen reiten kann!

Ein Bekannter von mir, der für seine letzte Lehrprobe unbedingt einen besonderen Effekt brauchte, hatte eine originelle Idee. Er schrieb einen brillanten Entwurf, nahm sich aber insgeheim vor, sich nicht an die darin beschriebene Folge von Unterrichtsschritten zu halten, sondern von einem bestimmten Punkt an einen ganz anderen, aber mindestens ebenso guten Weg einzuschlagen. Dies bereitete er sorgfältig vor, und so gelang es ihm ohne Schwierigkeit, nachdem die erste Hälfte der Stunde entwurfskonform gelaufen war, jene erhoffte

(aber offiziell natürlich „unerwartete") Schülerreaktion zu provozieren, die es ihm ermöglichte, das Steuer herumzureißen und die Stunde nach seinem Geheimplan zu beenden. In der anschließenden Besprechung erläuterte er dann sehr überzeugend, warum er es für notwendig angesehen hatte, vom Entwurf abzuweichen. Jedermann lobte sein didaktisch-methodisches Fingerspitzengefühl, seine Flexibilität und sein sicheres Reaktionsvermögen. . .
(Diesen Trick empfehle ich Ihnen aber nur dann zur Nachahmung, wenn Ihr Image ohnehin schon gut ist!)

Nachdem ich einige kritische und ironische Dinge über Lehrprobenentwürfe gesagt habe, möchte ich Ihnen aber doch empfehlen, diese Produkte immensen Fleißes und hoffnungsvoller Einbildungskraft eifrig zu s a m m e l n . Nicht nur Ihre eigenen, sondern auch die Ihrer Mitreferendare. Viele Entwürfe enthalten recht brauchbare (und oft übertragbare) methodische Einfälle. So kommen Sie im Laufe der Zeit zu einer Kollektion von gut durchgeplanten Einzelstunden, die Sie bei Bedarf einsetzen können. (Falls die Lehrproben nicht so verliefen, wie es wünschenswert gewesen wäre, notieren Sie sich auf den Entwürfen oder auf Zusatzblättern, wo die Schwachstellen lagen, welche Alternativen sich empfohlen hätten usw.)
Es ist überhaupt wichtig, daß Sie sich im Laufe der Ausbildungszeit konsequent damit befassen, Ihre eigene „Werkzeugkiste" zu füllen. Heben Sie z. B. alle *Arbeits- und Textblätter* auf, die von den Betreuungslehrern, in deren Stunden Sie gerade hospitieren, ausgegeben werden. Falls der Kollege nicht von selbst für Sie ein Blatt mehr abgezogen hat, sprechen Sie ihn darauf an. Jedes Aufgabenblatt und jeder Interpretationszettel, die man nicht mehr selbst zu erarbeiten braucht, spart Arbeit! (Achten Sie darauf, daß Sie ein kräftiges, gut fotokopierbares Exemplar bekommen – nicht gerade den blassesten, kaum noch lesbaren Matrizenabzug.)
Es kann auch sehr lohnend sein, *Tafelbilder* abzuschreiben bzw. abzuzeichnen: besonders solche, die in gutem Layout das Wesentliche eines bestimmten (vermutlich auch in Zukunft noch zu verwendenden) Textes oder Themas herausstellen (Beispiele: Interpretation einer Kurzgeschichte; Vergleich zweier themenverwandter Gedichte o. ä.). Wenn Ihnen dazu dann noch eine Ergänzung oder Verbesserung einfällt, bauen Sie sie gleich mit ein. Das Entwerfen eines guten Tafelbildes kostet erfahrungsgemäß viel Zeit. Die kleine Mühe des Abschreibens lohnt sich also; zumal Sie ohnehin in der Klasse sitzen und nicht viel anderes tun können als zuhören und mitschreiben.

☞ 29

☞ 15

Wenn Sie selbst Dinge vervielfältigen, die vielleicht zu einem späteren Zeitpunkt erneut benutzt werden können: heben Sie die *Matrizen* auf! Es ist erstaunlich, wie lange sich Matrizen halten (sofern die abgezogene „Erstauflage" nicht zu hoch war): ich habe neulich Abzüge von einer Matrize hergestellt, die ich vor acht Jahren zuletzt benutzt hatte. Abschließend eine weitere Sammel-Empfehlung, die zwar nichts mit dem Unterricht zu tun hat, aber ebenfalls Zeit sparen hilft. Heben Sie sich von den *Lebensläufen*, die Sie einreichen müssen, immer einen Durchschlag oder eine Fotokopie auf; dann brauchen Sie beim nächsten Mal nur die alten Formulierungen zu übernehmen und durch die neu hinzugekommenen Fakten zu ergänzen. Überhaupt sollten Sie es sich zur Gewohnheit machen, „offizielle" Briefe *immer mit Durchschlag* zu schreiben (private Briefe übrigens auch!) und wichtige Formulare, die Sie ausfüllen müssen, erst dann abzugeben, wenn Sie sie fotokopiert haben.

Über die B e s p r e c h u n g e n , die sich an Lehrproben und Gaststunden anzuschließen pflegen, ist schon viel Bitteres gesagt und geschrieben worden.[5]
Als besonders negativ werden im allgemeinen die formellen Lehrprobenbesprechungen empfunden. Die Reihenfolge der Sprecher folgt einem starren Schema; für ein wirkliches Diskutieren der Probleme reicht die Zeit nicht, und etliche Äußerungen (sowohl der „Würdenträger" als auch der Mitreferendare) entspringen nicht dem Wunsch, etwas Wichtiges zur Sache beizutragen, sondern anderen Motiven, die zwar nicht unverständlich sind, die aber den spöttischen Beobachter gelegentlich wünschen lassen, er könnte seine Zeit nutzbringender verwenden.
Da es für die Referendare praktisch unmöglich ist, dieses Ritual zu ändern und für sich selbst ergiebiger zu gestalten, tun sie gut daran, mit Geschick und Einfühlungsvermögen ihre festgelegte Rolle zu spielen und mit gelassenem Humor zu akzeptieren, daß auch die anderen an ihre Rollen gebunden sind.

Etwas anders sieht die Sache aus, wenn es sich um eine Stundenbesprechung unter vier Augen handelt, d.h. bei einem Besuch des Fachleiters oder Seminarleiters.

---

[5] Vgl. z. B. DUTILLY (30f., 32); FRECH/REICHWEIN (59, 95); KRÜGER (55, 68ff., 110f., 126f.); MEYER (363–367).

Gewiß, auch ein solches Gespräch hat noch rituelle Elemente. Es wäre naiv, eine Interaktion auf der Basis grundsätzlicher Gleichberechtigung erzwingen zu wollen und vom Fachleiter zu erwarten, daß er sich der behaglichen Sicherheit seiner Rolle entäußert und *nicht* davon ausgeht, daß er es „besser weiß" und daß er das Recht hat, zu belehren und zu bewerten. Es wäre andererseits aber nicht weniger naiv, in übertriebener Offenheit alle eigenen Unsicherheiten (auch die, die noch gar nicht zu Tage getreten sind!) vor ihm auszubreiten und vertrauensvoll um seine Hilfe zu bitten: nicht deshalb, weil er diese Hilfe nicht geben würde, sondern weil er sich seiner Funktion als Prüfer nicht entziehen kann – mit anderen Woren, weil solche im Gespräch gewonnenen Erkenntnisse möglicherweise doch mit in die Zensur einfließen werden. (Nehmen Sie sich ein Beispiel an jener Hausfrau, die, wenn ein Besucher ihr ein Kompliment über die neue Wohnzimmereinrichtung macht, nicht etwa sagt: „Ja, aber sehen Sie nur, der schöne Teppich hat schon ein Loch; da hat neulich jemand seine Zigarette fallen lassen!", sondern während des Gesprächs unauffällig einen Fuß auf das Loch im Teppich setzt. . .)
Sowohl der Ausbilder als auch der Referendar sollten anerkennen, daß der Gesprächspartner nicht einfach seine Rolle verlassen kann. Eine solche nüchtern-realistische Einstellung schafft eine brauchbare Ausgangsbasis und schützt beide Seiten vor Enttäuschungen.
Es gibt einige vernünftige Empfehlungen, die das Verhalten des Ausbilders bei Stundennachbesprechungen betreffen[6], z. B.:
– Er soll beachten, daß die Aufnahmefähigkeit des Referendars in einer solchen Situation begrenzt ist; er soll ihn deshalb nicht mit einer Fülle von kritischen Bemerkungen und Ratschlägen erschlagen, sondern sich auf wenige wichtige Punkte beschränken.
– Er soll nicht nur kritisieren, sondern auch loben. (Es wirkt grotesk, wenn er den Referendar dafür kritisiert, daß er die Schüler zu wenig gelobt habe, er selbst aber ständig gegen dieses Prinzip verstößt!)
– Er soll sich bemühen, als Helfer und nicht als Richter aufzutreten; er soll konstruktive Anregungen geben, die so konkret sind, daß der Referendar sie unmittelbar in die Praxis einbringen kann.
Ausbilder, die diese Empfehlungen lesen, werden mit Sicherheit sagen: „Das sind doch Selbstverständlichkeiten!" Gewiß. Aber wie oft habe ich schon miterlebt, daß diese angeblichen Selbstverständlichkeiten vernachlässigt wurden! Nicht aus Gleichgültigkeit oder gar

[6] BESSOTH et al., Abt. 35.02 (12); Abt. 35.03 (10 und 32–36); FRECH/REICHWEIN (59); MEYER (366f.); Marcella SCHÄFER 1981 (14); WUNSCH (180).

rücksichtsloser Nichtachtung des Gesprächspartners, sondern aus temperamentvollem Engagement für die Sache, aus Perfektionismus, aus der Besorgnis, die eigene Aufgabe vielleicht nicht gründlich genug zu erfüllen. Fachkompetenz und psychologisches Einfühlungsvermögen sind nun einmal zwei verschiedene Dinge – und nicht jeder Ausbilder besitzt beide Qualitäten in gleichem Maße.

Die meisten Referendare beschränken sich dann darauf, stumm unter der frustrierenden Einseitigkeit des Gesprächs zu leiden. Aber das ist ungünstig, weil die Gefahr besteht, daß man irgendwann die Beherrschung verliert und entweder aggressiv wird oder in Tränen ausbricht oder beides.

Dabei hat der Referendar durchaus die Möglichkeit, den Verlauf des Gesprächs rechtzeitig in gewissen Grenzen zu beeinflussen, indem er z. B. die Aufmerksamkeit des Ausbilders vorsichtig auf positive Aspekte legt („Mir lag in dieser Stunde sehr viel daran, ... zu erreichen. Glauben Sie, daß es mir diesmal gelungen ist?") oder ihm behutsam nahelegt, eine Auswahl unter den vielen Einzelheiten zu treffen („Auf welches Problem sollte ich mich beim nächsten Mal besonders konzentrieren?").

In vielen Fällen beschränken sich die Gespräche nach den Gaststunden nicht auf fachmethodische und pädagogische Fragen, sondern gehen zu anderen Dingen über – und hier liegt eine wichtige Chance für den Aufbau einer Beziehung, die über das rein Funktionale hinausgeht. Versuchen Sie, Ihren Fachleiter oder Seminarleiter nicht nur als Ausbilder oder Prüfer zu sehen, sondern auch als M e n - s c h e n, der seine eigenen persönlichen Sorgen und emotionalen Bedürfnisse hat. Zwar wird er Ihnen vermutlich nicht anvertrauen, daß er sich gerade mit seiner midlife crisis herumquält, daß er Ärger mit seinem Schulleiter hat oder daß ihm die Hypothekenzinsen über den Kopf wachsen. Aber es gibt sicher Felder, auf denen eine Begegnung möglich ist. Vielleicht kann er Interessantes über die Schulerfahrungen seiner eigenen Kinder erzählen; vielleicht spielt er Cello, ist ein begeisterter Wintersportler oder hat zuhaus eine reinrassige Siamkatze.

Finden Sie es heraus. Hören Sie zu. Erzählen Sie auch von sich selbst. Gegenseitiges Ernstnehmen, gegenseitiges Näherkommen sind auch dann möglich, wenn man in einem bestimmten Teilgebiet vorsichtig und zurückhaltend sein muß, weil man das Ausgeliefertsein des anderen an seine spezielle Rolle anerkennt.

Ich betone diesen Punkt deshalb so stark, weil er von langfristiger Wichtigkeit für Ihren Erfolg als Lehrer ist. Es geht ja nicht nur darum, während der Ausbildungszeit ein paar Gaststundennachbesprechungen erfreulicher zu gestalten; es geht vielmehr um das grundsätzliche Bemühen, beim anderen Menschen mehr als nur die jeweilige Rolle oder Maske wahrzunehmen – um ein Prinzip also, das auch für den Umgang mit Schülern von entscheidender Bedeutung ist.

Die s c h r i f t l i c h e A r b e i t, die man während der Ausbildung anzufertigen hat – im allgemeinen die Beschreibung und Auswertung einer Unterrichtsreihe – stellt eine beträchtliche Belastung dar.
Da ihr Ergebnis für die Gesamtnote der Prüfung von erheblicher Bedeutung ist, muß man sie wohl oder übel wichtig nehmen. Ob sie allerdings überhaupt brauchbare Rückschlüsse auf unterrichtsrelevante Fähigkeiten des Referendars zuläßt, mag man bezweifeln, und daß der Aufwand, der für ihre Anfertigung nötig ist, in einem gesunden Verhältnis zu ihrem Wert für die Ausbildung stehe, werden nur wenige Optimisten behaupten. (In dieser Hinsicht ist sie den Lehrprobenentwürfen sehr ähnlich!) Am besten geht man mit gelassener Ironie an diese Aufgabe heran – und versucht trotzdem, sie so gut wie möglich zu erledigen.
Bei ZIMMERMANN/BECKER (8–12) werden dazu einige grundsätzliche Hinweise gegeben; außerdem findet sich dort ein nützliches Schema für den inhaltlichen Aufbau der Arbeit. Man sollte dieses Schema natürlich nicht sklavisch übernehmen (schon deshalb nicht, weil es jedem Seminarleiter bekannt ist); aber es kann verhindern, daß man wesentliche Gesichtspunkte ausläßt.
Im Seminar wird man weitere Hinweise bekommen; in manchen Fällen sind die Fachleiter auch bereit, bei der Planung, Durchführung und Auswertung der Unterrichtsreihe zu raten und zu helfen – aber das ist sehr unterschiedlich.
Es empfiehlt sich – besonders für diejenigen, die schon während der Universitätszeit ihre Referate nur unter Qualen geboren haben –, vor Beginn der Vorarbeiten einige jener Bücher durchzublättern, die sich ganz allgemein mit der Technik der geistigen Arbeit befassen.[7] Man

---

[7] BEER, Methoden der geistigen Arbeit
BUZAN, Use your head
FERMER, Wie verbessere ich meine Arbeitstechnik?
HASSELHORN et al., Wirkungsvoller lernen und arbeiten
HÜLSHOFF/KALDEWEY, Training Rationeller lernen und arbeiten (speziell für Schüler!)
KUGEMANN, Kopfarbeit mit Köpfchen (speziell für Schüler!)

hat bei der Lektüre nicht nur einen Nutzen für sich selbst, sondern stößt auch auf viele Hinweise, die man irgendwann einmal an Schüler weitergeben möchte.

Zwei Hinweise scheinen mir im Zusammenhang mit der schriftlichen Prüfungsarbeit besonders wichtig zu sein:

☞ 29

1. Halten Sie – in der Planungsphase, während der Durchführung der Unterrichtsreihe und bei der Anfertigung der Arbeit – alle spontanen Gedanken und Ideen und Nebenerwägungen sofort schriftlich (oder mit einem Diktiergerät) fest. Auch und gerade die, die Sie erst wesentlich später verwenden können. Andernfalls gehen Ihnen viele ergiebige Einfälle verloren, weil Sie sie wieder vergessen. (Seien Sie beim Sammeln nicht kritisch, sondern großzügig-kreativ. Sichten und verwerfen können Sie später!)

2. Zögern Sie das eigentliche Schreiben der Arbeit nicht zu lange hinaus. Wie oft habe ich schon beobachtet, daß jemand dicke Stapel von Sekundärliteratur las, Hunderte von Exzerpten tippte – und schließlich unter argen Zeitdruck geriet, so daß er die Arbeit in wenigen Tagen und Nächten „zusammenhauen" mußte! Das bleibt natürlich nicht ohne negative Auswirkungen auf die Präzision der Gedankenführung, die Qualität der Formulierungen und, nicht zuletzt, die Korrektheit und Sauberkeit der äußeren Form. Gutachter lassen sich von diesen Faktoren durchaus beeinflussen, und das kann man ihnen nicht verdenken. Fangen Sie also rechtzeitig an zu schreiben – und scheuen Sie sich nicht, Ihren Partner oder einen guten Bekannten zu bitten, das Geschriebene auf Fehler durchzusehen.

Auch zur Vorbereitung auf die m ü n d l i c h e P r ü f u n g finden sich nützliche Hinweise in den oben erwähnten Büchern, z. B. bei KUGE-MANN.

Manche Dinge, die für die Prüfung gelernt werden müssen, erscheinen langweilig, trocken und ziemlich nutzlos. Man weiß, daß man sie entweder nie wieder brauchen wird oder, wenn es doch der Fall sein sollte, ohne weiteres nachschlagen kann. Die Lernmotivation ist dementsprechend gering. (Diese Erfahrung kann dem Referendar

KUGEMANN, Lerntechniken für Erwachsene
LEITNER, So lernt man lernen
NAEF, Rationeller Lernen lernen
STROEBE, Arbeitsmethodik (I und II)
THOMAS, Konzentration für geistige Arbeit und Lebensgestaltung
WERNECK/ULLMANN, Moderne Arbeitsmethodik
ZIELKE, Konzentrieren – keine Kunst.

helfen, sich in die Situation der Schüler hineinzuversetzen: Müssen nicht auch sie dauernd etwas lernen, wovon sie nicht glauben, daß sie es jemals auch nur im Entferntesten brauchen werden?) Daß man sich trotzdem gut vorbereiten muß, liegt auf der Hand – es hängt zu viel vom Ausgang der Prüfung ab, als daß man sie auf die leichte Schulter nehmen könnte. Da eine perfekte Vorbereitung, die jedes Versagen mit Sicherheit ausschließt, angesichts der Stofffülle und der menschlichen Unwägbarkeiten unmöglich ist, muß man Kompromisse schließen und kalkulierte Risiken eingehen; man muß strategisch planen, anstatt blind darauf los zu lernen.

☞ 8

Dabei können sich die folgenden Überlegungen als nützlich erweisen:

1. Angehäuftes Wissen allein ist noch keine Garantie für Erfolg. Man muß auch fähig sein, den Stoff gewandt, flüssig und überzeugend darzustellen. Das kann man aber nur, wenn man es vorher übt; es ist naiv, darauf zu vertrauen, daß einem am Prüfungstage die Beredsamkeit als Geschenk in den Schoß fallen wird. Üben Sie, Ihr Wissen vorzutragen! Der Ehepartner wird – hoffentlich – geduldig zuhören. Auch Arbeitsgruppen, in denen Sie und Ihre Leidensgenossen sich gegenseitig befragen und von Ihren Spezialgebieten berichten, sind nützlich. Und wenn Sie niemanden haben, mit dem Sie ein Prüfungsgespräch simulieren können: reden Sie mit sich selbst, stellen Sie sich vor den Spiegel, benutzen Sie einen Kassettenrecorder und hören Sie hinterher kritisch ab, was Sie gesagt haben!

2. Stellen Sie eine nüchterne Kosten-Nutzen-Rechnung auf. Auf welchem Gebiet bzw. bei welchem Prüfer zahlt sich der Lernaufwand voraussichtlich am ehesten aus?

Für jemanden, bei dem Sie das Gefühl haben, daß er Ihnen sehr kritisch gegenübersteht, sollten Sie sich besonders intensiv vorbereiten, auch wenn der Stoff Ihnen wenig Freude macht. Eine überzeugende Leistung in diesem Teil der mündlichen Prüfung, in Anwesenheit der anderen Kommissionsmitglieder erbracht, kann durchaus dazu führen, daß der „gefährliche" Prüfer sich gezwungen sieht, sein (Vor-)Urteil zu revidieren.

Verwenden Sie keine Lernzeit auf Gebiete, die erfahrungsgemäß nie abgefragt werden. Überlegen Sie sich aber eine geschickte Begründung für die Lücken, die Sie bei der Vorbereitung gelassen haben, für den Fall, daß Ihr Nicht-Wissen plötzlich an den Tag kommt.

3. Wenn der entscheidende Tag gekommen ist: Berücksichtigen Sie, daß der jeweilige Prüfer auch ein Mensch ist! Er hat an diesem Tage vielleicht schon etliche Prüfungen hinter sich gebracht; es ist spät, der

Rücken tut ihm weh vom langen Sitzen; den Prüfungsstoff hat er im Laufe seiner Amtszeit schon viele Male zu hören bekommen. Er spielt brav seine Rolle, aber er langweilt sich. Sorgen Sie dafür, daß er das Gespräch mit Ihnen als interessant und lebendig empfindet! Durchbrechen Sie die langweilige Theorie-Reproduktion; erzählen Sie etwas Konkretes, persönlich Erlebtes, das das Routinethema wieder lebendig macht! (Schließlich hatten Sie monatelang Zeit, solche Erlebnisse – vielleicht sogar mit ein wenig Regie und Nachhilfe? – zu sammeln und sich zu überlegen, wie Sie den Prüfungsthemen kleine persönliche Glanzlichter aufsetzen können...)

4. Bitte lesen Sie noch einmal, was im Zusammenhang mit dem Verhalten in Lehrproben über Gelassenheit und Flexibilität gesagt wurde. Es gilt auch für die mündliche Prüfung!

Wenn nun aber, trotz aller Anstrengungen, das Ergebnis der Prüfung doch nicht so aussieht, wie Sie gehofft hatten?

Vielleicht können die folgenden Überlegungen Ihnen helfen, die Enttäuschung etwas schneller zu überwinden.

1. Es ist denkbar, daß die Prüfungsnote Ihren Leistungen und Fähigkeiten nicht wirklich gerecht wird.

Ich spreche nicht von unverständlichen Fehlentscheidungen oder gar böswilligen Ungerechtigkeiten; sie dürften, wenn überhaupt, nur äußerst selten vorkommen. Ich spreche von der Schwierigkeit, objektive und durchschaubare Maßstäbe für die Erstellung der Einzelnoten (schriftliche Arbeit; Vorbeurteilungen durch Fach- und Seminarleiter; Lehrproben; mündliche Prüfung) zu finden, und von der Schwierigkeit, aus diesen Einzelnoten eine Gesamtnote zusammenzusetzen – nach einem Schlüssel, der irgendwann einmal festgelegt wurde und über dessen Angemessenheit man durchaus diskutieren kann.

2. Es gibt Faktoren, die für den späteren Erfolg im Beruf wesentlich sind, die sich aber während der Ausbildungsphase noch nicht beurteilen lassen und die von der Prüfung überhaupt nicht erfaßt werden.

Wie werden sie sich als Klassenlehrer bewähren?

Wie werden Sie mit der Dauerbelastung fertigwerden, die eine Anstellung mit voller Wochenstundenzahl mit sich bringt?

Nicht jeder, der sein zweites Staatsexamen mit „Gut" oder „Sehr gut" abschließt, macht auch später noch so einen überzeugenden Eindruck, denn die Fähigkeit, kurzfristig Leistungsspitzen zu zeigen, ist nicht mit der Fähigkeit gleichzusetzen, langfristig eine respektable Durchschnittsleistung zu erbringen. Andererseits sind schon viele Anfänger, deren Examensnoten sich eher bescheiden ausnahmen, im Laufe der

Zeit zu hervorragenden Pädagogen geworden, weil sie Persönlichkeitsfaktoren mitbrachten oder entwickelten, von denen während der
Ausbildungszeit kaum gesprochen wurde. Es gibt verschiedene Möglichkeiten, ein guter Lehrer zu sein[8]; und ich wünsche Ihnen, daß Sie
im Laufe der Zeit die Ihnen gemäße Art finden.

Abschließend ein Wort an jene Leser dieses Kapitels, die ihre Ausbildungszeit schon lange hinter sich haben:
Bitte helfen Sie den Referendaren – mit Ihrer Zeit, Ihrer Erfahrung,
Ihrer Geduld. Praktische Tips zu geben ist nützlich und wichtig; aber
ebenso wichtig kann es sein, daß Sie ein guter Gesprächspartner sind
– und das heißt: nicht nur ein kritischer Ratgeber, sondern auch ein
einfühlsamer Zuhörer.
Warten Sie nicht, bis Sie ausdrücklich um Hilfe gebeten werden,
sondern tun Sie gelegentlich selbst den ersten Schritt!

---

[8] Das kleine Buch „Wesensformen des Lehrers" von CASELMANN ist in diesem
Zusammenhang lesenswert. Es macht deutlich, daß es nicht Aufgabe der
Lehrerbildung sein darf, einen Einheitslehrer zu schaffen. CASELMANN nennt
bei den Lehrertypen, die er schildert, auch jeweils die spezifischen Stärken
und Schwächen und regt so zu konstruktiver Selbsterziehung an.

Der Schulweg

Da die sinnvolle Nutzung von Zeit eines der Hauptthemen dieses Buches ist und da viele Lehrer jeden Tag eine Stunde oder mehr damit zubringen, von ihrer Wohnung zur Schule und später wieder zurück zu gelangen, lohnt es sich, einige Überlegungen über den Schulweg anzustellen.

Autobenutzer kennen ihre durchschnittliche Fahrzeit und fahren zur Sicherheit etwas früher ab, damit sie auf jeden Fall pünktlich sind. Das klingt vernünftig und ist es sicher in den meisten Fällen auch. Sie könnten allerdings einmal in Erwägung ziehen, diese Reservezeit bewußt zu verlängern, also z. B. zehn Minuten früher als gewohnt das Haus zu verlassen. Es kann sein, daß Sie dabei fünf von den zehn Minuten wieder zurückgewinnen, weil Sie den morgendlichen Stoßverkehr zum Teil vermeiden. Es hat Vorteile, früher zur Schule zu kommen: Sie finden wesentlich leichter und ohne komplizierte Einfädelmanöver einen Parkplatz; Sie können in aller Ruhe Ihre organisatorischen Vorbereitungen treffen (z. B. sich einen der immer umkämpften Kassettenrecorder sichern) und ein paar freundliche Worte mit einem Kollegen wechseln. Außerdem haben Sie wahrscheinlich durch gelasseneres Fahren Benzin und Nerven gespart.

Sofern Sie einen langen Anfahrtsweg haben, können Sie nicht nur Benzin, sondern vor allem auch viel Zeit einsparen, wenn Sie – an einem jener Tage, an denen Sie den ganzen Morgen Unterricht und am frühen Nachmittag gleich wieder eine Konferenz haben – nicht über Mittag nach Hause fahren, sondern nur ein Butterbrot essen und die Zwischenzeit konstruktiv ausnutzen: für Einkäufe, die andernfalls eine eigene Anfahrt erforderlich machen würden, oder für Korrekturen oder Verwaltungsarbeiten, oder auch einfach zum ungestörten Lesen eines Buches, zu dem Ihnen zu Haus doch die Ruhe fehlt. Entscheidend ist, daß Sie sich rechtzeitig genau überlegen, was Sie tun wollen. Andernfalls merken Sie vielleicht erst, wenn es zu spät ist, daß

Sie einen für den Einkauf wichtigen Notizzettel vergessen haben oder daß die Liste, die Sie in der Schule ins Klassenbuch übertragen wollten, noch zu Haus auf dem Schreibtisch liegt.

Ist die Zeit, die Sie im Auto sitzen, „verlorene" Zeit?
Solange Sie sich voll auf den Verkehr konzentrieren müssen, können und dürfen Sie natürlich nichts anderes tun. Solche Augenblicke sind aber für einen routinierten Fahrer eher die Ausnahme als die Regel. Im allgemeinen wendet man dem Fahren nur einen Teil der verfügbaren Aufmerksamkeit zu.
Was tun Sie mit dem Rest? Lassen Sie sich vom Autoradio berieseln, oder schweifen Ihre Gedanken ziellos hierhin und dorthin?
☞ 15 Es gibt auch andere Möglichkeiten:

Sie können Ihre Gedanken gezielt bei Gedächtnisinhalten verweilen lassen, die Sie auffrischen oder deren Einfluß auf Ihr Verhalten Sie verstärken möchten.
Hier sind einige Beispiele:
– Welche menschlichen Begegnungen, welche Gespräche stehen Ihnen heute bevor? Wem könnten Sie von sich aus helfen oder eine kleine Freundlichkeit erweisen?
– Gehen Sie die Schüler Ihrer Klasse durch. Um wen haben Sie sich in letzter Zeit zu wenig gekümmert? Wessen Hausaufgaben müßten Sie sich dringend mal wieder mitnehmen? Welche Eltern haben beim letzten Elternsprechtag Dinge erzählt, die psychologisch aufschlußreich waren?
– Zerlegen Sie ein komplexes Problem, das Ihnen zur Zeit zu schaffen macht, in seine Einzelheiten. Fragen Sie sich, was Sie erreichen und was Sie unbedingt vermeiden wollen. Welche Faktoren sind voneinander abhängig, und welche lassen sich getrennt voneinander betrachten? Gibt es unbekannte Faktoren, und wieviel Gewicht könnte ihnen zukommen? Welche Informationen müßten auf jeden Fall noch beschafft werden, um das Entscheidungsrisiko zu verringern? Wie könnte der nächste konkrete Schritt in dieser Sache aussehen, und welche Konsequenzen würde er haben?
– Müssen Sie mit jemandem eine Auseinandersetzung führen? Welche Argumente wollen Sie dabei vorbringen, in welcher Reihenfolge, mit welchen Worten?

Niemand hört Sie – also sprechen Sie ruhig laut vor sich hin!
Beim Sprechen, beim hörbaren Ringen um die treffende Formulierung

wird manches deutlich, was vorher nicht auffiel: Unklarheiten und
Widersprüche in der Gedankenführung, Schwachstellen in der Argumentation, Ängste und Unsicherheiten bei der Darstellung der eigenen Gefühle. Lautes Sprechen klärt (denken Sie an Kleists These von
der „allmählichen Verfertigung der Gedanken beim Reden"!), übt und
befreit!

☞ 15 Wenn Sie zu Fuß gehen, werden Sie auf das Sprechen verzichten
müssen, aber innere Sammlung und zielgerichtetes Denken sind auch
dann möglich. Wahrscheinlich sogar noch besser.
Etwas ungünstiger steht es damit bei der Benutzung von Bus oder
Straßenbahn. Dafür ist es dort allerdings oft sehr interessant, was man
alles zu hören bekommt. Es kann aufschlußreich und heilsam sein, die
ungenierten Gespräche mitfahrender Schüler (auch solcher anderer
Schulen) zu verfolgen und dabei zu lernen, wie Schulalltag und
Lehrerverhalten aus der Perspektive der „Abnehmer" aussehen.
Vor Jahren fuhr ich jeden Morgen mit einem meiner eigenen Schüler
im gleichen Bus zur Schule. Er war anhänglich und gesprächig; und
was ich in jenen Monaten über die Eigenschaften seiner Mitschüler,
über Spannungen und Verstimmungen in der Klasse und über den
Unterricht der Kollegen erzählt bekam, hat mir viel geholfen.

☞ 7 Wie auch immer Ihr täglicher Schulweg aussieht – suchen Sie nach
Möglichkeiten, ihm etwas abzugewinnen!

Unterricht

Eines der Rezepte, die man während der Ausbildung genannt bekommt, lautet, daß man zur Einstimmung an den Anfang der Stunde etwas Leichtes, Lockeres stellen solle.
Warum nicht auch an den Anfang eines Kapitels?
Die folgende Satire habe ich für unsere Schulzeitung geschrieben:

Sticheleien für Studienräte
oder
Hinterhältige Hinweise zu zielstrebiger Zeitverschwendung

Bekanntlich ist es die Aufgabe der Schule, Schüler auf ein Leben vorzubereiten, in dem sie viele Stunden des Tages verschwenden – z.B. weil sie ohnehin arbeitslos sein werden, oder weil sie sich an den Erwachsenen ein Beispiel nehmen möchten. Deshalb müssen die Lehrer ihren Schülern nach Kräften helfen, angemessene Gewohnheiten zu entwickeln, und ihnen auch in dieser Beziehung ein Vorbild sein.
Wie Professor T. Imewaste kürzlich in einer aufsehenerregenden Studie nachwies, sind viele Lehrer auf diese wichtige Aufgabe aber nur sehr unzureichend vorbereitet. Sie neigen dazu, in unnötiger Unterschätzung der eigenen Einflußmöglichkeiten ausschließlich auf die gewohnheitsbildende Wirksamkeit des häuslichen Fernseh-Trainings zu vertrauen.
Hier klafft eine Lücke in der Lehrerbildung!
Zwar zeigen sich in manchen Seminarveranstaltungen schon verheißungsvolle Ansätze, aber zu viele Fach- und Seminarleiter gehen in ihren Sitzungen zumindest in der Theorie doch noch von der veralteten Vorstellung aus, daß im Unterricht „Resultate" erzielt werden müßten.

Um die Erzieher in dieser Not nicht allein zu lassen, seien ihnen hier zehn redliche Ratschläge ans Herz gelegt:
1. Gehen Sie nicht zu früh nach dem Klingeln in den Klassenraum. Erstens ersparen Sie Ihren Schülern so die Mühe, sich mit Dingen zu befassen, die ihnen unangenehm sind. Zweitens sorgen Sie dafür, daß auch die Klasse nebenan nicht mit der Arbeit beginnen kann, weil der fröhliche Lärm Ihrer vor der Tür stehenden Schüler dies unterbindet.
2. Vermeiden Sie geflissentlich, die im Unterricht zu benutzenden Geräte vorher auf ihre Funktionsfähigkeit zu überprüfen. Angenehme Viertelstunden lassen sich

damit zubringen, in angeregtem Gespräch mit den Schülern zusammen Vermutungen darüber anzustellen, warum der Kassettenrecorder keinen Ton von sich gibt.

3. Wenn Sie in der Klasse angekommen sind und wieder einmal feststellen, daß die Steckdose zu weit vom Lehrertisch entfernt ist, schicken Sie erst einmal einen Schüler los, der vom Schulassistenten eine Verlängerungsschnur holen soll. Der kleine Ausflug ist gut für seine körperliche Ertüchtigung, oder für seine Verdauung, oder für das Telefongespräch, das er ohnehin noch führen wollte.

4. Es sollte selbstverständlich sein, daß Sie erst während der Stunde die gewünschte Bandstelle suchen. Spontaner Beifall wird Ihnen danken, wenn Sie – nach vielen „Ich bin sicher, daß es auf dieser Seite war", „Moment, hier irgendwo müßte es jetzt kommen!" und „Verdammt, jetzt habe ich wieder zu weit zurückgespult" – endlich das Gewünschte gefunden haben.

5. Gehen Sie lange in der Klasse umher und sehen Sie sich Haushefte an, ohne eine Aufgabe zu stellen. Die Schüler müssen lernen, Wartezeiten in Kauf zu nehmen!

6. Besprechen Sie dann mindestens 14 Minuten die verworrene Hausarbeit eines einzelnen Schülers.

7. Lassen Sie häufig und lange diskutieren. Beachten Sie dabei die folgenden Grundregeln:

– Es muß sichergestellt sein, daß immer mindestens drei Teilnehmer gleichzeitig sprechen.

– Eine Diskussion ist um so ergiebiger, je weniger Fakten den Schülern bekannt sind.

– Die Teilnehmer müssen lernen, wegzuhören, während jemand anders spricht. Es deutet auf ein bedauerliches Maß von Ungeschick seitens des Diskussionsleiters hin, wenn ein Schüler in der Lage sein sollte, den Beitrag des Vorredners richtig zu wiederholen.

– Hüten Sie sich vor klärenden Zusammenfassungen, vor dem Anschreiben von Pro- und Contraargumenten und vor jeglicher Form der Ergebnissicherung. Derlei Dinge führen zu enttäuschender Ernüchterung und machen die Diskussion unlebendig.

8. Gehen Sie davon aus, daß Ihre Schüler über hinreichende hellseherische Fähigkeiten verfügen, um zu wissen, daß Sie in der heutigen Stunde zum ersten Mal seit vier Wochen wieder mit der Grammatik (dem Atlas, der Formelsammlung) arbeiten wollen. Sie schaffen damit Übungsmöglichkeiten für partnerschaftliche Zusammenarbeit, da etwa vier bis fünf vorhandene Bücher pro Klasse für einen effektiven Unterricht völlig ausreichend sind.

9. Vermeiden Sie übermäßige Präzision beim Stellen der Hausaufgabe. Es tut den Schülern gut, Vermutungen anzustellen, was Sie wohl mit dem hastig nach dem Klingeln hingeworfenen Satz gemeint haben könnten, den kein Mensch mehr verstanden hat, außer daß „Seite 23" darin vorkam. Es macht auch Freude, darüber zu verhandeln, was mit „Lest den Text schon mal durch!" gemeint gewesen sein könnte.

10. Wenn es Ihnen durch Verzicht auf Vorbereitung gelingt, Ihren Unterricht so langweilig werden zu lassen, daß die Schüler unruhig werden, gibt Ihnen dies die hervorragende Gelegenheit, weitere Schülerzeit damit zu verschwenden, daß Sie der Klasse eine nutzlose Gardinenpredigt halten.

Sollten Ihnen diese Anregungen noch nicht genügen, so bin ich gern bereit, Ihnen aus dem reichen Schatz meiner eigenen Erfahrungen weitere bewährte Rezepte mitzuteilen!

Finden Sie, diese Vorwürfe seien heftig übertrieben? Ich bin nicht so sicher. Ich möchte behaupten, daß die Verstöße, die hier aufgespießt werden, an den meisten Schulen täglich vorkommen, wenn auch verteilt auf verschiedene Lehrer und nicht immer so drastisch; und ich muß leider zugeben, daß mir selbst im Laufe der Jahre all diese Dinge auch schon passiert sind.

Nur: das ist keine Entschuldigung. Wir haben nicht das Recht, die Zeit der Kinder unnötig zu verschwenden. Leerlauf frustriert und macht müde; er kann durch geschickte Planung vermieden oder zumindest stark verringert werden.

Zusätzlich zu den in der Satire bereits indirekt ausgesprochenen Warnungen möchte ich eine Reihe weiterer Empfehlungen anführen, die sich ebenfalls auf das organisatorische Geschick des Lehrers beziehen.

– Die Gestaltung der ersten fünf Minuten ist wichtig, weil in ihnen ein Zeichen gesetzt wird, das Arbeitshaltung, Stimmung und Interesse der Schüler für die ganze Stunde beeinflussen kann. Der Lehrer sollte nicht nur pünktlich sein (wer immer erst fünf Minuten nach dem Klingeln im Klassenzimmer erscheint, verschwendet alle 14 Tage pro Klasse eine volle Unterrichtsstunde!), sondern auch unverzüglich mit dem Unterricht beginnen und nicht die ersten Minuten in unstrukturiertem, unfruchtbarem Leerlauf vertrödeln lassen.

So geht z.B. oft kostbare Zeit dadurch verloren, daß die Schüler erst einer nach dem anderen langsam und geräuschvoll ihre Bücher und Hefte herauskramen. Der Lehrer sollte darauf bestehen, daß alle für die Stunde benötigten Dinge am Beginn der Stunde griffbereit auf dem Tisch liegen.

– Das Gleiche gilt für die Dinge, die der Lehrer selbst benötigt. Wandkarten oder Bilder, Geräte für chemische oder physikalische Versuche, Ausstellungsstücke für Biologie oder Kunst, eine detail-

lierte Skizze oder ein komplizierter, vielleicht mehrfarbiger Tafelan-
schrieb – all das sollte eigentlich schon vor Stundenbeginn aufge-
hängt, aufgebaut oder (an der verdeckten Tafel) angeschrieben
sein.[1]
Leider läßt sich das nicht immer realisieren, weil eine kurze Pause
dazu nicht ausreicht. Meistens sind aber bei vernünftiger Planung
wenigstens Kompromisse möglich.

– Am Anfang der Stunde sollte die Tafel sauber sein. Reste einer
  vorhergehenden Stunde oder Schülerkritzeleien lenken ab.

☞ 6   Es ist dringend zu empfehlen, einen „Tafeldienst" einzurichten, der
       für die Sauberkeit der Tafel (auch am Ende der Stunde!) und für
       Kreide verantwortlich ist. (Daß man trotzdem zur Vorsicht immer
       Kreide bei sich haben sollte, ist schon erwähnt worden. – Dem
       Argument „Wir haben keinen Schwamm!" läßt sich zur Not mit
       Papiertaschentüchern begegnen.)

– Unerwartete Vertretungsstunden, besonders solche in unbekannten
  Klassen, wird man eher mit Anstand überstehen, wenn man immer
  einige „Konserven" in der Schule aufbewahrt. (Ich habe z. B.
  vorsichtshalber alle Bände des bei uns eingeführten Englischlehr-
  werkes in meinem Schrankfach, auch von Klassenstufen, in denen
  ich zur Zeit gar nicht unterrichte; außerdem Sätze von lehrbuch-
  unabhängigen Text- und Arbeitsblättern.)

– Prägen Sie sich so schnell wie möglich die Namen Ihrer Schüler
  ein.[2]

       Daß Sie sich dazu einen Sitzplan zeichnen lassen, ist so selbstver-
       ständlich, daß man es nicht zu erwähnen braucht. Schon weniger
       selbstverständlich, aber rationell und deshalb empfehlenswert ist
☞ 6   es, daß der Klassenlehrer seinen Kollegen hilft, indem er am ersten
       Tag einen sorgfältig mit schwarzem – wegen der Kopierfähigkeit! –
       Kugelschreiber geschriebenen Sitzplan für alle Fachlehrer der Klas-

---

[1] In der englischen Literatur wird dieser Punkt – „Have your classroom ready!"
– stark betont. Englische Kollegen haben es in dieser Beziehung allerdings
leichter als wir, weil dort an vielen Schulen die Schüler in den Raum des
Lehrers kommen und nicht umgekehrt.

[2] Eine sympathische Begründung hierfür findet sich bei HIGHET (S. 35): „The
young are trying desperately hard to become real people, to be individuals. If
you wish to influence them in any way, you must convince them that you
know them as individuals. The first step towards this is memorising their
faces and names."

se kopiert und die Exemplare ins Klassenbuch legt, so daß nicht fünf- oder siebenmal für die gleiche stumpfsinnige Arbeit Schülerzeit verschwendet werden muß.

Namensschilder, die die Schüler vor sich aufstellen, sind eine zusätzliche wirksame Hilfe zum schnellen Verknüpfen der Gesichter mit den zugehörigen Namen. Sie müssen allerdings einigermaßen standfest und mit hinreichend großen Buchstaben beschrieben sein. (Ggf. Pappe und Filzschreiber zur Verfügung stellen!)

Für den Fall, daß Sie – wie ich – ein sehr schlechtes Namengedächtnis haben, möchte ich Ihnen noch ein Verfahren empfehlen, das zwar Geld kostet, aber wirklich nützt. Ich nehme Kamera und Blitzgerät mit in die Schule und mache in jeder neuen Klasse eine Reihe von Aufnahmen. Den Film lasse ich sofort entwickeln, und auf die fertigen Farbbilder schreibe ich mit Folienstift die Namen der Schüler – quer über den Pullover, oder wo gerade Platz ist. Mit diesen „Gedächtnisstützen" lerne ich dann zu Haus so lange, bis Namen und Gesichter fest miteinander verknüpft sind.

☞ 9

– Arbeitsanweisungen müssen klar und eindeutig formuliert sein. Jeder Schüler sollte jederzeit genau wissen, was von ihm verlangt wird. Je nach Art der Aufgabe können dazu auch Informationen über den Umfang der erwarteten Leistung und über die Zeit, die für ihre Erledigung zur Verfügung steht, gehören. (Ein Beispiel: „Ihr habt jetzt zehn Minuten Zeit, in denen Ihr den Text durchlesen und drei Fragen aufschreiben sollt, die für die Interpretation wichtig sein könnten" ist effektiver als „Beschäftigt Euch mal eine Weile still mit dem Text; anschließend werden wir darüber sprechen.")

☞ 6

– Wenn die Schüler einen Arbeitsauftrag erhalten haben und dabei sind, ihn auszuführen (bei Partner- oder Gruppenarbeit, beim Lesen eines Textes oder in einer Phase der schriftlichen Stillarbeit), sollte der Lehrer sie nicht ohne zwingenden Grund stören, z. B. durch allgemeine Kommentare, die ebenso gut auf später verschoben werden könnten, oder durch halblaute Unterhaltungen mit einzelnen.

☞ 6

Gewiß, der Lehrer kann durch umsichtige Planung die nötigen Voraussetzungen dafür schaffen, daß kein Leerlauf entsteht und die Zeit der Schüler nicht aufgrund organisatorischer Stümperei unnötig verschwendet wird. Dieses Motiv durchzieht sowohl die Satire als auch die zusätzlich gegebenen Empfehlungen, und es ist zweifellos wichtig.

Aber die „Managerfähigkeiten" des Lehrers, unerläßlich wie sie sind,[3] garantieren noch keinen guten Unterricht[4] – und hier geraten wir in sehr tiefes Wasser.
Was ist denn überhaupt „guter" Unterricht?
Selbst wenn wir unterstellen, daß die (allgemeinen und fachspezifischen) Z i e l e des Unterrichts unumstritten seien und daß auch über die I n h a l t e , anhand derer diese Ziele verfolgt werden sollen, Einigkeit erzielt werden könne – eine wenig realistische Voraussetzung –, so bleiben doch noch einige sehr gewichtige Fragen:
– Wie hoch ist der Einfluß unterschiedlicher Unterrichts*methoden* (Lehrervortrag, Gespräch, Stillarbeit; darbietende oder entdeckenlassende Verfahren, u. a.) auf den Lernerfolg der Schüler?[5]
– Wieviel kann der Einsatz geeigneter *Medien* zur Effektivität des Unterrichts beitragen?[6]

[3] „A good teacher is a good classroom manager. . . . This involves control of the group, the manipulation of time, the organization of learning materials, and it also involves the teacher's own voice and manner. . . . The well-organized teacher is in a better position to be pleasant to his pupils." (MARLAND, 5). „Jede pädagogische Handlung des Lehrers enthält auch organisatorische Elemente." (Kusmina, 41).

[4] An manchen Schulen hat man sogar den Eindruck, daß die eigentlichen Ziele und Inhalte von den angeblichen Sachzwängen der Organisation überlagert werden . . . Vgl. Hannam, S. 10: „There is a danger in all organizations that their real task may be forgotten in the interest of simply ensuring smooth running, and much of the teachers' and pupils' unhappiness in schools can be traced to this cause. Administrative efficiency overrides educational goals."

[5] Eine grundsätzliche Antwort auf diese Frage sowie eine sorgfältige Definition des Begriffs „Unterrichtsmethode" findet sich bei Aschersleben (S. 15ff.). Eine knappe Zusammenfassung der wissenschaftlich abgesicherten Ergebnisse wird bei Bessoth et al. gegeben (Abt. 35.04, S. 18–20). Ausführliche Beschreibungen der einzelnen Methoden und ihrer Vor- und Nachteile findet man bei Geissler (S. 177ff.) und Aschersleben (diverse Kapitel).

[6] Hier müßten – bei aller gebotenen Bejahung eines sinnvollen Medieneinsatzes (vgl. Aschersleben S. 111) – zwei kritische Fragen gestellt werden: a) Steht der Aufwand in einem vernünftigen Verhältnis zur Wirkung? (Lohnt es sich, für zehn Minuten Vokabeleinführung einen Tageslichtprojektor auszuleihen und quer durchs Gebäude zu tragen, wenn man nahezu ebenso gut mit der Tafel arbeiten könnte?) Vgl. Dawson S. 17 und Haigh S. 116–118; bei beiden auch praktische Hinweise zum Einsatz von Geräten. – Über Grundsätzliches kann man sich gut bei Aschersleben (Kap. „Mediendidaktik", S. 102–114) informieren; er gibt auch eine Reihe von beherzigenswerten ‚Hinweisen für den Lehranfänger'.

- Wie sinnvoll sind *Hausaufgaben*?[7]
- Welche Bedeutung hat die *Übung* im Unterricht, und welche Gesetz-mäßigkeiten sind beim Üben zu berücksichtigen?[8]
- Welche *Sozialformen* des Unterrichts (Frontalunterricht, Gruppen-oder Paararbeit, Einzelarbeit, Rollenspiel, Projektunterricht) fördern effektives Lernen?[9]
- Wie läßt sich die *Motivation* der Schüler positiv beeinflussen?[10]

b) Besteht nicht die Gefahr, daß der Lehrer in dem Bestreben, alles so auffällig und anschaulich wie möglich zu machen, das Erreichen bestimmter Erziehungsziele eher gefährdet als fördert? Der Schüler darf nicht in eine passive Konsumentenhaltung hineingleiten; er darf nicht darauf vertrauen, daß ihm immer alles leicht gemacht wird und er sich nicht mehr anstrengen muß. Er muß wissen, daß „das Auffällige keineswegs immer das Bedeutsame ist" (GEISSLER S. 171); und er wird die nötige Bereitschaft und Fähigkeit zur Konzentration und geistigen Anstrengung nur dann entwickeln, wenn der Lehrer nicht der Versuchung erliegt, auf die Beeinflussungstricks der Massen-medien zurückzugreifen: „There is a point beyond which everything should n o t be made varied, vivid, picturesque, dramatic and ‚interesting'. A time is sure to come when something which needs very much to be learned cannot possibly be made as vivid, picturesque, dramatic and interesting as certain other things. And when that time comes, only the individual who can turn his attention to what is most important, rather than allow it to be captured by what is most interesting, is capable of being educated." (J. W. KRUTCH, Techniques of Advertising for Education?, zitiert nach: Sammlung Lensing 2, Text Analysis and Writing Practice/Arbeitsmaterialien für die Sekundarstufe II in Loseblattform, Text 23).

[7] Eine ausführliche und ausgewogene Auseinandersetzung mit diesem Pro-blem bietet ASCHERSLEBEN (89–101). Er nennt die Argumente der Befürworter und der Gegner, unterscheidet verschiedene Typen von Hausaufgaben und ihre Vor- und Nachteile, zählt die Faktoren auf, von denen die Effektivität von Hausaufgaben bestimmt wird, und gibt praktische Ratschläge, die auf wissenschaftlich abgesicherten Befunden beruhen. Ebenfalls lesenswert: GLÄNZEL 136–139; GEISSLER 280–286; BOWLEY 87–91.

[8] Vgl. vor allem ODENBACH; außerdem GEISSLER 86ff., 266ff.; AEBLI 164–178.

[9] Ein durchgängiges Motiv in der Literatur ist die Klage darüber, daß in der Praxis der (zugegeben ökonomische und einfach durchzuführende) Frontal-unterricht dominiert und andere Sozialformen – trotz ihrer nachgewiesenen Bedeutung z. B. für die Motivation der Schüler und für das Erreichen sozialer Erziehungsziele – viel zu wenig eingesetzt werden. Vgl. besonders ASCHERSLE-BEN 124–196 und GEISSLER 179–256; außerdem – u. a. –: BESSOTH et al. Abt. 35.04, S. 17f.; K. W. DÖRING 8; FUHR 77f. u. 86; MEYER 75–78; WEINERT 804.

[10] Hier müßte zunächst geklärt werden, ob von intrinsischer oder extrinsischer Motivation die Rede sein soll. (Liest der Schüler z. B. ein bestimmtes Buch,

– Wie wirken sich unterschiedliche *Erziehungsstile* aus, und welche Faktoren der *Lehrerpersönlichkeit* sind für den Unterrichtserfolg relevant?[11]

Diese sieben Fragen sind vielfach untersucht worden. Wenn hier trotz ihrer großen Bedeutung bewußt darauf verzichtet wird, sie zu besprechen (abgesehen von den knappen Hinweisen und Literaturangaben in den Anmerkungen), so hat das zwei Gründe:
1. Auf alle genannten Fragen gibt es nicht „die" richtige Antwort, sondern viele verschiedene Antworten. Sie sind abhängig vom Alter und von der Klassenstufe der Schüler, von der Größe und Zusammensetzung der Lerngruppe, von der Schulform, vom Fach, vom Unterrichtsgegenstand, von der konkreten Zielsetzung der Stunde und von einer Reihe weiterer, z. T. flüchtiger und schwer zu greifender Einzelfaktoren.
2. Es ist nicht meine Absicht, den Hunderten von wissenschaftlichen Untersuchungen und schulpraktischen Unterrichtslehren eine weitere

weil es ihm Freude macht – oder weil er weiß, daß er darüber geprüft wird?) „Der Lehrer sollte seinen Unterrichtserfolg nicht nur daran messen, wieviel die Schüler am Ende einer Stunde wissen, sondern vor allem daran, ob sie weiterhin bereit sind, sich fragend mit dem Lerngegenstand einzulassen." (SINGER 148).
Einen guten Überblick über das vielschichtige Phänomen „Motivation" bekommt man bei HECKHAUSEN (in: WEINERT et al., 133–209 u. 575–591), GEISSLER 91–109 oder CORRELL (1965) 181ff.
[11] Eine Darstellung der Erziehungsstile (autokratisch/demokratisch/laissez-faire; bzw. direktiv/permissiv) und ihrer Auswirkungen findet sich z. B. bei ASCHERSLEBEN (115–124). – Aufzählungen wünschenswerter Lehrereigenschaften werden an vielen Stellen gegeben; teils mit, teils ohne Hinweis auf empirische Befunde. Als angenehme, emotional beeindruckende Einführungslektüre sei das Kapitel „Die Tugenden des Lehrers und die pädagogische Atmosphäre" bei GLÄNZEL (257–281) empfohlen sowie das Bändchen von CASELMANN. Wer eine nüchterne, knappe wissenschaftliche Zusammenfassung sucht, findet sie bei BESSOTH (Abt. 35.04, S. 20–22) oder SCHORB (90–92). Ausführliche Forschungsberichte gibt GERNER. Lesenswert sind ferner TAUSCH/TAUSCH (ab 155), ASCHERSLEBEN (36–40) und HIGHET (11–65).
Bei KUSMINA wird ein Punkt ausdrücklich angeführt, der im Zusammenhang des vorliegenden Buches interessant ist:
„Die erfolgreichen Lehrer . . . unterscheiden sich von ihren sehr wenig wirksamen Kollegen . . . vor allem durch das hohe Niveau der Zeiteinteilung. Offenbar ist es so, daß die richtige Zeiteinteilung zur pädagogischen Meisterschaft gehört, denn das ist ein Faktor, der dem Lehrer das Anleiten anderer Menschen maßgeblich erleichtert." (50).

hinzuzufügen. Daß der Lehrer sich nicht nur von einem Tag zum anderen auf seine Stunden vorbereitet, sondern sich auch immer wieder mit pädagogischen Grundfragen auseinandersetzt, halte ich für unerläßlich; aber dafür stehen ihm genügend andere Informationsquellen zur Verfügung.

Das vorliegende Buch soll im wesentlichen lehrerzentriert und nicht schülerzentriert sein; es will weniger pädagogisches Wissen vermitteln als vielmehr dem Lehrer helfen, die Zeit und Energie zur ständigen Erweiterung dieses Wissens zu finden.

Es gibt aber Bereiche, bei denen lehrerzentrierte („Welche Prinzipien sollte der Lehrer beachten, um seine Zeit und Energie möglichst ökonomisch einzusetzen?") und schülerzentrierte („Was sind die Kriterien effektiven Unterrichts?")[12] Fragestellung untrennbar miteinander verknüpft sind. Auf sie soll im Folgenden kurz eingegangen werden.

Einer dieser Bereiche ist – lehrerzentriert ausgedrückt – die D e l e g a - t i o n .

Auf einer ersten, äußerlich-praktischen Ebene ist damit gemeint, daß Schüler dem Lehrer bestimmte Arbeiten abnehmen und ihn dadurch entlasten können. Das beginnt mit ganz einfachen Dingen wie Tafelabwischen und Blumengießen; auf der nächsthöheren Stufe kommen Tätigkeiten wie die Klassenbuchführung oder das Einsammeln und Abhaken von Klassenarbeitsheften hinzu. Das Einsammeln von Geldern schließlich sowie der Auf- und Abbau technischer Geräte und ihre Bedienung sind Aufgaben, die bereits einiges Vertrauen beim Lehrer voraussetzen und vom Schüler als eine gewisse Auszeichnung empfunden werden können. Je älter und gewandter die Schüler sind, desto schwierigere Aufgaben können und sollten sie übernehmen. Die Korrespondenz mit Jugendherbergen und das Einholen von Auskünften über Zugverbindungen zur Vorbereitung einer Klassenfahrt wären hier zu nennen, oder das Entleihen geeigneter Literatur aus einer öffentlichen Bücherei für ein gemeinsames Unterrichtsprojekt.

Auf einer zweiten Ebene kann die Idee der Delegation auf die Rolle des Schülers im Unterricht selbst bezogen werden:

Der Lehrer ist sich bewußt, daß die Lernarbeit letztlich vom Schüler geleistet werden muß; er hat GAUDIGS Forderung im Ohr, daß „im Idealfall die Tätigkeit des Lehrers gleich Null"[13] sein solle, und bemüht

---

[12] Vgl. hierzu das Kapitel „Wissenschaftlich abgesicherte Kriterien effektiven Unterrichts" bei BESSOTH (Abt. 35.04, 11–32).

[13] Zitiert bei GEISSLER (183), ohne genauere Angabe der Fundstelle.

sich dementsprechend, die Eigentätigkeit der Schüler zu aktivieren. Er verzichtet darauf, immer alles selbst in der Hand behalten zu wollen, und tritt Funktionen an Schüler ab: die sorgfältige Kontrolle der Hausaufgaben von Mitschülern, die Zusammenfassung von Unterrichtsergebnissen, die Überprüfung des Wissens, die Leitung einer Diskussion. In manchen Fällen wird es – in der Oberstufe – sogar möglich sein, den eigentlichen Unterricht streckenweise aus der Hand zu geben.[14] Partnerübungen sowie verschiedene Formen der Gruppenarbeit gehören ebenfalls hierher. (Selbstverständlich wird der Lehrer darauf achten müssen, daß die Möglichkeit zu Eigenständigkeit und größerer Selbstbestimmung von den Schülern nicht mißbraucht wird. Manche Klassen müssen erst Schritt für Schritt an freiere Arbeitsmethoden herangeführt werden.)

Den genannten Beispielen[15] für die zweite Ebene ist gemeinsam, daß Schüler ihre auf den Unterrichtsstoff bezogenen Lernaktivitäten selbst steuern. Das hat positive Auswirkungen auf die Motivation[16] und den Lernzuwachs und bringt auch eine gewisse Entlastung für den Lehrer mit sich.

Auf einer dritten Ebene läßt sich Delegation so deuten, daß der Lehrer, anstatt alles allein leisten zu wollen, seine Schüler in den Einflußbe-

---

[14] Einen solchen Versuch habe ich im Englischunterricht der Oberstufe durchgeführt. Vgl.: SCHAEFER, K., ASPECTS OF EDUCATION / *Bericht über einen von Schülern gestalteten Leistungskurs der Sekundarstufe II.* Praxis des neusprachlichen Unterrichts, Heft 1/1978, 27–38.

[15] Viele weitere Beispiele bringt SINGER in dem Kapitel „Der Schüler soll durch Selbst-Tun das Lernen lernen" (136–140).

[16] Am meisten Spaß macht es den Schülern natürlich, wenn die Idee zu einer Aktivität nicht vom Lehrer vorgegeben wird, sondern von ihnen selbst kommt. Ich erinnere mich mit Vergnügen daran, wie mich eine 8. Klasse einmal „austrickste": Wir hatten im Deutschunterricht eine Erzählung von Ina Seidel gelesen und konnten uns nicht einigen, wie eine bestimmte Stelle zu verstehen sei. Ich war fest überzeugt, recht zu haben, sagte: „Ich bin sicher, daß die Verfasserin mir zustimmen würde", und dachte, der Fall sei erledigt. Ohne mein Wissen schickte die Klasse der Schriftstellerin (der Namenspatronin der Schule!) einen Brief mit der Bitte um Klärung, und drei Wochen später schwenkte die Klassensprecherin triumphierend die Antwort Ina Seidels: Ich hatte unrecht gehabt! Ich spendierte der Klasse einen Blumentopf und freute mich, daß die Schülerinnen fortan eine viel lebendigere Beziehung zu Fragen literarischer Interpretation und zu Ina Seidel hatten, als ich sie ihnen durch traditionellen Unterricht hätte vermitteln können.

reich positiver Kräfte bringt, die geeignet sind, seine Bemühungen zu
unterstützen.
Sportlehrer legen ihren Schülern nahe, einem Sportverein beizutreten;
der Musiklehrer freut sich über jedes Kind, das Klavierstunden
bekommt oder mit anderen zusammen regelmäßig musiziert, und der
gemeinsame Besuch von Ausstellungen befruchtet den Kunstunter-
richt. Der Deutschlehrer weiß, daß ein im Unterricht besprochenes
Theaterstück erst wirklich zum Leben erwacht, wenn man es auf der
Bühne (oder im Fernsehen) erlebt hat. Als Englischlehrer habe ich die
Erfahrung gemacht, daß ich einen Schüler wirksamer fördern kann,
wenn ich (durch Beratung und Adressenvermittlung, vielleicht auch
durch ein Gespräch mit den Eltern) dazu beitrage, daß er drei Wochen
nach England fährt, als wenn ich ihn ein halbes Jahr im Klassenver-
band unterrichte.

Diese Beispiele sind fachbezogen. Das Prinzip gilt aber nicht nur für
den „Unterricht", sondern auch für die „Erziehung" (im HERBARTschen
Sinne). Wenn es dem Lehrer z. B. gelingt, sich die Eltern einer Klasse
zu Verbündeten zu machen, wird er Schwierigkeiten leichter lösen
können, als wenn er sich allein abmüht. Ebenso wichtig ist es, daß –
auf dem Gebiet der Disziplin und der allgemeinen Verhaltensnormen
– alle Kollegen am gleichen Strang ziehen. – An manchen (wenigen!)
Schulen ist die Tradition ein mächtiger Miterzieher: Wenn es zum
ungeschriebenen Ehrenkodex der Schule gehört, daß „man" ange-
strengt arbeitet und sich gut benimmt, dann hat es selbst ein schwä-
cherer Lehrer nicht schwer, erfolgreich zu unterrichten. (Andererseits
läßt sich häufig beobachten, daß nette, intelligente Schüler wenig
leisten und sich dem unerfreulichen Verhalten ihrer Klassenkameraden anpassen, wenn der „Klassengeist" dies verlangt.) Der Druck der
Gruppe ist ein Faktor, den man – im Positiven wie im Negativen –
recht hoch einschätzen muß. Das Bemühen des Lehrers, das erzieherische „Umfeld" und insbesondere die Atmosphäre innerhalb der Lerngruppe günstig zu beeinflussen, erfordert Geduld, psychologisches
Fingerspitzengefühl und viel Kraft. Die hier investierte Energie
bewirkt aber unter Umständen mehr als das verbissene Ringen um die
termingerechte Erledigung des „Pensums" oder die Anhebung der
Leistungen einzelner Schüler. Konkret: Es kann eine vernünftige
Entscheidung sein, mit einer Klasse einmal außerhalb der Schulzeit
zwei oder drei Stunden lang etwas gemeinsam zu unternehmen und
diese Zeit durch etwas oberflächlichere Stundenvorbereitung oder
andere „Sparmaßnahmen" wieder hereinzuholen.

In der pädagogischen Literatur der sozialistischen Länder, z. B. der
DDR, wird die Bedeutung des „Kollektivs" stark betont, stärker als bei
uns. Der einzelne – sei er nun Lehrer oder Schüler – wird immer
wieder unmißverständlich darauf hingewiesen, daß er sich als Mitglied einer Gruppe für das Verhalten und den Erfolg der anderen
mitverantwortlich fühlen muß. Der Druck des Kollektivs wird als
Erziehungsfaktor bewußt eingesetzt:

*„Der erfahrene Pädagoge . . . stützt sich von Anfang an auf das Kollektiv. . . . Der
Anfänger versucht, jede pädagogische Aufgabe einzeln, isoliert von den anderen
zu lösen. . . . Er versteht es nicht, das Kollektiv zu aktivieren und ihm Verantwortung zu übertragen. Der erfahrene Pädagoge dagegen überträgt seine Initiative
auf das Kollektiv. . . . Er organisiert den Einfluß der Traditionen an der Schule, den
Einfluß des Schulkollektivs sowie der Paten und der Eltern auf das Klassenkollektiv
so, daß die Schüler die an sie gestellten Forderungen als natürliche Lebensord-
nung auffassen. . . . Dabei sind seine Bemühungen darauf gerichtet, den Einfluß
des Kollektivs auf einzelne Schüler zu organisieren. Er beauftragt die Kinder, die
Ursachen für das Zurückbleiben oder das schlechte Verhalten eines Mitschülers
zu ergründen . . . beziehungsweise ihm zu helfen, . . . seine Leistungen zu steigern
oder sein Verhalten zu korrigieren."* [17]

Daß diese Art von „pädagogischer Delegation" auch zu Verzerrungen
und Gefahren führen kann (Bespitzelung, Diskriminierung abwei-
chenden Denkens, Unterdrückung von Minderheiten), liegt auf der
Hand. Wir sollten aber nicht die Augen davor verschließen, daß die an
unseren Schulen häufig zu beobachtende völlige Vernachlässigung
des „Kollektiv"-Gedankens zum einen den Verzicht auf einen wirksamen Erziehungsfaktor bedeutet und zum anderen leicht zu überstei-
gertem Individualismus, zu Egoismus und Mangel an Verantwor-
tungsgefühl führen kann.

Ein anderer Bereich, in dem eine enge Beziehung zwischen effektivem
Unterricht und ökonomischem Einsatz der Lehrerarbeitskraft besteht,
läßt sich mit den Worten „V e r m i t t l u n g v o n A r b e i t s s t r a t e -
g i e n u n d A r b e i t s t e c h n i k e n" umschreiben.
Zur Einführung möge ein Beispiel aus einer ganz anderen Sphäre
dienen:
Große caritative Organisationen wie „Brot für die Welt" oder „Misere-
or", die sich zur Aufgabe gesetzt haben, die Not in den unterentwik-
kelten Ländern zu lindern, müssen sich sehr sorgfältig überlegen, wie
sie die knappen finanziellen Mittel, die ihnen zur Verfügung stehen,
am sinnvollsten verwenden. Sie sind seit vielen Jahren dazu überge-

---

[17] Kusmina, 26f.

gangen, bevorzugt solche Projekte zu unterstützen, die die Menschen in die Lage versetzen sollen, sich langfristig selbst zu helfen. Sie liefern nicht einfach Nahrungsmittel, sondern unterstützen die Einwohner notleidender Gebiete lieber dadurch, daß sie ihnen helfen, effektivere Fischfang- oder Ackerbaumethoden zu entwickeln.

Auf die Pädagogik übertragen, bedeutet dieser Denkansatz, daß wir unsere Schüler nicht nur mit Faktenwissen vollstopfen sollten, sondern ihnen zeigen müssen, wie sie sich selbst das nötige Wissen aneignen können, wenn sie es brauchen.

Diese Forderung ist gewiß nicht neu; aber leider klafft hier eine erhebliche Lücke zwischen der Theorie (wozu man realistischerweise auch Richtlinien und ähnliche programmatische Äußerungen zählen muß) und der schulischen Praxis.

In einem Seminar legte ich Anglistikstudenten eine Liste sogenannter „Lernziele erster Ordnung"[18] vor, in der unter der Überschrift „Arbeitstechniken" z. B. folgendes aufgeführt wurde:

1. Informationen beschaffen
   - Lesetechniken (intensiv, kursorisch, selektiv)
   - Mitschrift und Protokoll
2. Informationen verarbeiten
   - Bibliographieren
   - Karteien und Zettelkästen anlegen und benutzen
3. Informationen und Arbeitsergebnisse weitergeben
   - Verfahren bei Verhandlung, Diskussion, Debatte etc. beherrschen ...

Unter der Überschrift „Arbeitsstrategie" hieß es u. a.:
- Fachwissenschaftliche Fragestellungen und Methoden kennen und anwenden können (Induktion, Deduktion, Hermeneutik)
- Ziele formulieren und planmäßig verfolgen können ...

Ich fragte sie, welche Rolle die Vermittlung jener Techniken und Strategien in ihrem eigenen Oberstufenunterricht gespielt habe. Das Ergebnis war recht eindeutig: Fast alle Seminarteilnehmer hatten im Unterricht oder bei der häuslichen Arbeit Aufgaben zu lösen gehabt, bei denen die Beherrschung der genannten Strategien und Techniken vorausgesetzt wurde; aber keiner von ihnen war systematisch darin ausgebildet worden.

---

[18] Der Niedersächsische Kultusminister, *Handreichungen für den Sekundarbereich II/Sprachlich-literarisch-künstlerisches Aufgabenfeld (A), IV. Folge,* Hannover 1977. S. 10.

Dies ist nicht immer ein spezielles Problem der gymnasialen Oberstufe. Schüler aller Schulformen und aller Altersstufen haben darunter zu leiden, daß Lehrer, gehetzt von der Fülle des durchzunehmen-
den Stoffes, ihnen nicht mit langfristig planender Geduld angemessene Arbeitsformen vermitteln, sondern sich darauf verlassen, daß sie
aus ihren Fehlern und Umwegen die richtigen Schlüsse ziehen werden. Dadurch werden besonders jene Schüler benachteiligt, die keine
Unterstützung von ihren Eltern erwarten können.

Welche konkreten Möglichkeiten hat der Lehrer, auf diesem Gebiet
Hilfestellung zu geben und damit die Effektivität seiner sonstigen
unterrichtlichen Bemühungen zu erhöhen?
Die Antwort hängt zum Teil vom Alter der Schüler und vom Unterrichtsgegenstand ab, aber einige grundsätzliche Hinweise sind trotzdem möglich:
1. Verwenden Sie gelegentlich eine Stunde darauf, mit den Schülern
über Arbeitsstrategien und -methoden zu sprechen.
Ausgangspunkt für ein solches Gespräch könnte z. B. die Frage sein,
wie die einzelnen eine bestimmte Hausaufgabe in Angriff genommen
haben oder wie sie sich auf eine Klassenarbeit vorbereiten.
2. Falls zeitlich möglich, führen Sie eine Unterrichtsreihe durch, die
dem Lern- und Arbeitsverhaltenstraining gewidmet ist.
(Es gibt dazu erprobtes Material.)[19]
3. Besprechen Sie auf Elternabenden Fragen der Arbeitstechnik (z. B.
lernpsychologische Gesetzmäßigkeiten des Übens, Selbstmotivation,
rationelles Lesen, systematisches Einlegen von Pausen, Organisation
des Arbeitsplatzes, zweckmäßige Hilfsmittel usw.). Es empfiehlt sich,
ein Blatt zu vervielfältigen, auf dem die wichtigsten Punkte zusammengefaßt sind, und es den Eltern mitzugeben.[20]

[19] KELLER, G./BINDER, A./THIEL, R. D., *Lern- und Arbeitsverhaltenstraining*, Westermann, Braunschweig 1981.
Über die Erfahrungen mit diesem Projekt berichtet KELLER in dem Aufsatz *Wie
und mit welchem Erfolg Schüler das Lernen lernen*. Die Höhere Schule, Heft
2/1983, 45–47. (Dort auch weitere Literaturangaben.) –
Für Oberstufenschüler habe ich einmal einen Semesterkurs mit dem Titel
„Arbeitstechniken und Erfolgsstrategien" durchgeführt, der allerdings auch
noch andere Akzente hatte (Wertfragen; kritische Auseinandersetzung mit
dem Begriff „Erfolg" u. a.).
[20] Man kann auch versuchen, solche Ratschläge in der Schulzeitung unterzu-
bringen, sofern vorhanden. Vgl. K. SCHAEFER, *Macht Ihr Kind die Hausaufgaben
richtig?* Mitteilungen (Schulzentrum Heidberg/Gymnasium Raabeschule),

4. Setzen Sie sich dafür ein, daß in der Schülerbücherei etliche Exemplare einschlägiger Bücher (z. B. KUGEMANN, HÜLSHOFF/KALDEWEY o. ä.) vorhanden sind, und regen Sie die Schüler an, diese Bücher zu lesen.

Abschließend sei auf einen dritten wichtigen Bereich hingewiesen, bei dem sich ebenfalls der lehrerzentrierte und der schülerzentrierte Betrachtungsansatz verbinden lassen.

In ihm geht es um die b e i s p i e l h a f t e A u s s t r a h l u n g d e s L e h r e r v e r h a l t e n s .

In jedem Unterricht ereignet sich auch Erziehung. Damit soll hier nicht das bewußte und oft mühsame Ringen um diszipliniertes Verhalten der Schüler gemeint sein, sondern der unterschwellige Einfluß, den der Lehrer durch sein So-Sein ausübt. Dieser Einfluß, der auf beiden Seiten im allgemeinen unreflektiert bleibt, beruht nicht so sehr auf überzeugenden Formulierungen (Ratschlägen, Warnungen, Ermahnungen), sondern hauptsächlich auf dem beobachteten Handeln.

Die Schüler nehmen wahr, wie Sie an Ihre Aufgaben herangehen: wie Sie Probleme (sachlicher und persönlicher Natur) analysieren und zu lösen versuchen und wie Sie Ihre Gedanken ordnen. Sie nehmen auch ☞ 1 wahr, ob Sie Wichtiges und weniger Wichtiges zu unterscheiden verstehen und wie Sie die zur Verfügung stehende Zeit strukturieren. Sie spüren, ob Sie sich angemessen vorbereiten, und es bleibt ihnen nicht verborgen, ob Sie zu effektiver langfristiger Planung fähig sind oder nicht. (Haben Sie Arbeitsmittel oder Lektüren so rechtzeitig bestellt, daß keine ärgerlichen Verzögerungen entstehen? Gelingt es Ihnen, Klassenarbeiten zügig zu korrigieren und zurückzugeben?)

Manche Lehrer senden verwirrende „Doppelbotschaften" aus. FUHR weist darauf hin, daß ein Lehrer, dessen Tafelbilder zufällig und chaotisch sind, wenig überzeugend wirkt, wenn er die Heftführung der Schüler kritisiert.[21] Man könnte weitere Beispiele hinzufügen: Ein Lehrer, der häufig unvorbereitet in den Unterricht kommt, wirkt unglaubwürdig, wenn er Schüler zur Rechenschaft zieht, die ihre Hausaufgaben nicht gemacht haben; und wer sich ständig vom eigentlichen Unterrichtsgegenstand abbringen läßt, sollte nicht „Thema verfehlt!" unter Schüleraufsätze schreiben.

2, 9. 2. 1982. (Leichter zugänglich in: Die christliche Familie [Essen], 1. 2. 82, oder: Frankfurter Rundschau, 25. 5. 69.)

[21] FUHR, 72.

Gewiß kommt es gelegentlich vor, daß wir in diesem Bereich nicht alle Erwartungen erfüllen, die wir selbst und andere in uns setzen. Aber dann sollten wir es ehrlich zugeben. Wenn die Schüler wissen, daß es sich um eine Ausnahme und nicht um die Regel handelt, werden sie verstehen, daß wir trotzdem weiterhin Anforderungen an sie stellen. Grundsätzlich sollten wir uns aber der Tatsache bewußt bleiben, daß unsere eigene Arbeits- und Planungstechnik beispielhaft wirkt.

Das Bemühen um Selbsterziehung in diesem Bereich wird sich langfristig nicht nur für uns selbst bezahlt machen, sondern auch einen positiven Einfluß auf die Effektivität unseres Unterrichts haben.

Disziplin

Ein beträchtlicher Teil der seelischen Energie des Lehrers wird durch die Auseinandersetzung mit Störungen und Disziplinkonflikten verbraucht.

Wie groß die Bedeutung diese Streßfaktors ist, wird Außenstehenden (und vielfach auch den Betroffenen selbst) im allgemeinen nicht klar. Das hat verschiedene Gründe:

– Rein zeitlich betrachtet, haben andere Belastungen (Unterrichtsvorbereitung, Korrektur von Haus- und Klassenarbeiten, administrative Aufgaben) größeres Gewicht und fallen stärker ins Auge.
– Disziplinprobleme werden nach außen hin verleugnet. „Ein guter Lehrer hat keine Disziplinschwierigkeiten" – und wer will sich dem Verdacht aussetzen, er sei kein guter Lehrer?
– Viele Lehrer können sich selbst nicht eindeutig eingestehen, daß sie Disziplinschwierigkeiten haben. Sie verdrängen das nagende Gefühl der Unzulänglichkeit, verharmlosen die kleineren und größeren Niederlagen, die sie täglich einstecken, oder suchen sich eine passende Theorie, mit deren Hilfe sie ihr eigenes Verhalten positiv deuten können.

Mit der Literatur über Disziplin, Disziplinprobleme und ihre Überwindung kann man ganze Bibliotheken füllen.

Für das vorliegende Kapitel muß jedoch unter den vielen Aspekten des Problems eine enge Auswahl getroffen werden. Sie orientiert sich zum einen an der Absicht, die Person des L e h r e r s in den Brennpunkt der Überlegungen zu stellen; zum anderen ergibt sie sich aus einigen P r ä m i s s e n , die ich machen möchte:

1. Das Wort „Disziplin" beschreibt sowohl ein Ziel als auch ein Mittel,[1] sowohl eine innere Haltung als auch ein äußeres Verhalten. Äußere

---

[1] Für manche Pädagogen, Erziehungswissenschaftler, Politiker, aber auch Jugendliche ist „Disziplin" etwas höchst Suspektes, ein anstößiges Wort, das heftige Abwehrgefühle hervorruft. Sie wenden sich (zum Teil aus historisch verständlichen Gründen, zum Teil aufgrund negativer persönlicher Erlebnisse) gegen bestimmte oder alle Formen äußerer Disziplinierung, oder sie

Disziplin ist zwar noch kein Beweis für innere Disziplin, sie stellt auch keinen hohen ethischen Wert dar; nichtsdestoweniger ist sie im allgemeinen eine notwendige Voraussetzung dafür, daß die sachlichen und sozialen Lernziele des Unterrichts erreicht werden können.
2. Diszipliniertes Verhalten der Klasse ist nicht nur im Interesse der Schüler anzustreben; es ist auch wichtig für die seelische Gesundheit des Lehrers. Der Lehrer hat ein Recht darauf, seine eigenen Gefühle wahrzunehmen und zu berücksichtigen; es ist nicht Teil seiner beruflichen Aufgabe, sich selbst aufzugeben oder sich zu einer lächerlichen Figur machen zu lassen.
3. Der Lehrer darf weder ein „Erzieherdespot" noch ein „Erzieherschwächling"[2] sein. Er darf sich seiner Leiterfunktion nicht entziehen, sondern muß sie bewußt annehmen.[3]
Dabei wird sich nicht vermeiden lassen, daß er gelegentlich ein gewisses Maß von (wie auch immer geartetem) Druck ausübt.
4. Durch die Vertiefung seines psychologischen Wissens, durch das Bemühen um Selbsterziehung und durch die Anwendung geeigneter Verfahren der Klassenführung und der Konfliktbewältigung kann der Lehrer jedoch erreichen, daß er mit wesentlich weniger Druck auskommt, ohne dabei an Autorität zu verlieren.

Auf das kontroverse Stichwort „Druck ausüben" und auf die in der vierten Prämisse genannten Punkte soll im Folgenden näher eingegangen werden.

gehen noch einen Schritt weiter, assoziieren Disziplin mit „Anpassung" und sehen darin eher eine charakterliche Fehlentwicklung als ein anstrebenswertes Ziel. Eine Auseinandersetzung mit solchen Argumenten ist hier nicht beabsichtigt. Sie ginge an den Problemen des schulischen Alltags vorbei und wäre nutzlos, denn wer zu dieser Art von Überempfindlichkeit neigt, wird mit dem eher pragmatischen Ansatz des vorliegenden Buches ohnehin nichts anfangen können. Ebensowenig möchte ich auf die Ausführungen jener Verfasser eingehen, die bei der Diskussion von Disziplinproblemen vor allem den schichtenspezifischen Aspekt bestimmter Verhaltensweisen analysieren, den „gesamtgesellschaftlichen Bezug" berücksichtigen und die Schule primär als ein Betätigungsfeld für politische Veränderungen darstellen, aber wenig konkrete Hilfen für die Bewältigung schwieriger Situationen im alltäglichen Unterricht bieten (vgl. z. B. Lotz).

[2] Finkenstädt, zitiert bei Glänzel (105).

[3] Das schließt – wie schon im Kapitel „Unterricht" ausgeführt wurde — natürlich nicht aus, daß er gelegentlich Teile dieser Funktion an Schüler delegiert.

Die Fähigkeit, sich „durchzusetzen". . . .

Wissenschaftliche Untersuchungen haben es bewiesen,[4] Schulaufsätze lassen es erkennen, Gespräche mit Schülern bestätigen es immer wieder:
Schüler wünschen sich einen Lehrer, der fähig und bereit ist, sich durchzusetzen.
Zu diesem Ergebnis kommen – wenn auch mit Bedauern – auch solche Lehrer, die traditionellen Disziplinvorstellungen zunächst ausgesprochen ablehnend gegenüberstanden und denen es widerstrebte, Macht auszuüben.[5]
Wie erklärt sich dieser Wunsch?
Schüler, die bereits arbeitswillig und lernbereit sind (die also, soweit es sie selbst betrifft, gar keinen „Druck" nötig haben), sind verstört und verbittert, wenn es dem Lehrer nicht gelingt, ihnen Arbeitsbedingungen zu schaffen, in denen sie konstruktiv tätig sein können, ohne durch Lärm oder Aggressionen anderer gestört zu werden.
Schüler, bei denen der Wunsch, sich vernünftig zu verhalten, im Kampf liegt mit der Versuchung, sich gehen zu lassen, erwarten vom Lehrer, daß er ihnen mit freundlichem Nachdruck hilft, ihr „besseres Ich" die Oberhand gewinnen zu lassen.
Schüler schließlich, deren Grundhaltung in der Schule vorwiegend destruktiv-aggressiv ist und die den Machtkampf suchen, verachten den Lehrer, der in dieser Auseinandersetzung unterliegt oder der sich ihr gar nicht erst stellt.[6]

Man darf wohl davon ausgehen, daß bei den meisten Schülern neben dem Bedürfnis nach vernünftigen Arbeitsbedingungen ein zweites, tieferes Motiv mitspielt: der Wunsch nach einer Bezugsperson, die sachliche und menschliche Autorität verkörpert und als Vorbild wirkt. Deshalb sind sie auch – trotz durchaus vorkommender kurzfristiger Schwärmerei – insgeheim enttäuscht, wenn der Lehrer sich hauptsächlich als „Kumpel" und guter Kamerad gibt, wenn er sich zu sehr mit ihnen identifiziert und den bestehenden Alters- und Statusunterschied verwischt. Sobald es zu einem Konflikt kommt (z. B. zu einer Meinungsverschiedenheit über die zu erbringenden Leistungen, über

---

[4] Vgl. MÜLLER-FOHRBRODT 160; WEINERT 541.

[5] Vgl. KUHLMANN 34, 95; KRÜGER 22, 27–29, 34, 40, 71f.; OTTY 82f., 112, 132, 137–139, 151.

[6] Vgl. HANNAM/SMYTH/STEPHENSON 150; MARLAND 4.

Verhaltensformen oder über Zensuren), zerbricht die Pseudokamerad-
schaft, und es gibt Ärger und Schwierigkeiten.

Das Bedürfnis der Schüler nach einem Lehrer, der Autorität hat und
sich durchsetzen kann, gilt für alle Altersstufen und Schulformen.[7]
Unterschiede zeigen sich jedoch darin, welche Druckm i t t e l Schüler
als angemessen akzeptieren.
Maßnahmen, die in einer quirligen Unterstufenklasse verständlich
und sinnvoll sein mögen und den erwünschten Erfolg haben, würden
bei Oberstufenschülern auf befremdetes Kopfschütteln oder offene
Rebellion stoßen. Die Kinder (oder Jugendlichen) haben ein Gespür
dafür, ob sie pauschal „unterdrückt" werden oder ob der Erwachsene
ihnen nur jene Grenzen setzt, die sie sich selbst zur Zeit noch nicht
setzen können.
Für den Lehrer stellt sich die Aufgabe, mit Takt und Fingerspitzengefühl, aber auch mit nüchternem Realismus einen vernünftigen Mittelweg zu finden.
Übt er zu viel Druck oder Druck mit unangemessenen Mitteln aus,
dann erntet er Haß und Aufsässigkeit; außerdem hat er ein schlechtes
Gewissen (oder sollte es zumindest haben), weil er weiß, daß die
getroffenen Maßnahmen langfristig für die Entwicklung des Schülers
eher schädlich als nützlich sind (Stichworte: Motivationsverlust,
Aggressionsstau; Unmündigkeit).
Übt er zu wenig Druck aus, dann wird er ineffektiv. Er kommt beim
Unterrichten nicht von der Stelle; er wird den (objektiven) Bedürfnis-
sen der Schüler nicht gerecht – und er verschwendet seine eigene Zeit,
Energie und seelische Gesundheit.

Vertiefung des psychologischen Wissens

Schon während der Universitätszeit, hauptsächlich aber während der
Ausbildung am Seminar wird man angehalten, sich psychologisches
Wissen anzueignen. Man liest Bücher über Entwicklungspsychologie,
über Motivation, über die Auswirkungen von Belohnung und Strafe;
man hört sich Vorträge des Seminarleiters oder eines Gastsprechers
über solche Themen an und schreibt brav mit, und beim Examen ist

---

[7] KUHLMANN und KLAPPERICH/HAASS haben mit Hauptschülern die gleichen
Erfahrungen gemacht wie KRÜGER in der gymnasialen Mittel- und Oberstufe,
und LOTZ und OTTY berichten Ähnliches über deutsche bzw. englische
Gesamtschüler.

man durchaus in der Lage, beträchtliche Mengen der gespeicherten Informationen wieder von sich zu geben.

So weit, so gut. Nur: man vergißt vieles davon sehr schnell, sobald die Prüfung überstanden ist. Das ist aus mehreren Gründen verständlich. Man hatte sich diese Dinge angeeignet, weil man wußte, daß man darüber geprüft werden würde; die Lernmotivation war eher „extrinsisch" als „intrinsisch" (Wissen Sie noch, was man darunter versteht?); vieles war theoretischer Ballast, der keinen Praxisbezug erkennen ließ. Vor allem aber: das Lernen war rein kognitiv-intellektuell; es konnte keine tiefen Spuren hinterlassen, weil Sie mit dem Lernstoff noch keine persönlichen Erlebnisse verbanden. Ihr Verstand wurde angesprochen; nicht Ihre Gefühle.

Wie wäre es, wenn Sie Ihre Kenntnisse einmal auffrischten? Sie brauchen sich ja nicht um umfassendes, abfragbares Wissen zu bemühen; das wäre zeitlich gar nicht möglich und sicher auch nicht gerade sehr lustbetont. Entscheidend ist, daß Ihre Neugier wieder wach wird; daß Sie anfangen, Ihre festgefahrenen Verhaltensweisen kritisch zu hinterfragen, und daß Sie sich anregen lassen, auch einmal mit neuen Formen zu experimentieren.

Redensarten wie „Ein bißchen gesunder Menschenverstand hilft einem mehr als ein Dutzend Psychologiebücher" sind zwar nicht unbedingt völlig falsch – es kommt auf das Dutzend Bücher an! – , aber man hört sie zu oft von Leuten, deren Pauschalurteile und Denkklischees über Schülerpersönlichkeiten, Unterrichtstechniken und Disziplinarmaßnahmen leise Zweifel daran aufkommen lassen, ob jener gesunde Menschenverstand bei ihnen in ausreichender Fülle vorhanden ist.

Das Studium psychologischer Sekundärliteratur ist nicht die einzige Möglichkeit, lesend Zugang zum Denken, Fühlen und Verhalten von Schülern zu gewinnen. Sehr lohnend kann auch die Lektüre von Romanen oder Erzählungen sein, in deren Mittelpunkt ein Kind oder Jugendlicher steht.[8]

---

[8] Es gibt eine fast unübersehbare Fülle solcher Werke. Die folgende kurze Liste stellt eine völlig subjektive Auswahl dar.
Henri ALAIN-FOURNIER, Der große Kamerad
Hans BENDER, Ein Bär wächst bis zum Dach
Heinrich BÖLL, Haus ohne Hüter
Georg BRITTING, Brudermord im Altwasser
Alain CESBRON, Wie verlorene Hunde

Ich erinnere mich, daß wir als Referendare einmal von unserem Seminarleiter aufgefordert wurden, ein Referat über ein solches Buch, das wir selbst wählen konnten, zu halten. Im nachhinein weiß ich, daß diese Aufgabe ergiebiger für mich war als manche anderen Dinge, die wir während der Ausbildungszeit tun mußten. Das liegt wahrscheinlich daran, daß ein dichterischer Text den Leser in einer ganz anderen, tieferen Weise ansprechen kann als ein nüchterner Sachtext, der sich nur an den Kopf wendet. Er kann starke Gefühle auslösen und dadurch das Verhalten nachhaltig beeinflussen.

Ob Sie nun Romane lesen oder Sachbücher; ob Sie Vorträge besuchen, an Arbeitsgemeinschaften teilnehmen oder einschlägige Fernsehsendungen sehen – entscheidend ist, daß Ihre Bereitschaft und Ihre Fähigkeit wachsen, nicht nur das problematische Verhalten des Schülers wahrzunehmen (und dann automatisch und vielleicht unzweck-

A. J. CRONIN, Der spanische Gärtner
Miguel DEL CASTILLO, Elegie der Nacht
Charles DICKENS, David Copperfield
Anne FRANK, Das Tagebuch der Anne Frank
Gerd GAISER, Schlußball
J. W. von GOETHE, Wilhelm Meisters theatralische Sendung
William GOLDING, Der Herr der Fliegen
Graham GREENE, Der Kellerraum
L. P. HARTLEY, Der Zoll des Glücks
Manfred HAUSMANN, Abel mit der Mundharmonika
Werner HEIDUCZEK, Abschied von den Engeln
Hermann HESSE, Unterm Rad
James JOYCE, Jugendbildnis
Gottfried KELLER, Der grüne Heinrich
Walter KEMPOWSKI, Tadellöser & Wolff
Irina KORSCHUNOW, Die Sache mit Christoph
Reiner KUNZE, Die wunderbaren Jahre
Erich LOEST, Eine Falte, spinnwebfein
Thomas MANN, Tonio Kröger
Thomas MANN, Buddenbrooks (11. Teil, 2. Kapitel)
Robert MUSIL, Die Verwirrungen des Zöglings Törless
Ulrich PLENZDORF, Die neuen Leiden des jungen W.
J. D. SALINGER, Der Fänger im Roggen
Klaus SCHLESINGER, Neun
Rolf SCHNEIDER, Die Reise nach Jaroslaw
Friedrich TORBERG, Der Schüler Gerber
Angus WILSON, Himbeermarmelade
Gabriele WOHMANN, Habgier.

mäßig darauf zu reagieren), sondern die dahinterliegenden U r s a -
c h e n zu erspüren.

Im folgenden finden Sie eine Aufstellung möglicher Ursachen kindli-
chen Fehlverhaltens.
„Fehlverhalten" soll hier – nur für dieses Kapitel, ohne Anspruch auf
Allgemeingültigkeit – als Verhalten definiert werden, durch das sich
der Lehrer gestört fühlt oder das er für in der gegebenen Situation
unangemessen hält. Diese Definition soll sowohl gewichtige, bedenk-
liche und gefährliche Störungen einschließen als auch – vor allem –
jene kleinen und kleinsten Unvollkommenheiten, mit denen sich
jeder Lehrer tagtäglich Dutzende von Malen beschäftigen muß.

Mögliche Ursachen des Fehlverhaltens

Der Schüler
- *weiß nicht genau, was von ihm erwartet wird; hat die Arbeitsanweisung nicht
  verstanden*
- *empfindet die Arbeitsanweisung als nicht konkret oder detailliert genug; hat
  nicht den nötigen Grad von Selbständigkeit, um eine „freie" Aufgabe anzupak-
  ken*
- *fühlt sich überfordert; empfindet die Aufgabe als zu schwer*
- *fühlt sich unterfordert*
- *ist nicht an der Aufgabe interessiert*
- *ist nicht am Stoff bzw. am Thema interessiert; empfindet den Stoff als irrelevant;
  sieht keinen Bezug zu den jetzigen oder späteren eigenen Bedürfnissen[9]*

[9] Haben wir nicht alle schon gelegentlich das unbehagliche Gefühl gehabt, daß
die Schüler diesen Eindruck zu Recht haben? Daß – wie VON HENTIG es einmal
(im Vorwort zu dem Buch „Die Schule überleben" von HERNDON) ausgedrückt
hat – vieles von dem, was wir lehren, „abgründig irrelevant" ist? KRÜGER
behauptet mit amüsant-arroganter Respektlosigkeit: „Glücklicherweise hat
sich inzwischen wenigstens zaghaft herumgesprochen, daß 50 % des Unterrichtsstoffes unserer Schulen allein dem Zweck dienen, die Schüler unterm
Daumen zu halten und nach außen eine Betriebsamkeit zu demonstrieren, die
mit der Effektivität des Lernens nicht im entferntesten Schritt hält. Von dem
vielleicht sinnvollen Rest kann man nämlich getrost noch mal 30 % abziehen,
die durch den Widerwillen verlorengehen, der alles Lernen begleitet . . ."
(104). Auch SINGER, den man weniger leicht als merkwürdigen Außenseiter
abstempeln darf, äußert sich in ähnlicher Weise: „Einsicht in die Sinn- und
Nutzlosigkeit eines Teils des in der Schule zu lernenden Wissens ist bei

- *findet das Arbeitsmaterial schlecht (Buch; Arbeitsblatt; Werkzeug)*
- *langweilt sich; hat ein Bedürfnis nach Auflockerung, Spannung, Abwechslung*
- *ist erschöpft und ermüdet (durch zu wenig Schlaf, oder durch die voraufgegangenen Unterrichtsstunden)*
- *neigt aufgrund konstitutioneller physiologischer Ursachen (z.B. Gehirnschädigung) zu erhöhter motorischer Unruhe[10]*
- *hat von den Eltern oder anderen außerschulischen Bezugspersonen eine Abneigung gegen Schule, Lernen und angepaßtes Verhalten übernommen*
- *hat Hunger nach Freiheit; reibt sich daran, daß er zum Schulbesuch gezwungen und ständig fremdbestimmt wird*
- *ist durch Vorgänge außerhalb des Klassenraums abgelenkt (Verkehrslärm; Schneegestöber; Geräusche auf dem Korridor)*
- *ist durch Vorgänge im Klassenraum abgelenkt (Verhalten von Mitschülern)*
- *fühlt sich durch das Verhalten von Mitschülern so gestört, daß eine Mitarbeit nicht möglich ist*
- *ist so sehr mit einem anderen Gedanken oder einem Problem beschäftigt, daß er sich nicht auf den Unterricht konzentrieren kann*
- *hat das Bedürfnis nach motorischer Aktivität, kann nicht mehr stillsitzen*
- *will einem Mitschüler unbedingt etwas mitteilen*
- *möchte die Aufmerksamkeit von Mitschülern/Mitschülerinnen (!) erlangen*
- *will ein bestimmtes „Image" aufrechterhalten (z.B. Klassenkasper; trotziger Rebell; Rädelsführer)*
- *beugt sich dem (negativen) „Klassengeist"; will nicht als Muttersöhnchen oder als Streber gelten*
- *möchte sich gerade wesentlich lieber mit etwas anderem beschäftigen*
- *möchte die Aufmerksamkeit des Lehrers erzwingen*

vielen Erwachsenen vorhanden . . . Die Nutzlosigkeit ist zwar offenkundig, aber sie voll wahrzunehmen, die Verschwendung von Lebenskraft und Lebenssinn sehen zu müssen, kann in der Tat depressiv machen. Da ist es dann leichter, diese Einsichten zu verdrängen . . ." (92). Selbst der eher konservative BOWLEY, gewiß kein radikaler Systemveränderer, erklärt: „The main trouble with much teaching is that it is wasteful, because it is not adapted sufficiently to the needs of those who are learning" (99), wobei er sich allerdings noch mehr auf die Methoden als auf die Inhalte bezieht. – Diese Äußerungen mögen – je nachdem, von welcher Altersgruppe, welcher Schulform und welchem Fach die Rede ist – als heftig übertrieben empfunden werden; einen Kern von Wahrheit wird man ihnen aber nicht absprechen können. Grund genug, um einerseits mehr Verständnis für die Empfindungen der Schüler aufzubringen und andererseits schon bei der Stundenvorbereitung kritisch darüber nachzudenken, welchen Wert die vorgesehenen Stoffe und Themen wohl wirklich haben mögen!

[10] Genauere Informationen über derartige Störungen findet man u. a. bei HAVERS.

- *identifiziert den Lehrer unbewußt mit einer anderen Bezugsperson, z. B. dem Vater, und richtet Aggressionen, die aus dieser anderen Beziehung stammen, stellvertretend gegen ihn[11]*
- *ist durch die ungeschickte oder ungemessene Unterrichtsmethode des Lehrers frustriert*
- *empfindet persönliche Abneigung gegen den Lehrer*
- *fühlt sich mißverstanden oder ungerecht behandelt und hat deshalb die Zusammenarbeit aufgekündigt*
- *glaubt, daß der Lehrer ihm ohnehin nichts Gutes zutraut*
- *hat zwar persönlich nichts gegen den Lehrer, möchte aber ausprobieren, wie weit er gehen kann*
- *spürt die Unsicherheit des Lehrers und nützt sie aus*
- *deutet freundliches, nicht-autoritäres Verhalten des Lehrers als Schwäche*
- *steht noch unter dem Einfluß der vorigen Stunde (z. B.: hat gerade eine Klassenarbeit zurückbekommen) und muß sich erst „abreagieren"*
- *ist frustriert, weil er die Dinge, die er sagen möchte, nicht ausdrücken kann (ein spezielles Problem des Fremdsprachenunterrichts!)[12]*
- *ist sich gar nicht bewußt, daß sein Verhalten vom Lehrer als störend empfunden wird*
- *tut etwas, was andere Lehrer akzeptieren, dieser Lehrer aber ablehnt*
- *benimmt sich nicht anders als sonst, aber der Lehrer hat einen ausgesprochen schlechten Tag (ist vielleicht krank oder überreizt).*

Einige ergänzende Bemerkungen erscheinen notwendig.

1. Manchmal treffen mehrere Faktoren zusammen, die sich gegenseitig verstärken; z. B.:
Ein Schüler hat häusliche Probleme. Er hat in der vorangegangenen Stunde eine Auseinandersetzung mit einem autoritären Lehrer gehabt, der ihn kalt und mit unnötiger Härte in seine Schranken gewiesen hat. Jetzt muß er eine Unterrichtsstunde in einem Fach über sich ergehen lassen, das ihn ohnehin nicht interessiert; er soll eine Aufgabe bearbeiten, die er weder versteht noch für sinnvoll hält. Wen wundert es, daß er nun versucht, auszubrechen, sich eine Ablenkung zu verschaffen, seine Aggressionen auszudrücken?
2. Wenn verschiedene Schüler das gleiche Fehlverhalten zeigen, darf man nicht einfach davon ausgehen, daß auch die gleiche Ursache

[11] REDL sieht hierin eine der wichtigsten Ursachen von Konflikten überhaupt (REDL 1971, S. 184). Das mag überraschen; man muß allerdings berücksichtigen, daß er von überdurchschnittlich schwierigen Kindern berichtet.
[12] Vgl. u. a.: I. MORRIS, The Art of Teaching English as a Living Language, London 1966, 147.

zugrundeliegt.[13] Ob man aus dieser Erkenntnis nun den Schluß ziehen
sollte, daß man auf gleichartige Störungen keinesfalls in der gleichen
Weise reagieren darf, ist eine schwierige Frage, die sich nicht eindeutig
beantworten läßt. Man wird von Fall zu Fall abwägen müssen, was
mehr wiegt: die (für alle Schüler erkennbare) äußerliche Gerechtigkeit
oder die individuelle Angemessenheit der Reaktion; und man wird
dabei sowohl die Ernsthaftigkeit der Störung als auch die bisher mit
den betreffenden Schülern gemachten Erfahrungen berücksichtigen.
3. Auf manche Faktoren, die das Fehlverhalten von Schülern verursachen können (z. B. konstitutionelle Schäden, die häusliche Situation
oder unbefriedigende äußere Umstände in der Schule), hat der Lehrer
keinen oder nur sehr geringen Einfluß. Das ist einerseits bedrückend;
andererseits kann es – besonders für einen unsicheren und selbstkriti-
schen Lehrer – auch ein Trost sein, wenn er sich klarmachen darf, daß
die Ursachen von Störungen nicht i m m e r in seinem eigenen Mangel
an Autorität und pädagogischem Geschick liegen. (Daß sie o f t dort zu
suchen sind, wird sich nicht bestreiten lassen.)

Da ich Ihnen am Anfang dieses Abschnittes vorgeschlagen habe,
einmal wieder lesend Ihr psychologisches Wissen zu vertiefen, möchte
ich nicht versäumen, empfehlend auf einige Bücher hinzuweisen, von
denen ich glaube, daß sie Ihnen nicht nur Erkenntnisse vermitteln,
sondern auch Ihre Einstellung beeinflussen und Ihren pädagogischen
guten Willen bestärken werden.

An erster Stelle verdient das Buch „Unterrichtstörungen" von BILLER
genannt zu werden. Es stellt eine gelungene Kombination von solidem
theoretischem Unterbau und gut ausgewählten, gründlich analysier-
ten praktischen Beispielen typischer Störungen aus verschiedenen
Altersstufen und Schulformen dar.

---

[13] GRELL und GRELL illustrieren dies sehr überzeugend am Beispiel des Kaugum-
mikauens: „Ein Schüler hat vielleicht nur aus Gedankenlosigkeit versäumt,
sein Gummi rechtzeitig unter seinen Tisch zu heften. Der zweite hat es mit
kühl kalkulierter Absichtlichkeit erst nach der Pause eingenommen, weil er
aus Erfahrung weiß, daß er dadurch Auflockerungen des Unterrichts herbei-
führen kann, die ihn und die Mitschüler erheitern. Ein dritter ist neu in der
Klasse und hatte bisher eine Englischlehrerin, die selbst während des
Unterrichts ein Kaugummi im Munde herumführte. Ein vierter kaut, weil ein
Mitschüler, der gerade Geburtstag hat, Kaugummis verteilte – und er geht
von der Annahme aus, daß es in diesem besonderen Fall erlaubt sei, das
Kaugummi sofort zu kauen . . ." (22).

Biller verzichtet auf einseitig-dogmatische Bekehrungsversuche und übertriebene Vereinfachungen; er bietet breite, ausgewogene „Maßnahmenbündel" zur Behebung der jeweiligen Störungen an und gibt auch zahlreiche gezielte Literaturhinweise, die das Verfolgen von Teilaspekten ermöglichen.

Das umfangreiche Standardwerk „Erziehungspsychologie" von Tausch und Tausch ist wichtig wegen der ausführlichen Darstellung bestimmter wünschenswerter Aspekte des Lehrerverhaltens.

Die Bücher von Dreikurs sind sehr gut lesbar, enthalten viele Fallbeispiele und vermögen die Gefühle und den guten Willen des Lesers nachhaltig zu beeinflussen, auch wenn er das in ihnen propagierte starre Diagnoseschema nicht für so allgemeingültig hält wie der Verfasser.

Gordons „Lehrer-Schüler-Konferenz" überträgt die bereits in seinem Bestseller „Familienkonferenz" dargestellten Prinzipien auf das Lehrer-Schüler-Verhältnis. Der grundlegende Ansatz ist sehr vernünftig und beherzigenswert, auch wenn man nicht erwarten darf, daß er in j e d e r Situation zum Erfolg führt.

Für die differenzierte Auseinandersetzung mit dem Problemkomplex „Strafe" (grundsätzliche Berechtigung, Zweckmäßigkeit, Nebenwirkungen etc.) ist die Lektüre von Redl, „Erziehung schwieriger Kinder", lohnend.

Wer Fortschritte in der Kunst des einfühlsamen, helfenden Gesprächs (nicht nur mit Jugendlichen) machen möchte, sollte unbedingt „Kommunikationstraining" von Birkenbihl und „Anleitung zum sozialen Lernen für Paare, Gruppen und Erzieher" von Schwäbisch und Siems durcharbeiten.

Wer an der Einbettung des Disziplinproblems in gesamtgesellschaftliche Fragen interessiert ist, sei auf die Sammelrezension „Helfen die Helfer?" von Bernath verwiesen.

Selbsterziehung

„Wer nicht selbst diszipliniert ist, kann andere nicht disziplinieren" (Horney, 517).

Dieser Satz ist sicher richtig. Er kann aber, aus dem Zusammenhang gerissen, zu Mißverständissen führen und den Begriff „Disziplin" in ungute Nähe zu militärischem Drill und blindem Gehorsam bringen. So ist er nicht gemeint. Horney betont die Wichtigkeit der i n n e r e n Disziplin des Lehrers, die ihren Ausdruck in seinem äußeren Verhalten findet.

Schüler empfinden einen Mangel an Selbstbeherrschung – z. B. Launenhaftigkeit, häufige Verärgerung, unbeherrschtes Herumbrüllen – beim Lehrer als Schwäche; ebenso einen Mangel an Konsequenz. „Sicherheit und Bestimmtheit des Auftretens" sollen den Lehrer auszeichnen, und „Nachlässigkeiten in der Kleidung" mindern seine Autorität (a. a. O., 515). Nun, dieser letzte Punkt wird im allgemeinen heute mit Recht etwas großzügiger interpretiert (obwohl er keineswegs als völlig überholt angesehen werden darf); aber darüber, daß ein Lehrer, der keine innere Sicherheit ausstrahlt, es in der Klasse schwer hat, sind sich die meisten Autoren einig.

Nur – wie erreicht man dieses hehre Ziel?
Daß man sich ohne solides f a c h l i c h e s Wissen, ohne die nötige Sachkompetenz niemals wirklich sicher fühlen kann, ist eine Binsenweisheit; wir brauchen uns nicht weiter mit ihr zu beschäftigen. Daß die Beherrschung angemessener Unterrichtstechniken unerläßlich ist, ist ebenfalls eine Selbstverständlichkeit. Wir werden noch darauf zurückkommen.
Es gibt aber noch andere Faktoren, die zur inneren Sicherheit eines Lehrers beitragen: Persönlichkeitsfaktoren, die sich weniger leicht diagnostizieren und korrigieren lassen als die oben genannten, deren Einfluß aber nicht minder bedeutsam ist. Man muß, bevor man hier den Hebel ansetzt, zunächst einmal versuchen, größere Klarheit über sich selbst zu gewinnen.
Aufmerksame Selbstbeobachtung ist dazu nötig; und damit man weiß, w a s man beobachten soll, empfiehlt es sich, zu Büchern zu greifen, die nicht nur Ratschläge für guten Unterricht geben, sondern sich mit dem Lehrer als Menschen befassen.
CASELMANNS „Wesensformen des Lehrers" z. B. ist eine große Hilfe bei der Einschätzung der persönlichen Stärken und Schwächen, und BRÜCKS „Die Angst des Lehrers vor seinem Schüler" lenkt die Aufmerksamkeit auf unbewußte, verdrängte Aspekte, die das Auftreten vor der Klasse beeinflussen. ANNA FREUDS „Das Ich und die Abwehrmechanismen" sollte man zur Pflichtlektüre für all jene Lehrer machen (und wer von uns kann ganz sicher sein, daß er nicht zu ihnen gehört?), die in der Gefahr stehen, ihr Handeln mit wohlklingenden Worten im Sinne schöner Prinzipien zu interpretieren, während sich Schülern oder Kollegen die Realität ihres Unterrichts ganz anders darstellt.[14]

---

[14] Auf diese Gefahr weist FUHR hin (39).

Wer Mut hat, kann auch den direkten Weg gehen: er kann sich durch die Befragung von Schülern eine Rückmeldung darüber verschaffen, wie er „ankommt". Damit eine solche Befragung aber nicht eher negative als positive Folgen hat (weil die Schüler sie als ein Eingeständnis von Unsicherheit ansehen und sich entsprechend verhalten, oder weil man von den Antworten verletzt und verunsichert wird), sollte man erstens prüfen, ob man tatsächlich die erforderliche Belastbarkeit besitzt, und zweitens den Zeitpunkt und die Rahmenbedingungen so wählen, daß die Ergebnisse ausgewogen, repräsentativ und relevant sind.

Ausgewogen werden sie nur dann sein, wenn die Befragung nicht in einer Situation erfolgt, die emotional belastet ist (z. B. im Anschluß an eine unerfreuliche Auseinandersetzung mit der Klasse). Repräsentative Ergebnisse können nur dann erzielt werden, wenn a l l e Schüler zu Wort kommen; sonst entsteht ein verzerrtes, wahrscheinlich eher zu negatives als zu positives Bild.

Die Relevanz der Ergebnisse hängt von der Fragestellung ab. Wenn man den Schülern nicht einige Beurteilungskriterien vorgibt, kann es leicht geschehen, daß sie nur zu einem untypischen Einzelvorfall Stellung nehmen oder sich auf Nebensächliches konzentrieren, anstatt sich über die wirklich wesentlichen Punkte zu äußern.

Aus dem Gesagten ergibt sich, daß eine schriftliche Befragung günstiger ist als eine mündliche (weil man dann von allen Schülern eine Antwort bekommt). Um zu verhindern, daß einzelne aus Angst vor negativen Folgen ihre wirkliche Meinung verschweigen, sollte Anonymität gewährleistet sein. Dazu empfehlen sich Auswahlantworten, bei denen man nur Kreuzchen machen muß und sich nicht durch die Handschrift zu erkennen gibt. Auswahlantworten (statt eines Aufsatzes) haben gleichzeitig den Vorteil, daß Beobachtungskriterien gezielt vorgegeben werden können und daß die statistische Auswertung erleichtert wird.

Der folgende Fragebogen kann vielleicht als Anregung dienen. Ich habe ihn im Laufe der Jahre etliche Male eingesetzt (z. T. mit kleinen Abwandlungen, je nach Klassenstufe, unterrichtetem Fach und sonstigen Rahmenbedingungen).

Für den Lehrer ist es leichter, sich richtig zu verhalten und guten Unterricht zu geben, wenn er weiß, was die Schüler von ihm halten. Er kann dann versuchen, Fehler abzustellen, die ihm gar nicht bewußt sind. Auf der anderen Seite ist es auch wichtig für ihn, gelegentlich Anerkennung zu erfahren und dadurch ermutigt zu werden, Positives beizubehalten oder zu verstärken.

Bitte helft mir, mich selbst richtig einzuschätzen und Ansätze für konstruktive
Änderungen zu finden, indem Ihr diesen Fragebogen ausfüllt. Euren Namen sollt
Ihr dabei n i c h t angeben.
Kreuzt bitte jeweils den zutreffenden Buchstaben an. (Wenn Ihr zu einzelnen
Fragen Anmerkungen machen möchtet, könnt Ihr es in Druckschrift tun, wegen
der Anonymität).

1. Sachliches Können
a) Zeigt häufig Wissenslücken; macht offensichtliche Fehler
b) Scheint gelegentlich unsicher zu sein
c) Zeigt sichere Beherrschung des Unterrichtsstoffes

2. Interessanter Unterricht?
a) Ich finde die Stunden im allgemeinen langweilig
b) Interessante und lebendige Stunden kommen etwa ebenso oft vor wie
langweilige
c) Der Unterricht ist im allgemeinen interessant und lebendig

3. Geschicklichkeit im Erklären
a) Kann nicht gut erklären
b) Kann gut erklären

4. Leistungsanforderungen an die Schüler
a) Es wird zu wenig von den Schülern gefordert
b) Es wird zu viel von den Schülern erwartet
c) Die Anforderungen sind angemessen

5. Mitspracherecht der Klasse
Inwieweit hatte die Klasse die Möglichkeit, Einfluß auf die Unterrichtsweise oder
die Stoffauswahl zu nehmen?
a) Erfreulich viel Einflußmöglichkeit
b) Gewisse Ansätze waren vorhanden
c) Die Klasse bekam keine Gelegenheit, ihre Wünsche zu äußern, bzw. diese
wurden nicht berücksichtigt

6. Disziplin
a) Nicht in der Lage, Disziplin zu erreichen
b) Könnte gelegentlich strenger sein
c) Zu streng
d) Vernünftiges Maß an Disziplin

7. Verhalten in Konfliktsituationen
a) Immer ruhig und beherrscht
b) Meistens ruhig, nur gelegentlich aufbrausend
c) Leicht in Erregung geratend, unbeherrscht

8. Stimmung, Launenhaftigkeit
a) Launisch und unberechenbar
b) Meistens freundlich und ausgeglichen; hat aber durchaus mal „schlechte Tage"
c) Fast immer freundlich und ausgeglichen

9. Geduld
a) Im allgemeinen gereizt und ungeduldig
b) Gelegentlich ungeduldig
c) Nahezu immer geduldig

10. Gerechtigkeit
a) Oft ungerecht; hat „Lieblinge" und „Prügelknaben"
b) Gelegentlich ungerecht
c) Zeigt das deutliche Bemühen, immer gerecht zu sein

11. Humor
a) Zu ernst
b) Oft zu albern
c) Angenehm humorvoll

12. Persönliches Auftreten
a) Zuviel Selbstbewußtsein; eingebildet, eitel
b) Unsicher, gehemmt
c) Zeigt ein normales Maß an Selbstbewußtsein

13. Angst auslösend?
Hast Du Angst vor mir gehabt?   a) oft   b) manchmal   c) noch nie

14. Ermutigung
Ist es mir gelungen, Dich zu ermutigen – Dir Anerkennung zu zeigen – Dein Selbstvertrauen zu stärken?
a) nie; eher im Gegenteil   b) selten   c) ja; ab und zu   d) ja, oft

15. Sonstiges
Gibt es sonst noch etwas, was Du mir sagen möchtest (Kritik, Anerkennung, Beobachtungen, Anregungen)? Etwas, was Du gut findest? Etwas, was Du schlecht findest?

_____

_____

Was ich mit Hilfe dieses Fragebogens erfahren habe, war zwar oft das, was ich ohnehin wußte oder zumindest ahnte. Es hat aber auch schon (zum Teil schmerzliche) Überraschungen gegeben; und bei manchen

Punkten habe ich aufgrund dieser Informationen im Laufe der Zeit mit Erfolg versucht, mich zu ändern.

Hier ist allerdings eine einschränkende grundsätzliche Bemerkung angebracht.
Man wird unterscheiden müssen zwischen
- Dingen, die man selbst als änderungsbedürftig ansieht und die man tatsächlich ändern kann, wenn man sich Mühe gibt;
- Dingen, die einem zwar selbst nicht gefallen, die aber ein so tief verwurzelter Teil der Persönlichkeit sind, daß man sie wahrscheinlich nicht ändern kann;
- Dingen, die zwar von Schülern kritisiert werden, die aber der eigenen Überzeugung nach nicht geändert werden sollten.
Je älter man wird, desto größer wird wahrscheinlich der Anteil jener Kritikpunkte, die eher in die zweite oder dritte Kategorie gehören als in die erste.

Trotz aller Änderungsbereitschaft des Lehrers, trotz aller ehrlichen Bemühungen um Selbsterziehung wird es gelegentlich (an manchen Schulen oder in bestimmten Klassen sogar recht häufig) vorkommen, daß das positive Echo auf diese Anstrengungen ausbleibt; daß man bedrückt ist über die Undankbarkeit der Schüler, ihren Mangel an Fairneß, ihren Egoismus, ihre fühllose Roheit.
Dann n i c h t zu resignieren oder zu verbittern, sondern sich weiterhin mit Wärme und forderndem Optimismus um jeden Schüler zu bemühen, ist schwer. Wahrscheinlich ist es ohne eine überpersönliche (z. B. religiöse) Bindung, die von Enttäuschungen und Mißerfolgen unbeeinflußt bleibt, gar nicht möglich.
Auf jeden Fall aber gehört es zu den Zielen der Selbsterziehung, sich zu dieser Haltung durchzuringen.

Techniken der Klassenführung

Daß unangemessenes Schülerverhalten oft auf Schwächen des Unterrichts zurückzuführen ist, wird in der Literatur so nachdrücklich betont und ausgiebig erläutert, daß man es manchmal nicht mehr hören bzw. lesen mag. Wer läßt sich schon gern immer wieder ermahnen, die Ursache aller auftretenden Probleme erst einmal bei sich selbst zu suchen?
Gewiß, es gibt auch andere Faktoren – vgl. die Liste „Mögliche Ursachen des Fehlverhaltens" –, aber grundsätzlich kann die Bedeu-

tung eines guten Unterrichts kaum hoch genug eingeschätzt werden. Auf die Frage, was „guter Unterricht" sei, brauchen wir hier nicht ausführlich einzugehen; es genügt, ein paar Stichworte zu nennen: sorgfältige Vorbereitung; rechtzeitige Bereitstellung und überlegter Einsatz geeigneter Materialien und Medien; Klarheit der Darbietung; Schwung und Abwechslung; geschickte Strukturierung der Stunde; Angemessenheit der Aufgaben; Berücksichtigung der Bedürfnisse der Schüler.

Auch einige Dinge, die sozusagen im Vorfeld des eigentlichen Unterrichts liegen, können sich als bedeutungsvoll erweisen. So ist es z. B. wichtig, so schnell wie möglich alle Namen zu kennen, einschließlich der Verkleinerungsformen oder Spitznamen (sofern diese nichts Kränkendes an sich haben). Ein Schüler wird viel eher aus der relativen Sicherheit der Anonymität heraus unangemessene Verhaltensweisen zeigen, als wenn er dem Lehrer bereits persönlich-namentlich bekannt ist; und Ermahnungen wie „Du da hinten mit dem blauen Pullover, sei jetzt endlich still!" sind eher ein Anlaß für Heiterkeit und gesteigerte Unruhe als eine erfolgversprechende Maßnahme.

Ein anderer Faktor, der die Disziplin in der Klasse beeinflussen kann, ist die Sitzordnung.

Sie ist oft ein bloßes Zufallsprodukt: am Beginn des Schuljahres stürmen die Schüler in den neuen Klassenraum und erobern sich einen Platz. Mit der Verteilung, die auf diese Weise entsteht, sind häufig weder alle Schüler noch die Lehrer einverstanden. Es ist deshalb sinnvoll, wenn der Klassenlehrer verändernd eingreift. Hierzu gibt es allerdings sehr unterschiedliche Meinungen. Während in der deutschen Literatur gern darauf verwiesen wird, daß die Sitzordnung die Zustimmung der S c h ü l e r finden sollte (u. a. deshalb, weil es die Stimmung positiv beeinflußt, wenn man mit einem Freund zusammensitzen darf),[15] neigen englische Verfasser eher dazu, das Zusammensitzen von befreundeten Schülern als Unruhefaktor anzusehen. MARLAND z. B. empfiehlt dem Lehrer, die Sitzordnung von Anfang an selbst zu bestimmen und durch das Auseinandersetzen vertrauter Freundespaare die Gefahr der gegenseitigen Ablenkung zu verringern. (Eine solche – für uns etwas befremdlich klingende, aber bei MARLAND recht gut begründete[16] – Empfehlung muß allerdings vor dem Hintergrund der Gepflogenheit gesehen werden, daß in England

☞ 35

---

[15] Vgl. z. B. FUHR, S. 74 und SINGER, S. 45.

[16] MARLAND S. 30ff.

die Schüler i. a. in den Raum des Fachlehrers kommen, während in
Deutschland der Lehrer sich in den Klassenraum der Schüler begibt.)
☞ 35 Unbestreitbar ist jedenfalls, daß das Umsetzen einzelner Schüler eine
effektive Maßnahme zur Behebung von Dauerstörungen sein kann.

Erhebliche Schwierigkeiten kann man sich durch die Wahl einer zu
wenig strukturierten Sozialform des Unterrichts einhandeln. Gruppenarbeit z. B. kann motivierend wirken und recht positive Auswirkungen auf das Erreichen bestimmter sozialer Erziehungsziele haben
(vgl. Anm. 9 zum Kapitel „Unterricht"); sie kann aber auch leicht zu
unfruchtbarem, lärmendem Leerlauf führen, bei dem weder soziale
noch sachliche Lernziele erreicht werden. Zwar ist MEYER „fest davon
überzeugt, daß ein großer Teil der Disziplinkonflikte in der Schule
durch . . . Frontalunterricht ausgelöst wird" und warnt vor der „irrigen
Meinung, daß es im Frontalunterricht für den Berufsanfänger einfacher sei, Ruhe und Ordnung herzustellen, als in einem offenen, von
Schülerinitiativen getragenen Unterricht" (213), aber das von ihm
angebotene Alternativkonzept des „handlungsorientierten Unterrichts" (211–220) ist recht anspruchsvoll und dürfte sich wohl kaum in
allen Fächern und mit Schülern aller Altersstufen über längere Strek-
ken hinweg realisieren lassen – nicht einmal von erfahrenen Lehrern,
geschweige denn von Anfängern, denen es noch an der nötigen
persönlichen Autorität fehlt.
Wer nicht nur Frontalunterricht geben, sondern auch freiere Unter-
richtsformen anwenden möchte, sollte sich unvoreingenommen die
folgenden Fragen stellen:
1. Ist die Zahl der Schüler klein genug?
In der Literatur wird mit Recht darauf hingewiesen, daß es bei
größeren Klassenstärken zunehmend schwieriger bzw. schließlich völlig unmöglich wird, einen nichtdirektiven, sozialintegrativen Unterrichtsstil zu praktizieren.[17]
2. Ist die Klasse über einen längeren Zeitraum hinweg an freiere
Formen gewöhnt worden – durch schrittweises Einräumen größerer
Freiheit in zunächst kurzen, allmählich länger werdenden Unterrichts-
abschnitten?
3. Steht der Verlust an Zeit und Effizienz (bezogen auf die Bewältigung des Lernstoffes), der sich nahezu unvermeidlich aus dem Verzicht auf Frontalunterricht und straffe Regie ergibt, noch in einem

---

[17] Vgl. z. B. ASCHERSLEBEN, S. 122 und RÜCKRIEM, S. 75.

vernünftigen Verhältnis zu dem mutmaßlichen motivationspsycholo-
gischen und sozialerzieherischen Gewinn?
4. Wieviel muß investiert werden – an materieller und organisatorischer Vorbereitung, aber auch an eigener Nervenkraft? Lohnt sich der
Aufwand?
Ich habe im Laufe der Jahre viele Stunden gesehen (und auch selbst
gegeben), in denen die Antworten auf diese Fragen positiv und die
Ergebnisse dementsprechend überzeugend waren. Ich habe aber auch
schon etliche Stunden erlebt, in denen der Lehrer die Situation falsch
einschätzte oder aus theoretisch-ideologischen Gründen die Zügel aus
der Hand gab und dann zum Dank für seine Mühe nur Chaos und
allgemeine Unzufriedenheit erntete.

Ein geschickter und erfahrener Lehrer klammert sich nicht an einem
bestimmten Verfahren fest. Er wählt vielmehr aus seinem reichhaltigen Verhaltensrepertoire jeweils die Art des Umgangs mit den Schülern aus, die der Situation und der Aufgabe angemessen ist. (Man hat
nachgewiesen, daß Klassen mit hoher Leistung und positivem Sozial-
verhalten am ehesten bei Lehrern anzutreffen sind, die weder einseitig direktiv noch einseitig permissiv sind, sondern „soziale Flexibilität"
zeigen und in mehreren „Stilvarianten" lehren können.[18]

Die Wichtigkeit der A b w e c h s l u n g wird in der Literatur überhaupt
immer wieder betont. Abwechslung kann sich auf viele Faktoren
beziehen: auf den Unterrichtsstoff, die Strukturierung der Einzelstunden, die Übungsformen, die Sozialformen des Unterrichts, das Lehrerverhalten, die Methoden der Darbietung und der Leistungskontrolle.
Abwechslung beugt der Langeweile vor, und Langeweile ist eine der
Hauptursachen für Unterrichtsstörungen.
Man sollte allerdings nicht von einem Extrem ins andere fallen: ein
hektisches Hin- und Herspringen kann auch verunsichern und Unruhe stiften; und die meisten Schüler begrüßen es, wenn es auch
Vertrautes, Verläßliches und Vorhersagbares in der Schule gibt.
Das gilt besonders für die Art, wie man miteinander umgeht; wie man
all die kleinen Dinge tut, die das Gerüst des schulischen Alltags
bilden: wie man sich begrüßt oder verabschiedet, wie man sich
meldet, wie man mit den Möbeln und anderen Gegenständen im
Klassenraum umgeht. Auch die Verhaltensgrenzen, die man nicht
überschreitet, gehören hierher. „Es muß feste Bräuche geben", sagt der

---

[18] Vgl. ASCHERSLEBEN S. 123.

Fuchs zum Kleinen Prinzen in Saint-Exupérys Erzählung, und das gilt auch für die Schule. Ob man von „Ritualen" spricht oder von „organisierten Ordnungsformen", von „Schulsitten" oder vom „prägenden Einfluß der ganzen Atmosphäre", bleibt sich gleich; alle Autoren, die sich mit diesem Punkt befassen, sind sich einig darüber, daß es für den Lehrer überaus wichtig und kräftesparend ist, sich auf solche eingeschliffenen Umgangsformen verlassen zu können, und daß es sich lohnt, auf ihren Aufbau in den ersten Wochen der Arbeit mit einer neuen Klasse Zeit und Mühe zu wenden.[19]

KOUNIN hat nachgewiesen, „daß sich erfolgreiche Lehrer nicht durch spezifische Reaktionsformen auf unterrichtliche Störungen auszeichnen, sondern durch sehr viel allgemeinere, besonders effektive Methoden der Klassenführung".[20] Es handelt sich um Methoden, die das Ausmaß von Arbeitsbereitschaft erhöhen und die Häufigkeit von schlechtem Betragen in Lernsituationen herabsetzen. Sie übersteigen jene Fertigkeiten, die für den Umgang mit einzelnen Kindern erforderlich sind; es sind Techniken der Gruppenführung.[21]

KOUNINS Buch – die deutsche Übersetzung trägt den Titel „Techniken der Klassenführung" – ist nicht unbedingt anschaffenswert; es besteht im wesentlichen aus der ausführlichen Darstellung bestimmter Untersuchungen, die der Verfasser in den Vereinigten Staaten durchgeführt hat. Die entscheidenden Ergebnisse werden in der Literatur häufig zitiert und besprochen;[22] sie lassen sich in wenigen Sätzen zusammenfassen:

– Der Lehrer soll „allgegenwärtig" sein: er muß den Schülern den Eindruck vermitteln können, daß er „Augen im Hinterkopf hat" und ständig über alles im Bilde ist, was im Klassenzimmer geschieht.
– Der Lehrer sollte die Fähigkeit besitzen, sich mehreren Vorgängen gleichzeitig zu widmen. Das heißt z. B., er sollte sich nicht von einer Störung so sehr ablenken lassen, daß er darüber die Unterrichtstätigkeit, mit der er gerade beschäftigt ist, völlig fallen läßt und sich nur mit der Beseitigung der Störung befaßt.

---

[19] RÜCKRIEM (100); HORNEY (514); GLÄNZEL (248); SCHREINER/SOWA (441); MARLAND (6); BILLER (96f.).

[20] KOUNIN (7).

[21] KOUNIN (10).

[22] Z. B. bei WEINERT (552–555), BERNATH (83), BILLER (45), HAVERS (159–164, 178, 180, 183, 186).

– Der Lehrer sollte alles vermeiden, was die glatte, reibungslose Abfolge von Unterrichtsvorgängen gefährdet. Er soll keine „Reizabhängigkeit" zeigen (sich nicht durch Nebensächlichkeiten aus dem Konzept bringen lassen und den Faden verlieren); er soll „Unvermitteltheiten" vermeiden (d. h. abrupte Übergänge ohne Rücksicht darauf, ob die Schüler bereit sind, die alte Tätigkeit abzuschließen und eine neue zu beginnen) und sich vor „thematischen Inkonsequenzen" hüten (d. h. nicht einen bereits begonnenen Vorgang kurzfristig in der Luft hängen lassen und dann zu ihm zurückkehren; oder eine alte Tätigkeit zunächst beenden, eine neue anfangen und dann doch wieder zu der alten zurückkehren).

– Der Lehrer sollte die Schüler nicht unnötig bei der Arbeit aufhalten und den Unterrichtsprozeß nicht unnötig verlangsamen. Solche „Verzögerungen" können sich durch „Überproblematisierung" oder durch „Fragmentierung" ergeben.

Überproblematisierung liegt vor, wenn der Lehrer in einen langen Redestrom über etwas ausbricht, was den Schülern auch wortlos oder mit einer kurzen Bemerkung klargemacht werden kann. (Langweilige Nörgeleien und Moralpredigten gehören hierher; ebenso übertrieben ausführliche Arbeitsanweisungen.)

Fragmentierung liegt vor, wenn eine Handlungseinheit, die als sinnvolle, geschlossene Sequenz ablaufen könnte, überflüssigerweise in verschiedene Komponenten zerlegt wird.

– Der Lehrer sollte dafür sorgen, daß alle Schüler sich möglichst ständig angesprochen und beteiligt fühlen und immer mit der Möglichkeit rechnen, aufgerufen zu werden. (Er wird z. B. nicht erst einen Schüler aufrufen und dann erst eine Frage stellen, oder die Schüler in einer vorhersehbaren Reihenfolge aufrufen.)

Er stellt sicher, daß jene Schüler, die nicht aufgerufen sind, trotzdem nicht „abschalten" können: er macht ihnen genau klar, was er von ihnen während solcher Phasen scheinbarer Nichtbeschäftigung erwartet (z. B. aufmerksames Zuhören, Anfertigen von Notizen, Verbessern der Hausaufgabe entsprechend der gerade vorgelesenen Lösung usw.). Er wendet seine Aufmerksamkeit nicht mit solcher Ausschließlichkeit dem gerade aufgerufenen Schüler zu, daß er darüber nicht mehr wahrnimmt, was die anderen tun.

– Der Lehrer sollte während des Unterrichts möglichst viele Schüler „zur Rechenschaft ziehen". (Mit diesem – im Deutschen mißverständlichen, weil negativ besetzten – Ausdruck meint KOUNIN, daß der Lehrer den Schülern durch sein Verhalten den Eindruck vermitteln soll, daß er das, was sie tun, zur Kenntnis nimmt und daß er an

☞ 35

den Arbeitsergebnissen ernsthaft interessiert ist und sie gebührend beachtet. Er soll die Leistungen möglichst vieler Kinder individuell kontrollieren.)[23]

Andere Unterrichtsfaktoren, die bei KOUNIN genannt werden und die ebenfalls zur Verminderung von Disziplinschwierigkeiten beitragen, sind bereits erwähnt worden: gute Organisation (z. B. rechtzeitige Bereitstellung und zügige Ausgabe von Arbeitsmitteln), Abwechslung, angemessene Berücksichtigung des Leistungsvermögens der Schüler, Lebendigkeit, geschicktes Wecken von Neugier und Begeisterung.

Ein Faktor, der von KOUNIN nicht untersucht wurde, der aber in der Literatur häufig als eines der entscheidenden Kriterien für effektiven Unterricht genannt wird[24] und ebenfalls deutlich zur Reduzierung von Unterrichtsstörungen beiträgt, ist K l a r h e i t.

Unter diesem Oberbegriff lassen sich verschiedene Einzelaspekte zusammenfassen:

– Klarheit der inhaltlichen Zielsetzung;
– Fähigkeit des Lehrers, auch schwierige Sachverhalte gut zu erklären, durchschaubar zu machen und übersichtlich zu strukturieren;
– angemessene rhetorische Kompetenz (klarer, korrekter Satzbau; deutliches Hervortreten der Hauptaussage; unmittelbare Verständlichkeit der Formulierungen; wenig Verlegenheitslaute oder -phrasen);
– Verständlichkeit und Eindeutigkeit der Arbeitsanweisungen;
– akustische Verständlichkeit (deutliche Aussprache, angemessene Lautstärke, geschickte Stimmführung).

Gelegentlich wird das Bemühen, die von KOUNIN und anderen genannten Techniken der Klassenführung anzuwenden, etwas geringschätzig als „technokratisches Unterrichtsmanagement" bezeichnet,[25] und es wird davon ausgegangen, daß ein solcher Ansatz nur in Verbindung mit einem lehrerzentrierten Frontalunterricht denkbar sei.[26] Von hier aus ist es nicht mehr weit bis zu dem Vorwurf, es gehe letztlich nur um eine möglichst geschickte Manipulation der Schüler.

---

[23] Diese Zusammenfassung bezieht sich auf die Seiten 89–130 der deutschen Übersetzung.

[24] Vgl. z. B. BESSOTH (Abt. 35.04, S. 20), GEISSLER (181f.), BOWLEY (169), MARLAND (72), HIGHET (89f.).

[25] SCHREINER/SOWA (449).

[26] BERNATH (83).

Dagegen läßt sich zunächst einwenden, daß die bei KOUNIN gegebenen Unterrichtsbeispiele[27] keineswegs nur Frontalunterricht zeigen. Zum anderen weist er selbst darauf hin, daß die geschilderten Techniken nichts über fachliche Inhalte oder zugrundeliegende Erziehungsziele aussagen, sondern lediglich die notwendigen Voraussetzungen für einen entspannten, freundlichen Unterricht schaffen; für ein Klima der Arbeitsbereitschaft ohne störendes Fehlverhalten, in dem der Lehrer genügend Zeit und Nervenkraft übrigbehält, um sich auf das pädagogisch Wesentliche zu konzentrieren und sich den einzelnen Schülern gezielt zuwenden zu können.[28]

Umgang mit Störungen und Konflikten

Die einfachste Art des Umgangs mit Störungen besteht darin, sie zu ignorieren. Das kann manchmal durchaus sinnvoll sein.
Wenn sich z. B. ein Schüler beim Erledigen einer schriftlichen Aufgabe (im Rahmen des normalen Unterrichts; nicht während einer Klassenarbeit!) flüsternd mit seinem Nachbarn berät, fördert dies den Lernfortschritt, und es wäre widersinnig, dagegen einzuschreiten. (Eigentlich sollte man hier gar nicht von einer Störung sprechen.)[29] Harmloses Fehlverhalten (Tagträumen, dem Nachbarn eine Bemerkung zuflüstern, mit Gegenständen spielen) kann unberücksichtigt bleiben, solange niemand anders gestört wird, solange es nicht länger andauert und solange es keinen „Ansteckungsherd" bildet. Das Gesetz von der Verhältnismäßigkeit der Mittel läßt es angebracht erscheinen, hier nicht perfektionistisch zu sein und keine Kraft zu investieren, die besser für anderes genutzt werden kann.
In gewissen anderen Fällen empfiehlt sich das Ignorieren als gezielt eingesetztes erzieherisches Mittel: immer dann nämlich, wenn Schüler Verhaltensweisen zeigen, die durch Beachtung eher noch verstärkt werden (Effekthascherei, Buhlen um Aufmerksamkeit, Unterrichtsbeiträge ohne vorheriges Melden).

Viele Störungen lassen sich ausräumen, ohne daß dadurch der Unterrichtsablauf beeinträchtigt wird; oft sogar so, daß es den nichtbeteilig-

---

[27] KOUNIN S. 93–95, 101f., 105, 107, 117, 149.

[28] A.a.O. S. 8, 10 und 149. – Viele andere Autoren äußern sich in ähnlicher Weise positiv über die Notwendigkeit der Beherrschung von Klassen-Management-Techniken; vgl. z. B. REDL (198), MARLAND (3), WEINERT (541), DAWSON (13).

[29] HAVERS (97).

ten Schülern kaum auffällt: durch scharfes Anschauen, Kopfschütteln, durch Näherkommen oder eine kurze körperliche Berührung, durch wortloses Wegnehmen eines Spielzeugs oder auch durch das bloße Nennen eines Namens.[30] Solche Signale sollten rechtzeitig gegeben werden, bevor ernsthafte Probleme oder größere Unruhe entstehen können. Je unauffälliger und kürzer sie sind, desto besser.[31]

Wenn alle Schüler ständig damit rechnen müssen, angesprochen zu werden, geraten sie weniger leicht in Versuchung, „abzuschalten" oder zu stören. Viele Lehrer haben sich deshalb angewöhnt, unaufmerksame, schwatzende Schüler gezielt aufzurufen und ihnen eine Verständnisfrage zum gerade behandelten Stoff zu stellen – eine relativ harmlose, für die Schüler einsehbare und überdies recht effektive disziplinarische Maßnahme.
Gewiß wird solcherart erzwungene Lernbereitschaft weniger aus Interesse an der Sache als aus Furcht vor negativen Konsequenzen (Bloßstellung, schlechte Zensur) geboren, und natürlich sollte sich der Lehrer davor hüten, zum hämisch lauernden Fallensteller zu werden und dadurch die Atmosphäre in seiner Klasse zu verschlechtern. Aber die gelegentlich geäußerte Meinung,[32] jedes Aufrufen eines Schülers, der sich nicht gemeldet hat, sei ein schwerer Verstoß gegen den pädagogischen Takt, richte schlimme Schäden in der zarten Kinderseele an und habe deshalb zu unterbleiben, zeugt von übertriebener Empfindsamkeit und einem Mangel an nüchternem, praxisbezogenem Realismus.

Bisher war von Störungen die Rede, die man ignorieren darf oder die sich durch nonverbale Kommunikation oder kurzes Ansprechen ohne Schwierigkeit beheben lassen.
Leider sind nicht alle Störungen so harmlos. Gelegentlich geschehen Dinge, die uns empören oder bestürzt machen. Wir sehen, daß wir eingreifen müssen, und zwar schnell – und da liegt ein großes Problem. Wir wissen zwar, daß wir angemessen und maßvoll reagieren sollten; es ist uns klar, daß wir trotz emotionaler Erregung ruhig und beherrscht bleiben müssen – aber wenn wir uns unter Druck

---

[30] Vgl. RÜCKRIEM (102 u. 118); HAVERS (180 u. 186); KOUNIN (93ff.); BILLER (35 u. 112); REDL (206f.).

[31] HAVERS (180).

[32] SINGER (63 und 193f.).

gesetzt fühlen, neigen wir alle dazu, auf eine primitivere, unkontrollierte Stufe des Handelns zurückzufallen.

Wie kann man diesem Problem beikommen?

Für den Lehrer, dessen Selbstbeherrschung nicht absolut krisenfest ist, gibt es zwei vernünftige Möglichkeiten. Zum einen wird er versuchen, Zeit zu gewinnen – nicht durch Ignorieren des Fehlverhaltens, wohl aber durch eine Verschiebung der notwendigen unerfreulichen Auseinandersetzung auf die Pause.

Zum anderen kann er lernen, mit Hilfe geeigneter Entspannungstechniken seiner eigenen Erregung so weit Herr zu werden, daß es ihm gelingt, ungünstige – und manchmal unwürdige – Spontanreaktionen zu vermeiden und statt dessen aus einem breiteren Spektrum von möglichen Verhaltensweisen die günstigste auszuwählen.

Hierzu zeigen SCHLOTTKE und WAHL einen gangbaren Weg. Sie geben Hinweise zu einer konstruktiven Analyse der Schwierigkeiten, die man in typischen Konfliktsituationen (nicht nur mit Schülern, sondern auch mit Vorgesetzten, Eltern oder Kollegen) bei sich selbst feststellt. Sie bieten außerdem ein Lernprogramm (mit Toncassette) an, mit dessen Hilfe man die Fähigkeit erwerben kann, sich schnell zu entspannen und die nötige Selbstbeherrschung zurückzugewinnen – nicht nur im Liegen oder Sitzen, sondern auch im Stehen und schließlich sogar im Gehen.

Von entscheidender Wichtigkeit für die Bewältigung von Konflikten ist das pädagogische G e s p r ä c h . In der Literatur finden sich mannigfache, z. T. einander widersprechende Ratschläge – zu den äußeren Bedingungen eines solchen Gesprächs, zu seinem Inhalt und zu den allgemeinen Kriterien, nach denen die Gesprächsführung des Lehrers beurteilt werden kann.

Es wurde schon erwähnt, daß man eine ernsthafte Auseinandersetzung nach Möglichkeit auf die Pause oder einen anderen günstigen Zeitpunkt verschieben sollte. Das hat zum einen den Vorteil, daß sich Lehrer und Schüler in der Zwischenzeit beruhigen und innerlich auf das Gespräch vorbereiten können; zum anderen hilft es, eine unerfreuliche Eskalation zu vermeiden, denn wenn kein Publikum mehr da ist, das gespannt auf den Machtkampf wartet, fällt es beiden Parteien leichter, zuzuhören und einzulenken.

Das Zuhören ist ohnehin eine Kunst, die Lehrern nicht leichtfällt. Viele von ihnen sind nur auf „Senden" eingestellt, nicht auf „Empfang". Das betrifft nicht nur die Vermittlung des Lehrstoffs, sondern auch die Regelung von Störungen und Konflikten. Sie schimpfen, sie

mahnen, sie drohen (obwohl erwiesen ist, daß ein solches Verhalten
zwar für kurze Zeit wirksam sein kann, insgesamt aber die Unruhe
und die Disziplinschwierigkeiten im weiteren Verlauf des Unterrichts
eher ansteigen läßt);[33] oder sie versuchen es mit gutem Zureden (was
von Schülern oft als Schwäche gedeutet wird).[34] Jedenfalls haben sie
sich daran gewöhnt, einen ständigen Strom von Worten über die
Klasse auszugießen.

Diese Gewohnheit abzulegen, ist schwer. Es genügt auch nicht,
einfach die Forderung aufzustellen, der Lehrer solle grundsätzlich
weniger reden und mehr zuhören – obwohl das in manchen Fällen
schon eine deutliche Verbesserung der Kommunikation brächte. Vielmehr müssen sowohl das Reden als auch das Zuhören näher bestimmt
werden und ihren spezifischen Stellenwert zugewiesen bekommen. In
diesem Zusammenhang sei GORDONS Buch „Lehrer-Schüler-Konferenz" nachdrücklich empfohlen.

GORDON rät, beim Auftreten einer Schwierigkeit zunächst die Frage zu
prüfen, „wer das Problem besitzt". Wenn z. B. ein Schüler genüßlich
Kaugummi kaut oder unter der Bank einen Roman liest, dann hat der
Lehrer das Problem: ihn stört es, nicht den Schüler. Anders sieht es
aus, wenn der Schüler, verärgert über eine Ungerechtigkeit, seinem
Zorn durch aggressives und provozierendes Verhalten Luft macht:
dann besitzt er das Problem, und der Lehrer muß herausfinden, worin
es besteht.

Je nachdem, ob das Problem im Besitz des Schülers oder des Lehrers
ist, wird der Lehrer ganz unterschiedlich vorgehen. Wenn der Schüler
das Problem hat, sollte der Lehrer hauptsächlich Zuhörer sein; er
sollte sich in erster Linie für die Bedürfnisse des Schülers interessieren
und sich beim Lösen der Probleme passiver verhalten. Wenn dagegen
der Lehrer das Problem besitzt, muß er sich dem Schüler mitteilen; er
interessiert sich in erster Linie für die eigenen Bedürfnisse und verhält
sich beim Lösen der Probleme aktiver.[35] – Sowohl das Zuhören als
auch das Sich-Mitteilen werden von GORDON näher beschrieben. Er
unterscheidet zwischen passivem Zuhören (wortlosem Aufnehmen
des Gesagten) – das nicht abzulehnen ist, sondern in manchen Fällen
durchaus schon als hilfreich empfunden wird – und dem wesentlich
schwierigeren „aktiven Zuhören". Letzteres setzt voraus, daß der

---

[33] Vgl. HAVERS (179 und 184f.).

[34] Vgl. GLÄNZEL (107).

[35] A.a.O. S. 105. (Die dort abgedruckte Gegenüberstellung berücksichtigt noch
weitere Unterschiede.)

Zuhörer sich so weit in den Sprecher einfühlt, daß er nicht nur den konkreten Inhalt des Gesagten wahrnimmt, sondern auch die Gefühle heraushört, die mitschwingen, und daß er dem Sprecher durch seine eigenen Gesprächsbeiträge den Eindruck vermitteln kann, auf dieser tieferen Ebene verstanden worden zu sein.[36]

Das Sich-Mitteilen des Lehrers (in den Fällen, in denen er das Problem besitzt), sollte in der Form von „Ich-Botschaften" erfolgen; d. h. er sollte z. B. sagen „Es regt mich auf, wenn Du immer dazwischenredest" und nicht „Hat Dir eigentlich niemand beigebracht, daß es ungehörig ist, einfach dazwischenzureden?" Ich-Botschaften enthalten keine Verurteilung des Empfängers; sie erlauben ihm, sich frei für ein rücksichtsvolleres Verhalten zu entscheiden. Ich-Botschaften tragen erwiesenermaßen zu einer Verbesserung der Kommunikation bei, während Du-Botschaften sie oft verschlechtern oder blockieren.[37]

Im weiteren Verlauf des Buches erläutert GORDON sein Konzept der „Konfliktbewältigung ohne Niederlagen": weder der Schüler noch der Lehrer soll eine Niederlage erleiden; sie sollen sich über eine Lösung verständigen, die von beiden akzeptiert werden kann.

Auch DREIKURS geht von der Voraussetzung aus, daß Machtkämpfe letztlich unfruchtbar sind. Der Lehrer soll vielmehr herausfinden, welche Ziele das Kind mit seinem Verhalten verfolgt. Will es Aufmerksamkeit erregen? Macht gewinnen? Sich rächen? Unzulänglichkeit zur Schau stellen, um in Ruhe gelassen zu werden? DREIKURS erläutert, wie diese Diagnose erstellt werden kann und welche Reaktion des Lehrers jeweils sinnvoll ist (im allgemeinen die, die das Kind n i c h t erwartet!). Sein Ansatz ist interessant und einleuchtend, gilt allerdings vorwiegend für jüngere Kinder; und die Maßnahmen, die er empfiehlt, sind nicht immer anwendbar.

Weniger spezifisch und von größerer Allgemeingültigkeit sind die Kriterien, die von TAUSCH/TAUSCH als wesentlich für eine pädagogisch

---

[36] Die hier als „aktives Zuhören" bezeichnete Technik geht auf die „nichtdirektive klientenzentrierte Psychotherapie" von ROGERS zurück. Sie kann im Rahmen des vorliegenden Buches nicht so gründlich erläutert werden, wie es ihrer Bedeutung – nicht nur für Psychotherapie im engeren Sinne, sondern für Gespräche überhaupt – entspricht. Ausführliche Darstellungen mit vielen Beispielen finden sich bei TAUSCH/TAUSCH („Gesprächspsychotherapie"), MUCCHIELLI („Das nicht-direktive Beratungsgespräch"), HARSCH und WEBER, kürzere, aber brauchbare Einführungen bei GORDON und SCHWÄBISCH/SIEMS. Von einem anderen, aber ebenfalls sehr nützlichen Ansatz geht BIRKENBIHL aus.

[37] GORDON (112–127); vgl. auch SCHWÄBISCH/SIEMS (136ff.).

wertvolle Lehrer-Schüler-Beziehung genannt werden: Achtung, emotionale Wärme, Rücksichtnahme und einfühlendes Verstehen.
Es ist nachgewiesen worden, daß Lehrer, die diese Eigenschaften zeigten, in ihren Klassen ein deutlich positiveres und produktiveres Schülerverhalten erreichten als Lehrer, bei denen diese Merkmale nicht festzustellen waren.[38]

Gegen psychologisch bzw. psychotherapeutisch orientierte Verfahren der Konfliktbewältigung wird gelegentlich der Einwand vorgebracht, daß sie den durchschnittlichen Lehrer in der Praxis überfordern.[39] Dieser Einwand ist ernstzunehmen, und zwar hauptsächlich deshalb, weil in der Hektik des Schulalltags leider so wenig Zeit für wirkliche Gespräche bleibt. Das gilt besonders für Fachlehrer, die in vielen verschiedenen Klassen unterrichten müssen und ihre Schüler z. T. nur einmal in der Woche sehen.
Trotzdem ist es sinnvoll, sich mit den hier vorgestellten Methoden vertraut zu machen und sie, soweit eben möglich, anzuwenden.
Schon eine ansatzweise Verwirklichung trägt deutlich zur Verbesserung der pädagogischen Beziehung bei, und darauf kommt es letztlich an. „Je intensiver und vielfältiger die Beziehungen des Lehrers zu seinen Schülern und der Schüler zu ihrem Lehrer sind, desto größer ist die Wahrscheinlichkeit, daß gestörte Beziehungen in dem einen Bereich durch intakte Beziehungen auf einem anderen Gebiet neutralisiert werden können", betont BILLER.[40]
Zum Aufbau einer solchen „störungsresistenten Gesamtbeziehung"[41] gehört mehr als das rechtzeitige und angemessene Reagieren auf einzelne Unterrichtsstörungen. Mindestens ebenso wichtig ist das Bemühen, auch das Positive wahrzunehmen – und den Schülern zu zeigen, daß man es wahrgenommen hat.[42] Wir sind allzu sehr geneigt, das Gute für selbstverständlich zu halten und kommentarlos hinzunehmen!

Trotz souveräner Beherrschung effektiver Techniken der Klassenführung, trotz überdurchschnittlicher psychologischer oder gar psycho-

---

[38] TAUSCH/TAUSCH (147f.); BILLER (59).

[39] Vgl. BILLER (44–48). BILLER gibt auch eine gute Übersicht über weitere Veröffentlichungen zum Thema „Unterrichtsstörungen" (38ff.).

[40] A.a.O. 86.

[41] A.a.O. 87.

[42] Vgl. z. B. HAVERS (179), GRELL (131), GLÄNZEL (103), HAIGH 1979 (146 und 151).

therapeutischer Geschicklichkeit wird man nicht immer völlig ohne
S t r a f e n auskommen. Sie sind jedoch nie ganz unbedenklich, und
REDL hat im Prinzip recht, wenn er darauf hinweist, daß die Frage, wie
sich eine Disziplinarmaßnahme auf Kinder auswirkt, ebenso gründlich
„auf Dosierung, Wahl des günstigen Zeitpunkts und Nebenwirkungen
untersucht werden muß wie ein kompliziertes pharmazeutisches
☞ 3   Rezept".[43] Andererseits macht zu langes Grübeln handlungsunfähig;
und da es manchmal auf schnelles, entschlossenes Eingreifen
ankommt (es ist leichter, ein Streichholz auszublasen, als einen
Waldbrand zu löschen), empfiehlt es sich, die eigenen Vorstellungen
zu diesem Thema rechtzeitig abzuklären. Die folgenden Gesichtspunkte verdienen Berücksichtigung:
– Ziel einer Bestrafung kann entweder die Steuerung des augenblick-
lichen Verhaltens oder die (auf zukünftiges Verhalten gerichtete)
positive Beeinflussung der Grundeinstellung sein. Das zweite Ziel
ist wertvoller, und an sich sollten immer beide Ziele angestrebt
werden. Manche Maßnahmen sind aber eher dem einen als dem
anderen Ziel angemessen. Wenn man vor diesem Dilemma steht,
tut man gut daran, REDLS Gesetz der „marginalen Antisepsis" zu
beachten:
„Jede Technik der Änderung des (momentanen) Verhaltens muß
mindestens harmlos sein im Hinblick auf eine langfristige Änderung der Einstellung, und jede Technik zur Änderung grundlegen-
der Einstellungen muß mindestens harmlos sein im Hinblick auf die
Provokation eines Verhaltens, der wir mit Realitätsdruck begegnen
müssen."[44]
Ein Beispiel für die Nichtbeachtung dieses Gesetzes wäre folgendes:
Wenn das Fehlverhalten eines Schülers auf seine Minderwertig-
keitsgefühle zurückgeht oder seiner Unsicherheit entspringt, und
ich gebe ihn vor der Klasse der Lächerlichkeit preis, dann mag es
zwar sein, daß er aus Angst vor meinem Sarkasmus sein Fehlverhalten bei mir aufgibt; aber ich habe sein ursprüngliches Leiden
verschlimmert.

---

[43] REDL (206).

[44] A.a.O. (166). – REDL wendet das gleiche Gesetz auch auf das Problem
‚Wirkung auf den einzelnen/Wirkung auf die Gruppe' an: eine Technik, die
in bezug auf die Probleme eines einzelnen Schülers richtig ist, muß mindestens harmlos sein in ihrer Wirkung auf die Gesamtheit der Gruppe – und
umgekehrt (a.a.O. 155). Für beide Anwendungsbereiche werden etliche
Beispiele gegeben.

– Es empfiehlt sich, das Gesetz des „kleinsten Mittels" zu befolgen. Wo ein Blick genügt, braucht man keine Worte zu verlieren; wo eine kurze Ermahnung ausreichend ist, wird man nicht strafen, und wenn eine Strafe angebracht ist, sollte sie zwar fühlbar sein (damit man sich nicht lächerlich macht), aber nicht über das Ziel hinausschießen.[45]

– Strafen, die entwürdigend oder verletzend sind, sollten grundsätzlich ausgeschlossen sein. Auch Strafmaßnahmen, bei denen die Schüler den Lehrer als ein Modell für aggressives Verhalten erleben, sind zu vermeiden.

– Strafen sollten nach Möglichkeit in einem sachlogischen Zusammenhang mit dem Fehlverhalten des Schülers stehen, d. h. sie sollten als natürliche Konsequenzen erscheinen.[46] (Beispiel: Wer sich durch Schwatzen oder absichtliches Trödeln davor drückt, eine schriftliche Aufgabe in der vorgesehenen Zeit zu erledigen, muß sie zu Haus nachholen.)

– Es kann gelegentlich sinnvoll sein, eine Strafe zwar zu verhängen, sie aber zur Bewährung auszusetzen.[47] Auf diese Weise wird dem Schüler die Chance eingeräumt, selbst zu entscheiden, ob und wie er sein Verhalten ändern will.

Daß man nicht mit Strafen drohen sollte, die man dann doch nicht durchsetzen kann, wurde schon im Kapitel „Die Ausbildungsphase" gesagt; ebenso, daß man konsequent sein muß und nicht zwischen nachsichtigem Gewähren und finsterer Strenge hin- und herschwanken darf.

Das Bemühen um Gerechtigkeit sollte selbstverständlich sein; ebenso das Bemühen um Selbstbeherrschung. Eine Strafe darf nicht zum Racheakt werden.

Nach all den warnenden und einschränkenden Bemerkungen mag es angebracht sein, noch einmal zu betonen, daß Strafen nichts grundsätzlich Verwerfliches sind. Es wäre auch unrealistisch, von einem Lehrer – zumal von einem unerfahrenen Lehrer – zu erwarten, daß er nur dann eine Strafe verhängt, wenn er ganz sicher sein kann, daß er keine der genannten Regeln verletzt. (Von einem Ertrinkenden kann man nicht erwarten, daß er Rücksicht auf das Schild „Betreten verbo-

---

[45] Vgl. u. a. SESTER (11).

[46] Vgl. z. B. JENNINGS (56); ROBERTSON (72).

[47] Vgl. BILLER (116 u. 242).

ten!" nimmt, wenn er mit letzter Kraft einen rettenden Bootssteg erreicht.) Ob die Maßnahme, die er getroffen hat, sich auch langfristig als richtig erweist – darüber kann er manchmal erst nachdenken, wenn die eigentliche Notsituation überstanden ist.

Ökonomie des Handelns

Beim Lesen dieses Kapitels haben Sie möglicherweise den Eindruck gewonnen, daß Sie – anstatt Tips zum Einsparen von Zeit zu bekommen – angeregt werden sollen, zusätzlich Zeit und Kraft zu investieren: für das Lesen von Psychologiebüchern oder auch von Romanen und Erzählungen, für die Auseinandersetzung mit bestimmten Techniken der Klassenführung und Methoden der Konfliktbewältigung, für Entspannungsübungen, für Gespräche mit Schülern.

Darin liegt nur scheinbar ein Widerspruch zur Gesamttendenz des Buches. Ob der Einsatz von Zeit und Kraft ökonomisch ist oder nicht, läßt sich nicht immer an kurzfristig meßbaren Einsparungen ablesen; in manchen Bereichen kann diese Frage nur dann sinnvoll beantwortet werden, wenn man auch langfristige Auswirkungen berücksichtigt.

Ein gutes, belastbares Verhältnis zu einer Klasse z. B. stellt sich nicht von heute auf morgen ein, sondern muß in geduldiger, konsequenter Kleinarbeit aufgebaut werden. Aber selbst das ist lediglich ein mittelfristiges Teilziel.

Letztlich geht es bei der Beschäftigung mit dem Komplex „Disziplin" um mehr: um langfristige Selbstformung; um den Erwerb von Fähigkeiten und Einstellungen, die viele Jahre lang einen beträchtlichen Einfluß auf die berufliche Erfüllung und seelische Gesundheit des Lehrers haben werden.

Verwaltungsaufgaben

Unter dem Begriff „Verwaltungsaufgaben" sollen hier all jene Tätigkeiten zusammengefaßt werden, die nichts mit der Vorbereitung und Gestaltung des Unterrichts, nichts mit dem Korrigieren und Zensieren von Klassenarbeiten und nichts mit dem Erziehungsauftrag des Lehrers zu tun haben.

Der Problemkomplex „Schulleitung" soll ausgeklammert werden; wir wollen uns auf Aufgaben beschränken, die jeder Lehrer hat oder haben könnte und die nicht an Leitungsfunktionen gebunden sind. Hierher würden also z. B. folgende Tätigkeiten gehören:

- Eintragungen in Klassenbücher und Tagebücher,
- Eintragungen in Schülerpersonalbögen,
- Einsammeln und Verwalten von Geldern,
- Anfertigen von Listen,
- Ausfüllen von Formularen,
- Schreiben von Versetzungs- oder Abgangszeugnissen,
- Sammelbestellung von Büchern für die Schüler,
- Ausleihe von Unterrichtsmaterial und Kontrolle der Rückgabe,
- dienstlicher Schriftverkehr (z. B. mit der vorgesetzten Behörde),
- Erstellen von Statistiken,
- Organisation von Schülerbetriebspraktika,
- Organisation von Schulveranstaltungen, Sportfesten etc.,
- Schriftverkehr mit außerschulischen Stellen (z. B. zur Vorbereitung von Projekten, Fahrten, gemeinsamen Unternehmungen),
- Einholen von Genehmigungen,
- Ausstellen von Bescheinigungen,
- Schreiben von Gutachten,
- Betreuung einer Sammlung (z. B. für Physik oder Chemie),
- Inventarisierung von Büchern, anderen Lehrmitteln, Geräten,
- Betreuung der Lehrer- oder Schülerbibliothek.

Es gehört schon fast zum guten Ton, über die zunehmende Bürokratisierung der Schule zu schimpfen. Wir beschweren uns über den lästigen „Papierkrieg"; wir klagen darüber, daß die administrativen Aufgaben uns von der gründlichen Vorbereitung des Unterrichts und dem geduldigen Umgang mit Kindern abhalten – von unseren wirklichen pädagogischen Aufgaben; von dem, was wir eigentlich tun sollten und möchten.

Diese Klage ist grundsätzlich berechtigt; sie kann aber leicht zu einem oberflächlichen und anfechtbaren Klischee erstarren. Die folgenden Fragen können zu einer differenzierteren Betrachtung führen:

– Wären Sie damit einverstanden, wenn Sie ab sofort keinerlei Verwaltungsaufgaben mehr hätten, dafür aber entsprechend mehr unterrichten müßten, so daß die Gesamtarbeitszeit gleich bliebe?

– Kennen Sie Berufe, in denen man n u r das „Wesentliche" zu tun braucht? Wenn ja: In welchem dieser Berufe könnten Sie glücklich sein? Wenn nein: Bei welchen Berufen liegt das prozentuale Mischungsverhältnis (von „Wesentlichem" und „Sonstigem") deutlich günstiger als bei den Lehrern?

– Gehen Sie in Gedanken die Verwaltungsaufgaben durch, die Sie persönlich zu erledigen haben.

   a) Welche davon finden Sie wichtig, welche nebensächlich oder überflüssig?

   b) Welche davon empfinden Sie als leicht, welche als schwierig?

   c) Welche davon sind Ihnen angenehm, welche gleichgültig, welche ausgesprochen unangenehm?

   d) Ergibt sich ein logisches Muster, wenn Sie Ihre Antworten zu a, b und c vergleichen? Oder ertappen Sie sich dabei, daß Sie das Nebensächliche (das ja meistens keine Schwierigkeiten macht, weil es sich mehr oder weniger mechanisch erledigen läßt) ganz angenehm finden?

Je höher ein Lehrer befördert wird, desto mehr Verwaltungsaufgaben hat er im allgemeinen. Er muß sich in zunehmendem Maße mit Dingen befassen, für die er nicht ausgebildet wurde, und kommt immer weniger dazu, guten Unterricht zu geben – also die Qualitäten zu zeigen, die ursprünglich zu seiner Beförderung geführt haben.

Es müßte Aufstiegschancen und finanzielle Anreize für gute Lehrer geben, die ihnen erlauben würden, sich weiterhin voll auf das zu konzentrieren, was ihre eigentliche Stärke ausmacht.

Daß das in unserem System nicht möglich ist, ist ein häufig und zu Recht kritisierter Mißstand.

Man sollte allerdings nicht davon ausgehen, daß allen Kollegen, die sich um eine Beförderungsstelle bewerben, die damit verbundene Verringerung der Unterrichtsstundenzahl unangenehm ist. Aus vielen Gesprächen weiß ich, daß manchmal das Gegenteil zutrifft.

Weitaus bedenklicher ist eine andere systemimmanente Fehlentwicklung:
Da Nachlässigkeit bei der Erfüllung von Verwaltungsaufgaben im
allgemeinen wesentlich schneller von Vorgesetzten bemerkt und
beanstandet wird als schlechter Unterricht, werden viele Lehrer allmählich dazu gebracht, administrative Korrektheit höher einzuschätzen als pädagogisches Können. Sie konzentrieren sich – entweder aus
Ängstlichkeit oder aus Karriere-Erwägungen – auf das, was nachprüf-
bar (aber möglicherweise recht unwichtig) ist, und vernachlässigen
darüber das Wesentliche.

Lehrer sollten sich – hier wie in allen anderen Bereichen – vor
Verzerrungen, unrealistischen Vereinfachungen und Einseitigkeiten
hüten. Sie müssen akzeptieren, daß ihre berufliche Tätigkeit *drei*
Aufgabenbereiche – Wissensvermittlung, Erziehung und Verwaltungsaufgaben – umfaßt, deren relative Bedeutung nicht starr festliegt,
sondern ständig wechselt. Der dritte Bereich darf nicht ausufern; er
wird auch für einen „gewöhnlichen" Lehrer im allgemeinen nicht das
gleiche Gewicht haben wie die beiden anderen. Dennoch sollte man
ihn nicht wie ein ungeliebtes Stiefkind beiseite schieben, sondern ihn
ernst nehmen. Man sollte mit der gleichen Tüchtigkeit und Energie an
Verwaltungsaufgaben herangehen wie an unterrichtliche oder erzieherische Aufgaben. Das heißt aber auch:
– mit der Fähigkeit und Entschlossenheit, Wichtiges von Unwichti-
  gem zu unterscheiden;
☞ 2; 34   – mit dem Mut, Unsinniges, Überflüssiges oder Unzumutbares abzulehnen und
☞ 11   – mit einem gesunden Sinn für ein vernünftiges Verhältnis von
  Aufwand und Wirkung.

Wie wichtig bestimmte Aufgaben sind und mit welchem Grad von
Perfektion sie ausgeführt zu werden verdienen, läßt sich ohne Kenntnis der besonderen Situation schlecht sagen. Auf jeden Fall empfiehlt
es sich, nicht wie ein hypnotisiertes Kaninchen ängstlich auf die Frage
„Ist es vorgeschrieben?" zu starren, sondern darüber nachzudenken,
wem man durch die Erledigung der Aufgabe nützt (wobei es natürlich
durchaus vernünftig ist, nicht nur an Schüler, Kollegen oder Vorge-
☞ 11   setzte zu denken, sondern auch an sich selbst), wie groß der Nutzen
ist, und welche Nachteile man sich selbst und anderen einbrockt,
wenn man die Aufgabe überhaupt nicht oder ziemlich schlecht oder

mit erheblicher Verspätung erledigt. Einige Beispiele mögen dies verdeutlichen.

1. Ich halte die Eintragungen im Klassentagebuch, die den in der Stunde behandelten Stoff betreffen, für unwichtig. Wem würde die liebevoll-detaillierte Angabe „Besprechung der Hausaufgabe. – Neueinführung des 2. Teils der Erzählung auf S. 47–48. Wiederholung des Gerundiums. Übungen 3b und 4a (schriftlich)" etwas nützen? Niemandem. Also begnüge ich mich mit dem knappen Vermerk „Unit 5, S. 47f.".

Ein junger Lehrer, der noch um seine feste Anstellung bangt und darauf bedacht ist, überall „Punkte zu sammeln", oder der den Eindruck hat, daß seine Vorgesetzten ihm nicht wohlgesonnen sind, wird sich hier möglicherweise anders verhalten, denn die „sorgfältige Führung des Klassenbuches" ist eines jener Beurteilungskriterien, die von der Behörde leicht nachgeprüft werden können und deshalb manchmal eine Bedeutung erlangen, die ihnen eigentlich gar nicht zukommt.

2. Wesentlich wichtiger als die Spalte „Durchgenommener Stoff" ist die Tagebuchspalte, in der die fehlenden Schüler eingetragen werden. Es erweist sich oft als nötig, am Ende des Halbjahres genau festzustellen, wie oft und an welchen Tagen ein Schüler gefehlt hat – gewichtige Entscheidungen können davon abhängen –; und ein Lehrer, der diese Eintragungen versäumt, kann in eine unangenehme Situation geraten.

Es ist auch dringend zu empfehlen, die schriftlichen Entschuldigungen konsequent einzufordern, zu überprüfen und längere Zeit aufzubewahren. Das ist zwar lästig, aber das Risiko bei Vernachlässigung dieser Aufgabe ist zu hoch. (Ich könnte in diesem Zusammenhang einige abenteuerliche Geschichten erzählen, von Urkundenfälschung über Rauschgifthandel bis hin zu Zuhälterei!) Man kann vielleicht jahrelang Glück haben, aber irgendwann rächt sich die Sorglosigkeit.

3. Gelegentlich können Schülern erhebliche Nachteile entstehen, wenn ein Lehrer bei administrativen Tätigkeiten nicht sorgfältig genug ist.

Eine Bekannte von mir, zu deren Aufgaben als Tutorin in der Oberstufe die Beratung ihrer Schüler über Kurswahl und Abiturordnung gehörte, bemerkte zu spät, daß einer ihrer Tutanden bei der Meldung zum Abitur nicht alle Belegungsverpflichtungen erfüllt hatte. Der Schüler verlor dadurch ein halbes Jahr; und sie machte sich verständlicherweise heftige Vorwürfe, obwohl – juristisch gesehen – die Verantwortung für die Beachtung aller Belegungsvorschriften nicht bei ihr, sondern bei dem Schüler selbst lag.

4. Alltäglicher, aber trotzdem immer wieder ärgerlich sind jene Fälle von administrativer Schlamperei oder Rücksichtslosigkeit, durch die zwar niemand in ernsthafte Schwierigkeiten gerät, durch die aber Kollegen Zeitverluste oder zusätzliche Arbeit aufgebürdet werden, z. B.:

– Kollege Meyer hat seine erste Klassenarbeit im neuen Schuljahr schreiben lassen. Er möchte die Ergebnisse ins Klassenbuch eintragen, stellt aber verärgert fest, daß der Klassenlehrer, Kollege Müller, die Namen der Schüler noch nicht eingetragen hat, obwohl seit Schuljahrsbeginn bereits vier Wochen vergangen sind.

– Am Tage vor der Versetzungskonferenz sitzen mehrere Kollegen (darunter einer, der an diesem Tag keinen Unterricht hat und nur wegen des Eintragens zur Schule gefahren ist) schimpfend im Lehrerzimmer. Sie möchten Zensuren eintragen – aber die Zensurenlisten der 7L2 und 11F4 sind nicht aufzufinden. Wie sich später herausstellt, hatte Kollege Schmitz, der erst zur vierten Stunde kommt, sie mit nach Haus genommen, um in Ruhe eintragen zu können.

– Kollege Schuster plant, mit der 8. Klasse die Erzählung „Down the River" zu lesen, weil er weiß, daß ein Klassensatz davon für die Schule angeschafft worden ist. Als er die Bücher ausleihen will, sind von den 30 Exemplaren nur 23 vorhanden. Er fragt herum und erfährt, daß Frau Schneider die Texte im vergangenen Halbjahr benutzt hat. Frau Schneider zeigt sich überrascht. Sie habe die Bücher wieder einsammeln lassen. Allerdings hätten damals wegen der Grippeepidemie einige Schüler gefehlt; es könne sein, daß sie vergessen habe, später noch einmal nachzufragen. Eine Liste, aus der hervorgehe, welcher Schüler welches Exemplar bekommen und ob er es zurückgegeben habe? Nein, ein so umständliches Verfahren habe sie noch nie für nötig gehalten; normalerweise gebe es doch keine Schwierigkeiten . . .

Bei den genannten Beispielen wird es kaum Zweifel daran geben, daß die betreffenden Arbeiten erledigt werden sollten, und zwar rechtzeitig und sorgfältig.

Daneben gibt es aber gelegentlich auch Tätigkeiten, die niemandem nützen. Sie sind lediglich bürokratische Wucherungen, dienen der perfekten juristischen Absicherung oder folgen dem bekannten Beamtenmotto „Das haben wir schon immer so gemacht."

In solchen Fällen ist Abwarten oft die beste Strategie. Tun Sie erst einmal gar nichts – und warten Sie ab, ob es jemand merkt. Wenn nicht, erledigt sich das Problem von selbst. Wenn doch, dann bleibt Ihnen immer noch die Wahl, zu argumentieren (manchmal hilft der Hinweis, daß man an einer anderen Schule ohne diesen Schnörkel auskommt oder daß man dort ein wesentlich eleganteres Verfahren gefunden hat) oder das Versäumte mit möglichst geringem Aufwand nachzuholen. (Jetzt möchten Sie sicher gern Beispiele genannt bekommen – aber ich werde mich hüten, zu konkret zu werden!)

Zum Abschluß dieses Kapitels noch einige Ratschläge zur ökonomischen Erledigung von Verwaltungsaufgaben:

☞ 5
☞ 31
1. Schieben Sie lästige oder schwierige administrative Aufgaben nicht lange auf. Machen Sie sich in ihrem Notizbuch eine Liste der noch zu erledigenden Dinge und erledigen Sie sie zügig, aber ruhig und konzentriert bei der nächsten günstigen Gelegenheit (z. B. in einer Freistunde oder auch in den großen Pausen), damit Sie nicht

☞ 14
in Zeitdruck geraten. (Hastig-nervöses Eintragen von Zensuren in Listen, Zeugnisse oder Personalbögen z. B. führt mit ziemlicher Sicherheit zu Übertragungsfehlern und zeitraubenden Korrekturen).

2. Bei häufig wiederkehrenden Vorgängen, die sich aus mehreren Schritten zusammensetzen und bei denen es wichtig ist, daß eine bestimmte Abfolge eingehalten und kein Schritt vergessen wird,

☞ 19
sollten Sie mit Checklisten arbeiten. (Beispiele aus meiner eigenen Sammlung: „Regelmäßig zu Beginn eines neuen Schuljahres zu erledigende Dinge"; „Ende des Schuljahres oder Halbjahres"; „Klassenlehreraufgaben"; „Vorbereiten und Ausfüllen von Zeugnissen".)

3. Daß Sie eine Aufgabe schon häufig durchgeführt haben, heißt noch längst nicht, daß Sie die rationellste und eleganteste Erledigungsart gefunden haben. Erkundigen Sie sich, wie Ihre Kollegen es

☞ 33
machen. Denken Sie immer wieder einmal kritisch darüber nach, ob sich Ihr Verfahren nicht noch verbessern läßt.

4. Wenn es zu Ihren Aufgaben gehört, regelmäßig (z. B. jährlich) einen Tätigkeits- oder Erfahrungsbericht zu schreiben, so sollten Sie nicht erst kurz vor dem Abgabetermin damit beginnen, Ihr Gedächtnis zu strapazieren. Legen Sie eine deutlich gekennzeichnete Mappe an, in der sich während des ganzen Jahres laufend kurze Notizen sammeln. (Außerdem enthält die Mappe natürlich den Durchschlag bzw. die Fotokopie des Berichtes vom letzten Jahr, damit Sie nicht lange über die Grundstruktur nachzudenken brauchen.)

☞ 6
5. Delegieren Sie Aufgaben an Schüler, z. B.:
– Eintragen von Namen, Anschrift der Eltern, Telefonnummer usw. ins Klassenbuch;

- Einsammeln von kleineren Geldbeträgen;
- Ausgeben, Wiedereinsammeln und Kontrollieren von schuleigenen Büchern;
- Einsammeln und Vollständigkeitskontrolle von Klassenarbeitsheften, Zeugnissen und Zetteln, auf denen die Eltern den Empfang bestimmter Mitteilungen bestätigen mußten.
  (Denken Sie aber daran, daß zum Delegieren auch die Kontrolle gehört. Machen Sie die Gründlichkeit der Kontrolle von der Wichtigkeit der Aufgabe und von der Zuverlässigkeit des betreffenden Schülers abhängig.)

In manchen Fällen kann und sollte man auch die Sekretärin um Hilfe bitten, nämlich dann, wenn die Erfüllung der Aufgabe für sie wesentlich leichter und weniger zeitaufwendig ist. (Beispiel: das Weiterleiten von Briefen an Eltern, deren Anschrift man selbst erst aus der allgemeinen Kartei heraussuchen müßte.)

Wenn die Möglichkeiten elektronischer Datenverarbeitung an Schulen ebenso selbstverständlich genutzt würden wie in der Industrie – aber das ist leider noch Zukunftsmusik – ließen sich viele Standardaufgaben wesentlich schneller und eleganter lösen, und der einzelne Lehrer könnte stärker entlastet werden. Es wäre z. B. ein Leichtes, dem Klassenlehrer (oder auch allen Lehrern einer Klasse) am Schuljahrsbeginn einen Computerausdruck mit allen wesentlichen Informationen über die Schüler einer Klasse zur Verfügung zu stellen. Ein anderer, vielleicht weniger ausführlicher Ausdruck würde vorn ins Klassenbuch geklebt, usw. (Aber die Schulträger werden sich dieser Entwicklung vermutlich noch lange Zeit widersetzen, weil sie Angst vor den entstehenden Sachkosten haben. Vor der Tatsache, daß die unnötige Vergeudung von Arbeitszeit für zeitraubende Such- und Schreibarbeiten letztlich viel teurer ist, verschließen sie lieber die Augen, da diese Gelder im allgemeinen aus einer anderen Kasse bezahlt werden.)

☞ 11   6. Achten Sie auch bei Kleinigkeiten darauf, keine Zeit zu verschwenden. (Schreiben Sie nicht fünfunddreißigmal Ihren schönen langen Namen – z. B. in der Spalte „Klassenlehrer" beim Übertragen von Zensuren in die Personalbögen –, wo ein aus zwei Buchstaben bestehendes Signum völlig ausreichend ist. – Klare Lesbarkeit ist immer wichtig, aber „Schönheit" nur selten. Durchstreichen kostet weniger Zeit als Überkleben oder Überweißeln mit flüssigem Tipp-Ex!)

7. Überlegen Sie rechtzeitig, ob Sie einem Kollegen damit nützen können, daß Sie ihm einen Durchschlag oder eine Kopie der Liste (o. ä.) machen, die Sie gerade schreiben müssen. Der Aufwand ist

gering, der Nutzen groß. (Zum einen fördert es die kollegialen Beziehungen, zum anderen kommt vielleicht dabei heraus, daß der Kollege auch Ihnen einmal unaufgefordert einen Gefallen tut.) N. B.: Alles, was fotokopiert werden soll, sollte mit schwarzer Tinte, schwarzem Kugelschreiber, schwarzem Farbband geschrieben werden. Blaßblaue Tintenschrift und schwache Matrizenabzüge lassen sich schlecht kopieren!

☞ 20 8. Prüfen Sie, ob es sich lohnt, Vordrucke herzustellen. Bei vielen Aufgaben ist es eine Erleichterung, wenn man die gewünschten Informationen immer an der gleichen Stelle des Blattes findet und nicht erst suchen muß. Außerdem kann man sich erhebliche Schreibarbeit ersparen. – Die bekannten „Kurzbriefe" oder „Kurzmitteilungen" (d. h. Formulare, bei denen man nur das Zutreffende anzukreuzen braucht, wie z. B. „zur Kenntnis", „mit der Bitte um...", „zum Verbleib", „bitte Rückgabe" usw.) sind viel universeller anwendbar, als den meisten Nicht-Büroarbeitern klar ist. Man braucht ja keine käuflichen Vordrucke zu nehmen, sondern kann sich – per Umdruck oder Fotokopie – Blätter anfertigen, die genau auf die eigenen Bedürfnisse zugeschnitten sind.

9. Benutzen Sie Stempel! Sie sparen nicht nur Zeit, sondern entlasten auch die Konzentration, weil man sich beim Stempeln nicht verschreiben kann. Beim Ausfüllen von Zeugnissen z. B. sollte man Formulierungen wie „Versetzt nach Klasse ... laut Konferenzbeschluß vom ..." selbstverständlich stempeln. Falls Ihre Schule so hinterwäldlerisch ist, daß sie solche Stempel nicht zur Verfügung stellt, regen Sie an, daß dieser Mangel schleunigst abgestellt wird. (An meiner Schule gibt es diese Stempel zwar, sogar in zwei oder drei Exemplaren, aber in den letzten Tagen des Schuljahres, wenn alle Kollegen Zeugnisse schreiben, bekommt man sie manchmal trotzdem nicht dann, wenn man sie haben möchte. Ich umgehe diesen Engpaß dadurch, daß ich die Zeugnisse aller Schüler, die mit Sicherheit versetzt werden, bereits vor der Versetzungskonferenz stemple.)

☞ 28 10. Lassen Sie die Ablage nicht unnötig anschwellen. Überflüssiges Schriftgut schafft nicht nur Unterbringungsprobleme, sondern stiehlt Ihnen auch Zeit, weil Sie länger nach dem Gewünschten suchen müssen. In den meisten Fällen ist zwar eigentlich das Sekretariat für die Bewältigung der Ablageprobleme zuständig, aber es gibt Grauzonen, bei denen Ihre eigene Vernunft und Entscheidungsbereitschaft mithelfen können, sich selbst und den Kollegen die Arbeit zu erleichtern. Schülerpersonalakten z. B. stellen auch eine Form von Ablage dar, und in ihnen wird oft aus Ängstlichkeit jahrelang unnötiger Ballast mitgeschleppt. Gewiß, manche Vorgänge sind juristisch bedeutsam oder haben einen bestimmten Informationswert; sie dürfen deshalb nicht aus der Akte entfernt werden. Aber wen interessiert z. B. noch nach drei Jahren der Brief eines Vater mit der Bitte, sein Kind für zwei Tage zum Besuch einer Sportveranstaltung zu beurlauben, und der Durchschlag der Routineantwort des Schulleiters?

Gesunder Menschenverstand und ein großer Papierkorb sind mitunter wertvolle Hilfsmittel bei der Bewältigung von Verwaltungsaufga- ben ...

Konferenzen

☞ 15 Stricken Sie bei Konferenzen?
Falls Sie mit einem entsetzten „Nein" antworten, weil Sie annehmen,
daß Ihr Schulleiter auf ein solches Sakrileg mit einer empörten
Zurechtweisung reagieren würde, wird Sie der folgende Satz –
geschrieben von einem Schulleiter – vielleicht überraschen:
„Was sich . . . verbietet (d. h. für den Schulleiter, d. Verf.), ist alles
Moralisieren. Die Frage, ob jemand während der Konferenz strickt, ist
vergleichsweise unerheblich und in keinem Falle Gegenstand für
mögliche Anweisungen."[1]
Diesem Ausspruch möchte ich uneingeschränkt zustimmen. Ich strik-
ke zwar nicht – weil ich diese Kunst nicht beherrsche –, aber ich
erledige andere Dinge, ebenso wie viele meiner Kollegen, und ich bin
froh, daß unser Schulleiter so vernünftig ist, an diesen „Nebentätigkei-
ten" keinen Anstoß zu nehmen. Natürlich breite ich nicht eine große
Zeitung vor mir aus und blättere geräuschvoll und weithin sichtbar
alle drei Minuten eine Seite um; das sähe nach absichtlicher Provokation aus und würde auch auf die anwesenden Eltern- und Schülerver-
treter einen schlechten Eindruck machen. Aber es gibt genügend
Dinge, die man unauffällig und leise nebenher tun kann und die nicht
so viel Konzentration erfordern, daß man dem Konferenzgeschehen
nicht mehr folgen kann. Das ist selbstverständlich die Voraussetzung:
man muß als Konferenzteilnehmer funktionsfähig bleiben. Man muß
– zumindest „mit einem Ohr" – verfolgen, worüber gerade gesprochen
wird; man muß sich aktiv beteiligen, wenn die Sache es erfordert, und
bei Abstimmungen sollte man wissen, wie der Wortlaut des Antrags
lautet. – Am besten überlegt man sich vorher zu Hause, womit man
sich während der Konferenz beschäftigen kann, und nimmt sich
geeignetes Material mit: Verlagsprospekte, die man schon längst
einmal durchsehen wollte; ein paar Unterstufenklassenarbeitshefte,
die ohne großes Nachdenken zu korrigieren sind oder bei denen man
nur die Verbesserungen nachprüfen muß; ein flaches, kleinformatiges
Lektüreheftchen, zu dem man sich vielleicht schon geeignete Haus-

---

[1] FLÖSSNER (71).

☞ 32
☞ 30

aufgaben überlegen möchte – und natürlich das persönliche Notizbuch bzw. Zeitplanbuch (auf den Unterschied kommen wir später
noch zu sprechen!), denn eine planende Vorschau auf die in den
nächsten Tagen zu erledigenden Aufgaben ist immer nützlich.
Um keine Mißverständnisse aufkommen zu lassen, möchte ich hinzu-
fügen, daß das Gesagte nur für *Gesamt*konferenzen gilt – für Veranstaltungen also, auf die im allgemeinen folgende Kriterien zutreffen:
- Die Teilnehmerzahl ist hoch (oft weit über 50 Personen).
- Die Tagesordnung umfaßt auch Punkte, die nur einen Teil der
  Anwesenden direkt betreffen.
- Die Ladung erfolgt nicht unbedingt, weil ein bestimmtes Problem
  dringend besprochen werden müßte, sondern weil eine gewisse
  Anzahl von Gesamtkonferenzen gesetzlich vorgeschrieben ist.
- Der Formalisierungsgrad ist hoch (Rednerliste; vorgeschriebene, oft
  zeitaufwendige Verfahren der Beschlußfassung; Anträge zur
  Geschäftsordnung usw.).
- Da die Schulleitung sich wegen des organisatorischen Aufwandes,
  der Terminprobleme u. ä. verständlicherweise bemüht, die Zahl der
  Gesamtkonferenzen gering zu halten, dauert die einzelne Konfe-
  renz oft sehr lange.

Bei Konferenzen, die nur eine kleinere Teilnehmergruppe betreffen
(z. B. Klassenkonferenzen, Ausschußsitzungen, Fachkonferenzen) und
bei denen das Spektrum der Tagesordnungspunkte nicht so breit ist,
wird es nicht so häufig vorkommen, daß der einzelne (mit stündlich
wachsender Verärgerung über das Dahinrinnen seiner kostbaren Zeit)
lediglich passiv ausharrt – oder eben, vernünftigerweise, nebenbei
dies und jenes erledigt. Er wird sich in stärkerem Maße aktiv beteiligen.
Daß er dies tut, bedeutet allerdings leider nicht unbedingt, daß er nur
Dinge sagt, die man als konstruktiven Beitrag zur Lösung der anstehenden Probleme ansehen kann. Wer von uns hat sich noch nie über
Konferenzteilnehmer geärgert, die jede Gelegenheit nutzen, um sich
in den Vordergrund zu spielen und Selbstdarstellung zu betreiben,
oder die unter dem Deckmantel scheinbar sachlicher Argumentation
persönliche Kämpfe mit ihren Gegnern ausfechten?
Vielleicht sollten wir es nicht bei der oberflächlichen Verärgerung
bewenden lassen, sondern die psychologischen und gruppendynamischen Aspekte von Konferenzen etwas genauer betrachten.

Zunächst sollten wir uns eingestehen, daß persönliche Motive meistens stärkere Stoßkraft haben als sachliche Aspekte.

Das trifft nicht nur auf unsere Mitmenschen zu, sondern auch auf uns selbst. (Wie stark und auf welche Weise es nach außen zutage tritt, hängt von vielen Faktoren ab, z. B. vom Grad der Selbstbeherrschung, von der Art der Beziehung der Gesprächspartner untereinander, von der Größe der Gruppe, von der allgemeinen Atmosphäre).

Bei der Sitzung einer kleinen Arbeitsgruppe (z. B. einer Fachkonferenz) kann man beobachten, daß das Gruppengeschehen auf zwei verschiedenen Ebenen abläuft. MUCCHIELLI nennt sie „die Ebene des verbalen und verstandesmäßigen Inhalts" und „die Ebene des affektiven Geschehens" oder auch die „sozioemotionelle Ebene".[2]

Der „verbale und verstandesmäßige Inhalt" ist leicht zu erkennen und zu beschreiben; er wird später im Protokoll der Sitzung nachzulesen sein. Aber auch über das Geschehen auf der anderen Ebene könnte man ein Protokoll anfertigen, sagt MUCCHIELLI. Es würde ganz andere Dinge festhalten:

- den Tonfall einer Äußerung;
- die Person oder Zuhörerschaft, an die sie gerichtet ist;
- wer sie macht und zu welchem Zeitpunkt;
- Haltung und Gesichtsausdruck jedes Teilnehmers;
- das Schweigen eines bestimmten Teilnehmers oder der ganzen Gruppe;
- Anzahl und Richtung der Äußerungen pro Person; usw.

Ein solches Protokoll, das die Vorgänge auf der Ebene der Gruppendynamik aufzeichnet, brauchte möglicherweise überhaupt keinen Bezug auf den sachlichen Inhalt zu nehmen – und doch könnte es ebenso objektiv sein wie das andere.

Vielleicht haben Sie Lust, bei einer der nächsten Konferenzen (vorausgesetzt, Sie haben gerade nichts Wichtiges zu arbeiten) einmal unauffällig ein solches Protokoll anzufertigen?

Noch nützlicher als MUCCHIELLIS Ansatz ist für unsere Zwecke die Aufteilung, die KIRSTEN und MÜLLER-SCHWARZ vornehmen. Sie unterscheiden drei Formen des Verhaltens der Gruppenmitglieder untereinander:

Beim „selbst-orientierten Verhalten" zeigen die Teilnehmer, daß sie mehr an der Erfüllung ihrer eigenen Bedürfnisse interessiert sind als daran, der Gruppe bei ihrer Aufgabe zu helfen. (Beobachtbares Verhalten: Versuche, die Diskussion zu beherrschen; andere unterbrechen; nicht

---

[2] MUCCHIELLI (62).

zuhören können; übererregt und empfindlich reagieren; über Argumente hinweggehen; Verantwortung ablehnen.)

Beim *„interaktions-orientierten Verhalten"* zeigt man hauptsächlich Interesse an den anderen Gruppenmitgliedern und hilft ihnen, wirksam zusammenarbeiten zu können. (Beobachtbares Verhalten: andere ansprechen; andere in die Diskussion hineinziehen; vermitteln bei unterschiedlichen Meinungen; gute Beiträge aufgreifen und beachten; Spannungen erleichtern; Kooperation ermutigen.)

Beim *„aufgaben-orientierten Verhalten"* richten die Teilnehmer ihr Hauptinteresse darauf, die Gruppenaufgabe zu lösen. (Beobachtbares Verhalten: Arbeitsprozesse in Gang bringen; Informationen mit anderen teilen; Meinungen vertreten; organisieren; Probleme klären; zusammenfassen.)[3]

Es ist nun keineswegs so, daß ausschließlich aufgabenorientiertes Verhalten angestrebt werden sollte. KIRSTEN und MÜLLER-SCHWARZ weisen darauf hin, daß besonders das interaktions-orientierte Verhalten häufig vernachlässigt wird, obwohl es nachweislich einen sehr positiven Einfluß auf das Arbeitsklima und damit letztlich auch auf die Effektivität der Gruppenarbeit hat.

Es wäre auch ein gefährlicher Trugschluß, wenn man selbst-orientiertes Verhalten als etwas grundsätzlich Negatives betrachtete. Eine solche Einstellung wäre kurzsichtig und unklug. Sobald uns nämlich eine Sache keinerlei Spaß mehr macht und wir überhaupt keine persönlichen Bedürfnisse mehr dabei befriedigen können, sobald wir uns nur noch „zusammenreißen" und zu etwas zwingen müssen, sind wir mit Sicherheit nicht mehr in der Lage, uns wirklich effektiv und energisch einzusetzen.

Es gibt sogar eine gruppenpsychologische Arbeitsmethode, die davon ausgeht, daß überhaupt nur dann etwas bei der gemeinsamen Arbeit herauskommen kann, wenn gewährleistet ist, daß die persönlichen Bedürfnisse der Teilnehmer ausdrücklich anerkannt und so oft wie nötig in das Sachgespräch mit einbezogen werden: die sogenannte „Themenzentrierte Interaktion" (TZI). Es ist eine sehr interessante und überzeugende Methode. Man kann sie allerdings nicht im Alleingang praktizieren. Sie setzt voraus, daß alle Teilnehmer einverstanden sind und die entsprechenden Grundregeln beherrschen. Die TZI empfiehlt sich in erster Linie für kleinere, häufig zusammenkommende Arbeitsgruppen. (Man erlernt sie am besten in einem kurzen Lehrgang. In manchen Bundesländern werden solche Kurse bereits im Rahmen des

---

[3] KIRSTEN/MÜLLER-SCHWARZ (23).

offiziellen Lehrerfortbildungsprogramms angeboten.) Eine ausführliche Darstellung ist im Rahmen des vorliegenden Kapitels nicht möglich, aber einer der Kernpunkte, die sogenannte Störungsprioritätsregel, soll kurz vorgestellt werden. Sie besagt, daß Gesprächsstörungen vorrangig behandelt werden müssen. Konzentrationsschwierigkeiten, Langeweile, Ärger, Ermüdung usw. werden oft unterdrückt und vertuscht, um nicht zu „stören". Oft liegen aber solchen „Störungen" wesentliche, auch für die Gruppe interessante Probleme eines Gruppenmitglieds zugrunde. Wenn diese Störungen nicht behandelt werden, geht der Kontakt dieses Gruppenmitglieds zur Gruppe verloren, und die Arbeitsfähigkeit der Gruppe wird gemindert.

Wer Näheres über die TZI erfahren möchte, sei auf den Aufsatz von HEIGL-EVERS und HEIGL verwiesen.

Bis jetzt sind wir mehr oder weniger von der Voraussetzung ausgegangen, daß Konferenzen ungeliebte Pflichtveranstaltungen sind, zu deren zügigem Verlauf Sie durch konstruktives Verhalten beitragen oder die Sie, unauffällig arbeitend, ohne allzu große Frustration überstehen können.

Aber vielleicht halten Sie das alles für nebensächlich; vielleicht möchten Sie viel lieber wissen, wie Sie in Konferenzen Ihre eigenen Überzeugungen durchsetzen können?

Eine unerläßliche Voraussetzung dafür ist zunächst einmal, daß Sie die formalen Regeln genau kennen, nach denen sich Leiter und Teilnehmer von Versammlungen zu richten haben. Dieses Wissen können Sie sich leicht erwerben.[4]

Wesentlich schwieriger ist es jedoch, auf der Klaviatur der Versammlungsrechtsparagraphen so virtuos zu spielen und so geschickt alle Register der Dialektik zu ziehen, daß Sie selbst dann Erfolge erzielen, wenn die Ausgangssituation und die Stimmung der Konferenzteilnehmer ungünstig für Sie sind. Auch dazu gibt es Bücher und Aufsätze;[5] aber bloßes Lesen dürfte hier nicht ausreichen. Praktisches Training muß hinzukommen. Es gibt entsprechende Schulungskurse – allerdings nicht speziell für Lehrer.

[4] Siehe z. B. BRAUNE; REICHART-SCHWEINSBERG; BRAUNE/BESSOTH; ZELKO; Goossens; in Kurzfassung auch BESSOTH et al. Abt. 16.02, S. 21–25.

[5] Z. B. die Aufsätze von RUHLEDER und RIECK/RUHLEDER; einige Passagen in den im Literaturverzeichnis angeführten Werken von CARNEGIE, KORDA, BIRKENBIHL, ZELKO, GOOSSENS und RACKHAM et al.; vor allem aber das Buch „Dialektik für Manager" von Rupert LAY.

Ich möchte mich in diesem Zusammenhang auf einen einzigen Hinweis beschränken, der mit raffinierter Taktik noch gar nichts zu tun hat, sondern so einfach ist, daß man sich scheut, ihn auszusprechen: Bereiten Sie sich vor!

Ob es sich um eine Konferenz, eine Dienstbesprechung oder eine Ausschußsitzung handelt – immer ist derjenige im Vorteil, der

– sich über die Einzelheiten des zu besprechenden Problems hervorragend informiert hat,

– die Einstellung der anderen Teilnehmer zu einem strittigen Tagesordnungspunkt genau voraussagen kann,

– mit Gleichgesinnten abgesprochen hat, wer wann welches Argument vorbringen soll,

– bereits ein Arbeitspapier auf den Tisch legen kann oder sich die Formulierung bestimmter Anträge gründlich überlegt hat.

Gewissenhafte Vorbereitung ist natürlich besonders wichtig, wenn Sie eine Konferenz l e i t e n müssen. Eine organisatorisch oder inhaltlich mangelhaft vorbereitete Konferenz verärgert die Teilnehmer; sie sind mit Recht wütend darüber, daß ihre Zeit verschwendet wird.

Wenn Sie sichergehen wollen, daß Sie alle wesentlichen Punkte berücksichtigen, beschaffen Sie sich die Broschüre „Die Leitung von Konferenzen" von BRAUNE oder das Buch „Konferenzen in der Schule" von BRAUNE/BESSOTH. (Beide sind speziell auf den Bereich Schule bezogen.) Zu Ihrer Rolle als „Teammoderator" finden Sie wichtige und vergnüglich zu lesende Anregungen – hauptsächlich zu psychologischen und gruppendynamischen Aspekten – in dem (nicht schulspezifischen) Buch „Denklabor Team" von QUISKE/SKIRL/SPIESS.

Zum Abschluß dieses Kapitels möchte ich eine kleine Gewissenserforschung zitieren, die von Bischof Dr. Hengsbach stammen soll:[6]

Habe ich ohne wichtigen Grund eine Sitzung besucht?
Habe ich ohne wichtigen Grund zu einer Sitzung eingeladen?
Habe ich ohne wichtigen Grund durch eine Wortmeldung eine Sitzung verlängert und somit mich und andere von der Familie ferngehalten?
Lieber Gott, hilf mir, mein großes Maul zu halten – bis ich weiß, worüber ich rede.

[6] Eine Fotokopie dieses Textchens fand sich – von einem Spaßvogel dorthin gelegt – eines Tages im Mitteilungsbuch meiner Schule. Eine Fundstelle war nicht angegeben; für die Authentizität des Zitates kann ich mich also nicht verbürgen!

Kollegen

Wie gut kennen Sie eigentlich Ihre Kollegen?
Es mag sein, daß Ihre persönliche Antwort „Recht gut!" lautet – aber
dann ist sie untypisch. Als Lehrer ist man stärker von seinen Kollegen
abgesondert als in anderen Berufen;[1] man tut seine Arbeit zu Haus
und im Klassenzimmer außerhalb der Sichtweite der anderen. In den
Pausen, in der verräucherten Hektik des Lehrerzimmers, ist kaum Zeit
für eine ausführliche Unterhaltung.
Gewiß, man hört dies und jenes voneinander, z. B. durch Schüler.
Äußerungen in Konferenzen oder bei der gelegentlichen Besprechung
von Sachfragen bilden weitere Steinchen im lückenhaften Mosaik des
Bildes, das man sich voneinander macht. Aber das alles ist dürftig und
unzureichend; und es ist nicht ganz unverständlich, wenn Lehrer zum
Stichwort „Leben im Kollegium" spontan Einfälle äußern wie „Abkap-
selung, Isolation . . . Mißtrauen, kaum Spontaneität, viel Unausgespro-
chenes" oder „reizlos und anonym".[2]
Nicht alle Lehrer empfinden die relative Anonymität als negativ. Das
mag zum einen daran liegen, daß sie einige Freunde im Lehrerzimmer
haben, mit denen sie gelegentlich auch privat zusammenkommen,
und daß es sie deshalb weniger stört, zu den anderen Mitgliedern des
Kollegiums nur oberflächliche Beziehungen zu haben. Zum anderen
finden sie es möglicherweise gar nicht so schlecht, in Ruhe gelassen
zu werden und sich nicht dauernd beobachtet zu fühlen. Trotzdem
wäre es, auch unabhängig von der Frage des subjektiven Wohlbefin-
dens, wünschenswert, wenn Lehrer sich weniger als Einzelkämpfer
und mehr als Mitglieder eines Teams empfänden, denn die Qualität
der gemeinsamen Arbeit würde dabei gewinnen. Besseres gegenseitiges Kennenlernen wäre eine wichtige Voraussetzung dafür. Wie läßt
es sich erreichen?
Die erste Antwort auf diese Frage ist bekannt: Die Schulleitung oder
der Personalrat sollten dafür sorgen, daß das Kollegium die Möglich-

---

[1] Vgl. GLÄNZEL (169f.).
[2] Zitiert bei GIMMLER/GINHOLD (77).

keit hat, häufig auch außerhalb der Arbeitszeit gemeinsam etwas zu unternehmen.

An vielen Schulen trifft man sich jede Woche einmal zum „Kollegensport"; außerdem gibt es ab und zu einen Ausflug, eine gemeinsame Faschingsfeier oder eine andere gesellige Veranstaltung. Man sollte sich bei solchen Gelegenheiten nicht ausschließen, denn man lernt Kollegen dabei von einer anderen Seite kennen – vorausgesetzt, daß man sich ein bißchen Mühe gibt und nicht auch beim Kegelabend wieder nur über die Frechheit und Faulheit der 8F2 redet.

Eine andere, originelle Antwort fand ich an einer Schule, die ich kürzlich besuchte. Dort stand im Lehrerzimmer ein DIN-A5-Ordner, in dem sich jeder Kollege auf einer Karteikarte kurz vorstellte. Die „Mindestanforderungen" waren: ein Foto, Name und Vorname, Unterrichtsfächer. Darüber hinaus konnte jeder seine Karte so gestalten, wie er wollte. Er konnte seine Anschrift und Telefonnummer angeben, seinen Geburtstag oder Jahrgang, den Zeitpunkt seines Eintritts ins Kollegium, ein Stückchen aus seinem Lebenslauf, seine Hobbys – usw. Auf diese Weise konnten Neuankömmlinge die älteren Kollegen kennenlernen, und diese fanden es leichter, mit den neuen Gesichtern schnell Namen zu verbinden. Wer die Auskünfte auf einer Karte zu knapp fand, hatte eher den Mut, weitere Fragen zu stellen, als wenn er überhaupt noch nichts über den anderen gewußt hätte.

Diese Idee sollte man weiterempfehlen!

In der Literatur wird immer wieder betont, wie wichtig es ist, daß die Lehrer einer Schule sowohl erzieherisch als auch fachlich-sachlich zusammenarbeiten.

Der erzieherische Aspekt – d. h. die Notwendigkeit, am gleichen Strang zu ziehen, sich dem Kollektiv verantwortlich zu fühlen, sich gemeinsam für bestimmte Grundwerte einzusetzen – wurde bereits im Kapitel „Unterricht" angesprochen.

Auch für intensive fachlich-sachliche Zusammenarbeit sprechen gute Gründe:

a) Kooperation kann Zeit sparen. (Das trifft nicht immer zu, weil manchmal der Aufwand so groß ist, daß vom Zeitgewinn nichts mehr übrig bleibt. Man kann dies Problem aber gemeinsam besprechen, den möglichen Nutzen abschätzen und dann entscheiden. Bei der Besprechung wird man auch versuchen, die organisatorisch optimale Form für die Zusammenarbeit zu finden.)

b) Kooperation kann die Qualität der vom einzelnen geleisteten Arbeit verbessern. Wer nicht „betriebsblind werden und sich immer im

Kreise seiner eigenen Routine drehen"[3] will, ist auf frische Anregungen, auf einen lebendigen Erfahrungs- und Meinungsaustausch angewiesen.[4]

Konkrete Möglichkeiten der praktischen Zusammenarbeit ergeben sich z. B. auf folgenden Gebieten:

- Planung von Einzelstunden, Unterrichtseinheiten oder (in der gymnasialen Oberstufe) Semesterkursen;
- Anfertigung von Unterrichtsmaterial (Arbeitsblätter, Folien, Modelle u. a.);
- Entwurf von Klassenarbeiten und Klausuren;
- Korrektur und Bewertung von Klassenarbeiten und Klausuren;
- fächerübergreifender Projektunterricht;
- Erstellung von Informationsblättern;
- Erstellung von Vordrucken (Beispiel: an meiner Schule gibt es gemeinsam entwickelte Klausurgutachtenbögen und Bewertungsbögen für die mündliche Abiturprüfung im Fach Englisch);
- Vorbereitung von gemeinsamen Wandertagen, Klassenfahrten u. ä.;
- Austausch von privat aufgenommenen Rundfunk- oder Videosendungen (Vorsicht; gesetzliche Bestimmungen beachten!);
- Sammelbestellung von Lernmitteln;
- „Beherbergung" von Schülern eines Kollegen, die eine Arbeit nachschreiben müssen oder die nachsitzen;
- Behandlung von Stoffen im eigenen Unterricht, die einem Kollegen in einem anderen Fach gerade nützlich sind (für den Englischlehrer kann es z. B. hilfreich sein, wenn der Deutschlehrer bestimmte Fragen der Grammatik wiederholt oder wenn der Geschichtslehrer auf die Hintergründe des amerikanischen Bürgerkriegs eingeht).

Gelegentlich soll es vorkommen, daß Mißtrauen, eifersüchtiges Abschirmen der eigenen Erzeugnisse und feindliches „Einigeln" in einem Kollegium (oder innerhalb einer Fachgruppe) so ausgeprägt sind, daß jeder Ansatz zu effektiver Kooperation erstickt wird. Aber

---

[3] GLÄNZEL (170).

[4] Wer an einer differenzierteren Begründung interessiert ist und außerdem auf anregende Weise über die psychologischen Probleme der Zusammenarbeit in Gruppen und ihre Bewältigung informiert werden möchte, der sei noch einmal nachdrücklich auf die beiden Bücher „Denklabor Team" von QUISKE/-SKIRL/SPIESS und „Gruppen-Training" von KIRSTEN/MÜLLER-SCHWARZ hingewiesen.

selbst dann kann man in bestimmten kleinen Dingen guten Willen
und Rücksichtnahme gegenüber den Kollegen deutlich werden lassen
(und darauf hoffen, daß sich die Atmosphäre im Laufe der Zeit etwas
verbessert).

Man kann z. B.

- aus der Lehrerbibliothek entliehene Bücher sorgfältig eintragen,
  bald zurückgeben oder zumindest die Fachkollegen fragen, ob sie
  das Buch schon vermissen;
- Klassensätze von Büchern rechtzeitig, vollständig und unbeschädigt
  wieder zurückstellen (eventuell beschädigte Exemplare vorher von
  den Schülern mit Tesafilm reparieren lassen!);
- Rücksicht nehmen, wenn ein Kollege im Lehrerzimmer konzentriert
  zu arbeiten versucht, und ihn nicht mit belanglosen Bemerkungen
  unterbrechen oder in seiner unmittelbaren Nähe mit jemand anderem ein lautes Gespräch führen;
- Klassenräume so verlassen, daß der nächste Besucher sich nicht
  über eine unabgewischte Tafel, herumliegenden Abfall u. ä. ärgern
  muß;
- Klassenräume abschließen, falls dies üblich ist, damit der aufsicht-
  führende Kollege nicht zusätzliche Schwierigkeiten hat;
- nach der Pause pünktlich in der Klasse sein, damit die Kollegen in
  den Nachbarräumen nicht am Unterrichten gehindert werden;
- sich an Beschlüsse der Fachkonferenz halten (Art der Klassenarbeiten, Bewertungsmaßstäbe, Unterrichtsinhalte, Zeitplanung), damit
  der Lehrer, der im folgenden Jahr die Klasse übernimmt, nicht einen
  Berg von Unerledigtem aufarbeiten muß oder aus anderen Gründen
  in eine schwierige Situation gerät.

(In den Kapiteln „Die Ausbildungsphase", „Unterricht" und „Verwaltungsaufgaben"finden sich weitere Beispiele.)

Wo immer Menschen zusammenarbeiten müssen oder wollen, wird es
Meinungsverschiedenheiten geben, und die Art, wie jemand mit
solchen Spannungen umgeht, ist ein wesentliches Indiz seiner Kooperationsfähigkeit. Beziehungen, in denen es niemals zu Auseinandersetzungen kommt, sind nicht etwa besonders gut; sie sind im Gegenteil stärker gefährdet.[5] Entweder erstarren sie und verlieren ihre

---

[5] Das Buch „Streiten verbindet" von BACH/WYDEN belegt diese Aussage sehr
eindrucksvoll. Es ist lesenswert, weil es – wenn auch fast ausschließlich für
den Bereich der Ehe – eine Fülle von konkreten Hinweisen gibt, wie man
konstruktiv streitet und welche Fallen man vermeiden sollte.

☞ 35 Lebendigkeit, oder der angesammelte Zündstoff führt irgendwann zu einer alles zerstörenden Explosion.

Das gilt für die Ehe, für Freundschaften, für die Eltern-Kind-Beziehung; es gilt auch für das Lehrer-Schüler-Verhältnis und für die Beziehungen im Kollegium.

Nicht jedem fällt es leicht, sich bei Auseinandersetzungen angemessen zu verhalten. Bestimmte tief verwurzelte Persönlichkeitsfaktoren – Jähzorn, Streitsüchtigkeit, starker Geltungsdrang; aber auch ängstliche Konfliktscheu und starkes Harmoniebedürfnis – können sich dabei als hartnäckige Hindernisse erweisen. Aber grundsätzlich ist konstruktive Konfliktbewältigung lernbar.

Bei Lehrerfortbildungsveranstaltungen habe ich gelegentlich ein kleines Rollenspiel eingesetzt, um den Teilnehmern Chancen und Gefahren eines Konfliktgespräches vor Augen zu führen.

Ein jüngerer (A) und ein älterer Kollege (B), die sich freiwillig gemeldet hatten, bekamen je eine Rollenbeschreibung, die sie in Ruhe durchlesen und sich einprägen konnten:

A

Sie sind Klassenlehrer einer 9. Klasse, unterrichten dort aber nicht Englisch, sondern Ihr zweites Fach. Der Englischunterricht wird von einem älteren Kollegen erteilt.

Einige Schüler sind mit Klassenarbeitsheften zu Ihnen gekommen und haben sich beklagt, daß der Englischlehrer Dinge angestrichen habe, die gar nicht falsch seien.

Und überhaupt: der Englischlehrer rede immer nur über Grammatik, es werde nur selten Englisch gesprochen, und der Unterricht sei schrecklich langweilig.

Sie haben sich die Hefte angesehen – und festgestellt, daß der Kollege tatsächlich Sätze als falsch angestrichen hat, die völlig in Ordnung sind.

Sie haben den Schülern versprochen, mit dem Kollegen zu sprechen.

*** Dieses Versprechen wollen Sie jetzt einlösen. ***

B

Sie suchen schon seit ein paar Tagen nach einer Gelegenheit, mit dem jungen Klassenlehrer der 9b, in der Sie Englisch unterrichten, ein vertrauliches Wort zu sprechen.

Die Klasse behauptet, der Klassenlehrer habe ihnen gesagt, sie brauchten nicht aufzustehen, wenn der Lehrer hereinkommt.

Außerdem versuchen die Schüler in der großen Pause immer, im Raum zu bleiben, obwohl die Pausenordnung vorschreibt, daß sie hinausgehen. Ihr Verhältnis zu dem jungen Kollegen ist etwas gespannt. Er ist Ihnen bei Konferenzen verschie-

dentlich unangenehm aufgefallen, weil er die Tendenz zeigt, älteren Kollegen heftig zu widersprechen und weil er grundsätzlich auf der Seite der Schüler steht.
Außerdem hat er Ihnen neulich eine Stunde weggenommen (für eine Klassenarbeit), ohne Ihnen vorher Bescheid zu sagen.
*** Jetzt ergibt sich eine günstige Gelegenheit zu einem Gespräch unter vier Augen... ***

Sie können sich vorstellen, mit welcher Spannung die Zuhörer dieses Gespräch verfolgten!
Vielleicht haben Sie Lust, es im Kreise Ihrer Bekannten auch einmal auszuprobieren – und dann mit den Darstellern darüber zu sprechen, wie sie sich dabei gefühlt haben, ob sie mit ihrer Leistung zufrieden sind und an welchen Stellen des Gespräches sie sich vielleicht besser anders hätten verhalten sollen.
Dazu müßte allerdings zunächst eine andere Frage geklärt werden: Welche Ziele hatten die beiden Sprecher?
Wir unterstellen, daß es sowohl dem älteren als auch dem jüngeren Kollegen um mehr ging als darum, einen Machtkampf auszutragen und angestaute Aggressionen herauszulassen.
Die Maximalziele sähen dann etwa so aus:
A möchte B davon überzeugen, daß er in den Klassenarbeitsheften einige Dinge zu Unrecht angestrichen hat; er möchte ihn dazu bewegen, dies zu korrigieren und ggf. die Zensuren der betroffenen Schüler entsprechend zu ändern. Er möchte ihn außerdem zu der Einsicht bringen, daß die Grammatik nur eine dienende Funktion habe und daß es für das Erreichen der eigentlichen Ziele des Englischunterrichts wichtig sei, den Unterricht interessant zu gestalten und möglichst oft Gespräche in der Fremdsprache mit den Schülern zu führen.
B strebt an, daß A ihm und anderen Kollegen nicht mehr in den Rücken fällt, wenn es um das Durchsetzen bestimmter Verhaltensregeln für die Schüler geht. Er möchte auch erreichen, daß A bei organisatorischen Fragen (Stundenabtretung) in Zukunft mehr Rücksicht zeigt.
Beide wissen, daß sie wahrscheinlich noch viele Jahre miteinander auskommen müssen; es wird ihnen also daran gelegen sein, Bitterkeit und Feindschaft nach Möglichkeit zu vermeiden.

Ich habe bei diesen Trainingsveranstaltungen Auseinandersetzungen gehört, nach denen betroffenes Schweigen herrschte und die Akteure am liebsten in ein Mauseloch gekrochen wären.

Ich habe aber auch Gespräche erlebt, in denen die beiden Partner so taktvoll, einfühlsam und nachdenklich-ehrlich miteinander umgingen, daß alle realistischen Nahziele voll erreicht wurden und sich die Aussicht auf befriedigende zukünftige Zusammenarbeit eröffnete.

Von der Wichtigkeit geschickter Gesprächsführung war in diesem Buch schon mehrfach die Rede.
Vielleicht erinnern Sie sich noch an das, was im Kapitel „Disziplin" über „Ich-Botschaften" und über das „aktive Zuhören" gesagt wurde, und an die Literaturhinweise dazu (Anm. 36)?
Damit sind bereits zwei sehr wesentliche Faktoren des „partnerzentrierten Gesprächs" angesprochen.
Sie sollen hier ergänzt werden durch einen Hinweis auf die sogenannte „Transaktionsanalyse" und durch einige weitere Regeln, die sich als förderlich für die Gesprächsführung erwiesen haben.

Die Transaktionsanalyse ist ein sehr nützliches Instrument zur Diagnose der unausgesprochenen Absichten und Gefühle, die hinter den einzelnen Äußerungen in einem Gespräch verborgen sein können. Es ist nicht möglich, sie hier in wenigen Sätzen ausreichend zu erklären, aber es gibt leicht zugängliche und gut verständliche Darstellungen,[6] und es lohnt sich, sich mit ihr zu befassen.

Aus den vielen Regeln, die in der Literatur zum Thema Gesprächsverhalten gegeben werden, sollen hier – zusätzlich zu den wichtigen Stichworten „aktives Zuhören" und „Ich-Botschaften senden" – sechs weitere Empfehlungen ausgewählt werden, die zu einer Verbesserung der Kommunikation in Auseinandersetzungen oder anderen schwierigen Gesprächen beitragen:
1. Geben Sie keine Ratschläge. Für den Gesprächspartner ist es wichtig, daß er verstanden wird; nicht, daß er mit Rezepten überschüttet wird. Drängen Sie ihm nicht Ihre Lösung auf: Sie bevormunden und entmündigen ihn dadurch. Geben Sie ihm die Freiheit, seine eigene Lösung zu finden.

---

[6] Eine sehr ausführliche Darstellung gibt das umfangreiche Buch „Ich bin o. k. – Du bist o. k." von HARRIS. Eine knappe, aber sehr gute Zusammenfassung findet sich bei HARSCH (S. 61ff.). Am leichtesten zugänglich (Taschenbuch!) ist „Kommunikationstraining" von BIRKENBIHL; dort wird die TA auf S. 91–149 anschaulich erläutert.

2. Haben Sie keine Angst vor Pausen im Gespräch. Glauben Sie nicht, sofort weiterreden zu müssen, wenn der andere einen Augenblick schweigt.

3. Spielen Sie sich nicht als Psychologe auf; versuchen Sie nicht, eine Diagnose zu stellen. Unerbetene Interpretationen sind selten willkommen, selbst wenn sie richtig sind. Verzichten Sie auf Aussagen wie „Du versteckst ja nur deine Unsicherheit hinter dieser Maske von Angeberei"; sagen Sie lieber, welches Gefühl das Verhalten des Partners gerade in Ihnen auslöst.

4. Wenn Sie dem Partner Feedback geben (d. h. wenn Sie ihm mitteilen, wie er auf Sie wirkt), so sollte es kurz, aber möglichst genau und konkret sein. Geben Sie keine zusammenfassenden Urteile ab und beziehen Sie sich nicht auf weit zurückliegende Ereignisse, sondern auf das hier und jetzt wahrgenommene Verhalten des Angesprochenen. Also nicht „Du bist ein Mensch, der anderen nie richtig zuhört", sondern: „Es stört mich, daß du mich eben unterbrochen hast."

5. Lassen Sie sich nicht in intellektuelle Auseinandersetzungen ein; d. h.: versuchen Sie nicht, die Gefühlswelt auszuschließen und rein sachlich zu bleiben. ,Rationalisierungen' in persönlichen Gesprächen sind oft symptomatisch für Kommunikationsängste. Je intellektueller, sachbezogener ein Gespräch geführt wird, desto mehr verbirgt es das eigentliche Problem.

6. Teilen Sie auch positive Gefühle und Wahrnehmungen mit! Feedback sollte nicht nur dann erfolgen, wenn etwas schiefgegangen ist, sondern auch dann, wenn etwas gut geht, wenn man sich gefreut hat. Gesprächspartner leiden kaum jemals darunter, daß sie zuviel gelobt werden – eher darunter, daß sie zu selten erfahren, daß sie positive Gefühle in anderen auslösen.

Durch die relative Ausführlichkeit, mit der in diesem Kapitel das Thema „Gesprächsverhalten" behandelt worden ist, konnte vielleicht der Eindruck entstehen, als solle das Leben im Kollegium als eine Kette von Konflikten dargestellt werden. Das ist natürlich nicht so. (Jedenfalls wünsche ich Ihnen, daß es nicht so sein möge!) Die Begründung der ausführlichen Darstellung liegt vielmehr darin, daß es hier um etwas geht, was Ihnen immer wieder in den unterschiedlichsten Situationen nützlich sein kann.

☞ 13

Kooperationsbereitschaft und Kooperationsfähigkeit sind wichtige Kriterien für die Beurteilung von Lehrern.

Die Fähigkeit zum partnerzentrierten Gespräch ist ein wichtiger Teilaspekt der Kooperationsfähigkeit; sie ist aber nicht nur für diesen Bereich bedeutungsvoll, sondern auch für das Lehrer-Schüler-Verhältnis und darüber hinaus für außerschulische Bereiche wie z. B. Ehe und Familie.

Eltern

Haben Sie die Befürchtung, daß jetzt schon wieder ein Kapitel kommt, in dem sie angeregt werden sollen, sieben schwierige Bücher zu lesen, an drei Fortbildungskursen teilzunehmen und jede Woche mindestens fünf Stunden für den Aufbau guter Beziehungen zu einer bestimmten Personengruppe zu verwenden – zusätzlich zu Ihrer normalen Arbeit?
Zuerst waren es die Schüler (im Kapitel „Disziplin"), dann die Kollegen, und nun sind die Eltern an der Reihe?
Wo soll die Zeit herkommen?

Ich nehme mir Ihren Einwand zu Herzen und verspreche Ihnen, daß dieses Kapitel wenig mit pädagogischem Idealismus, aber um so mehr mit Ökonomie und nüchternem Zeitmanagement zu tun haben wird. Das fällt mir nicht allzu schwer, weil ich bestimmte Dinge, die mir menschlich wichtig sind (z. B. die Erläuterungen zum partnerzentrierten Gespräch), bereits gesagt habe und nicht erneut zu betonen brauche.[1]
Lassen Sie uns also zusammen lediglich einige Überlegungen zum Verhältnis von Aufwand und Wirkung beim Umgang mit Eltern[2] anstellen!

---

[1] Wer nach Literatur sucht, die sich speziell mit dem Gespräch zwischen Lehrern und E l t e r n befaßt, findet Freundlich-Vernünftiges in dem Bändchen „Elternarbeit und Schulleben" von SUSTECK. GORDON (a.a.O. 302–306) bietet unter der Überschrift „Wie Eltern einen größeren Einfluß auf Lehrer gewinnen können" eine positive und eine negative Version eines hypothetischen Gesprächs zwischen einer Mutter und dem Lehrer ihres Sohnes. TEGTMEYER (53–55) zitiert eine Auseinandersetzung bei einem Elternabend, bei der sich der Lehrer so peinlich arrogant und dumm verhält, daß man nur ungläubig den Kopf schütteln kann. Bei BESSOTH et al. (Abt. 18.21, S. 4) wird im Zusammenhang mit dem Thema „Elterngespräche" angeregt, daß „Gesprächs- und Konferenztechnik der Lehrer kontinuierlich durch Fortbildung verbessert werden" solle.

[2] Ich möchte den Ausdruck „Elternarbeit" so weit wie möglich vermeiden, weil er nicht neutral genug ist; er wird z. T. mit politischen Zielsetzungen

☞ 1 Am Anfang soll die Frage nach den Z i e l e n stehen – einmal positiv, einmal negativ ausgedrückt.

a) Welchen *Nutzen* kann uns der Umgang mit den Eltern unserer Schüler bringen?

– Eltern können uns Informationen geben, die uns helfen, ihre Kinder besser zu verstehen.

(Nur selten handelt es sich dabei um Informationen, die uns veranlassen, unser Verhalten diesem Kind gegenüber in irgendeiner Weise zu verändern. – Wir haben keinerlei Einfluß auf das, was wir da z. B. über die häusliche Situation erfahren.)

– Eltern können dafür sorgen, daß die Kinder ihre Hausaufgaben machen.

(Das setzt voraus, daß sie wissen, was das Kind zu tun hat.)

– Eltern können bei den Hausaufgaben helfen; sie können in Ruhe Dinge erklären oder wiederholen, die das Kind in unserem Unterricht nicht verstanden hat.

(Bei der überwiegenden Mehrzahl der Familien tritt dieser Glücksfall nie oder allenfalls in den ersten Jahren ein. Ein Schüler der Oberstufe dürfte selbst in einer Akademikerfamilie kaum noch Hilfe finden, jedenfalls nicht in allen Fächern.)

- Eltern können uns helfen, das Verhalten der Kinder zu beeinflussen.

(Sind es nicht meistens die Eltern der schwierigsten Schüler, die wir nie zu sehen bekommen?)

– Eltern können uns „Streicheleinheiten" geben, unser Selbstgefühl stärken und uns zu noch besseren Leistungen beflügeln.

(Manche Eltern sind uns tatsächlich wohlgesonnen und haben eine positive Meinung von unserem Tun. Aber wie oft sagen sie uns das?)

– Umgang mit Eltern kann für ortsfremde, neu ins Kollegium eingetretene oder aus anderen Gründen einsame Lehrer eine wichtige (manchmal die einzige) Möglichkeit zu außerschulischen sozialen Kontakten sein.

(Es kann zu gehässigen Bemerkungen und Eifersuchtsreaktionen kommen, wenn solche Beziehungen nur zu einer bestimmten Familie bestehen und die anderen Schüler den Eindruck haben, das betreffende Kind werde bevorzugt.)

verbunden, die deutlich über das hinausgehen, was die Lehrer und Eltern einer bestimmten Schülergruppe im allgemeinen voneinander erwarten.

– Eltern können uns wertvolle Rückmeldungen über unseren Unterricht und unser Verhalten den Kindern gegenüber geben.
(Leider sind diese Goldkörner oft mit Tonnen von taubem Gestein vermischt und kommen nie an die Oberfläche. – Außerdem: vieles von dem, was die Schüler zu Haus über uns erzählen, ist unvollständig und verzerrt und kann zu schiefen Urteilen bei den Eltern führen.)
– Eltern können uns mit ihren Beziehungen und ihrer Berufserfahrung Wege ebnen, Anregungen geben und praktische Hilfe leisten, wenn wir Unternehmungen planen, die den gewohnten schulischen Rahmen sprengen (Projekte, Besichtigungen, Praktika etc.).
(Aber wie oft kommt das vor?)
– Eltern können in die Schule kommen und – im Rahmen des Unterrichts – den Schülern Vorträge halten, z. B. über ihre beruflichen Erfahrungen.
(Könnte recht interessant sein, scheitert aber vielfach an formaljuristischen Schwierigkeiten oder an Terminproblemen.)

b) Was wollen wir *vermeiden?*
– Eltern, die einen negativen Eindruck von uns haben, können bewirken, daß ihre Kinder uns nicht mehr respektieren.
(Warum haben sie einen negativen Eindruck von uns? Vermutlich doch, weil die Kinder ohnehin schon Ungünstiges über uns erzählt haben!)
– Kritische Eltern können uns mit bohrenden Fragen und spitzen Bemerkungen bei Elternversammlungen in eine peinliche Situation bringen.
– Erboste Eltern können sich bei der Schulleitung über uns beschweren.

Diese Zusammenstellung von Hoffnungen und Befürchtungen zeigt, daß eine freundliche, durch Aufgeschlossenheit und gegenseitiges Verständnis gekennzeichnete Beziehung zu den Eltern zweifellos erstrebenswert ist. Sie trägt dazu bei, daß eventuelle Schwierigkeiten mit Vernunft und gutem Willen beigelegt werden können, bevor sie große Wogen schlagen. Sie kann in manchen Fällen auch recht erfreuliche praktische oder psychologische Früchte tragen.

☞ 35

Wieviel Zeit und Kraft man in den Aufbau einer solchen Beziehung investiert, hängt von zu vielen unterschiedlichen Faktoren ab, als daß sich allgemeingültige Empfehlungen geben ließen.

Die E l t e r n sind erfahrungsgemäß immer dann besonders an einem Kontakt interessiert, wenn sich etwas verändert hat oder wenn wichtige Entscheidungen bevorstehen; also z. B. wenn die Klasse neue Lehrer bekommen hat, oder nach einem Schulwechsel, oder an „Nahtstellen" (viertes Grundschuljahr, Orientierungsstufe, 10. Klasse). Als Lehrer sollte man diesem gesteigerten Bedürfnis nach Informationsaustausch entgegenkommen.
Grundsätzlich wird man aber – wenn auch vielleicht mit Bedauern – davon ausgehen, daß „Elternarbeit" nur ein Randbereich der beruflichen Tätigkeit des Lehrers ist und nicht allzu viel Zeit in Anspruch nehmen darf, weil sonst die Unterrichtsvorbereitung, die Arbeit mit den Schülern, die Haus- und Klassenarbeitskorrekturen usw. zu kurz kämen.

Vor dem Hintergrund dieser Überlegung sollen abschließend einige praktische Hinweise gegeben werden.
1. Individuelle Hausbesuche sind viel zu aufwendig, wenn es nur um das Kennenlernen der Eltern oder um die Pflege guter Beziehungen geht. Elternabende oder Elternversammlungen sind wesentlich effektiver. (Natürlich können Hausbesuche sinnvoll sein, wenn eine akute Krise vorliegt, z. B. wenn man einem verzweifelten Kind helfen möchte, das nicht mehr weiterweiß!)
2. Erfahrungsgemäß kommen mehr Eltern, wenn aus der Einladung deutlich wird, daß mehr zu erwarten ist als die übliche langweilige Pflichtveranstaltung. Es empfiehlt sich, ein Gesprächsthema anzukündigen, von dem angenommen werden darf, daß es für die eingeladenen Eltern wichtig oder reizvoll ist.[3] (Eine telefonische Absprache mit dem Klassenelternvertreter über mögliche Themen und über die Einzelheiten des Verlaufs kann anregend sein und außerdem positive Auswirkungen auf seine Hilfsbereitschaft und sein Wohlwollen haben.)
3. Häufig wird empfohlen, den Elternabend nicht in der Schule stattfinden zu lassen – einem Ort, der für viele Eltern mit unangenehmen Erinnerungen verbunden ist –, sondern sich lieber in einer Gastwirtschaft zu treffen. Das hat für den Lehrer Vorteile, aber auch Nachteile.
Vorteile:
– Die Atmosphäre ist weniger formell. Die Eltern fühlen sich entspannter, und es kommt eher zu einem aufgelockerten Gespräch.

---

[3] Viele Anregungen werden bei GLÄNZEL (192f.) gegeben; auch bei TEGTMEYER und NEIDIGER/ANZINGER (73f.) finden sich nützliche Hinweise.

- Man hat die Möglichkeit, nach der Erledigung der Tagesordnung noch länger sitzenzubleiben und einzelne Eltern etwas näher kennenzulernen. Dabei erfährt man vielleicht dies oder jenes, was man im Rahmen der offiziellen Versammlung nicht zu hören bekäme.

Nachteile:

- Einem unsicheren, unerfahrenen Lehrer ist es unter Umständen gar nicht so lieb, wenn er auf den psychologischen „Stellungsvorteil" verzichten soll, den ihm der vertraute Klassenraum bietet. In der Schule hat er es leichter; er kann zumindest teilweise seine Lehrerrolle weiterspielen.
- Es entstehen Kosten.
- Man braucht mehr Zeit. Es ist schwieriger, den Abend klar zu strukturieren und die anstehenden Tagesordnungspunkte zügig und effektiv zu erledigen.

Manche Eltern sind gar nicht an einem „gemütlichen Abend" interessiert, sondern betrachten die Elternversammlung als eine Pflichtveranstaltung, der sie sich nicht entziehen wollen, und sind dankbar, wenn man ihre Zeit nicht länger als nötig in Anspruch nimmt.

4. Eltern neu gebildeter Klassen, die sich zum ersten Mal sehen, sollte der Lehrer beim gegenseitigen Kennenlernen helfen, z. B. indem er die Aufstellung von Namenskärtchen vorbereitet. Wenn der Teilnehmerkreis nicht zu groß ist, kann er vorschlagen, daß jeder Anwesende sich kurz vorstellt (d. h. nicht nur den Namen sagt, sondern ein paar ergänzende Angaben macht). Er kann auch geeignete Kennenlern-Spiele anregen.[4]

☞ 15 Das ist nicht nur für die Eltern wichtig, sondern gibt gleichzeitig dem Lehrer die Möglichkeit, interessante erste Eindrücke zu gewinnen.

5. Es kann sich empfehlen, bestimmte Dinge nicht nur mündlich vorzutragen, sondern sie vorher aufzuschreiben und zu vervielfältigen, so daß man sie den Eltern während der Veranstaltung in die Hand geben kann. (Abwesende bekommen durch ihre Kinder ein Exemplar zugestellt; ggf. mit der Bitte, den Empfang auf dem zum Abschneiden vorgezeichneten unteren Teil des Blattes zu bestätigen.) Hierher gehören z. B.:

- Informationen, bei denen es wichtig ist, daß sie von allen Betroffenen genau und vollständig aufgenommen und beachtet werden

---

[4] TEGTMEYER (90f.) nennt einige Möglichkeiten. – Weitere Anregungen zur Gestaltung solcher Abende gibt GLÄNZEL (193).

(z. B. Teilnahmebedingungen und Verhaltensregeln für eine Klassenfahrt);

– Texte, Tabellen, Zeichnungen o. ä., die als Grundlage für das Gespräch dienen sollen (z. B. zwei oder drei Zitate, die provozierend formuliert sind oder sehr gegensätzliche Meinungen zum Thema ausdrücken);

– genaue bibliographische Hinweise auf Bücher, die man den Eltern empfehlen möchte, z. B. zu allgemeinen Erziehungsfragen.

6. Sofern es ausschließlich um die Weiterleitung von Informationen geht und ein Gespräch im Grunde überflüssig ist, wird man überlegen, ob man nicht einmal auf eine Versammlung verzichtet und statt dessen ein persönlich gehaltenes, geschickt formuliertes Rundschreiben verfaßt.

7. Ein E l t e r n s p r e c h t a g kann Schwerarbeit sein – jedenfalls für Lehrer, die in vielen verschiedenen Klassen unterrichten und deshalb viele Besucher haben.

Nach sechs oder sieben Stunden und über 100 Gesprächen (mein persönlicher Rekord sind 134; ein Kollege hat es einmal auf über 150 gebracht) hat man einen lahmen Arm vom Händeschütteln; vom vielen Reden tut der Hals weh, und die Gesichtsmuskulatur ist vom Dauerlächeln verkrampft.

Wenn man diesen Tag nicht nur überstehen, sondern sinnvoll gestalten will, muß man von Anfang an mit Entschlossenheit und Konsequenz dafür sorgen, daß für die wenigen wirklich wichtigen Gespräche genügend Zeit bleibt. Das bedeutet, daß man all jene Eltern, denen man im Grunde nichts zu sagen hat (weil ihre Kinder weder vom Verhalten noch von der Leistung her positiv oder negativ auffallen) und die auch kein besonderes Anliegen haben, sondern „nur mal hören wollen, wie er/sie sich so macht", mit Freundlichkeit, Humor und einem Hinweis auf die lange Warteschlange vor der Tür möglichst schnell wieder hinauskomplimentiert. Unter Umständen genügt schon eine einzige Minute, um die gewünschte Auskunft zu geben. Viele Eltern wollen auch gar nicht mehr; sie sind dankbar, wenn sie sich schnell wieder verabschieden und in die Warteschlange vor der Tür eines anderen Lehrers einreihen können, mit dem sie mehr zu besprechen haben.

Auf diese Weise kann man – und zwar ohne die „kurz abgefertigten" Eltern vor den Kopf zu stoßen – die nötige Zeit für jene Gespräche schaffen, in denen man gründlicher auf bestimmte Probleme eingehen möchte oder in denen man den Eindruck gewinnt, daß die Eltern etwas auf dem Herzen haben. Dann wäre „zügige Erledigung" unangemessen; man braucht Geduld, Einfühlungsvermögen und die Bereitschaft, zuzuhören.

Selbst für solche Gespräche wird man sich allerdings beim Eltern-sprechtag kaum mehr als 15-20 Minuten Zeit nehmen können, weil sonst die wartenden anderen Eltern sehr ärgerlich würden. Es bleibt dann nur der Ausweg, eine private Fortsetzung des Gesprächs an einem anderen Tag zu vereinbaren.

8. Wenn Eltern anrufen, um einen Termin für ein Gespräch in der Schule zu verabreden, kann man zunächst versuchen, das Problem gleich am Telefon zu besprechen.

Wenn das schlecht möglich ist (oder wenn man von einem Schüler angesprochen wird: „Meine Mutter hat gesagt, sie würde gern mal mit Ihnen sprechen. Wann könnte sie kommen?"), wird man die Wichtig-keit des Besuches abzuschätzen versuchen und danach entscheiden, ob eine große Pause ausreichen wird oder ob man eine Freistunde opfern will. Eine Klärung sachlicher Fragen ist nahezu immer in der großen Pause möglich; meistens reicht diese Zeit auch, um den emotionalen Anteil des Problems zu bearbeiten und das Gespräch zu einem für beide Partner psychologisch befriedigenden Abschluß zu bringen.

☞ 16 9. Ein Telefongespräch ist das rationellste Verfahren für die Eltern, um ohne zeitraubende und umständliche Vorbereitungen schnell einmal mit dem Lehrer ihres Kindes etwas zu besprechen. Die meisten Lehrer, die ich kenne, geben deshalb den Eltern ihre Telefonnummer und ermutigen sie, bei Bedarf anzurufen. (Es ist allerdings zweckmäßig, die Zeiten anzugeben, zu denen man nicht angerufen werden möchte, z. B. am frühen Nachmittag.)

Es kommt vor, daß Eltern diese Möglichkeit mißbrauchen, indem sie
– am Telefon in einen kaum einzudämmenden Redestrom ausbre-chen, so daß man – verzweifelt auf die Uhr blickend – auf eine Atempause hofft, in der man auf die vielen anderen Dinge hinwei-sen kann, die man noch zu erledigen hat;
– sich zu Daueranrufern entwickeln, die sich auf diese Weise weit mehr Aufmerksamkeit und Zuwendung nehmen, als ihnen ver-nünftigerweise zusteht;
– jene Grenzen überschreiten, die normalerweise durch Höflichkeit und Selbstbeherrschung vorgezeichnet sind, und sich zu Heftigkeit oder Unverschämtheit hinreißen lassen.

In solchen Fällen sollte man mit freundlichem Nachdruck die Gespräche beenden.

10. Kluges Haushalten mit der eigenen Zeit und liebevolle Arbeit am Aufbau einer guten Beziehung zu den Eltern sind zwei Ziele, die gelegentlich im Kampf miteinander liegen.

Bei allem Bemühen um Ökonomie sollte man nicht vergessen, daß es sich auch aus egoistischen Gründen durchaus lohnen kann, zunächst einmal etwas *mehr* Zeit zu investieren. Besonders bei „schwierigen", aggressiven Eltern zahlt es sich aus, wenn man mit Freundlichkeit, Geduld und Geschick (vgl. die Ausführungen über das „partnerzentrierte Gespräch"!) auf ihre Probleme oder Vorwürfe eingeht und so eine Eskalation verhindert. Man vermeidet dadurch unter Umständen weitere Auseinandersetzungen, schriftliche Stellungnahmen und ähnliche unerfreuliche Folgen, spart – langfristig gesehen – Zeit und Energie und schenkt außerdem diesen Eltern etwas, was sie vielleicht viel zu selten bekommen (nicht ohne Grund sind sie so schwierig!): das Gefühl, ernstgenommen und geachtet zu werden.

☞ 12

Seelische Gesundheit

Gefährdung – Überforderung – Erschöpfung: Schon in der Einleitung wurde darauf hingewiesen, daß das Lehrer-Sein heute keineswegs so leicht und angenehm ist, wie Außenstehende manchmal meinen, und daß mehr und mehr Lehrer deutliche Spuren des zermürbenden Schulalltags zeigen.[1]

Es wäre zu oberflächlich, wenn man nur jene Ursachen anführte, die sich am stärksten in den Vordergrund drängen und deshalb am häufigsten genannt werden: die Aggressivität und Rücksichtslosigkeit vieler Schüler, die nervliche Daueranspannung in schwierigen Unterrichtssituationen.

Es gibt eine Reihe von – der Öffentlichkeit weniger bekannten – Belastungsfaktoren, die das Berufsbild des Lehrers bestimmen. Wie stark er unter ihnen leidet, hängt nicht nur von der objektiven Stärke der jeweiligen Belastung ab, sondern auch von der subjektiven Verletzbarkeit des einzelnen – bzw. von seiner Unbekümmertheit oder seelischen Widerstandskraft.

Die nachstehend aufgeführten Belastungsfaktoren sind mir zum Teil von Freunden und Bekannten genannt worden; zum Teil habe ich sie

---

[1] Daß es sich hier wirklich um eine bedrohliche Entwicklung handelt, scheint hinreichend abgesichert zu sein. Zusätzlich zu den in der Einleitung zitierten Berichten sei noch auf eine Meldung hingewiesen, nach der in Frankreich bei den akademischen Berufen die Lehrer die höchste Zahl von psychischen Erkrankungen aufzuweisen haben (vgl. A. Corbett, *Occupational hazard . . .* The Times Educational Supplement, 22. 4. 83, S. 16); vor allem aber auf die folgende Aussage: „The evidence so far accumulated establishes beyond doubt that, quite apart from the normal stresses and strains that occur in teaching and in other responsible jobs, the degree of stress in teaching has considerably worsened in recent years." (NAS/UWT, *Stress in Schools*, 1976, S. 6). Erscheinungsformen, Ursachen und Heilungsmöglichkeiten des „Ausgebranntseins" werden sehr einleuchtend dargestellt in dem (allerdings nicht speziell auf Lehrer bezogenen) Aufsatz von Aronson/Pines/Kafry. Wer an ä l t e r e n Untersuchungen und Vergleichen mit anderen Berufsgruppen interessiert ist, findet dazu Hinweise bei Glänzel (241f.).

Sachbüchern oder Romanen entnommen; zum großen Teil habe ich
sie auch selbst erfahren.

1. Auch wenn die Schüler gar nichts „Böses" tun – wenn sie weder
aggressiv sind noch die Mitarbeit verweigern: der Lehrer leidet darunter, daß er so selten Dank und Anerkennung von ihnen bekommt.[2] Es
ist schwer, immer zu geben (nicht nur die Unterrichtsleistung, für die
man bezahlt wird, sondern auch persönliche Wärme und Zuneigung),
aber kaum jemals zu empfangen.
Lehrer zu sein bedeutet, sich mit einem gewissen Maß von innerer
Einsamkeit abfinden zu müssen. (Es ist bedenklich, die Schranke
niederzureißen, die den erwachsenen Lehrer von seinen wesentlich
jüngeren Schülern trennt. Von seltenen Ausnahmen abgesehen, reagieren Schüler auf solche Versuche mit Unsicherheit und Verlegen-
heit, vielleicht sogar mit verstecktem Spott; und es kann geschehen,
daß die Beziehung dadurch langfristig verschlechtert wird.)
Nicht ganz so belastend wie das Ausbleiben von Wärme und Anerkennung auf der persönlich-menschlichen Ebene, aber doch auch
traurig ist es für den Lehrer, wenn er immer wieder erlebt, daß den
Schülern Unterrichtsgegenstände offensichtlich gleichgültig bleiben,
die er für wesentlich hält und die ihm am Herzen liegen.
Gewiß, er weiß oder sollte zumindest wissen, „daß Schüler in der
Regel nicht in der Lage sind, den Wert der Lehrerarbeit und die dazu
nötigen sachlichen Voraussetzungen und persönlichen Anstrengungen zu erkennen" und daß „die scheinbare Undankbarkeit vieler
Schüler sich als Unwissenheit entpuppt" (GLÄNZEL 218). Aber das ist
ein Trost, der sich an den Verstand wendet; das Gefühl von Trauer
und Bitterkeit wird er nicht immer übertönen können.

2. Der Lehrer muß mit der Erfahrung leben, daß zwischen dem, was er
geben und leisten möchte (und was andere anscheinend von ihm
erwarten) und dem, was er tatsächlich bewirkt, eine tiefe, unüber-
brückbare Kluft liegt. Das gilt in drei Bereichen:
– Richtlinien und Lehrpläne schreiben ihm vor, welches Wissen er
  den Schülern zu vermitteln hat. Aber er schafft es nicht, die
  Stoffülle in der vorgegebenen Zeit zu bewältigen; und von dem,
  was er tatsächlich durchgenommen hat, bleibt im Gedächtnis der
  Schüler nur wenig haften.

---

[2] W a r u m die Schüler so wenig geneigt sind, dem Lehrer dankbar zu sein,
haben MÜLLER (503f.) und GLÄNZEL (217f.) überzeugend erläutert.

- Er soll jedem seiner Schüler gerecht werden; nicht nur bei der Notengebung, sondern vor allem auch durch das Eingehen auf seine persönliche Eigenart, seine Interessen, seine Stärken und Schwierigkeiten und psychologischen Probleme. Aber er hat nicht die Zeit, jeden Schüler gut genug kennenzulernen. Wenn er viele verschiedene und häufig wechselnde Klassen hat, gelingt es ihm nur mit Mühe, sich überhaupt alle Namen zu merken, und von einer wirklich pädagogischen Beziehung zum einzelnen Schüler kann nicht mehr die Rede sein.
- Er soll Menschen formen. In einer Welt, die weitgehend orientierungslos geworden ist, soll er Schülern Orientierungshilfe geben und sie an Werte heranführen; soll Forderungen stellen und Vorbild sein. Aber es gelingt ihm nur unzureichend, die Werte zu verkörpern, die er vertritt, und er spürt mit Beschämung, daß er keineswegs immer ein glaubwürdiges, überzeugendes Vorbild ist.

3. Der Blick auf das fertige Werk gibt Menschen in anderen Berufen – einem Architekten, einem Maler, einem Zahnarzt – Selbstbestätigung und neuen Schwung.
Der Lehrer dagegen ist wie ein Fließbandarbeiter: er arbeitet eine Weile an einem Prozeß mit, dessen Endergebnis er nicht zu sehen bekommt. Selbst bei den Teilerfolgen, die er beobachtet – in der Leistung oder im Verhalten eines Schülers – kann er nicht sicher sein, daß nur er und kein anderer sie bewirkt hat.

4. Hin und wieder drängen sich wahrscheinlich jedem Lehrer Zweifel am Sinn seiner Bemühungen auf.
Zum einen erschrickt er immer wieder darüber, wie wenig die Schüler aufnehmen und behalten.
Zum anderen fragt er sich manchmal, ob der Stoff, den er laut Lehrplan zu erarbeiten hat, wirklich so nützlich ist, wie Richtlinien-Präambeln, kluge Bücher über exemplarisches Lernen oder das schillernde Schlagwort „Allgemeinbildung" ihn glauben machen wollen.
Das Wissen, daß der erste Punkt mit dem zweiten eng verknüpft ist, verstärkt sein Unbehagen, denn er sieht keinen Ausweg aus diesem Dilemma, und so leidet er machtlos unter dem Mißverhältnis zwischen seiner mühsamen Arbeit und ihrem dürftigen Ergebnis.

5. Die Erkenntnis, daß mächtige „negative Miterzieher" am Werke sind, die schnell wieder niederreißen, was wir in der Schule an

Einstellungen und Interessen aufzubauen versuchen,[3] kann lähmen und entmutigen.

Nicht nur die bildungsfeindliche Oberflächlichkeit und sensations-hungrige, abstumpfende Brutalisierung der Massenmedien sind hier gemeint – das wäre eine Klage, die selbst schon wieder zum oberfläch-lichen Klischee geworden ist! –, sondern auch der Umstand, daß die Umwelt der Schüler, ja sogar der Schulbetrieb selbst, offenbar ganz andere (nämlich egoistischere, rücksichtslosere) Verhaltensweisen nahelegen als die, die wir vermitteln möchten.[4]

6. Mehr Lehrer, als man glauben möchte, leiden unter der Einsamkeit ihrer Arbeit.[5] Sie klagen darüber, daß sie von Vorgesetzten im Stich gelassen werden, haben keinen befriedigenden Kontakt zu ihren Kollegen und fühlen sich vor der Klasse als Einzelkämpfer auf verlorenem Posten.

7. Lehrer fühlen sich dadurch verunsichert, daß viele verschiedene, z. T. widersprüchliche Ansprüche an sie gestellt werden.[6] Schon die Schüler einer einzigen Klasse haben recht unterschiedliche Vorstellun-gen davon, was der Lehrer für sie tun und für sie sein soll. Die Eltern der Schüler haben wieder andere, aber untereinander ebenfalls unein-heitliche Erwartungen an ihn. Schon wenn er sich darauf beschränken dürfte, nur diese beiden Gruppen zu befriedigen, könnte er es niemals allen recht machen. Gleichzeitig muß er aber noch auf verschiedenen anderen Bühnen eine Rolle spielen. Die Schulleitung ist daran interes-siert, daß er Organisations- und Verwaltungsaufgaben ordentlich erfüllt und keine Disziplinprobleme hat; die Schulbehörde erwartet, daß er sich an festgelegten Richtlinien orientiert und bestimmte inhaltliche Vorgaben beachtet.

---

[3] Vgl. GLÄNZEL (208 und 216).

[4] Vgl. MÜLLER (515).

[5] Vgl. DUNHAM; HODGES; KYRIACOU; TURNER; MARLAND (22).

[6] MÜLLER hat diese Problematik mit einem hübschen Vergleich illustriert: „Diese meist sehr unauffällige Erscheinung, die morgens einem grauen Opel oder Audi entsteigt, um den Dienst anzutreten, ist in diesem Dienst am ehesten einem Straßenmusikanten zu vergleichen, der gleichzeitig mit den Händen Gitarre spielt, mit dem Mund abwechselnd singt, auf einer Flöte spielt und eine Harmonika bläst, mit den Füßen Pauke und Schelle betätigt und mit dem Ellenbogen das Tamburin schlägt, wobei er langsam über ein Drahtseil balanciert, während sein Äffchen vor ihm her turnt und ihm den Spiegel vorhält" (506).

Eine weitere Konfliktquelle liegt in der Tatsache begründet, daß
Schule in der modernen Gesellschaft drei verschiedene Aufgabe hat:
sie soll Kenntnisse und Fertigkeiten vermitteln, d. h. sie soll fördern
und ausbilden; sie soll zu bestimmten Werten hinführen, also erziehen; sie hat schließlich auch eine Selektionsfunktion – sie stellt
Weichen, verleiht Berechtigungen und wird dadurch zu einer „Institu-
tion für die Verteilung von Lebenschancen".[7]
Der Lehrer zappelt im Netz dieser verschiedenen Koordinatensysteme
und leidet unter den unlösbaren Widersprüchen.

8. Manche Lehrer empfinden es als belastend, daß ihre pädagogische
Freiheit durch eine Fülle von Vorschriften eingeschränkt wird, die
z. T. kleinlich oder unpraktisch wirken.
Sie reiben sich daran, daß sie wenig Einfluß auf die Entscheidungen
ihrer Vorgesetzten haben, auch wenn diese Entscheidungen sie direkt
betreffen.
In manchen Fällen kommt es zu (zumindest innerlichen) Konflikten,
weil sie durch ihren Beamtenstatus zu einer Anpassung gezwungen
werden, die ihrem Gewissen widerspricht.

9. Lehrern wird es schwergemacht, ein stabiles Selbstwertgefühl zu
entwickeln. Sie bekommen von anderen Menschen (von den Schülern
einmal ganz abgesehen!) wenig Anerkennung, weil sie keine greifba-
ren Erfolge vorzuweisen haben, mit denen sie sich legitimieren
könnten. Ihr Gehalt ist kein sichtbarer Ausdruck ihrer Leistung: sie
bekommen das gleiche Geld, ob sie nun gute oder schlechte Arbeit
leisten. Von Menschen in anderen Berufen (und dazu gehören im
allgemeinen auch die Eltern ihrer Schüler) werden sie vielfach nicht
ganz ernst genommen, weil sie „nur" mit Kindern arbeiten und in
einer Welt leben, die mit dem „wirklichen Leben" angeblich wenig zu
tun hat. Die Öffentlichkeit bringt ihnen wenig Respekt entgegen, ist
aber schnell bereit, ihnen die Schuld für alle möglichen Mißstände in
die Schuhe zu schieben. So wird es erklärlich, daß Lehrer oft gar nicht
so sicher und selbstbewußt sind, wie andere von ihnen annehmen,
sondern unsicher und enttäuscht, und daß sie deshalb leicht in die
Gefahr geraten, empfindlich zu werden und ein übersteigertes Gel-
tungsbedürfnis zu entwickeln.[8]

[7] Fuhr (6); dort auch ausführlichere Erläuterungen und Literaturhinweise zu
den genannten Funktionen von Schule.
[8] Vgl. Lodge; Horney (25); Glänzel (208, 214f., 218f.); Tegtmeyer (57, 59).

10. Ein nicht zu unterschätzender Streßfaktor ist das hohe Maß von Konzentration, Geistesgegenwart und Entscheidungsbereitschaft, das in der Schule ständig vom Lehrer gefordert wird:
- Er muß jeden Vormittag buchstäblich Hunderte von kurzen Sozialkontakten gestalten.
- Er muß seine Aufmerksamkeit über zwanzig oder dreißig Menschen gleichzeitig schweben lassen.
- Er wird jeden Tag mehrere Stunden lang von vielen Augen beobachtet und kann es sich nie leisten, „abzuschalten", seine Rolle nicht mehr weiterzuspielen, sich gehen zu lassen.
- Er muß immer auf Unerwartetes gefaßt sein (z. B. eine Schülerreaktion, die seine Unterrichtsvorbereitung durcheinanderbringt).
- Er muß laufend auf irgendetwas reagieren, muß kleinere oder größere Entscheidungen treffen.
All dies führt zu einer raschen Aufzehrung der Energiereserven: wenn man mittags nach Hause geht, sind die Batterien leer, und es dauert einige Stunden, bis sie wieder aufgeladen sind.

11. Unerfreuliche äußere Arbeitsbedingungen vergällen manchen Lehrern die Freude an ihrer pädagogischen Tätigkeit: häßliche, dringend erneuerungsbedürftige Klassenräume, beschädigtes Mobiliar, unzureichende Ausrüstung mit Geräten und Arbeitsmaterial. In vielen Schulen ist Lärm eine erhebliche Belästigung: der Lärm des Straßenverkehrs, der durch die Fenster dröhnt, Baustellengeräusche, das Stimmengewirr aus den Nachbarklassen, das von den dünnen Trennwänden kaum abgehalten wird, Lärm aus dem hallenden Korridor, weil das Geld für die Verlegung von Teppichboden nicht da war; dazu die verständliche Unruhe der eigenen Schüler – und all das muß der Lehrer mit seiner Stimme übertönen, stundenlang, nur unterbrochen vom schrillen Ton der Klingel.

12. Besonders belastend ist das Gefühl der dauernden Überforderung. Man hat als Lehrer niemals das angenehme Gefühl, mit der Arbeit wirklich fertig zu sein.
Hat man die Stunden für den nächsten Tag gründlich genug vorbereitet? Wahrscheinlich nicht, obwohl man schon wieder viel zu lange darüber gebrütet hat.
Hat man den Stapel Klassenarbeiten so gewissenhaft korrigiert, daß man mit sich zufrieden sein kann? Die Zensuren mögen einigermaßen stimmen – aber hätte man nicht wesentlich mehr Randbemerkungen schreiben müssen, um den Schülern zu helfen und sie zu ermutigen?

Hat man etwas für seine fachliche Weiterbildung getan? Sich um eine Vertiefung pädagogischer und psychologischer Kenntnisse bemüht?

Wie sieht es aus mit dem Einsammeln und gründlichen Nachsehen von Hausheften?

Hat man sich Zeit genommen für Gespräche mit den Schülern?

Die Antworten bleiben insgesamt immer unbefriedigend. Liegt es an der eigenen Untüchtigkeit? Nein; jedenfalls reicht das als Erklärung nicht aus, denn den anderen – sofern sie noch fähig und bereit sind, sich solche Fragen zu stellen – geht es ebenso.

Woran liegt es also?

Irgendwann kommt man zu der Erkenntnis, daß das Berufsbild des Lehrers – wenn man es als die Summe aller an ihn gerichteten Erwartungen definiert – eindeutig auf Überforderung angelegt ist. Das führt zu einem Dauerdruck, auf den sehr unterschiedliche Reaktionen zu beobachten sind: das Spektrum reicht von zynischer Faulheit („Wozu die Anstrengung? Man schafft doch sowieso nur einen Bruchteil dessen, was man tun soll!") bis zu ständigen „Nachtschichten", zu chronischer Überarbeitung mit Gefährdung der Gesundheit und des Familienlebens.

Irgendwo zwischen diesen Extremen muß es einen vernünftigen Mittelweg geben – aber dieser Mittelweg ist nicht markiert. Jeder Lehrer muß ihn für sich selbst zu finden versuchen.

Während ich diese Belastungsfaktoren zusammentrug, fand ich es zunehmend schwerer, gleichmütig und objektiv zu bleiben. Ich war gezwungen, mich mit all den negativen Gefühlen auseinanderzusetzen, die in mir aufstiegen.

Zweifellos – unter fast allen der genannten Belastungsfaktoren habe ich schon einmal gelitten oder leide auch heute noch gelegentlich. Und doch habe ich mir – trotz aller Enttäuschungen, Mißerfolge und Rückschläge – in den mehr als zwanzig Jahren, die ich unterrichte, noch niemals ernsthaft gewünscht, kein Lehrer zu sein. Im Gegenteil: es kommt oft vor, daß ich in meinem Beruf ausgesprochen glücklich bin. Die Frage, woran das liegt, kann ich für mich selbst durchaus beantworten; aber natürlich haben meine subjektiven Empfindungen keine Beweiskraft für andere.

Ich möchte deshalb eine Reihe von Faktoren anführen, von denen sich mit einiger Sicherheit sagen läßt, daß sie a l l e n Lehrern helfen können, ihre seelische Gesundheit zu bewahren.

Positive Grundeinstellung

In jedem Beruf gibt es Belastungsfaktoren; jede Situation erweist sich bei genauer Betrachtung als eine Mischung von erfreulichen und weniger erfreulichen Elementen. Es ist unsere eigene Entscheidung, ☞ 4 ob wir unsere Aufmerksamkeit mehr auf das Negative oder mehr auf das Positive richten.

Glücklichsein ist eher eine seelische Angewohnheit als eine Folge äußerer Ereignisse oder Bedingungen: diese Erkenntnis haben Philosophen, Dichter und Wissenschaftler seit Jahrhunderten immer wieder ausgesprochen. Hier ist eine kleine Auswahl:[9]

„Die Menschen werden nicht durch die Ereignisse beunruhigt, sondern durch ihre Gedanken über die Ereignisse." (Epiktet)

„Nichts ist in sich gut oder schlecht; das Denken macht es erst dazu." (Shakespeare)

„Die meisten Menschen sind so glücklich, wie sie sein wollen." (Abraham Lincoln)

„Die Angewohnheit, glücklich zu sein, befreit uns zum größten Teil von den äußeren Einflüssen." (Robert Louis Stevenson)

„Der Maßstab seelischer Gesundheit ist die Fähigkeit, in allem Gutes zu erblicken." (Ralph Waldo Emerson)

Klare Einsichten und vernünftige Maßstäbe

Falsche Erwartungen führen zu Enttäuschungen. Wer mit beiden Beinen auf dem Boden der psychologischen Realitäten steht, wird keine übertriebenen Erwartungen hegen (z. B. hinsichtlich der Motivation, der menschlichen Reife, der Dankbarkeit und Zuneigung seiner Schüler) und nicht so leicht verletzbar sein.

Er weiß, daß es unmöglich ist, es allen recht zu machen, und leidet deshalb nicht darunter, wenn er gelegentlich auf Widerstand, Kritik oder Ablehnung stößt, obwohl er sich ehrlich bemüht hat und sich keine Vorwürfe zu machen braucht.

An einen Sinn glauben

Wer davon überzeugt ist, daß er etwas Wichtiges und Wertvolles leistet, hat eher die Kraft, mit Schwierigkeiten und Enttäuschungen

[9] Wer sich davon überzeugen möchte, daß es sich nicht um bloße Aphorismen handelt, denen keine Beweiskraft zukommt, sondern um ein wissenschaftlich abgesichertes psychologisches Gesetz, sei auf MALTZ („Erfolg kommt nicht von ungefähr") und DE BONO („The Mechanism of Mind") hingewiesen.

fertigzuwerden, als jemand, der nicht an einen tieferen Sinn seiner Arbeit glaubt. „Wer ein Warum zu leben hat, erträgt fast jedes Wie" heißt es bei NIETZSCHE.[10]
Für uns Lehrer ist es sicher leichter, ein solches „Warum" zu finden, als für einen Waffenfabrikanten oder für den Werbeleiter einer Spirituosenfabrik.
Gewiß, wir sind empfindlich geworden gegenüber großen Worten. Es macht uns verlegen, wenn wir in einem 1952 erschienenen Buch lesen, daß der Lehrer Menschen formen solle „nach einem Bild, das zuletzt Gott gleich sei",[11] und auch GLÄNZELS fünfzehn Jahre später geprägte Formulierung „Wer Menschen bilden will, muß . . . um seine letzte Bestimmung wissen"[12] würde heute bei vielen auf Abwehr stoßen.
Aber die meisten von uns sind doch davon überzeugt, daß wir nicht nur Kenntnisse und Fertigkeiten zu vermitteln haben, sondern auch Leitbilder und Werte,[13] und diese Überzeugung erweist sich immer wieder als Ansporn und Kraftquelle.

Entschlossenes Handeln – gelassenes Hinnehmen

Es ist vernünftig, bedrückende Probleme energisch anzugreifen und sich klug und konstruktiv um ihre Lösung zu bemühen. In vielen Fällen führt dies zum Erfolg.
Es hat aber wenig Sinn, sich an Dingen wundzureiben, die man nicht ändern kann, oder einen so großen Teil der seelischen Energie auf den Kampf gegen irgendeinen Mißstand zu verwenden, daß nicht mehr genug für die Bewältigung anderer, positiver Aufgaben übrigbleibt. Weder Don Quichote noch Michael Kohlhaas sind brauchbare Vorbilder für einen Lehrer.
☞ 11　Unökonomisch ist auch ein dauernder Kleinkrieg um Unwesentliches. „Kampf verlohnt sich nur bei großen Dingen und wesentlichen Ent-

---

[10] Zitiert bei FRANKL (S. 25).

[11] M. SIMONEIT, *Menschliches, Allzumenschliches im Erzieherberuf*, Berlin 1952, S. 20 (zitiert nach GLÄNZEL, S. 211).

[12] GLÄNZEL a.a.O. (211).

[13] Eine ausführliche, lohnende Darstellung des ‚Leitbild'-Problems findet sich in den Aufsätzen von ULSHÖFER, *Modellvorstellungen des Menschen und ihre Bedeutung für die Erziehung* und WENKE, *Die Problematik des Leitbildes in der Höheren Schule*; beide in Heft 4 („Bildungsauftrag und Leitbild I") der Zeitschrift *Der Gymnasialunterricht* (Verlag Klett, Stuttgart o. J.; ca. 1962). – Die weiteren Aufsätze in diesem Heft befassen sich mit fachspezifischen Leitbildern (Englisch, alte Sprachen, Biologie).

scheidungen, im täglichen Kleinkram gibt nicht nur der Klügere, sondern auch der Stärkere nach", sagt Horney[14] mit Recht.

Es gibt ein kleines Gebet, das die genannten Punkte sehr überzeugend zusammenfaßt:

Herr, gib mir die Gelassenheit, das hinzunehmen,
was ich nicht ändern kann,
den Mut, zu ändern, was ich ändern kann,
und die Weisheit, zwischen beidem zu unterscheiden.[15]

Freude am Arbeiten

Freude an der eigenen Arbeit ist eine der sichersten Grundlagen für seelische Gesundheit und Erfolg.

Wer seine Arbeit nicht als eine Last erlebt, sondern als eine willkommene Gelegenheit zur Entfaltung seiner Fähigkeiten, hat eine überaus wertvolle Quelle der Selbstmotivation für sich erschlossen. Was man gut kann, tut man gern; und was man gern tut, tut man im allgemeinen besser, gründlicher und ohne Ermüdungserscheinungen.

Man kann Arbeit mit Nahrung vergleichen: beide sind nicht nur für die Erhaltung des Lebens wichtig, sondern können auch Genußmittel sein. Die Kunst besteht darin, die Speise „Arbeit" so zuzubereiten, daß man sie genießen kann, anstatt sie gelangweilt oder gar angewidert herunterzuwürgen.

Diese Erhöhung des Lebensgefühls, diese „Funktionslust", wie die Psychologen sagen würden, kann beim Lehrer in verschiedenen Bereichen und mit unterschiedlichen Schwerpunkten auftreten. Sie kann z. B. ausgelöst werden durch

– den Stolz auf fachliches Können und Wissen;
– die Sicherheit, etwas gut darstellen und erklären zu können;
– das Bewußtsein, bei der Lösung organisatorischer Probleme geschickt und verläßlich zu sein;
– das Wissen, mit Kindern und Jugendlichen gut umgehen zu können und von ihnen geschätzt zu werden;
– die Befriedigung über die Effektivität der eigenen Planungstechnik und Arbeitsmethodik.

---

[14] A.a.O. (29).

[15] Dieses Gebet soll von dem pietistischen Theologen Oetinger (1702–1782) stammen. In der mir vorliegenden englischen Fassung, zitiert bei Carnegie, *How to stop worrying and start living,* S. 85 (wo es allerdings dem amerikanischen Geistlichen Reinhold Niebuhr zugeschrieben wird), lautet es: „God grant me the serenity to accept the things I cannot change; the courage to change the things I can; and the wisdom to know the difference."

Besondere Beachtung verdient dabei auch die Möglichkeit, etwas an sich Unangenehmes zu etwas Angenehmem „umzufunktionieren". Man kann z. B. auf die eigene Belastbarkeit stolz sein, auf den kühlen Kopf inmitten des Chaos; man kann die diplomatische Geschicklichkeit genießen, mit der man eine „unerfreuliche" Konfliktsituation bewältigt; man kann sich selbst Anerkennung zollen, weil man nach einem bedrückenden Erlebnis schnell wieder zu freundlich-optimistischer Ausgeglichenheit zurückgefunden hat.

Mit dem Wind im Rücken zu segeln, ist nicht schwer; der Könner hat Freude daran, auch den Gegenwind zum Vorwärtskommen auszunutzen.

Rücksicht auf den eigenen Körper

Freundliche Rücksicht auf die Bedürfnisse des eigenen Körpers schafft wichtige Voraussetzungen nicht nur für die körperliche, sondern auch für die seelische Gesundheit. Sie kann sich in mehreren Bereichen zeigen:

– Die Beherrschung und regelmäßige Anwendung eines Verfahrens zur gezielten Entspannung sorgt dafür, daß Verkrampfungen rechtzeitig abgebaut werden, bevor sie größeren Schaden anrichten können. Das bekannteste dieser Verfahren ist das *Autogene Training*.[16] Es ist wissenschaftlich fundiert, hat sich seit Jahrzehnten bewährt und ist in der letzten Zeit durch eine Fülle von leicht zugänglichen Büchern so popularisiert worden, daß die grundlegenden Techniken auch im Selbststudium erworben werden können. Die Teilnahme an einem Kursus unter fachkundiger – d. h. im Idealfall: ärztlicher – Leitung ist aber vorzuziehen, jedenfalls für Menschen mit angegriffener Gesundheit, Herzbeschwerden oder nervösen Leiden.

Andere Verfahren (wie z. B. das bereits im Kapitel „Disziplin" erwähnte Lernprogramm von SCHLOTTKE/WAHL) sind im Ansatz sehr ähnlich. Sie haben nur bestimmte Einzelzüge verändert bzw. vereinfacht oder weitere Elemente (z. B. Meditationsübungen) hinzugefügt.

---

[16] Empfehlenswert für den Einstieg sind z. B. die Taschenbücher von LINDEMANN und MENSEN (siehe Literaturverzeichnis). Wer sich gründlicher mit dem A. T. befassen möchte, sei auf das Standardwerk von J. H. SCHULTZ, „Das autogene Training" (Thieme, Stuttgart 1979) verwiesen. – Eine gute Einführung wurde in der Zeitschrift „Warum?" veröffentlicht (Sonderteil Nr. 54, März 1980, „Autogenes Training"); dort auch weitere Literaturhinweise.

– Man sollte sich um ein ausgewogenes Verhältnis von Arbeit und
Erholung bemühen und sich davor hüten, Raubbau an den eigenen
Kräften zu treiben. Batterien, die immer rechtzeitig wieder aufgeladen werden, halten länger! Der Mittagsschlaf des Lehrers z. B. ist
weder eine Marotte noch ein Sich-Gehen-Lassen, sondern eine
vernünftige Regenerationsmaßnahme.
Auch die Pausen, die man während der Arbeit hin und wieder
einlegen sollte, sind in diesem Zusammenhang erwähnenswert;
ebenso wie ausreichender Nachtschlaf, vernünftige Ernährung und
der Verzicht auf dauernde Selbstschädigung durch übermäßigen
Genuß von Aufputschmitteln, Alkohol und Zigaretten.
Außerdem lohnt es sich, gelegentlich zu überprüfen, ob man nicht
viel Energie nutzlos verschwendet: durch Mangel an Planung,
durch das unlustverursachende Verschleppen unangenehmer Aufgaben, durch das Hinauszögern von Entscheidungen.
Auch ständiges zu lautes Sprechen ist eine Form von Energiever-
schwendung.
– Rücksichtnahme auf den eigenen Körper zeigt sich nicht nur darin,
daß man ihn schont, sondern auch darin, daß man sich aktiv um
Fitness und physische Leistungsfähigkeit bemüht.
Zur Vorbeugung gegen die Managerkrankheit wird leitenden Angestellten gern empfohlen, „mindestens einmal am Tage richtig ins
Schwitzen zu geraten". Für Lehrer ist das ebenso nützlich – aber der
Angstschweiß, der ausbricht, bevor man bestimmte Klassenräume
betritt, zählt nicht mit!
Es ist nicht jedermanns Sache, Leistungssport zu treiben. Aber ein
gewisses Mindestmaß an körperlicher Bewegung und Anstrengung
sollte man sich schon abverlangen. Selbst für ausgesprochene
„Sport-Muffel" gibt es sinnvolle Übungen, die man ohne großen
Zeitaufwand in der eigenen Wohnung durchführen kann und die
von den Ärzten als recht effektiv angesehen werden.
Hierfür wie auch für die zuvor genannten Bereiche gilt jedoch, daß
gute Vorsätze leicht in Vergessenheit geraten, wenn man sich nicht
dazu zwingt, ihre Durchführung in die tägliche Planung mit aufzunehmen und konsequent zu überwachen.

Humor

Ein Lehrer ohne Humor ist kein guter Lehrer: darüber sind sich Kinder
und Erziehungswissenschaftler[17] seit jeher einig. Humor trägt nicht

---

[17] Vgl. die bei GLÄNZEL (279–281) zitierten Äußerungen von NOHL, HORNEY,
SIMONEIT, HESSE, BOLLNOW und SALZMANN.

nur Entscheidendes zum Erfolg des Lehrers bei seinen Schülern bei; er
ist auch eines der besten Mittel, um trotz aller Belastungen seelisch
gesund zu bleiben.

Es wäre allerdings zu oberflächlich, den Humor einfach als ein
„Mittel" anzusehen, das man bei Bedarf gezielt einsetzen kann. Er ist
eher eine Voraussetzung – eine innere Haltung, die sich im Laufe der
Zeit bildet, die man aber nicht durch einen energischen Entschluß von
heute auf morgen herbeizwingen kann. Sie hat etwas mit Güte zu tun;
mit Weisheit und Reife.

Im Gegensatz zu Witz, Ironie oder gar Sarkasmus ist Humor niemals
verletzend. Man kann ihn als lächelnde Einsicht in die menschliche
Unvollkommenheit definieren (nicht nur die Unvollkommenheit der
Schüler, der Kollegen und der Vorgesetzten, sondern auch die eigene!).

Gespräche mit anderen

Es ist hilfreich, wenn man mit anderen Menschen über seine Schwierigkeiten sprechen kann. Solche „Entlastungsgespräche" sind auf drei
Ebenen möglich:

– Pausengespräche im Lehrerzimmer werden oft dazu benutzt,
  „Dampf abzulassen". Man schimpft ein bißchen auf die Dummheit
  oder Disziplinlosigkeit der Schüler und bestätigt sich gegenseitig,
  wie schwer man es doch hat. Es geht dabei nicht wirklich um die
  Lösung von Problemen. Es geht im Grunde nur darum, daß man
  sich etwas erleichtert und ein paar tröstende Streicheleinheiten
  austauscht.

– Längere, vertrauliche Gespräche mit einem Menschen, bei dem man
  es wagen kann, die Maske der lässigen Lebensbewältigung zu
  lüften und ein Stück der eigenen Angst oder Erschöpfung sichtbar
  werden zu lassen, können helfen, Probleme klarer zu durchschauen
  und mit neuem Mut anzugreifen. Voraussetzung für das Gelingen
  solcher Gespräche ist allerdings, daß der Gesprächspartner (ein
  Kollege, ein Freund, der Ehepartner; in manchen Fällen auch ein
  verständnisvoller Vorgesetzter) ein guter Zuhörer ist und nicht
  vorschnell Meinungen, Ratschläge und Urteile abgibt.[18]

[18] Zum Thema „partnerzentriertes Gespräch" vgl. die entsprechenden Ausführungen in den Kapiteln „Disziplin" und „Kollegen" und die dort gegebenen
Literaturhinweise; außerdem das Buch „Wege zu uns" von TAUSCH/TAUSCH.

– Sehr intensive Gespräche, bei denen die tieferliegenden Ursachen
bestimmter Verhaltens- und Erlebnisweisen sichtbar werden, ergeben sich im Rahmen einer Psychotherapie oder in einer Selbsterfah-
rungsgruppe. Sie können zu wichtigen Erkenntnissen und nachhaltigen positiven Veränderungen führen.

Schönes im Beruf bewußt wahrnehmen

Wir neigen dazu, Angenehmes als selbstverständlich hinzunehmen,
sobald wir uns daran gewöhnt haben, und dadurch vermindern wir
unsere Fähigkeit, Freude zu empfinden.

☞ 4 Glücklichsein hat etwas mit der Kunst zu tun, sich einen Strauß aus
den Blumen zusammenzustellen, die im eigenen Garten blühen – aber
manche Lehrer sind wie Gärtner, die nur noch das Unkraut sehen und
an der Schönheit der Blumen achtlos vorübergehen.

Hier sind einige Blumen, die sich im Strauß eines Lehrers finden
könnten:

– das strahlende Lächeln und die willige Mitarbeit eines Schülers oder
einer Schülerin;
– das Interesse der Klasse an einem Problem, einem Kunstwerk, einer
Erzählung;
– eine fröhliche, gut gelungene Stunde;
– die Freundlichkeit und Gefälligkeit eines Kollegen;
– das Gefühl des Angenommenseins und der Geborgenheit im Lehrerzimmer;
– ein anerkennendes Wort;
– das Vergnügen an einer witzigen Bemerkung;[19]
– das präzise Funktionieren eines Gerätes;
– helle, freundliche Klassenräume und ein modernes, gut ausgestatte-
tes, ästhetisch angenehmes Schulgebäude;
– die Möglichkeit, sich zu Haus und im Unterricht mit Nützlichem,
Interessantem und Wertvollem zu befassen.

Halten Sie das Schöne nicht für selbstverständlich. Freuen Sie sich
darüber. Und behalten Sie Ihre Freude nicht für sich, sondern zeigen

[19] Wir haben an meiner Schule seit Jahren im Lehrerzimmer ein sogenanntes
„Zweites Mitteilungsbuch", in das die Kollegen Dinge eintragen oder einkleben, über die wir uns amüsieren können: Stilblüten aus dem Unterricht,
schulbezogene Merkwürdigkeiten aus der Presse, Karikaturen, Fotos mit
boshaft veränderten Unterschriften und anderes. Das Buch hat eine Art
Ventilfunktion. Es macht immer wieder Spaß, darin zu blättern. – Vielleicht
lassen sich andere Kollegien von dieser Idee anregen!

Sie anderen – z. B. den Schülern! –, daß Sie sich freuen. Freude steckt an!

Freude in außerberuflichen Lebensbereichen

Es ist wichtig für die seelische Gesundheit eines Lehrers, daß er Interessen und Freudenquellen hat, die nichts mit der Schule zu tun haben. Das gilt auch dann, wenn er in seinem Beruf erfolgreich und zufrieden ist. Er braucht den Ausgleich, um der Gefahr der Verengung zu entgehen, der „déformation professionelle", die ihn sonst leicht zu dem machen würde, was andere Menschen gern als einen „typischen Lehrer" bezeichnen.[20] Wenn aber in der Schule die Dinge nicht so laufen, wie sie sollten; wenn er sich überfordert, gequält und ausgelaugt fühlt – dann kann der zeitweilige Rückzug in einen völlig anderen Bereich eine entscheidende Hilfe zum seelischen Überleben sein.

An erster Stelle muß hier der Bereich F a m i l i e n l e b e n (bzw. Ehe oder Partnerschaft) genannt werden – ein Bereich, in dem schwere berufliche oder sonstige Belastungen aufgefangen und verarbeitet werden können; ein Bereich aber auch, der selbst zum Belastungsfaktor werden kann, wenn man sein reibungsloses Funktionieren als Selbstverständlichkeit ansieht und ihm nicht genügend Liebe und Zeit widmet.

Ein anderer wichtiger Bereich ist die Welt der H o b b y s , der sozialen Aktivitäten, der politischen, wissenschaftlichen oder künstlerischen Interessen. „Es ist kein Zufall", liest man (mit nostalgischer Rührung) bei HORNEY, „daß gerade Lehrer so oft . . . wissenschaftlich oder künstlerisch arbeiten, Heimatforschung treiben oder auch Bienen und Rosen züchten".[21] (Diese Art von beschaulichem Hobby ist sicher selten geworden; aber ich habe einen Kollegen, der tatsächlich Bienen züchtet!)

Schließlich gilt auch für den außerschulischen Bereich das, was schon unter der Überschrift „Schönes im Beruf bewußt wahrnehmen" gesagt wurde: Es ist wichtig, daß man die k l e i n e n F r e u d e n d e s A l l t a g s nicht einfach als selbstverständlich hinnimmt, sondern dankbar genießt. Dazu gehört auch, daß man sich selbst ab und zu eine Freude macht, sich ein bißchen verwöhnt oder sich einen Wunsch

---

[20] Bei GLÄNZEL (219–223) findet sich eine gute Zusammenstellung solcher Verformungserscheinungen.

[21] A.a.O. (28).

erfüllt. (Ich kenne eine Lehrerin, die jedesmal, wenn sie sich in der Schule sehr geärgert hat, in die Stadt fährt und sich einen Pullover kauft; und ein anderer Bekannter verarbeitet Probleme, indem er sich in die Badewanne zurückzieht, ab und zu heißes Wasser nachlaufen läßt und in einem Kriminalroman liest.)

Selbsterziehung

Im Grunde haben alle bisher genannten Positivfaktoren etwas mit Selbsterziehung zu tun. Dennoch verdient dieser Punkt eine eigene Würdigung, weil er von zentraler Bedeutung ist: „Der Lehrer lebt von dem Maß an Selbsterziehung, das er an sich geleistet hat", sagt Eduard SPRANGER.[22]

Hier gilt es allerdings, einem Mißverständnis vorzubeugen. Selbsterziehung ist nicht nur das Bemühen um fachliche Fortbildung oder der Versuch, bestimmte Eigenschaften (wie z. B. Selbstbeherrschung, Gelassenheit oder Humor) zu erwerben, die für den beruflichen Erfolg nützlich sind – mit anderen Worten, sie ist nicht nur ein „Sich-Fit-Halten" für den B e r u f .

Ein Lehrer, der ganz in seinem Beruf „aufgeht", ist nicht unbedingt ein nachahmenswertes Vorbild. Er läuft Gefahr, sich selbst zu verlieren; seine Persönlichkeit aufzugeben.

„Selbsterziehung" bedeutet, daß wir nicht nur an anderen Menschen Aufgaben zu erfüllen suchen, sondern uns selbst als Aufgabe annehmen – als ein Werk, an dem wir mit Freude, Geduld und Zuversicht weiterarbeiten.

Dieser Arbeit stellen sich drei Schwierigkeiten in den Weg:
– mangelnde Selbsterkenntnis,
– Entmutigung durch Rückschläge und
– Mangel an Methode.

Man kann erst anfangen, sich selbst zu erziehen, wenn man eine Bestandsaufnahme gemacht hat. Man braucht eine Bestimmung des Ausgangspunktes (Wo bin ich?) und eine Beschreibung des Ziels (Wohin möchte ich kommen?). Man muß sich den Ängsten und Konflikten, den oft widersprüchlichen und keineswegs immer erfreulichen Strebungen in den Tiefenschichten der eigenen Persönlichkeit beherzt gestellt haben, anstatt sie zu verdrängen und zu verleugnen. Aber wie? Spätestens seit BRÜCKS „Die Angst des Lehrers vor seinem Schüler" weiß man, wie bedeutsam die Auswirkungen jener Reste

---

[22] Zitiert bei GLÄNZEL (238).

„verbliebener Kindlichkeit" sein können. Aber welcher Lehrer hat das Glück, schon während der Ausbildung jene Art von diagnostischer Hilfe zu erfahren, die Brück schildert? Wie viele Lehrer haben später die Zeit, den Mut und die finanziellen Mittel, sich einer professionellen Analyse zu unterziehen? Nur wenige. Dennoch ist es möglich und sinnvoll, durch Selbstreflexion, Gespräche und geeignete Lektüre ein Stück weit in diese Richtung zu gehen.[23]

Bei dem Bemühen um Selbstformung wird man immer wieder Rückschläge in Kauf nehmen müssen. Einmal Erreichtes ist nicht für immer gesichert, sondern kann wieder verloren werden; außerdem pflegt die Motivation zur Arbeit an sich selbst deutlich nachzulassen, wenn die Hochstimmung, die wichtige Einsichten und neuartige gute Vorsätze hervorbringen können, verflogen ist. (Franz von Sales hat die Seele einmal mit dem Räderwerk einer Uhr verglichen, das ständig neu aufgezogen, gereinigt und geölt werden müsse.) Dieser Gesetzmäßigkeiten muß man sich bewußt sein, damit man nicht dem Trugschluß zum Opfer fällt, es habe ja doch alles keinen Zweck und man könne sich eben nicht ändern. Gerade als Lehrer sollte man wissen, daß Lernprozesse im allgemeinen nicht kontinuierlich sind, sondern von Phasen des Stillstandes unterbrochen werden. – De Bono hat den praktischen, motivationspsychologisch durchaus stichhaltigen Vorschlag gemacht, man solle bei der Selbsterziehung so ähnlich verfahren wie ein Langstreckenläufer beim Training: Er legt ab und zu einen Zwischenspurt ein, und diese Zwischenspurts sind es, die allmählich zu einer Steigerung der Durchschnittsgeschwindigkeit beitragen.[24] Es macht mehr Spaß, in regelmäßigen Abständen einen „Selbsterziehungs-Zwischenspurt" einzulegen und danach erst einmal wieder für eine Weile ohne schlechtes Gewissen in den gewohnten Trott zurückzufallen, als sich in zäher Gleichmäßigkeit lustlos abzumühen. Die häufigen kleinen Sprints werden nicht ohne Einfluß auf die Gesamtleistung bleiben!

Viele Menschen kommen bei dem Versuch, sich selbst zu erziehen, nicht recht von der Stelle, weil es ihnen an einer geeigneten Methode

---

[23] Wer sich ernsthaft mit dieser Aufgabe auseinandersetzen möchte, sei vor allem auf das Buch „Selbstanalyse" von Thomas hingewiesen; außerdem auf „Anleitung zum sozialen Lernen" von Schwäbisch/Siems und „Wege zu uns" von Tausch/Tausch. Weitere Bemerkungen und/oder Literaturhinweise zum Thema „Lehrerangst" finden sich z. B. bei Weidenmann, Hallberg, Lebeck, Winkel, Gudjons (181ff.) und Meyer (9).

[24] De Bono, „The Happiness Purpose" (243f.).

fehlt, Einsichten und gute Vorsätze in praktikable Einzelschritte umzusetzen. Sie haben – um es im Jargon der Curriculumbastler und Richtlinienverfasser auszudrücken – eindrucksvolle Leitziele, aber es gelingt ihnen nicht, diese Leitziele zu operationalisieren. Zur Überwindung dieser Schwierigkeit möchte ich einen Vorschlag machen, der sich an den Stichworten „Kontrolle" und „Verstärkung" orientiert:

a) Schaffen Sie sich ein möglichst individuelles, genau auf die eigene innere und äußere Situation abgestimmtes Selbstprüfungsinstrument. (Es kann so ähnlich aussehen wie die am Ende dieses Kapitels abgedruckte Checkliste, kann aber auch kürzer und auf einen bestimmten Teilbereich beschränkt sein.) Benutzen Sie dieses Instrument in regelmäßigen Abständen (im Sinne der oben erwähnten „Zwischenspurts"!), z. B. so, daß Sie einmal im Monat eine Kontrollwoche einlegen, in der Sie an jedem Abend prüfen, was Sie geschafft haben. Sie werden verblüfft feststellen, wie wach Ihr „Kampfgeist" dabei wird, und Sie werden erhebliche Energien mobilisieren, um vor sich selbst bestehen zu können.

b) „Verstärken" Sie jene Verhaltensweisen, die Sie anstreben, indem Sie sich für Erfolge belohnen (oder auch: für Rückfälle eine kleine Strafe festlegen – aber im allgemeinen sind positive Verstärkungen wirkungsvoller als negative!). Etwa nach dem Prinzip „Sobald ich Q geschafft habe, gönne ich mir ein X"; oder „Wenn es mir morgen gelingt, den ganzen Tag Y zu sein, erlaube ich mir übermorgen drei Stunden Z". Skinner benutzte Maiskörner, um seinen Tauben und Ratten beim Erreichen von Teillernzielen eine Verstärkung zu geben. In Hannover sah ich einmal eine Lichtreklame, die immer wieder den Schriftzug „Belohn Dich selbst – mit Waldbaur-Schokolade" an einer Hauswand erscheinen ließ. Ich persönlich ziehe Verstärkungen vor, die nichts mit Essen oder Trinken zu tun haben. Aber Sie werden selbst am besten wissen, womit Sie sich eine Freude machen können!

Gelegentlich aber kommt es vor, daß ein Lehrer zu den hier genannten Quellen der seelischen Regeneration keinen Zugung mehr hat oder sie nicht mehr als ausreichend empfindet. Die Belastungen werden als so bedrückend erlebt, daß keine Verarbeitung mehr möglich ist und nur noch Flucht übrigbleibt. Nicht die Flucht in einen anderen Beruf ist hier gemeint (dazu würde – selbst wenn die Situation am Arbeitsmarkt günstiger wäre als sie zur Zeit ist – immerhin doch ein hohes Maß an konstruktiver Entschlossenheit

gehören), auch nicht die Entscheidung, kurzfristig zu „schwänzen"
(wobei eine Mehrbelastung der Kollegen und eine Benachteiligung der
Schüler achselzuckend in Kauf genommen werden).
Gemeint ist vielmehr die unbewußte Flucht in körperliche oder
seelische Krankheit: in Schlaflosigkeit, Kopfschmerzen, Asthma,
Herzbeschwerden, chronische Magenleiden und andere psychosomatische Symptome – oder in lähmende Depressionen, in Alkoholismus
oder Tablettenabhängigkeit.
Es hätte wenig Sinn, im Rahmen des vorliegenden Kapitels auch für
derartige Fälle praktische Tips anzubieten oder gar Ermahnungen
auszusprechen. Wer sich in einer solchen (höchstwahrscheinlich nicht
ausschließlich durch die Schule verursachten) Leidenssituation befindet, hat wahrscheinlich nicht die Kraft, selbständig Anregungen aus
einem Buch aufzugreifen; er braucht persönliche, fachkundige Hilfe.
Diese Hilfe wird im allgemeinen ohne Zögern in Anspruch genommen, wenn es um gesellschaftlich „annehmbare" Krankheiten geht.
Wer ein Magengeschwür hat, sucht den Arzt auf. Wer aber (wie 6%
aller Erwachsenen in der Bundesrepublik!) unter Depressionen leidet,
quält sich und seine Angehörigen oft viele Monate, bevor er es wagt,
sich einem Außenstehenden anzuvertrauen; und bei Alkoholikern ist
es ein charakteristisches Symptom ihrer Krankheit, daß sie glauben,
keiner fremden Hilfe zu bedürfen, sondern aus eigener Kraft mit
ihrem Problem fertigwerden zu können – sofern sie überhaupt bereit
sind zuzugeben, daß ein Problem besteht.
Wenn Sie sich von diesen Zeilen persönlich angesprochen fühlen oder
wenn Sie einen Kollegen, einen Freund oder Angehörigen haben, der
in einer derartigen Situation steht: Bitte lassen Sie sich nicht von dem
naiven Vorurteil, daß ein Lehrer selbstverständlich gesund zu sein
habe, davon abhalten, fachkundige Hilfe zu suchen. Der erste, wichtige Schritt dazu kann z. B. ein Anruf bei der Telefonseelsorge sein; Sie
haben dabei nicht nur die Möglichkeit, unter dem Schutz der Anonymität ein wirklich offenes Gespräch mit einem Außenstehenden zu
führen, sondern können auch konkrete Informationen über denkbare
weitere Schritte bekommen.
Die Beschäftigung mit geeigneter Literatur [25] ersetzt nicht die persönliche Hilfe. Sie kann aber den Entschluß, Hilfe zu suchen, festigen; sie

☞ 35

[25] In diesem Zusammenhang sind z. B. die im Literaturverzeichnis genannten
Bücher von FLACH, LOWEN, IRLE, MUHR, RIETH und BITTER sowie die Aufsätze von
ALMQVIST und ZOCKER zu empfehlen; außerdem (allerdings thematisch weniger
streng begrenzt) HARSCH, WEBER und WETZEL; ferner (sofern Partnerschafts-

kann auch den Freunden oder Angehörigen der Betroffenen das nötige Wissen vermitteln, um falsche Reaktionen zu vermeiden.

☞ 19 Den Abschluß dieses Kapitels soll eine Art Checkliste bilden; ein Fragebogen, der sich als Selbstprüfungsinstrument in der weiter oben erwähnten Weise benutzen läßt.
Am besten ist es, wenn Sie sich Ihre eigenen Fragen zusammenstellen; aber wenn Sie erst einmal mit der hier abgedruckten Liste einen Versuch machen möchten, empfehle ich folgendes Verfahren:
- Machen Sie sieben Fotokopien der Liste.
- Überlegen Sie sich ein Bewertungssystem. (Sie können z. B. die üblichen Noten von I bis VI verwenden, oder die Oberstufen-Punkteskala von 15 bis 00, oder ein Rohpunktsystem.)
- Geben Sie sich an jedem Abend der Kontrollwoche Zensuren für die einzelnen Punkte der Liste; errechnen Sie dann die „Durchschnittsnote" für den Tag.
- Bemühen Sie sich, Ihr selbst festgesetztes Ziel zu erreichen oder vielleicht sogar zu übertreffen. (Mögliche Zielformulierungen: „Die Durchschnittsnote darf an keinem Tag unter X liegen" / „Ich will eine WOCHEN-Durchschnittsnote von mindestens Y erreichen" / „Die TEILBEREICHSNOTE in dem von mir häufig vernachlässigten Bereich . . . darf an keinem Tag dieser Woche unter ‚ausreichend' absinken; andernfalls verpflichte ich mich, zum Ausgleich . . . zu tun.")
Voraussetzung ist, daß Ihre Zielvorgaben realistisch sind. Seien Sie für den Anfang lieber zu bescheiden als zu anspruchsvoll, denn das Gefühl, versagt zu haben, lähmt und macht lustlos.

Bereich I:
Berufliche Leistung und Pflichterfüllung   *Note: . . . .*

a) Wie gut habe ich jene Dinge getan, die mir h e u t e abverlangt wurden?
- Habe ich die Zeit der Schüler optimal genutzt?
- Bin ich pünktlich gewesen?
- Hatte ich klare Ziele und angemessene Methoden?

probleme eine wichtige Rolle in der Gesamtsituation spielen) SCHWÄBISCH/ SIEMS und BACH/WYDEN. Eine sehr informative (und ausgezeichnet illustrierte) Broschüre „Gestörte Einheit/Informationen über seelische Störungen" kann kostenlos bei folgender Adresse angefordert werden: Aktion Psychisch Kranke e. V., Graurheindorfer Straße 15, 5300 Bonn 1. (Dort auch Hinweise auf weiteres Informationsmaterial.)

– *Habe ich auch schwächeren und schwierigen Schülern Zuwendung geschenkt?*
– *Habe ich auf verletzende Bemerkungen verzichtet?*
– *Wieviel haben wie viele Schüler heute mit meiner Hilfe gelernt (im kognitiven Bereich / im psychomotorischen Bereich / im affektiven Bereich)?*
☞ 12 *b) In welchem Maße habe ich mich sinnvoll für künftige Leistungen vorbereitet (d. h. von der Stundenvorbereitung für den nächsten Tag bis hin zu ganz langfristigen Projekten)?*
– *im Bereich „fachliches Wissen und Können";*
– *im Bereich „Lehrgeschick und Unterrichtsmethodik";*
– *im Bereich „persönliche Einstellungen und Verhaltensweisen".*

Bereich II:
Verhalten den Mitmenschen gegenüber   Note: . . . .

a) Familie
– *Habe ich meinem Ehepartner Aufmerksamkeit, Fröhlichkeit, Wärme und praktische Hilfe geschenkt?*
– *Habe ich mir für meine Kinder Zeit genommen? Bin ich auf sie eingegangen? Habe ich ihnen das gegeben, was sie zur Zeit von mir brauchen?*
b) Andere Menschen
– *Habe ich jemandem eine Freude gemacht? Jemandem geholfen (entweder emotional oder konkret-praktisch)?*
– *Habe ich mich in den Gesprächen, die ich heute geführt habe, so verhalten, daß ich mit mir zufrieden sein kann?*

Bereich III:
Zeitgestaltung und Planung   Note: . . . .

☞ 1 – *Habe ich eine Liste der zu erledigenden Dinge aufgestellt und sie nach Prioritäten geordnet?*
– *Habe ich einen vorläufigen Zeitplan aufgestellt?*
– *Habe ich mich an meinen Plan gehalten, soweit möglich und sinnvoll, oder habe ich ihn wegschwimmen lassen?*
☞ 7 – *Habe ich Selbstdisziplin genug gehabt, um nicht zu trödeln?*
– *War ich effektiv (oder nur effizient[26])?*

---

[26] Das englische Begriffspaar „efficiency" und „effectiveness" verdeutlicht einen wichtigen Unterschied, der sich in der deutschen Sprache nur durch Umschreibungen ausdrücken läßt. Eine prägnante Definition lautet: „Effectiveness is doing the right thing. Efficiency is doing it right."
Man kann mit großer Effizienz (d. h. geschickt, präzis, methodisch korrekt) eine Aufgabe erledigen, die nur sehr geringe Priorität hatte. Wäre man

Bereich IV:
Rücksicht auf den Körper   Note: . . . .

– *Habe ich genügend geschlafen, mich vernünftig ernährt, auf Gesundheitsschädigendes verzichtet?*
– *Habe ich mir ein Mindestmaß von Bewegung, von Training und körperlicher Anstrengung verschafft?*

Bereich V:
Erholung und Entspannung   Note: . . . .

– *Habe ich mir genügend Entspannung gegönnt?*
– *Habe ich meinem Kindheits-Ich erlaubt, Freude zu haben, zu spielen, kreativ zu sein?*
– *Habe ich mich konstruktiv mit meinen Hobbys beschäftigt?*

Bereich VI:
Reflexion und Selbsterziehung   Note: . . . .

– *Habe ich nur gehandelt, oder habe ich auch gezielt und systematisch reflektiert?*
☞ 4   – *Habe ich mich konsequent um eine positive Grundeinstellung bemüht?*
– *Habe ich mich bemüht, meiner persönlichen Schwierigkeiten Herr zu werden? Habe ich z. B. versucht, mit Depressionen, Aggressionen oder übertriebenem Zuwendungsbedürfnis so fertigzuwerden, daß ich andere nicht damit belastet habe?*
– *Habe ich etwas gelesen, was mich in der Auseinandersetzung mit mir selbst weiterbringt?*

effektiv gewesen, so hätte man diese Aufgabe auf einen späteren Zeitpunkt verschoben, oder man hätte beschlossen, sie überhaupt nicht mehr zu erledigen, oder man hätte sie delegiert. – Effektivität ist wichtiger als Effizienz; aber Effizienz an der richtigen Stelle trägt natürlich zur Steigerung der Effektivität bei.

Planen oder Durchwursteln?

Grundsätzliches zur häuslichen Arbeit

Schulische und häusliche Arbeit

Kennen Sie Herrn Wurstel? Ein netter Mensch, durchaus, aber er hat so seine Schwierigkeiten . . . In der Schule fällt das nicht auf. Da bleibt ihm gar nichts anderes übrig als zu arbeiten. Es kommt zwar vor, daß er nach dem Klingeln noch zwei-drei Minuten zögert, bevor er seufzend dem Ruf der Pflicht folgt, aber dann verläßt er doch das Lehrerzimmer und eilt in die Klasse; und sobald er vor den Schülern steht, kann er ohnehin nicht mehr ausweichen: er muß wohl oder übel anfangen zu unterrichten. Zu Haus jedoch sieht es anders aus . . .

☞ 7 In den zwanzig Minuten vor dem Mittagessen hätte es sich, so meint er, nicht mehr gelohnt, ernsthaft mit der Arbeit zu beginnen. Er setzt sich also nachmittags an seinen Schreibtisch und faßt den Entschluß, die Klassenarbeiten der 9F2, die dort seit fünf Tagen liegen – halb verdeckt durch den Kontoauszug der Bausparkasse, einen Verlagsprospekt, zwei unbezahlte Rechnungen und den neuen Neckermann-Katalog –, nun aber wirklich durchzukorrigieren. Zunächst aber die Stundenvorbereitung für morgen! Erste Stunde Gemeinschaftskunde. Falls das Gespräch wieder auf die Situation im Nahen Osten kommen sollte: Gibt es da etwas Neues? Er ist noch gar nicht dazu gekommen, die Zeitung zu lesen. Schließlich ist er es seinem Beruf schuldig, immer informiert zu sein, und zwar nicht nur über den Nahen Osten.

☞ 23 Gewissenhaft informiert er sich auch über den Trainerwechsel bei Schalke 04, liest die Leserbriefe zur Verbreiterung des Fahrradweges an der Prinzenallee und verweilt nachdenklich bei den Todesanzeigen.

Während er mit der Vorbereitung für die zweite Stunde beschäftigt ist, klingelt das Telefon: ein Kollege, mit dem er in der Schule wenig zu tun hat, bittet um eine kurze Auskunft. Herr Wurstel findet sachliche Kürze am Telefon bedrückend. Man muß doch Mensch bleiben, denkt er und unterhält sich ein Weilchen mit dem Anrufer; hauptsächlich darüber, daß er schrecklich viel zu tun hat und die beruflichen Belastungen ihm gar keine Freizeit lassen.

Immerhin gelingt es ihm vor dem Abendessen noch, drei Klassenar-
☞ 23 beitshefte durchzusehen. Die Tagesschau darf ein Gemeinschaftskundelehrer nicht verpassen, das versteht sich von selbst!

An diesem Abend könnte Herr Wurstel wahrscheinlich noch weitere
☞ 23 zehn oder zwölf Hefte durchsehen. Aber das Fernsehspiel, das auf die Tagesschau folgt, erweist sich wider Erwarten als äußerst interessant. Also schickt sich Herr Wurstel erst um zehn Uhr wieder an, an seinen Schreibtisch zurückzukehren. Daraus wird dann allerdings nichts mehr, weil seine Frau ihn bittet, ihr noch eben beim Wäscheaufhängen zu helfen...

Gewiß, es gibt Übertreibungen in diesem Portrait. Aber Herr Wurstel ist kein Extremfall; er bleibt diesseits der Grenze, die die noch leidlich Funktionierenden von den Scheiternden trennt. Es gelingt ihm noch, seine Stunden irgendwie vorzubereiten und – wenn auch mit Verspätung – Arbeiten zu korrigieren und andere berufsbezogene Aufgaben zu erfüllen.

Dennoch wird niemand bestreiten, daß seine Zeitgestaltung (objektiv und auch subjektiv) wenig zufriedenstellend ist. Man kann sie im Grunde nicht als Zeit-Gestaltung bezeichnen, denn er läßt einen
☞ 7 großen Teil seiner Zeit zerrinnen.

Diese Schwäche zeigt sich in der Schule weniger deutlich als im häuslichen Bereich, weil es hier kein stützendes Korsett von Verpflichtungen gibt, das ein einigermaßen effizientes Arbeiten erzwingt. Herr Wurstel hält sich mit Mühe über Wasser, aber er schafft es nicht, sich über die Bewältigung von Routineaufgaben hinaus aktiv-konstruktiv mit Dingen zu befassen, die ihm Freude machen und ihn langfristigen Lebenszielen näherbringen.

Notwendigkeit der Planung

Ich möchte Sie in diesem Kapitel davon überzeugen, daß es empfehlenswert ist, zu planen.

Planung soll dabei nicht mit Unterrichtsvorbereitung gleichgesetzt werden (davon handelt ein besonderes Kapitel), sondern viel mehr umfassen: nämlich alle Bereiche des Lebens, die sich n i c h t in der Schule abspielen. Vor allem also den Bereich der häuslichen Arbeit, oder besser gesagt: der häuslichen Aktivitäten, denn das Leben besteht nicht nur aus Arbeit.

Es wird hier zwar vorwiegend vom Aufstellen eines *Tages*plans die
Rede sein; das darf aber nicht dahingehend mißverstanden werden,
als ob Planungsarbeit nur auf die Bewältigung kurzfristiger Probleme
gerichtet sei. Planung soll ja gerade dafür sorgen, daß wir uns nicht

☞ 8 vom Dringenden vergewaltigen lassen und uns nur mit den Erfordernissen des Augenblicks befassen, sondern auch das langfristig Wichtige im Auge behalten.

Ein weiteres Mißverständnis gilt es zu vermeiden. Planung ist keine
unverbindlich-folgenlose, unkonzentriert hin- und herschweifende
Träumerei. Planung ist eine kreative, oft schwierige Arbeit – und das
bedeutet im allgemeinen, daß sie nicht nur im Kopf ausgeführt

☞ 31 werden kann, sondern der schriftlichen Fixierung bedarf.

In der einschlägigen Literatur[1] besteht völlige Übereinstimmung über
Notwendigkeit und Nutzen des Planens. Folgende Vorteile werden
genannt:

1. Planung reduziert Leerlauf, hilft Fehlentscheidungen zu vermeiden
unf führt zu effizienterem Arbeiten.

2. Schriftliche Planung entlastet das Gedächtnis.

3. Planung sorgt dafür, daß man sich nicht gehetzt fühlt, sondern mit
souveräner Ruhe und Gelassenheit arbeitet.

4. Planung ist ein wichtiges Instrument der Selbsterziehung.

☞ 8 5. Planung ermöglicht es, Zeit zu schaffen für Aktivitäten, an denen
man Freude hat oder die langfristig wichtig sind, die aber in der
Hektik des Alltags leicht von Unwesentlichem verdrängt werden.

Einwände gegen Planung

Wenn man sich als Planungsbefürworter mit anderen Menschen über
dieses Thema unterhält, hört man von den Planungsgegnern meistens
einen der folgenden drei Einwände:

---

[1] Wer sich mit den in diesem Kapitel behandelten Aspekten eingehend
befassen möchte, findet reichhaltige Anregungen vor allem bei LAKEIN, HIRT
(Kursteil 2 und 3) und MACKENZIE. Auch folgende Verfasser gehen, wenn auch
kürzer, auf das Thema „Planungsarbeit" ein: ADAM/SCHMIDT, BEER (1982),
COOPER, DÖRING (Schulleiter-Handbuch Heft 12), FERMER, HASSELHORN, HULL,
KUGEMANN, NAEF, SCHEITLIN, H.-E. SCHOLZ, SCHUMACHER, STEIN, STROEBE, VIDONYI,
WEILENMANN, ZIELKE. Leserinnen, die in diesem Zusammenhang speziell an
den Problemen der berufstätigen Frau und ihrer Doppelrolle interessiert sind,
seien auf COLLANGE, CONRAN und GARNER hingewiesen.

1. „Ich komme auch ohne Planung gut zurecht."

Dem ist schwer zu widersprechen – und warum sollte man auch widersprechen? Es wäre ebenso unnütz wie der Versuch, den Eskimos Kühlschränke zu verkaufen. Es ist allenfalls interessant, darüber nachzudenken, weshalb der Sprecher eine solche Aussage machen kann. Vermutlich liegt es an einem oder mehreren der folgenden Faktoren:

a) Die äußere Situation des Sprechers – z. B.: ledig / keine besonderen organisatorischen Engpässe im häuslichen oder privaten Bereich / außergewöhnlich günstige Bedingungen am Arbeitsplatz – ermöglicht es ihm, alle anfallenden Aufgaben bequem in der zur Verfügung stehenden Zeit zu erledigen. (Zum Vergleich: Wer ein schuldenfreies Haus und ein wohlgepolstertes Bankkonto besitzt, hat es nicht nötig, beim Einkaufen betont sparsam und vernünftig zu sein.)

b) Ein großer Teil der Zeit des Sprechers ist durch die äußeren Bedingungen so vorstrukturiert, daß sich Planung erübrigt. (Für Lehrer dürfte das allerdings kaum jemals zutreffen.)

c) Die Ansprüche sind relativ niedrig. Der Sprecher ist damit zufrieden, „ganz gut über die Runden zu kommen"; er sieht keine langfristigen Ziele vor sich, für deren schrittweises Erreichen er Zeit abzweigen möchte, und er leidet nicht unter dem Gefühl, vielseitigen Verpflichtungen und Interessen nicht intensiv genug nachgehen zu können.

d) Der Sprecher macht sich nicht klar, daß er wahrscheinlich durchaus ein gewisses Maß an Planungsarbeit leistet. Er plant zwar nicht schriftlich, benutzt keine besonderen Hilfsmittel und kein ausgefeiltes Verfahren, aber er macht sich immerhin irgendwie Gedanken über das, was er tun will.

2. „Planen ist zwecklos. Es kommt ja doch immer alles ganz anders. Was nützen alle schönen Pläne, wenn man sie nie einhalten kann?"

Hier sind zwei Möglichkeiten denkbar. Entweder hat der Sprecher wenig Selbstdisziplin und neigt dazu, sich treiben zu lassen; dann ist er selbst schuld daran, wenn es ihm nicht gelingt, einen an sich vernünftigen Plan einzuhalten. Wahrscheinlicher ist es jedoch, daß er falsche Vorstellungen von Planungstechnik hat. Ein am Abend zuvor erstellter Tagesplan z. B. darf nicht sämtliche verfügbare Zeit einbeziehen, sondern muß Pufferzeiten enthalten, damit unvorhergesehene Schwierigkeiten bei der Bearbeitung der bereits bekannten Aufgaben aufgefangen und eventuell neu hinzukommende Aufgaben noch berücksichtigt werden können. Flexibilität und Planung sind keine Gegensätze. Flexibilität ist aber etwas grundsätzlich anderes als Sich-Treibenlassen. Es ist viel günstiger, einen sinnvollen Plan zu entwer-

fen und ihn dann bei Bedarf zu modifizieren, als durch Planlosigkeit
von vornherein viele Möglichkeiten effizienter Zeitgestaltung zu verschenken.

Wer von sich sagt, daß er seinen Tagesplan nie einhalten kann,
beweist damit nicht die Unsinnigkeit des Planens; er zeigt lediglich,
daß er beim Planen wichtige Faktoren außer acht läßt und dadurch das
Scheitern seiner Pläne selbst vorprogrammiert.

3. *„Ich finde es gräßlich, zu planen. Planung tötet jede Spontaneität; sie hat etwas
Starres, Unmenschliches. "*

Dies ist ein Argument, das man oft von Jugendlichen hört. Ein Schüler
sagte mir einmal, als wir uns über das Aufstellen eines Tagesplanes
unterhielten: „Wie soll ich denn heute schon wissen, wozu ich morgen
nachmittag Lust haben werde?"

Es ist verständlich, daß sich ein Siebzehn- oder Achtzehnjähriger so
äußert. In diesem Alter hat man im allgemeinen noch keine klaren
Ziele, die man konsequent zu erreichen versucht. Selbsterkenntnis
und der Wille zur Selbstformung sind, wenn überhaupt, erst in
Ansätzen vorhanden; und für Schüler ist es wesentlich leichter als für
Menschen, die bereits im Beruf stehen, sich ungestraft gelegentlich
jenen Pflichten zu entziehen, die sie selbst gar nicht so ernst nehmen,
wie wir Erwachsenen es von ihnen erwarten. Wenn aber ein Erwach-
sener so argumentiert, kann man ihm folgendes entgegenhalten:

– Planung soll Spontaneität nicht töten; sie soll vielmehr Freiräume
  schaffen, in denen Spontaneität möglich ist. Nicht-Planen führt in
  Wirklichkeit gar nicht dazu, daß man mehr spontane Entscheidun-
  gen trifft. Es hat lediglich zur Folge, daß der Spielraum für echte
  Entscheidungen eingeschränkt wird, weil man sich äußeren
  Umständen stärker ausliefert.

– „Starre" Planung ist in der Tat abzulehnen. Wenn das minutiöse
  Einhalten eines Planes wichtiger wird als das Erreichen von Ergebnissen, liegt eine neurotische Fehleinstellung vor. Aber man soll
  eine gute Sache nicht nach ihren Zerrbildern beurteilen.

– Gute Planungsarbeit ist etwas Kreatives und deshalb alles andere
  als „unmenschlich". Ist es nicht gerade die Fähigkeit zu schöpferi-
  scher Gestaltung, die den Menschen einerseits vom Tier und andererseits vom Computer unterscheidet?

Faktoren, die in die Planung eingehen müssen

Gute Zeitgestaltung beginnt damit, daß man über seine Z i e l e nach-
denkt und sie schriftlich festhält. Die schriftliche Fixierung zwingt zu
gedanklicher Klarheit und präzisen Formulierungen; sie trägt auch zur

☞ 31

Selbstmotivation bei und sorgt dafür, daß die Ziele weniger leicht in Vergessenheit geraten.

Dabei ist zu berücksichtigen, daß nicht die Erfordernisse des nächsten Tages die Grundlage der persönlichen Zeitplanung bilden sollten, sondern langfristige oder zumindest mittelfristige Ziele;[2] andernfalls wird immer nur das (Auf-)Dringliche berücksichtigt, und die Beschäftigung mit dem wirklich Wichtigen kommt zu kurz.

☞ 8

Wenn Klarheit über die Ziele besteht, müssen die sich aus ihnen ergebenden Aufgaben nach ihrer P r i o r i t ä t geordnet werden. Das Setzen von Prioritäten erfordert individuelle Entscheidungen, denn die Wichtigkeit einzelner Tätigkeiten ist in vielen Fällen eine Frage der persönlichen Einschätzung.

☞ 1

Bei dieser Einschätzung kann es nützlich sein, sich das sogenannte Pareto-Prinzip (oder, wie LAKEIN[3] es anschaulicher nennt, die „80/20-Regel") zu vergegenwärtigen: 80 % der wesentlichen Resultate ergeben sich aus der Erledigung von nur 20 % der aufgelisteten Tätigkeiten. Die Erledigung der übrigen Tätigkeiten bringt nur 20 % des Gesamtwertes ein. Dieses Prinzip läßt sich oft auch auf den Grad der Erledigung einer Einzelaufgabe anwenden: Bei vielen Aufgaben sind 20 % des für die absolut perfekte Erledigung nötigen Aufwandes ausreichend, um 80 % der angestrebten Wirkung zu erzielen; für die restlichen 20 % Wirkung müßte man 80 % des möglichen Gesamtaufwandes investieren. Mit anderen Worten: Perfektionismus ist unöko-

☞ 11

---

[2] Das gilt nicht nur für den beruflichen Bereich, sondern auch für alle anderen Bereiche des Lebens. Die Aufgabe, langfristige Ziele festzulegen, ist – wenn man sich nicht mit klischeehaften Leerformeln oder unrealistischen Traumvorstellungen zufriedengeben will – nicht ganz einfach. Nützliche Anregungen finden sich u. a. bei BEER (1982), HIRT (Kursteil 5 und 6), LAKEIN und SCHEITLIN. LAKEIN stellt dem Leser z. B. die folgenden drei Fragen (und gibt ihm Hilfen zu ihrer Beantwortung und Auswertung): a) Was sind Ihre Lebensziele?, b) Wie würden Sie gern die nächsten fünf Jahre verbringen?, c) Wenn Sie wüßten, daß Sie in sechs Monaten sterben müßten, wie würden Sie bis dahin leben? – Bei HIRT sind u. a. die Ausführungen über die Verflechtung und gegenseitige Abhängigkeit verschiedener Planungsfaktoren fruchtbar, ferner die Unterscheidung zwischen dem Idealbild (dem Maximum) und dem Optimum (dem unter Berücksichtigung aller gegebenen Bedingungen Bestmöglichen).

[3] A.a.O. S. 65–70, 70–73, 98f., 159. – Zur Definition, Anwendung oder Modifizierung des Pareto-Prinzips vgl. ferner MACKENZIE (52f., 108), P. A. DÖRING (23, 26–28), STROEBE (Band I, 53–55, 57, 60) und H.-E. SCHOLZ (34, 91).

nomisch, denn er bringt ein sehr ungünstiges Aufwand-Nutzen-Verhältnis mit sich.
Bei der Prioritäten-Zuweisung sollte man sich also von dem Gedanken leiten lassen, auf jeden Fall erst die wenigen wirklich lohnenden Dinge zu tun und dabei in Kauf zu nehmen, daß viele weniger wichtige Aufgaben unerledigt bleiben.

Zu den Faktoren, die bei der Planungarbeit berücksichtigt werden sollten, gehört auch die schon mehrfach erwähnte Differenzierung zwischen w i c h t i g e n und d r i n g l i c h e n Aufgaben. MACKENZIES Warnung, man solle nicht der „Tyrannei des Dringlichen"[4] erliegen, gilt nicht nur für Manager, sondern auch für Lehrer. Zwar kommt es vor, daß das Dringliche wirklich wichtig ist, aber im allgemeinen wird man eher STROEBES provozierender Formulierung zustimmen: „Wichtige Aufgaben erkennen Sie daran, daß sie selten heute oder in dieser Woche erledigt werden müssen."[5]

Eine Schätzung oder auch Festlegung der D a u e r der vorgesehenen Tätigkeiten sollte ebenfalls in die Planung mit eingehen. Wer darauf verzichtet, gerät leicht in Gefahr, zu viele Dinge auf den Tagesplan zu setzen und als „wichtig" zu kennzeichnen – mit dem Ergebnis, daß er nur einen Bruchteil der Vorhaben realisieren kann. Das führt zu mißmutigen Klagen über Zeitmangel, zu einem Verlust an Selbstachtung („Ich habe wieder mal nicht geschafft, was ich mir vorgenommen hatte!") und zu Resignation.

Auch die „ G ü t e" d e r Z e i t, die man voraussichtlich zur Verfügung haben wird, ist ein Faktor, der Berücksichtigung verdient.
Als „I.-Wahl-Zeit" könnte man jene Zeit bezeichnen, in der man frisch und konzentrationsfähig ist und in der man weder durch andere Menschen (Familienangehörige, Besucher, Anrufer) abgelenkt noch von sonstigen Außenreizen (z. B. Lärm) gestört wird. Diese Zeit sollte man den ausgesprochen schwierigen oder schöpferischen Arbeiten vorbehalten. Es wäre sehr unökonomisch, kostbare I.-Wahl-Zeit für einfache Routinetätigkeiten oder für Nebensächliches auszugeben. Wenn man dadurch nämlich später gezwungen ist, für eine schwierige Aufgabe III.-Wahl-Zeit zu verwenden, ärgert man sich, weil man – abgespannt und unkonzentriert – wesentlich länger dazu braucht.

---

[4] A.a.O. S. 44.

[5] A.a.O. (Band I), S. 56.

Planungsverfahren

Grundlage einer vernünftigen Zeitgestaltung ist das tägliche Aufstellen eines Tagesplans.

Die meisten Menschen machen sich hin und wieder eine Liste von Dingen, die sie erledigen möchten. Entscheidend ist jedoch, daß dies regelmäßig und systematisch geschieht. Die folgenden Empfehlungen beschreiben die Grundzüge des Verfahrens. Sie können es Ihrer persönlichen Situation entprechend modifizieren oder erweitern.

☞ 31
☞ 32
1. Schreiben Sie am Abend[6] alles, was Sie am nächsten Tag erledigen müssen oder möchten, in Stichworten untereinander auf das entsprechende Tagesblatt Ihres „Zeitplanbuches" (Erläuterung im nächsten Kapitel!). Im Laufe des Tages werden wahrscheinlich noch einige Aufgaben hinzukommen, die Sie im Augenblick nicht vorhersehen können, die aber so dringlich sind, daß sie in das Tagesprogramm eingegliedert werden müssen. Für sie muß etwas Platz auf dem Tagesblatt (und natürlich auch: Zeit im Tagesplan) freigehalten werden. Da auf einem solchen Blatt ohnehin nicht sehr viel Platz ist (es sei denn, Sie benutzen ein größeres als das übliche DIN A 6-Format), müssen Sie die Zahl der Eintragungen begrenzen, indem Sie
– keine Punkte aufnehmen, die völlig selbstverständlich sind und die Sie automatisch berücksichtigen, auch wenn Sie sie nicht notieren;
– nur Aufgaben aufnehmen, die mit einiger Wahrscheinlichkeit tatsächlich an dem betreffenden Tag erledigt werden können (alles andere gehört auf ein anderes Vormerkblatt, z. B. auf das Wochenblatt);
– nicht zu sehr ins Detail gehen (sofern für eine komplexe Aufgabe eine Unterteilung in Einzelaktivitäten sinnvoll ist, benutzen Sie dafür ein besonderes Blatt).

Setzen Sie nicht nur unmittelbar Dringliches auf die Liste, sondern auch Aktivitäten, die Sie Ihren Fernzielen näherbringen.

Berücksichtigen Sie auch, daß die Planungsarbeit nicht nur bewirken soll, daß Sie mit Ihrer beruflichen Arbeit fertigwerden, sondern auch, daß Sie anderen Lebensbereichen (Mitmenschen; Erholung; Hobby; Stille und Besinnung) einen angemessenen Anteil Ihrer Zeit zuwenden.

[6] Manche Verfasser empfehlen, den Tagesplan am Morgen aufzustellen. Für Lehrer dürfte es aber praktischer sein, abends zu planen. – Wer über die relativen Vorteile des abendlichen oder morgendlichen Planes nachlesen möchte, findet einen Exkurs darüber bei LAKEIN (a.a.O. S. 45).

2. Schätzen Sie, wieviel Zeit Sie für die Erledigung der einzelnen Punkte auf Ihrer Liste jeweils brauchen werden. (Die Erfahrung zeigt, daß viele Aufgaben sich als schwieriger und zeitraubender erweisen, als man zunächst gedacht hatte.)

Vergleichen Sie den erforderlichen Gesamtzeitaufwand mit dem Zeitkontingent, das Ihnen voraussichtlich zur freien Verfügung stehen wird. (Vergessen Sie nicht, daß Ihnen ein Teil Ihrer Zeit wahrscheinlich noch weggenommen werden wird, ohne daß Sie etwas daran ändern können. Denken Sie auch daran, daß Sie Pausen brauchen.)

Dieses Ausbalancieren, das nicht unbedingt schriftlich erfolgen muß, ist der erste Ansatz zu einer sinnvollen „Auslastungsplanung"; es wird Ihnen helfen, beim nächsten Schritt realistisch zu bleiben.

☞ 1   3. Setzen Sie Prioritäten, indem Sie mit Hilfe der ABC-Analyse die Wichtigkeit der aufgelisteten Aktivitäten kennzeichnen.[7]

Alle „Muß-Aufgaben" (Aufgaben, deren Erledigung einen hohen Wert hat und die unbedingt an dem betreffenden Tag erledigt werden müssen) bekommen ein „A". Alle „Sollte-Aufgaben" (die zwar wichtig sind, die aber zur Not noch etwas aufgeschoben werden können) bekommen ein „B"; und alle „Kann-Aufgaben" (die keinen sonderlich hohen Wert haben und bei denen es nicht darauf ankommt, ob sie erledigt werden) bekommen ein „C".

Innerhalb dieser drei Blöcke (zumindest aber bei den A's und B's) legen Sie dann die Reihenfolge der Erledigung fest (A1, A2, A3; B1, B2 . . .). Dabei verdienen außer den schon genannten Faktoren zwei weitere Gesichtspunkte Berücksichtigung:

---

[7] STROEBE und P. A. DÖRING (vgl. Anm. 3) schlagen vor, eine modifizierte Fassung des Pareto-Prinzips mit dieser ABC-Analyse zu kombinieren und jeder der drei Aufgabengruppen einen bestimmten Prozentsatz der zur Verfügung stehenden Zeit zuzuweisen. DÖRING geht davon aus, daß für einen Schulleiter A-Aufgaben nur etwa 20 % der Gesamt*menge* von Aufgaben ausmachen, aber 50 % des *Wertes* ergeben. Er soll ihnen deshalb 50 % seiner Zeit widmen. Den B-Aufgaben (Mengenanteil: 30 %; Wert: 30 %) soll er 30 % der Zeit widmen; den C-Aufgaben (Mengenanteil 50 %, Wert 20 %) dagegen nur 20 %. (STROEBE, der sich an Führungskräfte der Wirtschaft wendet, nennt geringfügig andere Zahlen.) Im Prinzip ist dieser Ansatz richtig. Es wäre jedoch recht kompliziert, immer erst auszurechnen, wieviel Zeit man für die A's, die B's und die C's aufwenden darf. Es dürfte genügen, eine einfache Faustregel zu befolgen: Es ist grundsätzlich empfehlenswert, viel Zeit für die „lebenswichtig wenigen" (MACKENZIE S. 52) A-Aufgaben zu verwenden und wenig Zeit für die „nebensächlich vielen" C-Aufgaben.

☞ 5   – Unangenehme Aufgaben sollten möglichst zuerst erledigt werden,
damit sie gar nicht erst Gelegenheit haben, die Arbeitsstimmung
negativ zu beeinflussen und andere, erfreuliche Tätigkeiten mit
einem grauen Schleier von Erwartungsunlust zu überziehen.
   – Manche Arbeiten lassen sich nicht „häppchenweise" erledigen. Man
muß sie in einem Zuge durchführen, weil man sonst für das
Wiederhineinfinden nach einer längeren Unterbrechung zu viel Zeit
braucht.

Man mag einwenden, daß das Festlegen der Reihenfolge ein sehr
willkürlicher und subjektiver Akt ist: schließlich haben Aufgaben oft
einen etwa gleichen Grad von Wichtigkeit, so daß es gar nicht darauf
ankommt, was an zweiter und was an dritter Stelle erledigt wird;
außerdem wird die ursprünglich als optimal angesehene Reihenfolge
oft von kaum vorhersehbaren Faktoren innerer (Müdigkeit und Kon-
zentrationsschwäche) und äußerer Natur (Störungen durch andere)
beeinflußt. Das ist schon richtig – aber trotzdem hat es einen großen
Vorteil, wenn man die Reihenfolge vorher festlegt: Man muß sich
nicht nach jeder Tätigkeit wieder neu entscheiden, was als nächstes
☞ 4   geschehen soll. Jede solche „Entscheidungs-Nahtstelle" bringt nämlich
die Versuchung mit sich, Zeit zu vertrödeln, sich treiben zu lassen und
zunächst einmal in etwas Angenehmes, aber weniger Wichtiges auszuweichen.

4. Wer visuelle Anschaulichkeit als hilfreich empfindet, kann über
diese drei Schritte hinausgehen und den Tagesplan in Form eines
Schaubildes darstellen. Dazu ist ein Blatt nötig, auf dem alle Stunden
des Tages vorgedruckt und (z. B. in Abständen von zehn Minuten)
weiter unterteilt sind. Auf diesem Blatt werden dann die geplanten
Aktivitäten als Zeitblöcke maßstabsgerecht eingezeichnet. Dieses Verfahren hat Vorteile, aber auch Nachteile.

Vorteile:
– Beim Anfertigen der Skizze sieht man schnell, wo Engpässe entstehen können, wo größere Pausen nötig sind und wo Pufferzeiten
angebracht sind. Man macht sich nicht so leicht etwas vor, weil das
Aufgabenvolumen transparenter wird.
– Von einem anschaulichen Tagesplandiagramm geht eine stärkere
motivierende Kraft aus als von einer bloßen Liste.

Nachteile:
– Es kostet einige Zeit, solch ein Blatt auszufüllen; man wird sich
fragen, ob der Gewinn den Aufwand rechtfertigt.

– Unter Umständen geschieht schon früh am Tage etwas, was eine erhebliche Änderung des Plans erzwingt. Dann kann man das mühsam gezeichnete Diagramm in den Papierkorb werfen und – wenn man dann noch die Lust dazu hat – ein neues anfertigen.
Ich arbeite seit Jahren mit einem Verfahren, das die Nachteile fast völlig ausschließt, die Vorteile aber behält: Ich plane mit Hilfe von M a g n e t e n [8]. Mit ihnen läßt sich ohne nennenswerten Zeitaufwand

[8] Als Grundfläche benutze ich ein DIN-A4-Blatt Millimeterpapier, das ich mit Magneten auf einer metallischen Unterlage festhalte. (In Fachgeschäften gibt es Planungstafeln in verschiedenen Größen aus kunststoffüberzogenem Blech. Manche Clipboards – d. h. jene praktischen Schreibunterlagen, auf denen man Papier festklemmen kann – sind ebenfalls magnethaftend. Zum ersten Ausprobieren genügt die Seitenwand des Kühlschranks oder der Waschmaschine!)
Auf dem Blatt habe ich in vier senkrechten Spalten – mit jeweils 5 cm Zwischenraum – die Stunden von 7.00 bis 23.00 Uhr eingetragen, mit Zwischeneintragungen „10", „20" usw. alle zehn Minuten (wobei zehn Minuten jeweils einem cm entsprechen): also in der ersten Spalte 7.00 bis 11.00; dann 11.00 bis 15.00; dann 15.00 bis 19.00; in der vierten Spalte 19.00 bis 23.00 Uhr. (Dieses Blatt kann übrigens auch als Kopiervorlage dienen – erstens für den Fall, daß man keinen Magnettagesplan erstellen möchte, sondern Formulare zum handschriftlichen Ausfüllen braucht; zweitens für das weiter unten im Text beschriebene Selbstkontrollverfahren. – Kleinformatige Zeitplanbuch-Tagesblätter sind zur Visualisierung ungeeignet: erstens bieten sie nicht genug Raum, zweitens kann man sie nicht beliebig ersetzen, wenn die Planung geändert werden soll.)
Bei der Beschreibung der Magnete beziehe ich mich auf die Produkte der Firma MAGNETOPLAN (Prospektmaterial anfordern! Anschrift: Siemensstraße 6, Postfach 4140, 6200 Wiesbaden-Nordenstadt); viele andere Firmen bieten aber Ähnliches an.
Ich benutze zwei Typen von Magneten:
a) Fenstermagnete 40 x 16 mm (Best.-Nr. 12 801) mit den dazugehörigen Einsteckschildern (Best.-Nr. 12 811);
b) Doppelseitig magnetische Träger „Magnetoflex U" in den Formaten 40 x 10 mm (Best.-Nr. 12 821) und 40 x 15 mm (Best.-Nr. 12 831) mit den dazu passenden „Ferrocard-forte-Etiketten" (Best.-Nr. 12 841 bzw. 12 861).
(Bei der Kombination „a" sind die Magnete teuer und die Einsteckschildchen billig; bei der Kombination „b" sind die Trägermagnete billiger und die Einschiebetiketten etwa gleich teuer, sie lassen sich allerdings nicht ganz so einfach beschriften. Mit „a" kann man keine Tätigkeiten maßstabsgerecht darstellen, die nur zehn Minuten dauern sollen: dafür sind nur die 10 mm breiten Träger geeignet!)
Die Einsteckschildchen bzw. Ferrocard-Etiketten sind in verschiedenen Farben erhältlich, so daß man ggf. schon durch die Farbwahl zwischen verschie-

ein provisorischer Tagesplan aufstellen, und man kann sie mühelos versetzen, wenn Änderungen nötig werden. Voraussetzung für dieses

*18; 13 Verfahren ist natürlich, daß man zunächst einmal etwas Geld und auch Zeit für die Grundausstattung aufwendet (Einzelheiten siehe Anmerkung).

Es sei aber noch einmal betont, daß die Visualisierung nicht ein notwendiger Bestandteil der Tagesplanung ist, sondern ein Extra, das man bei Bedarf einsetzt. (Man muß sich der Gefahr bewußt sein, daß

denen Tätigkeitsbereichen differenzieren kann (z. B. rot für Berufsbezogenes, grau für Haushalt usw.). Die Beschriftung – meist genügt ein Wort – kann bei den Papierschildern mit der Schreibmaschine oder von Hand erfolgen; bei den Ferrocard-Etiketten nimmt man am besten wasserfesten Folienstift.

Da die meisten Aktivitäten sich häufig wiederholen, kann man die einmal angefertigten Magnete immer wieder benutzen.

Einige Beispiele aus meiner Sammlung:

„LK vorb." (= Leistungskurs vorbereiten) / „St.v. 8" (= Stundenvorbereitung für Klasse 8) / „K. v. H." (= Kontrolle von Hausaufgaben) / „Kl.A. entw." (= Klassenarbeit entwerfen) / „Korr." (= Korrektur einer Klassenarbeit) / „Anruf(e)" / „Post prüfen" / „Brief". Wenn eine Tätigkeit eingeplant werden muß, die in meiner Magnetsammlung noch nicht vorgesehen ist, fertige ich entweder ein neues Schildchen an (falls Mehrfachbenutzbarkeit wahrscheinlich ist), oder ich nehme einen Zahlenmagneten. (Die Zahl bezieht sich dann auf die Numerierung in meiner Tätigkeitenliste.)

Für manche Dinge ist es auch möglich, unbeschriftete farbige Symbolmagnete zu nehmen (solange man sich merken kann, was damit gemeint ist): das ist einfacher, schneller und billiger. (Z. B.: ein runder grüner Magnet könnte „Rasen mähen" bedeuten.)

Die eigentliche Planung erfolgt dann so:

Der Magnet mit der betreffenden Tätigkeitsbezeichnung wird so auf das oben beschriebene Blatt aufgesetzt, daß seine Oberkante auf gleicher Höhe liegt wie die Uhrzeit, zu der mit der Tätigkeit begonnen werden soll. Die Dauer der Tätigkeit wird nicht gekennzeichnet; sie ergibt sich aus dem Abstand zum nächsten Magneten. Es ist aber sinnvoll, schon beim ersten Aufsetzen der Magnete genügend Pausen und Pufferzeiten einzubauen. – Wenn sich im Laufe des Tages dann Änderungen ergeben, werden die verbleibenden Magnete entsprechend versetzt bzw. ganz vom Tagesplan weggenommen.

Dieses Verfahren läßt sich natürlich auch auf die Planung größerer Zeiträume übertragen. Ich habe z. B. an der Wand über dem Telefon eine mit bunten Magneten bestückte Planungstafel, die eine rasche Übersicht über alle Termine des laufenden Vierteljahres ermöglicht. (So kann ich einem Anrufer sofort sagen, ob ich an einem bestimmten Tag bereits irgendwelche Verpflichtungen habe.)

das Planen sich verselbständigen und zu einer reizvollen „Scheinar-
beit" werden kann, in die man sich flüchtet, um einer unangenehmen
Aufgabe auszuweichen! – Andererseits sollte man bei Planungsarbei-
ten auch nicht mit ein paar Minuten geizen, denn Planung ist – wie
☞ 30   LAKEIN überzeugend nachweist[9] – eine der besten Verwendungsmöglichkeiten für Zeit.)

Flexible Durchführung des Tagesplanes

Das Grundprinzip klingt sehr einfach. Man begibt sich ohne Zögern
an die Arbeit und erledigt die wichtigste der im Tagesplan notierten
Aufgaben. Dann streicht man sie aus und wendet sich – entweder
sofort oder nach einer kurzen Pause – der nächsten Aufgabe zu. So
erledigt man – in der vorher beschlossenen Reihenfolge – alle A-
Aufgaben, dann die B-Aufgaben und schließlich noch die eine oder
andere C-Aufgabe.
Woran liegt es , daß viele Menschen dies so offensichtlich vernünftige
Verfahren zwar kennen, aber keineswegs konsequent durchführen?
Einige häufig auftretende Schwierigkeiten und die Möglichkeiten zu
ihrer Überwindung sollen hier kurz besprochen werden.

1. Aller Anfang ist schwer... Was können Sie tun, wenn Sie sich
einfach nicht an die Arbeit kriegen?
Liegt es vielleicht daran, daß Sie – in der Absicht, ab sofort Ihre
Zeitgestaltung energisch zu verbessern – beschlossen haben, zu einer
Zeit mit der Arbeit zu beginnen, die allen bisherigen Gewohnheiten
zuwiderläuft? Das wäre ein Planungsfehler. Es hat keinen Zweck, sich
schlagartig radikal ändern zu wollen; das verbraucht so viel seelische
Energie, daß man vor lauter Frustration seine guten Vorsätze schnell
wieder aufgibt. Bleiben Sie also ruhig bei Ihrem Mittagsschlaf und der
anschließenden Tasse Tee, wenn Sie seit Jahren daran gewöhnt sind.
Oder kommen Sie immer schwer in Gang, auch wenn der Anfangs-
zeitpunkt vernünftig gewählt ist? Dann sollten Sie der Empfehlung
KUGEMANNS[10] folgen, nicht mit dem Wichtigsten oder Schwierigsten zu
beginnen, sondern mit einer kurzen und unproblematischen „Auf-
wärm-Arbeit". Das glatte, erfolgreiche Erledigen einer wenn auch
weniger wichtigen Aufgabe kann Ihnen den nötigen Schwung verschaffen, mit dem Sie dann mit voller Leistungskraft den ersten

[9] A.a.O. 45f., 48 (u. a.).
[10] A.a.O. 106 f.

harten Brocken des Tages in Angriff nehmen. Eine solche Aufwärm-
aktivität sollte allerdings wirklich nur kurz sein; sonst betrügen Sie
☞ 5   sich selbst und schieben die wichtigen oder unangenehmen Aufgaben
vor sich her.

☞ 5; 4   2. Erliegen Sie oft der Versuchung, schwierige A-Aufgaben liegenzu-
lassen und in Scheinarbeiten zu flüchten? Es gibt zwei Tricks, mit
denen Sie dieser Tendenz entgegenwirken können:
– Befriedigen Sie den Drang nach Abwechslung und Flucht, ohne
  dabei den „A-Block" zu verlassen. Wenn z. B. die Stundenvorbereitung für den nächsten Tag, die Korrektur eines Diktats und die
  Lektüre einer Fachzeitschrift auf Ihrem Tagesplan als A-Aktivitäten
  eingetragen sind, springen Sie einfach hin und her: korrigieren Sie
  drei Hefte, schreiben Sie dann eine Matrize für die Geschichtsstun-
  de in der 9b, danach kommen wieder zwei Hefte, dann zehn
  Minuten Zeitschriftenlektüre am Schreibtisch, vier weitere Korrekturen, dann fünf Minuten Lektüre bäuchlings auf dem Teppich
  liegend. . .
– Arbeiten Sie mit einem Kurzzeitwecker. Glauben Sie, daß Sie es
  über sich bringen können, dem unerfreulichen „A" eine Viertelstunde lang zu Leibe zu rücken? Gut. Stellen Sie den Wecker auf 15
  Minuten. Sein Ticken wird Sie anregen, diese kurze Zeit konzentriert auszunutzen und nicht zu trödeln. Wenn Sie beim Klingeln
  des Weckers gerade so schön in Schwung gekommen sind, daß es
  Ihnen nichts ausmacht, weiterzuarbeiten, bleiben Sie weiter bei
  Ihrem „A". Wenn nicht, messen Sie sich mit dem Wecker eine kurze
  „Belohnungs-Weglauf-Zeit" (5-10 Minuten) zu, in der Sie etwas tun,
  was Ihnen Spaß macht. Danach kehren Sie, wieder nur für eine gut
  zu ertragende Viertelstunde, zu Ihrem häßlichen „A" zurück – und
  so weiter.
Wer genügend Selbstdisziplin besitzt, um ohne diese Tricks auszukommen, sollte sie nicht anwenden, denn sie beeinträchtigen natürlich die Effizienz des Arbeitsprozesses. Immerhin sorgen sie aber für
Effektivität, denn es ist auf jeden Fall ergiebiger, mit unvollkomme-
nen Methoden A-Aufgaben zu bewältigen, als mit souveräner
Geschicklichkeit C-Tätigkeiten zu erledigen.

3. Viele Menschen lassen sich von der Erfüllung ihres Tagesplans
abbringen, weil sie allzu bereitwillig auf Veränderungen reagieren, die
von außen kommen – z. B. auf neu hinzukommende, unvorhergesehene Aufgaben, deren Wichtigkeit oder Dringlichkeit sie oft überschät-

zen, oder auf Störungen durch andere Menschen. (Man läßt sich ja so gern stören; dann hat man wenigstens eine Entschuldigung vor sich selbst, wenn man nicht alles geschafft hat. . .) Im ersten Falle liegt die Antwort darin, daß man nicht sofort dem Impuls nachgibt, die neu hinzugekommene Aufgabe vorzuziehen, sondern ihre Dringlichkeit nüchtern prüft und dann entscheidet, welcher Rang in der Tätigkeitenliste ihr gebührt. Im zweiten Falle kann es nötig sein, dem „Störer" freundlich, aber entschieden klarzumachen, daß man sich ihm im Augenblick noch nicht widmen kann, und einen günstigeren Zeitpunkt abzusprechen – es sei denn, sein Anliegen ist so wichtig, daß es ein Abweichen vom Tagesplan geboten erscheinen läßt.

4. Auch innere Veränderungen sind oft schuld daran, daß der Tagesplan nicht eingehalten wird: Müdigkeit, Nachlassen der Konzentration, Verärgerung über unerwartete Schwierigkeiten bei der Bearbeitung einer Aufgabe, unvorhergesehene Stimmungsschwankungen aufgrund einer Eintrübung der mitmenschlichen Beziehungen.
Hier – wie auch beim vorigen Punkt – ist die Grenze zwischen vernünftiger Flexibilität und mangelnder Selbstdisziplin fließend. Starres Festhalten an einem Plan kann abwegig und unangemessen
☞ 4 sein – aber ständiges Fallenlassen von Plänen (von völliger Planlosigkeit ganz zu schweigen) ist ein Zeichen von Schwäche und mangelnder Tüchtigkeit.

☞ 8 5. Bestimmte wichtige, aber nicht dringende Aufgaben werden häufig immer wieder verschoben, weil sie so komplex und schwierig sind, daß man glaubt, zu ihrer Bewältigung eine längere Zeitspanne ununterbrochener Konzentration zu benötigen – und eine solche Zeitspanne ergibt sich nie, weil Routinetätigkeiten und die Erledigung des jeweils Dringlichen fast die gesamte zur Verfügung stehende Zeit aufzehren.
☞ 5 Hier hilft ein Verfahren, daß LAKEIN treffend als „Schweizer-Käse-Methode"[11] bezeichnet:
Machen Sie sich eine Liste von Mini-Aktivitäten, die kleine Löcher in das große „A" bohren können; Aktivitäten, die nur ein paar Minuten in Anspruch nehmen. Wenn Sie hinreichend viele Löcher gebohrt haben, verliert die furchteinflößende Aufgabe allmählich ihre Schrecken, und Sie gewinnen genügend Schwung, um sich nun „ernsthaft" und längere Zeit mit dem „A" zu beschäftigen. Sie werden feststellen,

---

[11] A.a.O. 100–105.

daß man auf diese Weise große Aufgaben sehr schön „kleinarbeiten"
kann – und daß dann auf einmal auch die nötige Zeit da ist. Haben Sie
☞ 7 Achtung vor den Minuten! Denken Sie niemals: „Es lohnt sich nicht,
jetzt noch etwas anzufangen; in zehn Minuten muß ich sowieso weg"
oder ähnliches. Schauen Sie auf Ihre Liste: Welche Mini-Aktivität, die
Sie der Erledigung einer A-Aufgabe näherbringt, können Sie schnell
noch durchführen?

6) Geht es Ihnen so, daß Sie sich zwar gewissenhaft an die tags zuvor
festgelegten Prioritäten halten, aber trotzdem am Ende des Tages
immer unzufrieden sind, weil Sie noch nicht einmal alle A-Aufgaben
erledigen konnten?
Dann tun Sie zwar die richtigen Dinge – aber nicht richtig. Vielleicht
sind Sie zu perfektionistisch; oder Sie haben andere Prinzipien, die im
Kapitel „Persönliches Zeitmanagement" aufgelistet sind, noch nicht
genügend beachtet.

Selbstkontrolle

Haben Sie schon einmal systematisch festzuhalten versucht, wofür Sie
ihre Zeit verwenden?
Aufzeichnungen dieser Art können Ihnen bei einer vorbereitenden
Diagnose helfen (wenn Sie den Verdacht haben, daß Ihr Umgang mit
Zeit verbesserungsbedürftig ist, aber noch nicht genau genug wissen,
wo die Schwachstellen sind); sie können auch ein Hilfsmittel für die
im Kapitel „Seelische Gesundheit" beschriebenen Selbsterziehungs-
zwischenspurts sein oder für die unterstützende Kontrolle beim Ablegen alter bzw. Trainieren neuer Gewohnheiten. (Es wäre zu aufwen-
☞ 11 dig, s t ä n d i g solche Notizen zu machen. Unser Ziel besteht ja nicht
darin, Rechenschaft über jede Minute abzulegen, sondern darin, mehr
Zeit für Dinge zu gewinnen, die uns wichtig sind!)

Das Kontrollverfahren, das ich empfehlen möchte, verbindet relativ
geringen Zeitaufwand mit großer Anschaulichkeit. Sie können dafür
das in Anm. 8 beschriebene Millimeterpapier-Tagesblatt verwenden
(bzw. Fotokopien davon, denn es wäre natürlich viel zu zeitraubend,
jeden Tag ein neues Blatt mit dem Zeitraster zu versehen).
Auf diesem Blatt markieren Sie fortlaufend, wie Sie Ihre Zeit verwendet haben:
Die F a r b e , mit der Sie Ihre Striche ziehen, signalisiert den Lebens-
bereich, z. B. *Rot* für berufsbezogene Arbeit, *Blau* für „Umgang mit

Menschen", *Grün* für Erholung, Hobbys und „Körper" (vgl. zu diesem
Stichwort den entsprechenden Abschnitt im Kapitel „Seelische
Gesundheit"), *Bleistift* für Sonstiges. (Eine noch weiter gehende Unter-
teilung würde ich nicht empfehlen, da das Verfahren sonst zu kompli-
ziert wird.) Wenn Sie wollen, können Sie natürlich auch noch verbale
Erläuterungen hinzufügen wie „Stundenvorbereitung", „Telefonat
(Meyer)", „Tischtennis" oder „Abwasch".
Die A r t der Striche zeigt an, wie Sie die Nutzungsintensität der
betreffenden Zeitspanne einschätzen:
Ein *Doppelstrich* bedeutet „voll anrechenbar": konzentrierte, effiziente
Beschäftigung mit einer A-Aufgabe (z. B. zügiges Heftekorrigieren /
intensive positive Zuwendung zu einem anderen Menschen / ernsthafte Planungsarbeit).
Ein *einfacher Strich* bedeutet „halb anrechenbar"; z. B. weniger konzentrierte Arbeit an etwas Wichtigem – oder effiziente Beschäftigung mit
einer weniger wichtigen Aufgabe.
Eine *Schlangenlinie* („nicht anrechenbar") bedeutet: freundliche
Beschäftigung mit einer Tätigkeit, die zwar an sich völlig nebensächlich ist, aber immerhin Spaß macht (z. B. Blättern in einer Illustrierten,
ein Schwätzchen mit dem Nachbarn, das Einkleben von Familienfo-
tos).
Schraffur (ebenfalls „nicht anrechenbar") bezeichnet notwendige „Exi-
stieraktivitäten" wie Essen, Schlafen, Duschen, Schuheputzen, Einkaufen.
Es bleibt noch eine letzte, ebenfalls „nicht anrechenbare" Kategorie:
die *Leerstelle* (d. h. überhaupt keine Eintragung). Sie bezeichnet Phasen vertaner, ärgerlich verschwendeter Zeit: Nichtstun aus Mangel an
Selbstdisziplin, vertrödelte Minuten, gelähmtes Verharren in negativen Gemütszuständen. Auch das stumpfsinnig-passive Zu-Ende-
Sehen einer läppischen Fernsehsendung, über die man sich hinterher
doch nur ärgert, kann hierher gehören.
Mit der „Anrechenbarkeit" hat es folgende Bewandtnis: Wenn Sie sich
– z. B. bei einem Selbsterziehungszwischenspurt – Ziele setzen wollen,
brauchen Sie quantifizierbare Größen, damit Sie Vergleiche anstellen
können. Nehmen wir an, Sie haben sich vorgenommen, zusätzlich zu
Ihrer vormittäglichen Unterrichtsarbeit insgesamt noch vier Stunden
intensiv-konstruktiv zu nutzen. Am Abend können Sie sofort sehen,
ob die Zeitspannen, die Sie mit Doppelstrichen oder einfachen Stri-
chen markiert haben, sich zu vier Stunden addieren, oder ob die
vielen Schraffuren, Schlangenlinien oder gar Leerstellen deutlich
zeigen, daß Sie Ihr Ziel nicht erreicht haben.

☞ 7

☞ 23

W a s Sie als wichtig (und damit als „anrechenbar") ansehen, liegt natürlich bei Ihnen; es ist auch denkbar, daß Sie zu verschiedenen Zeiten verschiedene Akzente setzen – je nachdem in welchem Bereich des Lebens Sie gerade an sich selbst arbeiten wollen.

Das skizzierte Verfahren bringt ein beträchtliches Maß an Bewußtmachung, an Aufhellung der Schwachstellen mit sich. Es hat eine starke motivierende Kraft. Es kann dabei helfen, schlechte Gewohnheiten allmählich zu überwinden, und es kann den Blick schärfen für möglicherweise nötig werdende Maßnahmen und Entscheidungen.

☞ 18   Arbeitszimmer und Arbeitsmittel

Ein großer Teil der Arbeitszeit eines Lehrers entfällt auf die häusliche Arbeit. Sie muß geschickt geplant und strukturiert werden – davon war im vorigen Kapitel die Rede. Ihre Qualität ist aber auch abhängig von der Umgebung, in der sie stattfindet, und von den zur Verfügung stehenden Hilfsmitteln. Dazu sollen in diesem Kapitel in knapper, z. T. stichwortartiger Form einige Anmerkungen gemacht werden.

Nicht jeder Lehrer hat ein eigenes Arbeitszimmer. Für den Berufsanfänger, der gerade mit Mühe und Not eine möblierte Unterkunft gefunden hat, werden manche Dinge, von denen hier die Rede sein soll, zunächst unerfüllbare Wunschträume bleiben, und überdies sind die Bedürfnisse und finanziellen Möglichkeiten der einzelnen Lehrer auf diesem Gebiet höchst unterschiedlich: sie hängen nicht nur vom Alter, vom Familienstand und den besonderen Lebensumständen ab, sondern in gewissem Maße auch von der Schulform und den Unterrichtsfächern.

Immerhin lassen sich zwei Aussagen machen, die in jedem Fall Beachtung verdienen:

1. Ein sinnvoll eingerichteter, angenehmer Arbeitsplatz und zweckmäßige, ästhetisch ansprechende Hilfsmittel bieten nicht nur praktischen Nutzen, sondern sind auch psychologisch wichtig, weil sie die Arbeitsmotivation steigern.

☞ 9   2. Bei der Anschaffung von Hilfsmitteln und arbeitserleichternden Geräten sollten finanzielle Erwägungen nicht immer den Ausschlag geben. Mögliche Zeiteinsparung kann ein mindestens ebenso gewichtiges Argument sein.

Möglichkeiten zur Einsparung von Zeit und Nervenkraft ergeben sich, wenn

– „Spezialwerkzeug" einen Arbeitsprozeß deutlich verkürzen kann;
– Arbeitsmittel zur Verfügung stehen, die so ansprechend sind oder einen so hohen „Spaßfaktor" bieten, daß man ausgesprochen gern mit ihnen arbeitet;
– Bücher und Zeitschriften Anregungen liefern, die zu einer allgemeinen oder punktuellen Steigerung von Effektivität und/oder Effizienz führen;

☞ 28   – angemessene Aufbewahrung und Katalogisierung dazu führen, daß man Benötigtes schnell findet;
– geeignete Hilfsmittel für die Planungsarbeit zur Verfügung stehen.

Die folgende, alphabetisch geordnete Zusammenstellung veranschaulicht diese Kriterien.

Arbeitsstuhl

Wenn Ihnen Ihre Wirbelsäule lieb ist, gönnen Sie sich einen vernünftigen Arbeitsstuhl. Er sollte drehbar, höhenverstellbar und gut gepolstert sein, auf fünf Rollen laufen und eine verstellbare Rückenlehne haben, die Ihre Wirbelsäule genau an der richtigen Stelle unterstützt.[1] Am angenehmsten sind jene Bürostühle, die jede Bewegung mitmachen, so daß sowohl bei vornübergebeugter Arbeitshaltung am Schreibtisch (Hefte korrigieren!) als auch beim Schreibmaschineschreiben (aufrechter Sitz) als auch beim räkelnd-entspannenden weiten Zurücklehnen die Rückenlehne immer mitkommt. Solche Stühle werden von vielen Firmen angeboten, mit unterschiedlichen Bespannungen und in verschiedenen Preisklassen.
Wichtig ist, daß Sie nicht einfach nach Prospekt bestellen, sondern ausgiebig „probesitzen".

Beleuchtung

Für Büros gibt es präzise Aussagen über die Beleuchtung:[2] die allgemeine Raumbeleuchtung muß bereits so bemessen sein, daß eine ausreichende Ausleuchtung der Arbeitsplätze gewährleistet ist. Im häuslichen Bereich wird häufig gegen die arbeitsmedizinischen Erkenntnisse verstoßen, die solchen Forderungen zugrundeliegen; der Wunsch nach Ästhetik und „Gemütlichkeit" führt dazu, daß eine zu schwache Beleuchtung gewählt wird, daß das Licht von der falschen Seite kommt oder daß man geblendet wird. Versuchen Sie, einen vernünftigen Kompromiß zu schließen: ergänzen Sie die Raumbeleuchtung durch eine am Schreibtisch angebrachte schwenk- und drehbare Gliederlampe, die für blendfreie intensive Ausleuchtung des Arbeitsplatzes sorgt.
Gelegentlich liest man die Empfehlung, den Raum dunkel zu lassen und nur eine Schreibtischlampe einzuschalten: das fördere die Konzentration. Dieser Rat hat, psychologisch gesehen, eine gewisse Berechtigung – man wird gezwungen, seiner kleinen Lichtinsel treu zu bleiben und die Augen nicht von der Arbeit abschweifen zu lassen –; er widerspricht aber den Erkenntnissen der Arbeitsphysiologen.

---

[1] Vgl. Bruhn-Jade, Abt. 05/4.1, S. 1–7; Verwaltungs-Berufsgenossenschaft S. 8–11; DIN-Blätter 4551 und 4552.
[2] Vgl. Bruhn-Jade, Abt. 05/5.3, S. 1f.; Verwaltungs-Berufsgenossenschaft S. 16f.; DIN-Blätter 5034 und 5035.

Bücher

Eine geschickt zusammengestellte Arbeitsbibliothek ist überaus wichtig für die Rationalisierung der häuslichen Vorbereitungs- und Korrekturarbeit. Besondere Erwähnung verdienen in diesem Zusammenhang die Lehrerhandbücher zu den im Unterricht benutzten Lehrwerken. Auch wenn man den unterrichtspraktischen Anregungen der Verfasser nicht immer folgen mag – die Anschaffung der Lehrerhandbücher lohnt sich schon allein deshalb, weil sie i. a. die Lösungen der im Schülerbuch gestellten Aufgaben enthalten. Auch vor der Anschaffung fachspezifischer Nachschlagewerke (z. B. ausführlicher Lexika und Korrekturhandbücher für Fremdsprachenlehrer) sollte man sich nicht scheuen.

Auf die Qualität des eigenen Unterrichts wirkt es sich mit Sicherheit positiv aus, wenn man nicht nur die an der eigenen Schule benutzten Lehrwerke besitzt, sondern auch ähnliche Bücher anderer Verlage, aus denen man gelegentlich einen Text zum Vergleich heranziehen oder eine Aufgabe übernehmen kann.

Auf die Bedeutung pädagogischer, psychologischer und fachspezifischer Sekundärliteratur wurde schon im Kapitel „Disziplin" hingewiesen.

Um über wichtige Neuerscheinungen informiert zu sein, sollte man veranlassen, daß man regelmäßig die Prospekte der in Frage kommenden Verlage zugeschickt bekommt. (Alphabetisch ablegen; jährlich einmal „durchforsten" und nur die neuesten Prospekte behalten!)

Computer

Der Siegeszug des Computers hat – weniger aus logischen als aus psychologischen Gründen? – auch vor Lehrerarbeitszimmern nicht haltgemacht.

Deshalb hat dieses Buch ab der 5. Auflage ein eigenes Computer-Kapitel, „P C s f ü r p r o g r e s s i v e P ä d a g o g e n", angehängt bekommen: Sie finden es auf den Seiten 264–277.

Sollten Sie, lieber Leser, jedoch noch nicht vom Computerbazillus infiziert sein und vorbeugende Maßnahmen treffen wollen, können Sie Ihre Abwehrkräfte vielleicht durch das Nachvollziehen der folgenden Überlegungen stärken:

– Viele Arbeiten, für die der „häusliche" Computer eingesetzt wird, lassen sich auf schlichtere Weise mindestens ebenso schnell und mit wesentlich weniger Kostenaufwand erledigen.[3]

---

[3] ROWNTREE zeigt das recht überzeugend an vielen praktischen Beispielen.

– Der Computer ist ein anspruchsvoller Spielgefährte. Wenn Sie ihn
erst einmal ins Haus geholt haben, wird er Sie ständig beschäftigen
– nicht zuletzt mit der Suche nach weiterer Einsatzmöglichkeiten,
weil Sie sich selbst und Ihrer (ohnehin schon erbitterten) Ehefrau
beweisen müssen, wie sinnvoll diese extravagante Anschaffung
war.
Dennoch: Es ist ebenso schwer, einen erwachsenen Menschen vom
Kauf eines Computers abzuhalten, wie einem verliebten Teenager
klarzumachen, daß man berechtigte Einwände gegen den Freund oder
die Freundin hat . . .
(Ich weiß es. Ich habe selbst einen Computer!)

Diktiergerät

Taschendiktiergeräte[4] sind in den letzten Jahren so leicht, so leistungsstark und so preisgünstig geworden, daß ich Ihnen dringend empfehlen möchte, eines zu kaufen und ständig zur Hand zu haben. Nicht
zum „Diktieren", sondern zum Festhalten von Einfällen. Natürlich
erfüllen auch Bleistift und Papier diesen Zweck – aber wer kann schon
so schnell schreiben, wie er sprechen kann?

Durchschlagpapier

Ersparen Sie sich die Fummelei mit Kohlepapier und dünnem Durchschlagpapier: benutzen Sie Durchschlagpapier, bei dem das Zwischen-
legen eines Kohleblattes entfällt (z. B. das „Action"-Papier von der
Firma 3 M; es hat den zusätzlichen Vorteil, daß die Blätter bereits
gelocht sind.)

Fachzeitschriften

Fachzeitschriften enthalten hin und wieder recht nützliche Anregungen für die Unterrichtspraxis; insofern kann ein Abonnement empfehlenswert sein. Meistens sind aber nur wenige Seiten eines Heftes
aufhebenswert; den Rest kann man getrost vergessen. Lassen Sie es
gar nicht erst soweit kommen, daß staubige Stapel alter Zeitschriften-
jahrgänge Ihr Bücherregal verstopfen. Prüfen Sie jeweils das neue
Heft zügig durch: lesen oder überfliegen Sie die Aufsätze und Bespre-

---

[4] Eine gute Einführung in die zu berücksichtigenden Kriterien finden Sie in der
Zeitschrift „Test", Heft 2/1984.

chungen unter der Leitfrage „Wie wahrscheinlich ist es, daß ich diesen
Artikel ein zweites Mal lesen möchte? Könnte er sich noch einmal als
nützlich erweisen?". Alle Seiten, die diesen Test nicht bestehen,
werden vorsichtig herausgerissen (so daß das Heft nicht zerfällt) und
☞ 28   wandern in den Papierkorb. Der Rest wird katalogisiert; und das
„gerupfte", wesentlich schlanker gewordene Heft wird eingeordnet.

Folien
Falls Ihre Schule so gut mit Tageslichtprojektoren ausgestattet ist, daß
Ihnen ein solches Gerät stets zur Verfügung steht, ist es eine gute Idee,
wenn Sie sich – zusätzlich zu den käuflichen Folien, die die Schule
vielleicht besitzt – allmählich eine private Foliensammlung aufbauen.
☞ 13   Das Schöne an Folien ist, daß man sie immer wieder benutzen kann
und auf diese Weise erheblich Zeit spart – entweder häusliche
Vorbereitungszeit (z. B. für die Herstellung von Matrizen) oder Unter-
richtszeit (Anschreiben oder Zeichnen eines komplizierten Tafelbildes). – Folien sind nicht nur für Diagramme, Skizzen u. ä. nützlich,
sondern durchaus auch für Texte, Tests usw.: mit einem Fotokopiergerät lassen sich von einer guten Schreibmaschinenvorlage Folien herstellen, die bei der Projektion ohne weiteres auch aus größerer
Entfernung noch lesbar sind.

Hängeregistratur
In einem Lehrerhaushalt sammelt sich viel Papier: Arbeits- und
Testblätter für den Unterricht und andere Umdrucke oder Fotokopien,
Mitschriften, Formulare, Zeitungsexzerpte, Artikel aus Fachzeitschriften, Protokolle von Fortbildungsveranstaltungen, Erlasse, Organisa-
tionsblätter der Schule. Eine Hängeregistratur ist der optimale Aufbe-
wahrungsort für diese und viele andere Papiere:
– Sie ist übersichtlich. Ein Hängezug kann mit einem Blick übersehen
  werden. Schriftgutbehälter (Hängemappen, ggf. in Kombination mit
  schmalen Einstellmappen) mit gestaffelt sitzenden Vollsichtreitern
  ermöglichen schnelles Finden.
– Sie ist sehr flexibel. Neue Mappen können an jeder beliebigen Stelle
  eingefügt werden; eine Zunahme der Papiermenge erzwingt keine
  zeitraubenden Umfüllmaßnahmen wie z. B. bei Ordnern.
– Sie ist die ideale Loseblattablage. Blätter werden einfach von oben
  eingeworfen. Kein Lochen, kein Öffnen und Schließen der Mecha-
  nik ist nötig (wie bei Ordnern); kein vorsichtiges Abheben eines
  gelochten Papierstapels (wie bei der Eingliederung in einen Schnell-
  hefter); kein Aus- und Wiedereinräumen von Schubladen (wie bei
  liegender Loseblattaufbewahrung in Mappen oder Umschlägen).

Man hat errechnet, daß die Zeiteinsparung, die die Ablage in einer Hängeregistratur gegenüber der Ablage in Ordnern bringt, etwa 50 Prozent beträgt. Dieser Vorteil kann (nicht nur in der Industrie, sondern auch im privaten Bereich) so wichtig sein, daß er die Nachteile (teure Anschaffung, relativ großer Raumbedarf) deutlich überwiegt.

Heftzange

Zwickt Zusammengehöriges sauberer und verläßlicher zusammen als Büroklammern. Kostet nicht viel, nimmt keinen Platz weg und leistet viele Jahre lang treue Dienste.

Katalogisieren

☞ 28   Wenn man seine „Schätze" (z. B. all die beim Stichwort „Hängeregistratur" genannten Papiere) nicht rechtzeitig ordnet und katalogisiert, kommt es leicht dazu, daß man Dinge nicht oder nur mit großem Zeitaufwand wiederfindet oder daß man gar nicht mehr weiß, was man alles besitzt. – Wer sich ausführlich über Ordnungssysteme, Ablageregeln, Aktenpläne u. ä. informieren möchte, kann bei Weil und Bruhn-Jade nachlesen;[5] hier seien nur einige Denkanstöße gegeben:

– Bei Ordnern, Mappen etc. kann die Farbe einen ersten Hinweis auf den Inhalt geben (z. B. rot für Englisch, blau für Deutsch).
– Innerhalb eines Ordners empfiehlt sich eine Unterteilung durch kartonstarke Registerblätter, die man entweder mit einem Stichwort beschriftet oder mit Zahlen versieht: in diesem Falle kommt vorn in den Ordner ein Inhaltsverzeichnis, in dem die Zahlen erläutert werden.
– Wer sehr viel Material zu vielen verschiedenen Gebieten sammelt, tut gut daran, nicht nur die entsprechenden Ordner, Hängemappen o. ä. mit Inhaltsverzeichnissen zu versehen, sondern auch ein zentrales „Verzeichnis aller Verzeichnisse" zu führen.
– Für Tonaufnahmen (Bänder, Kassetten) empfiehlt sich ein Verzeichnis, das über folgende Details Auskunft gibt: Titel / Stichworte zum Inhalt / Nummer der Kassette / Kassettenseite / Zählwerkeinstellung / Laufzeit in Minuten. – Bei häufiger benutzten Aufnahmen kann man zusätzlich das zugehörige Tafelbild (z. B. Teilüberschriften, Vokabelhilfen, Leitfragen, Hausaufgabe) notieren und abheften.

---

[5] Weils Aufsatz gibt einen Überblick über die Vor- und Nachteile folgender Ordnungssysteme: alphabetisch, numerisch, alphanumerisch, geographisch, dekadisch, symbolisch, farblich, chronologisch, mnemotechnisch. – Bruhn-Jade (Abt. 05/2) bespricht das ganze Gebiet der Ablage und Registratur.

– Verzeichnisse, die in Form einer Liste auf einem Blatt stehen, sind schneller herzustellen, sind übersichtlicher und verhelfen zum schnelleren Finden des Gesuchten; sie müssen allerdings bei Änderungen oder Erweiterungen von Zeit zu Zeit neu geschrieben werden. Verzeichnisse in Karteiform, bei denen z. B. jedes Buch ein eigenes Kärtchen bekommt, haben die genannten Vorteile nicht; sie lassen sich dafür aber viel leichter auf den neuesten Stand bringen. Man wird – je nach dem Gesamtumfang des Verzeichnisses und nach der vermuteten Häufigkeit der Änderungen – eine Entscheidung treffen müssen.

Klammergreifer (Enthefter)

Zum problemlosen Entfernen von Heftklammern. Verhindert das Abbrechen von Fingernägeln und den Mißbrauch von Taschenmesserklingen. Kostet so gut wie gar nichts und hat bestimmt noch Platz in Ihrer Schreibtischschublade!

Locher

Ein „Registraturlocher" mit Anschlagschiene (einstellbar auf DIN A 4, A 5 und andere Formate), langem Hebel und großem Stanzvermögen (6,2 mm) erlaubt Ihnen, viele Blätter gleichzeitig zu lochen und sorgt dafür, daß die Löcher immer an der gleichen Stelle sitzen. (z. B. LEITZ Nr. 5180 oder ELBA Nr. 49 480)

Schreibmaschine

Hier sind einige Gesichtspunkte, die Sie beim Kauf einer neuen Schreibmaschine berücksichtigen sollten:
– Begnügen Sie sich auf keinen Fall mit einer sogenannten Reiseschreibmaschine; sie ist z. B. für das Schreiben von Matrizen kaum geeignet. Eine manuelle Kofferschreibmaschine (nicht so flach und leicht wie eine Reiseschreibmaschine, aber noch transportierbar) ist das mindeste. Besser ist eine elektrische Maschine.
– Eine elektrische Schreibmaschine hat zwei große Vorteile: das Schreiben ermüdet wesentlich weniger, und alle Anschläge werden gleichmäßig stark. Das ist besonders wichtig für das Schreiben von Matrizen.
– Elektrische Typenhebelmaschinen sind billiger als Maschinen mit Kugelkopf oder Typenrad. Sie haben aber den Nachteil des hin- und herfahrenden Wagens, machen Lärm und können noch nicht mit den Raffinessen aufwarten, die modernere Maschinen bieten.[6]

[6] In der Zeitschrift „Test", Heft 12/83, findet sich eine nützliche Übersicht.

- Wählen Sie eine Maschine mit Korrektureinrichtung. Der Gewinn (an Zeit und an Sauberkeit des Geschriebenen) ist so entscheidend, daß er den höheren Anschaffungspreis schnell wettmacht. Es gibt zwei verschiedene Korrekturverfahren: beim *„Cover-up"*-Verfahren wird der falsche Buchstabe überdeckt, beim *„Lift-off"*-Verfahren (eleganter und sauberer, aber wegen der Benutzung von Einmal-farbband etwas teurer im Verbrauch) wird er spurlos vom Papier wieder abgehoben. Manche Maschinen lassen beide Verfahren zu, je nach der Art des verwendeten Farbbandes.

☞ 9

- Viele Tippfehler gelangen gar nicht erst bis aufs Papier, wenn die Maschine ein sogenanntes „Display" besitzt (eine Art Bildschirm-fensterchen, in dem man die gerade eingegebenen Buchstaben – bis zu einer Zeile – erst einmal betrachten und spurlos wieder ver-schwindenlassen kann, bevor sie ausgedruckt werden): eine nützli-che Einrichtung, für die man allerdings schon etwas tiefer in die Tasche greifen muß.
- Elektronische Schreibmaschinen der Spitzenklasse haben einen Arbeitsspeicher, der nicht nur mehrfaches (sehr schnelles) erneutes Ausdrucken eines einmal gespeicherten Textes zuläßt, sondern auch nachträgliche Änderungen, Streichungen und Ergänzungen: man braucht nicht den ganzen Text neu einzugeben, sondern nur die wenigen zu ändernden Stellen. – Falls Sie das für übertriebenen Luxus halten: überlegen Sie einmal, wie oft Sie sich schon geärgert haben, weil Sie z. B. ganz unten auf einer Klassenarbeitsmatrize einen nicht mehr korrigierbaren Fehler gemacht haben, der Sie zwang, von vorn zu beginnen ... Auch die Möglichkeit, einen Text mehrmals ausdrucken zu lassen, bietet handfeste Vorteile – z. B. immer dann, wenn Sie eine Klassenarbeit in A- und B- Fassung erstellen und dabei die gleichen Erläuterungen geben oder die Reihenfolge einzelner Aufgaben vertauschen wollen.
- Bedenken Sie, daß moderne elektrische (oder gar elektronische) Schreibmaschinen zwar ganz entscheidende Vorteile bieten, dafür aber leider auch empfindlicher sind als die älteren manuellen Büromaschinen. Kaufen Sie deshalb kein exotisches Billigangebot, sondern eine Maschine, für die an Ihrem Wohnort Wartungs- und Reparaturmöglichkeiten bestehen.

Schreibmaterial

Sie sollten immer und überall etwas zum Schreiben griffbereit haben: in der Jackentasche, neben dem Bett, in der Küche, im Auto – und natürlich auch neben dem Telefon. (Leute, die während eines Telefongesprächs sagen müssen: „Augenblick mal, ich muß mir eben etwas zu schreiben holen", verdienen eine Fünf in Effizienz.) Für die meisten Orte (inklusive des „Örtchens"!) empfiehlt sich ein kleiner Abreißblock; am Telefon sollte man – wegen des „Einhandbetriebes" – etwas wählen, was nicht wegrutschen kann, z. B. ein rutschfestes kleines Klemmbrett.

Es hat sich bewährt, für jeden Einfall und jede Notiz ein neues Blatt zu nehmen; das vereinfacht später die Auswertung.

Schreibtisch

Sie würden staunen, wenn Sie wüßten, wie lang und detailliert die Liste der Anforderungen ist, die an einen modernen Schreibtisch gestellt werden![7] Gewiß, diese Anforderungen beziehen sich auf Büroschreibtische und sind für Sie vielleicht uninteressant, weil Ihnen bei der Einrichtung Ihres Arbeitszimmers ästhetische oder finanzielle Faktoren wichtiger sind als ergonomische Gesichtspunkte. Vielleicht können Sie aber trotzdem folgendes berücksichtigen:

– Ein *Schreib*tisch (Höhe zwischen 720 und 750 mm) ist etwas völlig anderes als ein Schreib*maschinen*tisch (Höhe 650 mm). Wenn Sie häufig Schreibmaschine schreiben, sollten Sie in Erwägung ziehen, zusätzlich zum eigentlichen Schreibtisch einen kleinen Schreibmaschinentisch aufzustellen, auf dem die Maschine ihren festen Platz hat.
– Gehen Sie nicht nur nach dem äußeren Bild, sondern prüfen Sie auch das „Innenleben" Ihres künftigen Schreibtisches. Ein moderner Schreibtisch hat leichtlaufende, stabile Schubladen oder Auszüge (z. B. zur Aufnahme einer Hängeregistratur!), die sich nicht verklemmen und nicht herausfallen können. Bei manchen Fabrikaten sind die Schubladen durch genormte Einsatzteile vielfältig unterteilbar und lassen sich den unterschiedlichsten Bedürfnissen anpassen.
– Die Oberfläche der Arbeitsplatte darf keine Reflexblendungen verursachen.

Stempel

Stempel sind nicht nur in der Schule nützlich (siehe Kapitel „Verwaltungsaufgaben"), sondern auch zu Haus. Einen Stempel mit Ihrem Namen und Ihrer Anschrift besitzen Sie natürlich schon; vielleicht auch einen verstellbaren Datumsstempel. Hier sind einige weitere Anregungen:

---

[7] Vgl. Bruhn-Jade, Abt. 05/4.3, S. 1–3; Verwaltungs-Berufsgenossenschaft S. 6–8; DIN-Blatt 4549.

☞ 13

- ein kleiner, schmaler Stempel mit Kontonummer und Bankleitzahl, der in die schwarz umrandeten oberen Felder von Zahlkarten paßt (lohnt sich, weil man ihn pro Zahlkarte gleich dreimal benutzen kann!);
- ein Stempel „Nur zur Verrechnung" für Schecks;
- ein kombinierter Datums- und Unterschriftsstempel (bestehend aus einem auf einer Platte fest montierten Faksimilenamenszug und einem verstellbaren Datums-Bänderstempel): mit einem solchen Gerät habe ich in den letzten Jahren Hunderte von Klassenarbeiten und Klausuren „unterschrieben";
- ein Stempel „RÜCKGABE ERBETEN. Bitte nicht beschreiben und nichts anstreichen!" – für Blätter (mit Texten, Aufgaben oder Lösungen), die Sie während des Unterrichts ausgeben, aber zwecks Mehrfachbenutzung wieder einsammeln.

Manche Kollegen haben einen Stempel mit den Ziffern I bis V bzw. 15 bis 0, den sie unter jede Klassenarbeit oder Klausur drücken und in dessen Kästchen die Schüler dann den Ausfall der Arbeit eintragen. Das ist sehr praktisch – für die Schüler. Dem Lehrer macht es zusätzlich Arbeit, und das ist eigentlich nicht der Sinn der Sache!

Steuerliche Absetzbarkeit

Fast alle Ausgaben für die Einrichtung Ihres Arbeitszimmers, für Geräte, Fachliteratur, Büromaterial usw. sind absetzbar, auch dann, wenn sie über das unbedingt Erforderliche hinausgehen. Sammeln Sie grundsätzlich alle Quittungen. Informieren Sie sich über Möglichkeiten der Steuerersparnis – z. B. mit Hilfe der sehr nützlichen (und ihrerseits wiederum steuerlich absetzbaren) Loseblattsammlung „Steuertips für Lehrer" von GRIMM und WEBER (siehe Lit.-Verzeichnis).

Vervielfältigungsgerät

Haben Sie sich schon einmal gewünscht, in aller Ruhe zu Haus Ihre Arbeitsblätter und Texte vervielfältigen zu können und sich nicht in der Schule in die Warteschlange einreihen zu müssen?
Der Gedanke, sich ein Vervielfältigungsgerät anzuschaffen, ist gar nicht so verstiegen, wie er zunächst klingen mag.
Zumindest ein U m d r u c k e r (ein Spirit-Carbon-Vervielfältiger, auf dem Sie Matrizen abziehen können) ist durchaus erschwinglich; und wenn Sie ihn erst einmal haben, verursacht er keine weiteren Kosten (außer natürlich für Papier und Spiritus), denn er hat praktisch keine Verschleißteile.

Ein Fotokopiergerät ist zwar noch wesentlich vielseitiger, kommt aber zur privaten Anschaffung kaum in Frage. Der Kaufpreis und die laufenden Kosten – Service, Verschleißteile, Toner und Papier – sind so hoch, daß die Einzelkopie viel zu teuer wird. Kopiergeräte werden erst einigermaßen rentabel, wenn man monatlich mehrere hundert Kopien herstellt.[8]

Zeitplanbuch

☞ 32 Das Zeitplanbuch ist eines der wichtigsten Arbeitsmittel. Es hilft Ihnen, Ihre Zeit geschickt zu gestalten und Leerlauf oder Ballung von Aufgaben zu vermeiden. Es sorgt dafür, daß Sie keine Termine oder Aufgaben vergessen, und trägt dazu bei, langfristige Projekte zu einem erfolgreichen Abschluß zu führen.

Ein „Zeitplanbuch" ist sowohl Taschenkalender als auch Notizbuch. Es muß aber bestimmte Voraussetzungen erfüllen, um seinen vielfältigen Aufgaben gewachsen zu sein; Voraussetzungen, die bei den üblichen kleinen Notizbüchlein nicht gegeben sind:

1. Für jeden Tag muß eine volle Seite (noch besser: ein Blatt mit Vorder- und Rückseite) zur Verfügung stehen.

2. Das Format sollte nicht wesentlich kleiner als DIN A 6 (Postkartengröße) sein; sonst reicht der Schreibraum nicht aus.

3. Das Buch sollte dem Benutzer die Möglichkeit geben, eine auf die persönlichen Bedürfnisse abgestimmte, beliebig oft auswechselbare „Inneneinrichtung" zu wählen (z. B. Tagesblätter, Wochen- und Monatsblätter, ABC-Register, Notizzettel, berufstypische Rubriken etc.).

Aus dem Gesagten ergibt sich, daß als Zeitplanbuch eigentlich nur ein kleines R i n g b u c h in Frage kommt.

Sie bekommen ein solches Zeitplanbuch, zusammen mit den nötigen Einlagen und Arbeitsblättern und den entsprechenden Hinweisen zur optimalen Nutzung, wenn Sie an einem der bekannten Fernkurse zur „Arbeits- und Lebensgestaltung" teilnehmen.[9] Das ist zwar durchaus empfehlenswert, aber nicht gerade billig.

---

[8] Die Zeitschrift „Test", Heft 3/86, enthält einen nützlichen Artikel über Kleinkopierer.

[9] Informationsmaterial über die „Hirt-Methode" bekommen Sie vom Institut für optimale Arbeits- und Lebensgestaltung Josef Hirt AG, Winterthurerstraße 338, CH-8062 Zürich. (Ich kenne die Hirt-Methode aus eigener Erfahrung und kann sie nachdrücklich empfehlen.) Recht ähnlich klingt das Werbematerial über die Einführung (per Fernlehrgang oder in Seminarform) in die „Großmann-Methode" (Anschrift: Helfrecht-Studienzentrum für persönliche und unternehmerische Planungsmethoden, D-8591 Bad Alexandersbad im Fichtelgebirge).

Wesentlich weniger aufwendig ist es, wenn Sie sich ein „ORG-RAT"-Taschenbuch[10] besorgen und aus dem reichhaltigen Angebot an dafür geschaffenen Planungs- und Arbeitsblättern (es gibt z. B. auch einen „Lehrer-Inhalt" mit Schüler- und Zensurenlisten, Stundenplänen usw.) die Einlagen wählen, die Ihnen am meisten zusagen.

Aus diesem und dem vorigen Kapitel haben Sie mit Recht den Eindruck gewonnen, daß ich eine hohe Meinung vom Wert sorgfältigen Planens und von der Nützlichkeit schöner und zweckmäßiger Hilfsmittel habe.

Aber man kann auch des Guten zuviel tun: man kann sich so lange mit der Arbeitsvorbereitung befassen und so hingebungsvoll mit Hilfsmitteln spielen, daß man gar nicht mehr dazu kommt, die eigentliche Arbeit zu tun.

Deshalb möchte ich Ihnen zum Abschluß noch eine Geschichte[11] erzählen:

Es war einmal ein Mann, der hatte sich einen Garten gekauft und wollte ihn umgraben.

Er erzählte all seinen Freunden, wie wichtig es sei, daß ein Garten gründlich umgegraben werde. „Viele Leute sind unglaublich nachlässig in diesen Dingen", sagte er, „aber ich werde in diesem Jahr meinen Urlaub dazu nutzen, den Garten umzugraben. Schon aus gesundheitlichen Gründen."

Lange unterhielt er sich mit seinen Freunden über deren Gärten; über die Zeit, die sie zum Umgraben benötigten, über die Werkzeuge, die sie benutzten, und über die ergonomisch günstigsten Bewegungsabläufe zum Schwingen eines Spatens.

Am nächsten Tage schrieb er einen Brief an eine Firma, die Gartengeräte herstellte, und bat um Zusendung eines Kataloges.

Als er ihn eine Woche später erhielt – seine Frau hatte ihm die Post ans Bett gebracht, denn er wollte im Urlaub endlich einmal nicht so früh aufstehen müssen –, blätterte er begeistert stundenlang darin herum. Er hatte ja von Anfang an geahnt, daß der alte Spaten, der im Gartenhäuschen stand, veraltet war; man hatte inzwischen viel bessere Modelle entwickelt, mit abgeschrägter, gehärteter Schneidkante, mit einem Stiel aus besonders zähem Holz und mit verstellbarem Handgriff.

Freudig bestellte er einen neuen Spaten. Das heißt, er bestellte gleich zwei, da das Modell „B 17" (für Furchen bis zu 17 cm Tiefe) zwar für den größeren Teil seines Gartens durchaus in Frage kam, nicht aber für den Streifen hinter dem Gartenhäuschen, wo er – zur Aussaat makrobiotischer Mohrrüben – zwei Zentimeter tiefer graben wollte. Dazu war das Modell „MB 2/alpha" besser geeignet.

[10] Grünes Bestellblatt „ORG-RAT Taschenbuch Standard und Junior" und Broschüre „Anregungen und Beispiele für das Org-Rat Taschenbuch" (kostenlos) anfordern bei: Org-Verlag Mademann, Friedrichstraße 236, 1000 Berlin 61.
[11] K. SCHAEFER, „Die Geschichte eines Mannes, der seinen Garten umgraben wollte." Zuerst abgedruckt in der Zeitschrift „Im Wartezimmer", Sept. 1983.

Da sich die Lieferung der Spaten etwas verzögerte, las er in der Zwischenzeit ein Buch über die Gartenbautechnik der Babylonier, das ihm von einer Versandbuchhandlung zu herabgesetztem Preis angeboten worden war.

Endlich kamen die Spaten an. Liebevoll nahm er sie aus ihrer Umhüllung, ölte die Metallteile sorgfältig ein und beschloß, am nächsten Morgen mit dem Umgraben zu beginnen. „Weck mich bitte um halb sieben", sagte er zu seiner Frau. Sie tat es, kochte ihm ein Ei zum Frühstück, machte ihm eine Thermosflasche mit Kaffee zurecht und packte ein paar Butterbrote ein. Sie wunderte sich, daß er keine Anstalten machte, sich die Schuhe anzuziehen. Er setzte sich vielmehr hin und machte auf Millimeterpapier eine maßstabsgerechte Skizze des Gartens. „Siehst du", sagte er, „jetzt habe ich mir genau mit Datum und Uhrzeit eingezeichnet, wieviel ich jeweils schaffen will; genaue Planung ist nämlich das A und O bei der Arbeit."

Es dauerte etwas länger, bis er sie von der Richtigkeit seiner Ansichten überzeugt hatte, so daß es sich vor dem Mittagessen nicht mehr lohnte, zum Garten zu fahren. Nach dem Mittagsschläfchen sagte er vergnügt zu seiner Frau, daß er sich so richtig kräftig und ausgeruht fühle; die drei Wochen Urlaub hätten ihm doch schon sehr gut getan, und er freue sich sehr darauf, jetzt mit dem Umgraben des Gartens anzufangen.

In diesem Augenblick klingelte das Telefon. Es war sein Freund Willi, der ihn daran erinnerte, daß um 18 Uhr die Jahreshauptversammlung des „Kleingartenvereins Wiesengrund West e. V." sei, dem er vor zehn Tagen beigetreten war. Er bedankte sich für den Hinweis und zog seinen guten Anzug an.

Am anderen Morgen – eigentlich war es schon eher Mittag, denn die Versammlung hatte sich recht lange hingezogen, und er war wegen seiner Kopfschmerzen noch etwas im Bett geblieben – berichtete er seiner Frau stolz, daß man ihn zum Kassierer gewählt habe.

Die nächsten drei Tage waren recht anstrengend: er hatte viele Stunden damit zu tun, zusammen mit seinem Freund Willi die Bücher des Kleingartenvereins zu prüfen, die in großer Unordnung waren.

Eines Abends, es war schon gegen Ende seines Urlaubs, schlug seine Frau ihm vor, den Garten wieder zu verkaufen. „Du kommst ja doch nie dazu, ihn umzugraben, geschweige denn etwas anzupflanzen", sagte sie. Er widersprach ihr energisch und mit Überzeugung. Keinesfalls dürfe man sich jetzt von dem Garten trennen. Er gebe ja zu, daß er mit den ihm zur Verfügung stehenden Werkzeugen der anfallenden Arbeit noch nicht recht Herr geworden sei. „Ich habe aber gelesen", fuhr er fort, „daß in einigen Monaten ein kleiner computergesteuerter Umgrabautomat auf den Markt kommt. Ich habe den Händler schon gebeten, mich zu informieren. Das Gerät soll erstaunlich preiswert sein. Die Anschaffung wird sich sehr schnell bezahlt machen; denk doch nur mal an die Gemüsepreise, die du heute im Laden bezahlen mußt." „Aber du magst doch gar kein Gemüse!" wandte sie ein. „Darum geht es doch gar nicht!" entgegnete er. „Für Kartoffeln oder Blumen oder Petersilie gilt doch genau das Gleiche."

Seine Frau ging schweigend in die Küche und wusch das Geschirr ab.

Unterrichtsvorbereitung

In der einschlägigen Literatur[1] fehlt es nicht an Ratschlägen für die Unterrichtsvorbereitung. Nachdrücklich wird auf die zentrale Bedeutung der gründlichen Vorbereitung für die Effektivität des Unterrichts und für die Achtung, die der Lehrer bei seinen Schülern genießt, hingewiesen.

Angemessene Vorbereitung, so liest man, beschränkt sich nicht auf eine knappe Verlaufsplanung der nächsten Stunde, sondern vollzieht sich in mehreren Stufen. Sie beginnt mit der Aneignung des Stoffes, zunächst noch ohne Blick auf unterrichtliche Verwendung, d. h. mit der Sicherung und Erweiterung des eigenen Wissens und der persönlichen – rationalen und emotionalen – Auseinandersetzung mit der Sache oder dem Thema. Sie fragt dann nach dem pädagogischen Gehalt, nach dem, was an diesem Stoff bildsam ist, und leitet daraus Lehrziele ab. Eine psychologische Besinnung ist ebenfalls Teil der Vorbereitung: Was weiß ich über die bisherige Entwicklung der einzelnen Schüler, ihre häuslichen Verhältnisse und Arbeitsbedingungen, über die gruppendynamische Situation in der Klasse? Die methodische Besinnung schließlich fragt nach den angemessenen Schritten zur Vermittlung des Stoffes. Zu all diesen Überlegungen kommt dann noch der Zwang, äußere Vorgaben und organisatorische Faktoren zu berücksichtigen (z. B. bei der Entscheidung, wieviel Zeit für die Behandlung eines bestimmten Stoffes aufgewandt werden soll).

Hinter dieser knappen, abstrakten Zusammenfassung verbergen sich so viele schwierige Einzelfragen, so viele aufwendige Arbeitsschritte, daß der „normale" Lehrer völlig überfordert wäre, wenn seine Vorbereitung tatsächlich so aussähe, wie die Didaktiker es sich vorstellen. Die Literatur über Unterrichtsplanung wird im allgemeinen für die Lehrer*ausbildung* geschrieben, nicht für den beruflichen Alltag. (Zu

---

[1] Stellvertretend für viele andere seien hier die Bücher „Die Unterrichtsvorbereitung" von Bach und „Leitfaden zur Unterrichtsvorbereitung" von Meyer, die Kapitel „Die Kunst der rechten Vorbereitung" bei Roth (a.a.O. S. 127–138) und „Die Unterrichtsvorbereitung" bei Geissler (a.a.O. S. 289–302) sowie der Aufsatz „Hinweise zur Unterrichtsvorbereitung für Anfänger" von Kramp genannt.

Recht spricht MEYER[2] von „Feiertagsdidaktiken"!) Sie geht stillschweigend davon aus, daß der Lehrer von heftigem erziehungswissenschaftlichem Engagement besessen ist und für die Planung seiner Stunden unbeschränkt Zeit zur Verfügung hat.[3] (Wer sich z. B. GEISSLERS einschlägige Äußerungen[4] so zu Herzen nähme, daß er sie zur Grundlage seiner täglichen Vorbereitung machte, käme mit Sicherheit auf eine so hohe Wochenstundenzahl, daß er GEISSLERS einleitende Bemerkung, beim Lehrer nehme „die Vorbereitung mehr Zeit in Anspruch als die folgende Ausführung", als ein Musterbeispiel verharmlosender Untertreibung ansehen müßte. Dabei würde schon die Formulierung „genauso viel" genügen, um diese Forderung rein rechnerisch ad absurdum zu führen: schließlich kommen zum Unterricht und seiner Vorbereitung auch noch Korrekturen, Verwaltungsaufgaben, Konferenzen usw. hinzu – und mit welchem Recht will man erwarten, daß ein Lehrer eine wesentlich höhere Zahl an wöchentlichen Arbeitsstunden ableistet als andere Berufsgruppen?)

Es überrascht deshalb nicht, daß schon kurze Zeit nach der Pädagogischen Prüfung die während der Ausbildung eingeübten Planungsschemata in Vergessenheit geraten.[5] Das ist verständlich und in gewisser Weise auch vernünftig – sofern das Pendel nicht so weit zurückschwingt, daß man didaktische Fragen völlig verdrängt, sich im Bereich der Methodik ausschließlich auf die inzwischen erworbene Routine verläßt und insgesamt nur noch danach strebt, mit Anstand über die Runden zu kommen. (Selbst dazu ist übrigens – jedenfalls im Oberstufenunterricht – bereits ein beträchtliches Maß an Vorbereitung nötig!)

Hier soll – wie auch aus vorangegangenen Kapiteln schon deutlich geworden sein dürfte – keinesfalls einer spöttischen Theoriefeindlichkeit das Wort geredet werden.

Es geht vielmehr darum, die für die Vorbereitung verfügbare Zeit möglichst effektiv und ökonomisch zu nutzen; und das heißt, im Rahmen der überwiegend *lehrer*zentrierten Zielsetzung dieses Buches, tatsächlich zunächst einmal ganz bescheiden: sie so zu nutzen, daß man ein einigermaßen gutes Gewissen haben kann und nicht unangenehm auffällt. Wenn durch die Ökonomisierung Freiräume geschaffen werden für die gelegentliche vertiefende Beschäftigung mit Fra-

---

[2] A.a.O. 179.

[3] Vgl. FUHR a.a.O. 25; MEYER a.a.O. 172.

[4] A.a.O. 289ff.

[5] MEYER a.a.O. 177 und 179f.

gen, die über das zum „Überleben" Notwendige hinausgehen: um so besser!

Im folgenden soll der Begriff „Unterrichtsvorbereitung" sehr weit definiert werden. Er umfaßt
- die permanente Vorbereitung (d. h. z. B., daß man in seinen Fächern auf dem laufenden bleibt),
- die langfristige Vorbereitung (Stoffsammlung für ein ganzes Schuljahr; Planung eines Semesterkurses in der Oberstufe),
- die mittelfristige Vorbereitung (z. B. Vorbereitung einer Unterrichtseinheit) und
- die kurzfristige Vorbereitung (Vorbereitung der Einzelstunde).

Um die Unterrichtsvorbereitung ökonomisch zu gestalten, empfiehlt es sich, bestimmte Gesichtspunkte zu beachten. Man sollte

☞ 1   – bei der Planung Prioritäten setzen und sich bei der Durchführung daran halten,

☞ 3   – zügig Entscheidungen treffen,

☞ 6   – delegieren,

☞ 11 – sich vor Perfektionismus hüten,

☞ 13; 12 – Arbeitszeit bevorzugt in Dinge investieren, die mehrfach nutzbar sind oder von denen man sich eine langfristige Wirkung verspricht,

☞ 28 – vorhandenes Material übersichtlich ordnen, erfassen und aufbewahren,

☞ 29 – spontane Einfälle sofort festhalten.

Permanente Vorbereitung

Als Lehrer braucht man zwar Improvisationstalent, aber „letztlich kann man aus dem Ärmel nur herausschütteln, was man zuvor hineingesteckt hat."[6] Dieses „In-den-Ärmel-Hineinstecken" ist es, was wir unter permanenter Vorbereitung verstehen wollen.

Bei diesem Hinweis lassen wir es zunächst bewenden; im Kapitel „Fortbildung" wird die permanente Vorbereitung dann ausführlicher behandelt.

Langfristige Vorbereitung

Verglichen mit der permanenten Vorbereitung, die man als indirekt und unspezifisch bezeichnen kann, ist die langfristige Vorbereitung

---

[6] BACH a.a.O. 153.

wesentlich gezielter. Man „legt Vorräte an" für einen bestimmten
Zeitraum (ein halbes oder ein ganzes Jahr) – Vorräte, von denen man
annimmt, daß sie tatsächlich benötigt werden.

In manchen Fächern liegt der im Unterricht zu behandelnde Stoff
weitgehend fest, so daß der Lehrer „nur" noch die Aufgabe hat, sich
das erforderliche Wissen anzueignen, Materialien zu besorgen, organisatorische Voraussetzungen zu schaffen, einen Terminplan zu erstellen usw. In anderen Fächern kommt noch die „Qual der Auswahl"
hinzu: didaktische Vorentscheidungen müssen getroffen werden,
Schülerwünsche wollen berücksichtigt werden.

Das Einarbeiten in u. U. völlig neue Sachgebiete stellt – jedenfalls
wenn es um den Unterricht in der Oberstufe geht – eine ganz
erhebliche Mehrbelastung dar. Es ist deshalb zweifellos ein Gebot der
☞ 13   Ökonomie, so weit wie möglich auf bereits Bekanntes, in der Vergan-
genheit schon einmal Durchgenommenes zurückzugreifen. Man darf
dieses Prinzip aber nicht verabsolutieren: es gibt gute Gründe dafür,
ab und zu etwas völlig Neues zu erarbeiten, auch wenn man nicht
durch   Lehrbuchwechsel,   Richtlinienänderungen,   Fachkonferenzbeschlüsse o. ä. dazu gezwungen wird. Wenn die Frische der persönlichen Begegnung mit einem an sich reizvollen Gegenstand – z. B.
einem Gedicht, einem Musikstück, einem Roman – sich abgenutzt hat,
leidet die Qualität des Unterrichts, weil es dem Lehrer kaum noch
gelingt, seine Schüler für etwas zu begeistern, was ihn selbst längst
gleichgültig läßt. Routine ist gewiß wertvoll, aber sie darf nicht zur
Erstarrung führen. Das gilt nicht nur für die Auswahl der Stoffe,
sondern auch für die Methoden.

Wenn die Fragen nach dem „Was" beantwortet sind, müssen Entscheidungen über das „Wann" getroffen werden. Dieser Aspekt der langfristigen Planung, die Aufstellung eines realistischen Terminplanes, wird
häufig vernachlässigt – nicht zuletzt deshalb, weil andere es kaum
merken. Das führt dazu, daß Wesentliches ungetan bleibt, manche
Unterrichtsstunde mit Nebensächlichem gefüllt wird und am Ende
des Schuljahres unter Umständen ein erheblicher Rückstand zu verzeichnen ist, den man dann mit allerlei Ausflüchten zu erklären oder
zu beschönigen versucht.

☞ 20   Es erleichtert das Planen sehr, wenn man dafür geeignete Disposi-
tionsblätter benutzt. Da das Schuljahr nicht mit dem Kalenderjahr
identisch ist, muß man sie selbst anfertigen. Man braucht dazu zwei
jener DIN-A-4-Kalenderblätter, die auf der Vorderseite für Januar bis
Juni, auf der Rückseite für Juli bis Dezember eine kleine Spalte für
jeden Tag haben: eines für das laufende Kalenderjahr, eines für das

nächste (in Schreibwarengeschäften sind sie frühzeitig zu bekommen). Diese Blätter zerschneidet man und klebt sie so zusammen, daß ein Vormerkkalendarium für das gesamte kommende Schuljahr (oder wenigstens für ein Halbjahr) entsteht. Ferien, Feiertage, freie Sonnabende u. ä. werden durchgestrichen; desgleichen werden Zeiten voraussichtlicher Abwesenheit (z. B. Termine von Fortbildungskursen, Landheimaufenthalte o. ä.) markiert. Von dem so vorbereiteten Original macht man sich etliche Fotokopien – für jede Klasse mindestens eine; zusätzlich eine für die Klassenarbeitsplanung.

Die Stoffverteilungsplanung für eine Klasse beginnt dann damit, daß man auf dem Dispositionsblatt alle Tage markiert, an denen man voraussichtlich dort unterrichten wird. (Falls man in der gleichen Klasse mehr als ein Fach unterrichtet, nimmt man pro Fach ein eigenes Blatt.) Man legt provisorisch fest, in welcher Reihenfolge und wie lange man die einzelnen Themen behandeln will, und trägt diese Grobeinteilung mit Bleistift auf dem Dispositionsblatt ein. In Fächern, bei denen es eine bestimmte Anzahl von Lektionen in einer festgelegten Reihenfolge durchzuarbeiten gilt (wie z. B. im Fremdsprachenunterricht), ist das Erstellen (und später auch das Befolgen) dieses Plans nicht schwer, besonders wenn man schon einmal mit dem betreffenden Buch gearbeitet hat und weiß, welche Kapitel sich erfahrungsgemäß als schwierig erweisen und deshalb etwas länger behandelt werden sollten. In Fächern, bei denen das Lehrbuch diese Stützkorsettfunktion nicht hat, und vor allem in der Oberstufe, wo der Lehrer größere Freiheit bei der Zielsetzung der Kurse und der Auswahl des Unterrichtsmaterials hat, ist es schwieriger, den Zeitbedarf für einzelne Stoffe und Themen abzuschätzen; man sollte es aber trotzdem zumindest für ein Vierteljahr versuchen, weil man sonst ständig „von der Hand in den Mund" lebt, zu lange bei bestimmten Dingen verweilt und andere, ebenso wichtige dann nicht mehr schafft.

Für die Aufstellung des Klassenarbeitsplans nimmt man ebenfalls eines der fotokopierten Halbjahresdispositionsblätter. Man notiert zunächst auf einem Zettel, wieviele Arbeiten in den Klassen, die man hat, im Jahr geschrieben werden müssen, und beschließt, wieviele davon im ersten Halbjahr erledigt werden sollen. Dann verteilt man die Arbeiten einigermaßen gleichmäßig auf die zur Verfügung stehenden Wochen. Selbstverständlich muß ein solcher Plan flexibel sein: Es werden immer einmal einzelne Arbeiten verschoben werden müssen, wenn stoffliche oder organisatorische Schwierigkeiten auftreten. Aber erstens ist ein Plan, den man gelegentlich korrigieren muß, besser und nervenschonender als gar kein Plan, und zweitens kann man bei

rechtzeitiger Planung auch dafür sorgen, daß man den Klassenarbeits-
raum (sofern vorhanden) benutzen kann und daß man nicht von
Kollegen auf ganz ungünstige Termine abgedrängt wird (z. B. weil
eine Klasse nicht mehr als drei Arbeiten in einer Woche schreiben
darf, die Kollegen sich aber schon vorher eingetragen hatten.)
Ebenfalls zur langfristigen Planung gehört, daß man den Halbjahres-
plan des Schulfunks prüft und die Aufnahme nützlicher Sendungen
vormerkt.
Wenn das Schuljahr bereits begonnen hat, ist es meistens recht
schwierig, neben der zwingend notwendigen kurzfristigen Vorbereitung auch noch die Zeit für die langfristige Planung zu finden. Es ist
deshalb empfehlenswert, die relative Ruhe der Ferien auszunutzen,
um schon einige Dinge zu erledigen, die Zeit und Konzentration
erfordern. Viele Kollegen haben zwar den verständlichen Wunsch,
während der Ferien einmal völlig „abzuschalten" – aber vielleicht läßt
sich ja doch ein freundlicher Kompromiß schließen. Wie wäre es z. B.,
wenn Sie den langen Roman, den Sie im nächsten Jahr mit der
13. Klasse lesen wollen, ins Reisegepäck stecken, am Strand jeden Tag
in Ruhe zehn Seiten lesen und sich dabei schon Notizen über
Leitfragen, Referat, Hausaufgabenthemen usw. machen?

Mittelfristige Vorbereitung

Wer seinen Schülern bei der Vorbereitung immer nur um eine
Nasenlänge (sprich: eine Buchseite) voraus ist, wer – wie Anfänger es
häufig tun – wie ein hypnotisiertes Kaninchen auf die Einzelstunde
starrt, anstatt in größeren Einheiten zu denken, setzt leicht falsche
Schwerpunkte und wird kaum die nötige Flexibilität entwickeln
können, um trotz aller Unsicherheitsfaktoren, die den Schulalltag oft
unvorhersagbar machen, am Ende das geschafft zu haben, worauf es
wirklich ankam.
Die mittelfristige Vorbereitung muß einen komplexen Unterrichtsgegenstand so weit „kleinarbeiten", daß die vielen denkbaren Lehrziele
nach Prioritäten geordnet werden. Sie muß sicherstellen, daß ein
Großteil der zur Verfügung stehenden Zeit (bezogen auf den Gesamt-
zeitraum – nicht unbedingt auf jede einzelne Stunde!) für A-Aufgaben
und nicht für weniger wichtige B- oder gar C-Aufgaben verwendet
wird.
Das „Kleinarbeiten" besteht großenteils aus handwerklich-solider Pla-
nungstätigkeit, die systematisch schriftlich am Schreibtisch erledigt

werden muß. Es hat aber auch andere Aspekte, die eher in den Bereich der Psychologie, der Kreativität gehören.

Einfälle, wie man eine Stunde gestalten oder ein Problem veranschaulichen kann, kommen oft unerwartet – beim Spazierengehen, in der Badewanne, abends vor dem Einschlafen. Aber sie kommen nur dann, wenn man dem Unterbewußtsein vorher eine Chance gegeben hat, sich mit der Materie zu beschäftigen. Man muß der eigenen Kreativität ein wenig Zeit lassen, muß Anregungen aufnehmen und mit Möglichkeiten spielen; muß vielleicht auch einmal mit dem Ehepartner oder mit einem Kollegen über die Dinge gesprochen haben. Man kann gute Ideen nicht kurzfristig (d. h. im Rahmen der Planung für den nächsten Tag) erzwingen. Das ist einer der Gründe, die für die Wichtigkeit der mittelfristigen Planung sprechen.

Am Beispiel des Englischunterrichts soll kurz gezeigt werden, welche Einzelüberlegungen bzw. -aktivitäten der mittelfristigen Planung zugeordnet werden können:

Was sagt das Lehrerhandbuch über die inhaltlichen (z. B. landes- oder kulturkundlichen) Lehrziele der UNIT? Habe ich möglicherweise noch interessantes Zusatzmaterial (Realien, Zeitschriftenartikel, Kassettenaufnahmen)? Welches sind die lexikalischen und grammatischen Lernziele? Wird es nötig sein, mit den Schülern vorbeugend bestimmte Strukturen zu wiederholen, von deren sicherer Beherrschung das Verständnis des neuen Stoffes abhängt? In welchen Texten, welchen Übungen werden die neuen Strukturen behandelt? Was bietet das WORKBOOK? Besitzt die Schule lektionsbezogene Wandbilder/Tonaufnahmen/Sprachlaborprogramme? Werde ich Zeit genug haben, um a l l e Texte und Übungen der UNIT durchzunehmen? Wenn nicht: welche von ihnen sind als fakultativ gekennzeichnet? Welche würden sich zu kursorischer Kenntnisnahme (als Hör- oder Leseverständnismaterial) anbieten, welche müssen auf jeden Fall gründlich erarbeitet werden?

Auch die „Einrichtung" des Buches erfolgt zweckmäßigerweise im Rahmen der mittelfristigen Vorbereitung, und zwar so, daß die einmal geleistete Arbeit sich jahrelang immer wieder als nützlich erweist. Man unterstreicht alle neuen Vokabeln der UNIT und – in einer anderen Farbe – alle Beispielfälle für die einzuführenden grammatischen Besonderheiten. In manchen Fällen empfiehlt es sich, den genauen Wortlaut des betreffenden Grammatikparagraphen an den unteren oder oberen Rand zu schreiben. Außerdem kann man am Rande der Zeile Definitionen bestimmter Wörter notieren. Beim Titel

☞ 13

der Texte vermerkt man die zugehörige Seitenzahl des Vokabelverzeichnisses; außerdem steht dort ggf. der Hinweis „Kassette" oder „Wandbild".

☞ 6   Mittelfristige Vorbereitung eignet sich gut für kollegiale Zusammenarbeit. Eine Bekannte von mir, die an der Grundschule unterrichtet, wechselt sich mit ihrer Kollegin bei der Vorbereitung von Unterrichtseinheiten ab: einmal ist sie für die Planung verantwortlich – d. h. für die vorläufige Verteilung des Stoffes auf die Einzelstunden, für die Prüfung des Lehrerhandbuches und anderer Literatur auf methodische Anregungen hin, für die Anfertigung von Arbeitsblättern und Testbögen, ggf. auch für den Entwurf einer Klassenarbeit –, einmal ihre Freundin. (Die beiden unterrichten in Parallelklassen; sie haben es sogar so einrichten können, daß sie nebeneinanderliegende Klassenräume haben. Ab und zu besuchen sie sich gegenseitig und informieren sich, ob der Plan auch funktioniert.)

Abschließend sei noch ein Bereich erwähnt, der eigentlich nicht zur Unterrichtsvorbereitung im engeren Sinne gehört: die gezielte Leistungskontrolle. Am Ende des Halbjahres sollte man von allen Schülern eine hinreichend große Zahl von Zensuren im Notizbuch stehen haben – und diese Zensuren fallen nicht vom Himmel. Man muß sich rechtzeitig überlegen, wen man in welcher Stunde bei welcher Leistung überprüfen will, und dafür sorgen, daß nicht einige Schüler hinsichtlich der Häufigkeit und Schwierigkeit der mündlichen Leistungskontrollen deutlich benachteiligt werden, während andere weitgehend unbehelligt durch das Netz schlüpfen. Solche Unausgewogenheiten lassen sich nur vermeiden, wenn man nicht erst bei der Vorbereitung der Einzelstunde an das Problem der Notengebung denkt, sondern bereits bei der mittelfristigen Planung.

Kurzfristige Planung

Geben wir es ruhig zu: gelegentlich bereiten wir uns n i c h t vor. Vielleicht hat die Party vom Abend zuvor noch nachhaltig negative Auswirkungen auf unsere Konzentrationsfähigkeit. Vielleicht machen uns Haushalts- oder Familienprobleme zu schaffen. Vielleicht liegt es auch daran, daß wir die gesamte verfügbare Zeit in die Vorbereitung e i n e r Stunde investiert haben (sei es, weil die stofflichen Schwierigkeiten größer waren als erwartet; sei es, weil wir in jener Klasse immer ums Überleben fürchten müssen, wenn wir uns nicht ein paar besonders pfiffige Tricks einfallen lassen), so daß für die anderen Klassen keine Zeit mehr übrigbleibt.

Totales Unvorbereitetsein ist zweifellos hin und wieder unvermeidlich. Es ist aber nicht zu empfehlen. Ein paar Notizen sollte man sich schon machen. MEYER nennt auf die Frage, was man sich unbedingt aufschreiben sollte, folgende Punkte:[7] den geplanten Einstieg, die vorgesehenen Unterrichtsschritte, eine grobe Zeiteinteilung[8] für diese Schritte und wichtige organisatorische Regelungen. Nicht nur für den Anfänger, sondern auch für den routinierten Lehrer dürfte dies das Minimum darstellen.

Wohin nun mit den Notizen? Der gelegentlich zu lesende Vorschlag, die einzelnen Unterrichtsschritte auf Kärtchen zu schreiben,[9] die man nacheinander abheben, erledigen und wieder unter den Stapel schieben kann, dürfte für die Alltagspraxis kaum in Frage kommen: zum einen wird dieses Verfahren recht teuer; zum anderen hat es den Nachteil, daß man nicht mit einem Blick die gesamte Stundenplanung überschaut, sondern immer nur einen Teil. Auch die Verwendung jener Raster, die manchmal während der Ausbildungszeit empfohlen werden (mit getrennten Spalten für Zeit, Lernziele, Lernschritte, Sozialformen, Medien o. ä.) ist i. a. zu aufwendig. Die meisten Lehrer benutzen einen Zettel mit Stichworten, den sie ins Lehrbuch legen.

Meine eigene Praxis sieht so aus, daß ich meine Stundenvorbereitungen auf DIN-A4-Blätter schreibe, deren rechte Hälfte bereits die ☞ 20 alphabetische Namenliste der jeweiligen Klasse enthält. (Ich schreibe am Jahresanfang die entsprechenden Matrizen und mache so viele Abzüge, wie ich vermutlich benötigen werde.) Das hat einige Vorteile:

– Besonders am Schuljahresanfang, wenn ich die Schüler noch nicht kenne, hilft mir der häufige Blick auf die Liste, mir die Namen einzuprägen.

– Ich kann schneller und verläßlicher kontrollieren, wer fehlt.

[7] A.a.O. 61.

[8] Ein minutiöses Einhalten des Zeitplanes garantiert noch keine gute Stunde, zumal es oft nur durch das Abwürgen von Schülerimpulsen erreicht wird. Darauf weist auch MEYER (a.a.O. 69) hin. Er verteidigt aber gleichzeitig die grundsätzliche Notwendigkeit der Zeitplanung und nimmt in diesem Zusammenhang eine nützliche Unterteilung der verschiedenartigen Unterrichtsschritte hinsichtlich des Grades der Vorhersagbarkeit des Zeitbedarfs vor (a.a.O. 70).

[9] Z. B. DAWSON a.a.O. 8.

– Ich kann während der Stunde rasch und unauffällig neben den Schülernamen kleine Notizen über Beteiligungsintensität, mündliche Leistungen, vergessene Hausaufgaben u. ä. machen. (Ich hebe diese Zettel, nach Daten geordnet, auf. Am Ende des Halbjahres helfen sie mir beim Zensurengeben; sie ersetzen das übliche „Notenbüchlein".

– Ein A-4-Blatt bietet hinreichend Platz auch für ausführlichere Formulierungen (was z. B. bei der Vorbereitung von Oberstufenstunden hin und wieder nötig ist); es ist auch „schreibmaschinengerecht", und da ich mit der Maschine wesentlich schneller schreibe als mit der Hand, ist das für mich ebenfalls ein Auswahlkriterium.

☞ 13 – Die einmal hergestellten Listen lassen sich natürlich auch für viele andere Zwecke gut verwenden: bei der Korrektur von Klassenarbeiten (Fehlerzahlen notieren u. ä.); beim Einsammeln von Geldern, Arbeitsheften, ausgeliehenen Büchern; beim Notieren von Telefonnummern und Adressen usw.

Das einzelne Blatt klemme ich jeweils auf ein Klemmbrett; auf diese Weise kann es nicht herumflattern, und ich habe immer eine feste Schreibunterlage.

Letztlich ist es natürlich von untergeordneter Bedeutung, auf welche Art von Zetteln Sie Ihre Verlaufsplanung schreiben. Wichtiger ist die Frage, wie sich die Einzelstunden so ökonomisch wie möglich vorbereiten lassen. Welche Prinzipien können uns helfen, ein optimales Verhältnis von Aufwand und Ergebnis zu erzielen und aus der zur Verfügung stehenden Vorbereitungszeit so viel wie möglich herauszuholen?

☞ 11 An erster Stelle muß die *Warnung vor Perfektionismus* stehen. Sobald ich ein bestimmtes Mindestmaß von Vorbereitung in eine Stunde investiert habe, bringt jeder weitere Aufwand zwar eine Qualitätssteigerung, aber diese Qualitätssteigerung wird zunehmend unerheblicher. Wenn ich bereits eine ganze Stunde mit der Vorbereitung einer einzigen Mittelstufen-Unterrichtsstunde zugebracht habe und jetzt eine weitere Stunde damit zubringe, also den Aufwand um 100 Prozent erhöhe, ist es gut möglich, daß die Qualität der Unterrichtsstunde nur noch um drei oder vier Prozent steigt. Lohnt sich das? Allenfalls für Referendare, die vor einer entscheidenden Lehrprobe stehen!

Ein konkretes Beispiel möge diese Problematik weiter verdeutlichen. Nehmen wir an, ich habe eine Englischstunde in Klasse 11 vorzubereiten. Wir lesen zur Zeit einen Roman, den ich im vergangenen Jahr schon mit einer anderen Klasse gelesen habe.

Eine gründliche, nahezu perfekte Vorbereitung könnte etwa so aussehen:

Ich lese das Kapitel, das ich aufgegeben habe, genauestens durch; schlage Wörter nach und schreibe mir einige Definitionen ins Buch, damit ich ohne Zögern optimal auf Vokabelfragen Antwort geben kann. Da ich den Schülern eine schriftliche Inhaltsangabe des Kapitels aufgegeben habe, schreibe ich selbst eine, übertrage sie auf Matrize und vervielfältige sie, um so den Schülern genau zeigen zu können, worauf es ankommt. Ich lese den Artikel in der Fachzeitschrift, der eine Interpretation des Romans enthält, noch einmal durch. Ich notiere mir Leitfragen für die Besprechung und formuliere die nächste Hausaufgabe vor. Außerdem prüfe ich die zehn oder zwölf Haushefte von Schülern, die ich mir beim vorigen Mal mitgenommen hatte, gewissenhaft durch und kommentiere sie eingehend.

Eine „Minimallösung" dagegen würde so aussehen, daß ich – in etwa fünf Minuten – das Kapitel einmal überfliege. – Am Anfang der Unterrichtsstunde lasse ich die Schüler sich gegenseitig „Kettenfragen" ☞ 6 zu Einzelheiten des Kapitels stellen und höre mir anschließend zwei oder drei der schriftlichen Inhaltsangaben an. In dieser Zeit – in der ich selbst ins Buch sehen kann (während die Schüler ihre Bücher geschlossen haben) – kann ich mich wieder detailliert mit dem Inhalt vertraut machen, so daß es mir möglich ist, das anschließende Gespräch so zu führen, daß ich mich nicht bloßstelle. Ich wage zu behaupten: Die Schüler würden nichts merken – jedenfalls nicht dieses eine Mal. Natürlich funktioniert so etwas nur, wenn bestimmte Bedingungen gegeben sind. Man muß sicher sein dürfen, daß die Schüler vorbereitet sind und ihre Hausaufgaben gemacht haben; der Stoff darf nicht allzu schwierig sein (in unserem Falle waren noch Erinnerungsreste vom vergangenen Jahr da); der Lehrer muß genügend fremdsprachliche Gewandtheit und methodische Routine besitzen.

Um keine Mißverständnisse aufkommen zu lassen: Ich will diese „Minimallösung" keineswegs e m p f e h l e n . Es müßte schon ein besonderer Glücksfall sein, wenn eine gute Stunde dabei herauskäme. (Die Stunde wird aber auch nicht schlechter als „ausreichend" werden, sofern die anderen Voraussetzungen stimmen – fachliches Können, methodische Gewandtheit und pädagogisches Geschick des Lehrers; vernünftige mittelfristige Planungsarbeit; gutwillige Schüler.) Es geht mir nur darum, ganz deutlich auszusprechen, daß der gewaltige Mehraufwand (schätzungsweise dreißig bis vierzig mal so viel Zeitverbrauch!!) bei der oben beschriebenen supergründlichen Vorbereitung wahrscheinlich nur eine „Profitsteigerung" von vielleicht 15 – 20 Prozent bringen würde – wobei unter „Profit" hier der Lernzuwachs der Schüler und die positiven Auswirkungen auf ihre Motivation verstanden werden sollen.

Wie ergiebig ein Mehraufwand im Bereich der s t o f f l i c h e n Vorbereitung ist, hängt natürlich in hohem Maße von der Klasse ab, mit der wir es zu tun haben. Eine Kollegin – sie unterrichtet Physik – erzählte mir von einem Oberstufen-Leistungskurs, in dem zwei Schüler sind, die sich seit Jahren privat mit physikalischen Problemen befassen; der Vater einer anderen Schülerin ist Physikprofessor an der Universität; die übrigen Kursteilnehmer sind, wenn auch nicht ebenso leistungsstark, so doch auf jeden Fall interessiert und arbeitswillig. In einem solchen Falle erwarten die Schüler von der Lehrerin sachliche Kompetenz und präzise Vorbereitung – und honorieren sie auch. Auf der anderen Seite gibt es Klassen, die so ablehnend und uninteressiert sind, daß jeder über ein gewisses Mindestmaß hinausgehende Mehraufwand an stofflicher Vorbereitung Zeitverschwendung wäre, weil er überhaupt nicht zum Tragen käme. Hier wäre die zur Verfügung stehende häusliche Arbeitszeit sicher besser investiert, wenn man sich den Verlauf der Stunde sehr gründlich überlegte und durch organisatorische Kniffe sicherstellte, daß die Disziplinprobleme in erträglichen Grenzen bleiben – oder wenn man durch eingehende Beschäftigung mit den Hausaufgaben einzelner Schüler persönliches Interesse signalisierte und versuchte, allmählich tragfähige menschliche Beziehungen aufzubauen.

☞ 15   Auch die Beherzigung des Prinzips, möglichst oft *mehrere Dinge zur gleichen Zeit* geschehen zu lassen, kann indirekt zur Ökonomisierung der Unterrichtsvorbereitung beitragen.

Bei der weiter oben skizzierten „Minimallösung" wurde deutlich, daß jene Strecken einer Unterrichtsstunde, in denen sich der Lehrer nicht selbst „produziert", sondern nur die Aktivitäten der Schüler beobachtend begleitet, ihm zeitliche Freiräume schaffen. Besonders die sogenannten Stillarbeitsphasen verdienen in diesem Zusammenhang Beachtung. Gewiß – der perfekte, gewissenhafte und stets optimal vorbereitete Lehrer benutzt sie ausschließlich dazu, seine Blicke mit väterlichem Wohlwollen in der Klasse umherschweifen zu lassen, langsam von Schüler zu Schüler zu wandern, individuelle Hilfen zu geben, Hausaufgaben zu überprüfen, Eintragungen ins Klassenbuch zu machen oder allenfalls schon die Hausaufgabe zur nächsten

Stunde an die Tafel zu schreiben. Wir anderen, weniger perfekten Pädagogen jedoch sind dankbar, daß wir während dieser Minuten Gelegenheit haben, uns die Details des weiteren Stundenverlaufs (den wir zu Haus möglicherweise nur in sehr groben Umrissen notiert haben) zu überlegen. In Ausnahmefällen ist es sogar möglich – wenn auch natürlich keinesfalls zu empfehlen! –, eine Stillarbeitsphase in der einen Klasse zur Vorbereitung auf den Unterricht in einer anderen Klasse zu benutzen.

Da wir gerade über Ausnahmefälle sprechen: Hier ist noch ein kleiner Trick, mit dessen Hilfe Sie das Gesicht wahren können, wenn Sie einmal völlig unvorbereitet in den Unterricht gehen müssen. Fordern Sie einen Schüler auf, den Inhalt der letzten Stunde zusammenfassend wiederzugeben; lassen Sie seine knappen Ausführungen ggf. durch Klassenkameraden ergänzen und berichtigen. Dadurch gewinnen Sie eine Atempause, in der Ihnen die Einzelheiten der vergangenen Stunde wieder ins Gedächtnis kommen und in der Sie sich etwas Sinnvolles für die nächsten Minuten überlegen können. Gleichzeitig erhalten Sie eine nützliche Rückmeldung darüber, wie klar den Schülern der Stoff geworden ist. (Im Englisch- oder Französischunterricht schaffen Sie auf diese Weise auch einen sinnvollen Sprechanlaß zur Benutzung der Fremdsprache und tragen dazu bei, das Verhältnis von Schülersprechzeit zu Lehrersprechzeit in dieser Stunde günstig zu beeinflussen.)

Das Streben nach *Mehrfach–Benutzbarkeit* hilft ebenfalls, das Aufwand-Wirkung-Verhältnis bei der Stundenvorbereitung günstiger zu gestalten. Wer z. B. mehrere Klassen der gleichen Jahrgangsstufe unterrichtet, wird es einzurichten versuchen, daß er möglichst oft in allen Klassen die gleiche Stunde geben kann. (Wer die Schreibmaschine benutzt, kann die Verlaufsplanung für Klasse A gleich mit Durchschlägen für die Klassen B und C schreiben.) Natürlich werden die Stunden niemals hundertprozentig identisch sein, denn erstens lassen sich die Reaktionen der Schüler nie genau vorhersagen, und zweitens möchte man aufgrund der Erfahrungen in der ersten Stunde vielleicht selbst den einen oder anderen Punkt ändern. Aber die Zeitersparnis, die diese Form von Rationalisierung einbringt, ist so beträchtlich, daß es sich auf jeden Fall lohnt, die nötigen Voraussetzungen dafür zu schaffen, sofern sie noch nicht gegeben sind: z. B. in der einen Klasse, die im Buch schon etwas weiter ist, etwas langsamer vorzugehen und zusätzlichen fakultativen Stoff zu behandeln, bis beide Klassen den gleichen Stand erreicht haben.

Das Aufheben von Stundenvorbereitungszetteln zur Wiederverwendung in späteren Jahren lohnt sich meiner Erfahrung nach nur selten: erstens, weil das Ordnen, Abheften, Aufbewahren und Wiederdurchlesen dieser Papierberge ziemlich viel Zeit verschlingt, zweitens, weil Vorbereitungszettel mancherlei enthalten, was nur für den einmaligen Gebrauch bestimmt ist („Nachgeholte Hausaufgabe bei Angelika überprüfen!" / „Hinweis auf Fernsehfilm Dienstag abend"), und drittens, weil man in einer Unterrichtsstunde oft mehrere verschiedene Dinge behandelt, die wahrscheinlich niemals wieder in der gleichen Zusammenstellung auftreten werden.

Manchmal ist es allerdings sinnvoll, Teile der Unterrichtsvorbereitung nachträglich sauber auf einen anderen Zettel zu übertragen (z. B.: Leitfragen zur Interpretation einer Kurzgeschichte / das Tafelbild mit dem Lösungsansatz eines mathematischen Problems) und diesen dann dort aufzubewahren, wo er hingehört – im Falle der Kurzgeschichteninterpretation z. B. im Ordner „Autoren", in dem sich, alphabetisch nach Verfassernamen geordnet, im Laufe der Jahre solche und andere Papiere zu im Unterricht gelesener Literatur sammeln.

☞ 28

Zum Abschluß dieses Kapitels möchte ich nachdrücklich betonen, daß ich es nicht als ein Zeichen von Tüchtigkeit ansehe, wenn ein Lehrer versucht, grundsätzlich mit möglichst wenig Vorbereitung auszukommen. Ökonomische, effiziente Stundenvorbereitung ist kein Synonym für „Minimalvorbereitung". Aber jeder kann einmal in die Lage kommen, unvorbereitet oder mangelhaft vorbereitet in den Unterricht gehen zu müssen, möglicherweise ohne eigenes Verschulden (z. B. wegen plötzlicher Stundenplanänderungen oder häuslicher Schwierigkeiten), und deshalb lohnt es sich, rechtzeitig Überlegungen darüber anzustellen, wie man in einer solchen Situation mit Anstand überleben kann.

Wichtig ist auch die Erkenntnis, daß es wesentlich leichter ist, den Aufwand für die Vorbereitung der Einzelstunden erträglich zu halten, wenn man vorher – bei der permanenten, langfristigen und mittelfristigen Vorbereitung – ein solides Fundament errichtet hat.

Klassenarbeiten und Klausuren

Ein rundum unangenehmes Thema!
Viele bittere Dinge sind schon über die Schwächen der schulischen
Leistungsbeurteilung gesagt worden, über die unguten Auswirkungen
ständigen Prüfungsdrucks auf die Schüler, über die Problematik der
Ziffernzensuren.[1] Selbst brave, erlaßgläubige, von keines unbotmäßigen Gedankens Blässe angekränkelte Lehrer werden gelegentlich von
leisen Zweifeln an der gruppenübergreifenden Gültigkeit jener Noten
heimgesucht, die sie jahraus, jahrein in Hunderte von Heften schreiben.
Aber es ist nicht nur die Sorge um Gerechtigkeit, die viele Lehrer über
Klassenarbeiten klagen läßt; es ist auch der Unmut darüber, daß die
(oft wenig erfreuliche) Beschäftigung mit ihnen einen unangemessen
hohen Anteil ihrer Gesamtarbeitszeit einnimmt. Besonders die komplexen Klausuren, die in der gymnasialen Oberstufe geschrieben
werden, erzwingen einen geradezu grotesken Arbeitsaufwand. (In den
anderen Klassenstufen – und im Grundschulbereich ohnehin – spielt
dieses Problem eine geringere Rolle, obwohl die Schülerzahl größer
und die Zahl der im Jahr zu schreibenden Arbeiten höher ist: Klassenarbeiten jüngerer Schüler sind einfach wesentlich schneller zu korrigieren.)
In diesem Kapitel soll es nicht um Grundfragen der Leistungsmessung
gehen. Wir werden uns weder mit den bekannten drei Forderungen
nach „Objektivität, Validität und Reliabilität" auseinandersetzen noch
mit dem Schlagwort „Leistungdruck". Wir werden uns vielmehr ausschließlich mit der Frage beschäftigen, wie man als Lehrer effizient
und ökonomisch die Belastung bewältigt, die Klassenarbeiten und
Klausuren mit sich bringen. Dabei wird der Hauptakzent – aus dem
oben genannten Grund – auf den Klausuren der Oberstufe (einschließlich der Abiturarbeit) liegen.

---

[1] Wer ausgewogene und konstruktive Informationen und praktische Ratschläge zum Thema „Zensuren und Zeugnisse" sucht, findet sie in dem gleichnamigen Buch von GÖLLER. Wer engagierte Plädoyers gegen die Ziffernzensuren lesen möchte, sei auf SINGER und ZIEGENSPECK verwiesen.

Die folgenden Hinweise gliedern sich in vier Blöcke: „Vor der Klausur", „Am Tage der Klausur", „Korrigieren und Bewerten" und „Abschließende Arbeiten."
Manche Punkte werden nur knapp in Stichworten angedeutet; andere werden etwas eingehender erläutert.
Die Hinweise beziehen sich auf Klausuren in Fächern, in denen es um T e x t e geht (Deutsch, Fremdsprachen, Gemeinschaftskunde u. ä.); für naturwissenschaftliche Fächer mögen andere Erwägungen vorrangig sein.

I. Vor der Klausur

1.1 Zahl und Dauer der zu schreibenden Klausuren

Die Zahl der zu schreibenden Klausuren ist weitgehend durch Erlaß geregelt; immerhin gibt es auch da in manchen Fällen einen kleinen Spielraum, den auszuschöpfen sich lohnen kann. (Warum sollte man sich mehr Korrekturen aufladen als unbedingt nötig?)
Interessanter ist die Überlegung, wieviele Stunden man schreiben läßt. Wenn man z. B. die Wahl hat zwischen drei oder vier Stunden, kann man folgende Faktoren berücksichtigen:
– Je mehr Zeit man gibt, desto mehr Wörter schreiben die Schüler; desto mehr hat man zu korrigieren. Aber:
– Je weniger die Schüler unter Zeitdruck stehen, desto ruhiger und sorgfältiger schreiben sie; desto weniger Ärger hat man also mit unleserlichem Geschmier und Durchstreichungen, und desto weniger Fehler werden gemacht. Die Konsequenz aus beiden Überlegungen: Viel Zeit geben für relativ wenig Arbeit! Also lieber vier Stunden als drei – aber mit vorbeugenden Maßnahmen (gut zu bewältigende Aufgaben/Wortzahlbegrenzung/Verpflichtung zum Vorschreiben!).
Dabei darf man ruhig noch eine weitere Überlegung einbeziehen:
– Wenn man jene vierte Stunde sonst in einer anderen Klasse unterrichten müßte und diese Stunde dort jetzt ganz legitim ausfällt oder vertreten wird, dann hat man gleich noch die Vorbereitungszeit dafür eingespart. . .

1.2 Art der Klausuren

Sofern die Art der zu schreibenden Klausuren nicht ausdrücklich vorgeschrieben ist, kann es sich lohnen, gelegentlich eine Klausur zu schreiben, die nicht dem im Abitur verlangten Typ entspricht, sondern leichter zu erstellen ist und/oder weniger Korrekturaufwand erfordert. (Natürlich muß sichergestellt bleiben, daß die Schüler insgesamt genügend Gelegenheit erhalten, sich auf die speziellen Anforderungen der Abiturarbeit vorzubereiten; die Mehrzahl der Klausuren wird also der Abiturarbeit ähneln müssen.)

1.3 Suchen der Textvorlage

☞ 3 Begrenzen Sie die Entscheidungszeit. Den „optimalen" Text gibt es nicht. Man wundert sich hinterher auf jeden Fall über das, was die Schüler schreiben; es gibt keine Garantie, daß ein Text genau das richtige Maß an Schwierigkeit und Ergiebigkeit hat. Natürlich soll es ein brauchbarer Text sein. Aber: nicht vor jeder Klausur stundenlang über Textsammlungen brüten und Dutzende von Texten lesen und wieder verwerfen!

Halten Sie Texte, die offensichtlich hervorragend abiturgeeignet sind, für diesen Zweck zurück; „verbrauchen" Sie sie nicht vorzeitig!

☞ 13 Jede Klassenarbeit oder Klausur, die sich mehrfach benutzen läßt, bringt Zeitgewinn.[2] (Natürlich wird man sie nicht gerade Wiederholern aus der vorigen Klasse erneut vorsetzen. Vorsicht empfiehlt sich auch, wenn ältere Geschwister oder Freunde die gleiche Arbeit schon einmal geschrieben haben.)

☞ 28 Zum Wiederfinden bereits vorhandener Klassenarbeiten oder Klausuren ist eine gute Ablage wichtig. (Bei Unter- und Mittelstufenarbeiten, die lehrbuchbezogen sind, erleichtert es das Einordnen und Wiederfinden, wenn man gleich einen entsprechenden Hinweis auf die Matrize bzw. Kopiervorlage schreibt, z. B. „Arbeit zu XYZ Band 3, Kap. 14, S. 84-92")

---

[2] Dieser Punkt gilt für alle Klassenstufen. Ich habe Klassenarbeiten, die ich seit vielen Jahren immer wieder einmal benutze, z. B. selbst erstellte Hörverständnisarbeiten für den Englischunterricht in Mittel- und Oberstufe. Ihre Erstellung hat mich zunächst relativ viel Zeit gekostet; aber diese Investition hat sich inzwischen vielfach bezahlt gemacht. – Bei Arbeiten zum Hör- oder Leseverstehen braucht man keine Sorge zu haben, daß die Schüler sich untereinander absprechen, da sie das Originalmaterial gar nicht erst mit nach Hause nehmen dürfen.

1.4 Anfertigung des Arbeitsmaterials

Normalerweise bedeutet es einen immensen Zeitgewinn, wenn man Texte fotokopiert, anstatt sie erst auf eine Matrize zu tippen. Man kann dann auch sicher sein, daß die Vervielfältigung keine ärgerlichen Fehler enthält. Dieser Zeitgewinn schrumpft allerdings sehr zusammen, wenn man erst mühselig mit Schere und Klebstoff Klebemontagen basteln muß. Außerdem kann die Lesbarkeit beträchtlich leiden, wenn man Kopien von Kopien von Kopien herstellt.

Einzeltips (zu beiden Verfahren):

– Störendes und Überflüssiges auf einer Kopiervorlage (z. B. nicht gewünschte Textpassagen) kann man sehr gut kurzfristig mit SCOTCH-Haft-Korrekturstreifen (von der Rolle) oder SCOTCH-Haft-Notizzetteln abdecken. Dieses Material läßt sich hinterher mühelos ohne Rückstand wieder abziehen.

☞ 13 – Wenn Matrizen verbraucht sind, kann man sie trotzdem noch gut als Fotokopiervorlage benutzen. Deshalb empfiehlt es sich, bei der Erstbeschriftung die Matrize so in die Maschine einzuspannen, daß man die Rückseite beschreibt, nicht die Vorderseite mit den aufgedruckten Randziffern; dann können diese bei späterem Fotokopieren nicht stören.

– Wenn Sie zum Abitur der Bezirksregierung einen Textvorschlag einreichen müssen: schicken Sie eine Kopie, nicht das Original! Sie freuen sich, falls Sie ein paar Jahre später den gleichen Text einreichen (oder für eine Klausur benutzen) wollen, wenn Sie das
☞ 13 Original noch besitzen und somit gleich wieder eine gute Kopiervorlage haben. Originale aus der Hand zu geben, ist gleichbedeutend mit Verschwendung wertvoller Arbeitszeit.

– In vielen Fällen (wenn auch nicht gerade beim Abitur) kann man
☞ 13 nach der Klausur die Textblätter wieder an sich nehmen und (sofern die Schüler sie nicht ausgiebig beschrieben haben) bei einer anderen Gelegenheit erneut verwenden.

– Wenn man eine Matrize getippt und in den Umdrucker eingelegt
☞ 16 hat, sollte man auf jeden Fall mehr Exemplare herstellen (lassen), d. h. mindestens genug für eine weitere Klassenarbeit, selbst wenn man noch nicht absolut sicher ist, daß man die Arbeit erneut verwenden kann.[3] Dies kleine Verschwendungsrisiko wird mehr als aufgewogen durch die eingesparte „Rüstzeit".

---

[3] Wenn meine Hängeregistratur überquillt, weil sich zu viel Papier angesammelt hat, lagere ich Vorräte aus, z. B. in den Keller, mache mir aber oben

1.5 Erstellung des Aufgabenapparates

Sorgen Sie dafür, daß die Formulierung der Aufgaben „narrensicher"
ist und nicht mehrere Interpretationen zuläßt. Wenn Sie gegen diese
an sich selbstverständliche Regel verstoßen, kann es Sie später viel
Zeit kosten, weil die gerechte Bewertung der Schülerleistungen
schwierig wird.

Aus Gründen des „Selbstschutzes" empfiehlt es sich, Wortzahlbegren-
zungen für die einzelnen Aufgaben und/oder für die gesamte Arbeit
anzugeben.

Um festzustellen, in wieviel Wörtern sich eine Frage gut beantworten
läßt, kann man versuchen, eine Art Musterantwort zu schreiben und
sie ggf. als Hilfe für die Schüler (bei der Besprechung der Arbeit, vor
der Rückgabe) zu vervielfältigen. Das ist gut, aber natürlich zeitauf-
☞ 13   wendig. Es lohnt sich nur, wenn man davon ausgehen kann, daß man
die betreffende Aufgabe noch mehrmals verwenden wird.

1.6 Organisatorische Vorbereitungen

Grundprinzip: r e c h t z e i t i g handeln, sonst muß man mit ärgerlichen Nachteilen und Zeitverlusten rechnen!

– Bei Unter- und Mittelstufenarbeiten: rechtzeitiges Eintragen in den
  Klassenarbeitenvormerkplan im Lehrerzimmer, damit einem die
  Kollegen nicht günstige Termine wegnehmen.

– Klären (bei mehrstündigen Arbeiten), wer in welcher Stunde Auf-
☞ 6   sicht führt. Nicht allzu bereitwillig eigene Freistunden für eine
  Klausur verschenken!

– Großen Raum beschaffen, falls möglich. Es kann das zeitaufwendige Erstellen von Arbeiten in A- und B-Version (als Anti-Mogel-
  Maßnahme) überflüssig machen.

– Falls Geräte erforderlich sind (z. B. bei Verwendung von Tonaufnahmen): rechtzeitig sicherstellen, daß man sie bekommt – und daß
  sie funktionieren!

– Planen, was man während der Aufsicht tun will.

II. Am Tage der Klausur

2.1 „Rituale" und „Spielregeln"

Rituale sollten eingespielt sein. Nicht plötzlich während einer Klausur
(und schon gar nicht während der Abiturarbeit) neue Gebräuche
einführen! Beispiele:

einen Vermerk: „Hiervon sind weitere Exemplare im Keller / in meinem
Schrankfach in der Schule / . . . "

– Dürfen Schüler während der Arbeit Fragen stellen?
Bei Unter- und Mittelstufenarbeiten kann es vernünftig sein, Fragen
nicht zuzulassen. Nahezu alle Fragen zeigen nämlich, daß der
Betreffende nicht genau hingesehen hat oder daß er eine Wissens-
lücke hat, die auf sein eigenes Verschulden zurückgeht. Bei manchen Schülern ist das Fragenstellen nur ein ängstliches Bemühen
um Kontaktaufnahme, ein Wunsch nach der beruhigenden Bestäti-
gung von Selbstverständlichem. Jedenfalls kann die Fragerei zu
einem beträchtlichen Unruhefaktor werden. Andere Schüler werden gestört – oder nutzen die Gelegenheit zum Mogeln.
In der Oberstufe wird man sich wahrscheinlich zugänglicher zeigen
und die Frage zumindest erst einmal anhören.
– Bei Englisch- oder Französischarbeiten geben manche Lehrer alle
organisatorischen Anweisungen in der Fremdsprache, andere auf
deutsch. Beides ist vertretbar. Nur: man sollte nicht hin- und
herschwanken.

Zum Thema „Täuschungsversuche":
– In Unter- und Mittelstufe, wo die Klassenräume überfüllt sind, ist
die Erstellung einer A- und einer B-Version oft die einzig befriedigende, wenn auch zeitraubende Präventivmaßnahme. Das ist natürlich nur in einigen Fächern und bei bestimmten Typen von Arbeit
möglich. Es kann auch schon helfen, nur die Reihenfolge der
Aufgaben umzustellen und bei der B-Version das Layout etwas zu
ändern, so daß die zum Nachbarn hinüberschielenden Schüler den
Eindruck bekommen, es handele sich um unterschiedliche Aufgaben.
– Es muß feste „Spielregeln" geben. Den Schülern muß klar sein, was
sie sich einhandeln, wenn sie beim Mogeln erwischt werden; dann
gibt es hinterher keine langen Diskussionen.
– Das Umsetzen einiger Schüler vor Beginn der Arbeit ist in den
meisten Fällen als eine selbstverständliche Präventivmaßnahme
anzusehen. (Freundlich, aber bestimmt die entsprechenden Anord-
nungen geben; gar nicht erst ein Problem daraus werden lassen. –
Vermeiden, immer die gleichen Schüler umzusetzen; das kann als
persönliche Bosheit aufgefaßt werden.)

2.2 Vorschreiben lassen

Wenn die Schüler angehalten werden, vorzuschreiben, bringt das für
den Lehrer drei große Vorteile: erstens können die Schüler in der zur
Verfügung stehenden Zeit wesentlich weniger Wörter schreiben, so

daß sich die Gesamtmenge des zu Korrigierenden verringert; zweitens führt das überarbeitende Abschreiben des ersten Entwurfs meistens zu größerer gedanklicher und sprachlicher Richtigkeit; drittens wird das Endprodukt äußerlich sauberer und ordentlicher und läßt sich deshalb leichter lesen und korrigieren.

Empfehlungen an die Schüler:

– Auch auf den Konzeptblättern mindestens ein Drittel Rand lassen; am besten nur jede zweite Zeile beschreiben. (Ein solches Manuskript läßt sich viel leichter verbessern und – bei fremdsprachlichen Klausuren – durchzählen.) Keinesfalls engzeilig auf kariertem Papier schreiben!

– Auch auf den Konzeptblättern soll der Name stehen. (Gründe: Es kann sein, daß ein Schüler mit der Reinschrift nicht fertig wird und dann das Konzept abgeben muß. – Außerdem wird das „Wandern" der Blätter auf diese Weise etwas erschwert!)

2.3 Verhalten des Lehrers während der Aufsichtszeit

Die Atmosphäre sollte durch einen sinnvollen Kompromiß zwischen effizienter Beaufsichtigung und entspannter Freundlichkeit gekennzeichnet sein. Wie dieser Kompromiß aussieht, hängt zum einen von der Klasse ab (Unter-, Mittel- oder Oberstufe; Schüler eng nebeneinandersitzend oder getrennt), zum anderen von der Art der Arbeit. (Wie groß ist die Versuchung zum Mogeln? Bei einem Diktat oder Lückentest in Unterstufe sicher viel größer als bei einer freien Meinungsäußerung in einer Oberstufenklausur.)

Gelegentliches Umhergehen ist nützlich:

– Manchmal entdeckt man auf diese Weise etwas unter dem Tisch oder in einem Heft, was da keineswegs sein sollte. . .

– Manchmal stellt man beim Blick in die Hefte fest, daß sich an einer bestimmten Stelle für viele Schüler eine schlimme Falle aufgetan hat, die man gar nicht stellen wollte. Man erspart sich Ärger und zusätzliche Korrekturzeit, wenn man durch einen kleinen Hinweis diese Schwierigkeit aus dem Wege räumt.

Bei Klausuren, die mehrere Stunden dauern und bei denen ständige uneingeschränkte Wachsamkeit nicht erforderlich ist, sollte der Lehrer die Zeit nicht einfach absitzen und verschwenden, sondern sinnvoll nutzen. Das setzt i. a. voraus, daß man sich schon vorher überlegt hat, was man während der Klausur tun kann (am besten irgendeine mechanische Arbeit, die wenig Konzentration erfordert und auch häufige Unterbrechungen verträgt).

2.4 Anweisungen für die Reinschrift

☞ 6 Man erleichtert sich die Korrekturarbeit erheblich, wenn man klare Anweisungen für die Anfertigung der Reinschrift gibt und darauf besteht, daß sie eingehalten werden; z. B.:
- Mindestens ein Drittel der Seite Rand lassen!
- Falls auf lose Blätter geschrieben wird: Seiten (nicht Blätter) fortlaufend numerieren.
- Aufgaben in der richtigen Reihenfolge hinschreiben (auch wenn im Konzept eine andere Reihenfolge gewählt wurde).
- Innere Gliederung auch äußerlich erkennbar werden lassen (Absätze; Einrückungen!).
- (Bei fremdsprachlichen Klausuren, bei denen die Wörter gezählt werden müssen, damit später ein „Fehlerindex" errechnet werden kann:)
  Alle 50 Wörter[50] die erreichte Zahl markieren[100], damit sich schnell[150] Stichproben machen lassen[200].

☞ 6 (Der Lehrer muß nachdrücklich darauf bestehen, daß alle Schüler rechtzeitig ihre Wörter zählen – sonst schafft er sich unnötige und lästige zusätzliche häusliche Arbeit.)

III. Korrigieren und Bewerten

3.1 Organisatorische Vorbereitungen

- Alle störenden Blätter (erledigte Konzeptblätter, Text- und Aufgabenblätter u. ä.) aus den Arbeiten herausnehmen und getrennt aufbewahren, damit man sie nicht bei jedem Durchgang mitbewegen muß. Löschblätter in den Heften nach hinten legen.
☞ 20
- Geeignetes Formular (Klassenliste[4], Übersichtsbogen[5]) anfertigen bzw. bereitlegen für das Eintragen von Zwischenergebnissen (Teilnoten, Fehlerzahlen u. ä.).

---

[4] Vgl. dazu die Ausführungen im Kapitel „Unterrichtsvorbereitung", Abschnitt „Kurzfristige Planung" (S. 181f.).

[5] Bei einer Klausur vom Typ „Textaufgabe" im Fach Englisch würde ein solcher Übersichtsbogen – im Format DIN A4 quer – am linken Rande untereinander alle Schülernamen enthalten und dann, rechts davon, eine Reihe von Spalten, z. B.: Teilnoten für die inhaltliche Leistung in den einzelnen Aufgaben / Gesamtnote „Inhalt" / Wortzahl der Arbeit / Fehlerzahl / Fehlerindex / Note für „Sprachrichtigkeit" / Note für „Ausdrucksvermögen" / Gesamtnote.

– Je nach Art der Klassenarbeit oder Klausur ggf. die Arbeiten nach der Schülersitzordnung vorsortieren; auf diese Weise fällt eher auf, wenn Gedanken oder Formulierungen abgeschrieben worden sind.

3.2 Schrittweises Durchsehen der Hefte

In vielen Fällen besteht die Klassenarbeit oder Klausur nicht aus einem in sich geschlossenen Aufsatz, sondern aus mehreren Aufgaben, bzw. es müssen verschiedene Aspekte in die Gesamtbeurteilung eingebracht werden (wie z. B. Inhalt/Sprachrichtigkeit/Ausdrucksvermögen bei manchen fremdsprachlichen Klausuren). Dann empfiehlt es sich, nicht jede Schülerarbeit von Anfang bis Ende in einem einzigen Arbeitsgang durchzuprüfen, sondern schrittweise von Heft zu Heft fortzuschreiten, d. h. z. B. erst in allen Heften die Aufgabe 1 anzusehen, dann in allen Heften die Aufgabe 2 usw. So fällt es leichter, bei der Bewertung von Teilleistungen einen einheitlichen Maßstab anzuwenden; insofern dient dieses Verfahren der Gerechtigkeit. Es dient aber auch der Rationalisierung – denken Sie an Fertigungsabläufe in der Industrie! –, denn die Zuspitzung der Konzentration auf einen Ausschnitt entlastet das Gedächtnis, automatisiert die in diesem kleinen Bereich erforderlichen Mini-Entscheidungen und führt zu einer Art „Kurzzeitroutine", die deutlich Zeit sparen hilft (auch wenn man berücksichtigt, daß die Hefte bzw. Blätter dadurch häufiger bewegt und umgeblättert werden müssen).

3.3 „Standardisierung" von Randbemerkungen

Beim Korrigieren von aufsatzähnlichen Arbeiten kann man Zeit sparen, wenn man bestimmte häufig vorkommende Randbemerkungen nicht jedesmal ausschreibt, sondern durch Ziffern ausdrückt. Eine „7" oder „13" läßt sich schneller schreiben als ein Satz wie „Hier zeigt sich eine falsche Auffassung des Themas" oder „Hier bleibt unklar, was eigentlich gemeint ist!"

3; 20   Dieses Verfahren setzt voraus, daß alle Schüler eine (vom Lehrer nach seinen persönlichen Erfahrungen und Bedürfnissen zusammengestellte[6]) Liste besitzen, die sie konsultieren, wenn sie am Rande ihrer Arbeit eine solche Ziffer sehen.

---

[6] Hier ist ein Ausschnitt aus einer solchen Liste, die ich für Oberstufenklausuren im Fach Englisch benutze. (Einige fachspezifische Wendungen habe ich ausgelassen.) Die meisten der hier wiedergegebenen „Randbemerkungen" dürften sich auch in anderen Fächern als nützlich erweisen.

3.4 Fehlerkorrektur

Gelegentlich stößt man auf die Auffassung, der Lehrer dürfe beim Korrigieren von Oberstufenarbeiten keinesfalls in den Schülertext hineinverbessern; er habe sich auf Unterstreichungen und Randbemerkungen zu beschränken. Bei Abiturarbeiten mag es dafür gewisse juristische Gründe geben; bei Klausuren halte ich es für eine übertrie-

Die am Rande der Arbeit eingetragenen Schlüsselziffern sollen folgenden „R a n d b e -
m e r k u n g e n" entsprechen:

1. *Inhaltlich gut.*
2. *Richtig – aber so selbstverständlich, daß es sich nicht zu erwähnen lohnt.*
3. *Diese Ausführung bleibt zu sehr an der Oberfläche.*
4. *Hier verlieren Sie sich in Nebensächlichem.*
5. *Zu ungenau.*
6. *Hier wird der Bezug zum Thema / zur Aufgabe nicht deutlich.*
7. *Hier zeigt sich eine falsche Auffassung des Themas. / An dieser Stelle haben Sie die Aufgabe anscheinend mißverstanden.*
8. *Diese Behauptung ist zumindest anfechtbar.*
9. *Diese Behauptung läßt sich bei genauer Analyse des Textes nicht aufrechterhalten.*

. . .

13. *Hier bleibt unklar, was eigentlich gemeint ist.*

. . .

18. *Gut ausgedrückt!*
19. *In dieser Formulierung ist das Gesagte mißverständlich.*

. . .

22. *Unnötige Wiederholung.*
23. *Dieser Satz ist / Diese Zeilen sind überflüssig.*
24. *Diese Ausführungen sind zu weitschweifig; sie müßten stark gestrafft werden.*

. . .

27. *Geschickte Verknüpfung.*
28. *Falsche Verknüpfung.*
29. *Es wird nicht klar, wieso dieser Satz / dieser Gedanke mit dem vorhergehenden in Beziehung stehen soll.*
30. *Hier liegt ein Widerspruch vor zu dem, was vorher gesagt wurde.*
31. *Anerkennenswert logischer und folgerichtiger Aufbau.*
32. *Das Prinzip, nach dem die Gedanken geordnet sind, wird nicht deutlich.*

. . .

41. *Anerkennenswert saubere äußere Form; gute Lesbarkeit.*
42. *Die Schrift muß sauberer und leserlicher werden!*
43. *Es sollte weniger durchgestrichen oder verbessert werden.*
44. *Der Rand ist nicht breit genug; bzw.: Der Rand muß eingehalten werden.*
45. *Die Sinnabschnitte sollten auch äußerlich kenntlich gemacht werden (neue Zeile / Einrückung / Absatz).*

bene Rücksichtnahme. In vielen Fällen ist es wesentlich rationeller, direkt im Schülertext zu verbessern. Ein Beispiel:

A) The space between the two columns of words represents the net on the tennis court; it also represents the _imaginative_ net between the wife and her husband.[7] | W imaginary

B) The space between the two columns of words represents the net on the tennis court; it also represents the imaginative net between the wife and her husband. | W

Version A dauert sechs Sekunden länger als Version B.[8] – Wenn Sie dieses Prinzip pro Schülerarbeit zwanzigmal anwenden, ergibt das eine Einsparung von zwei Minuten; bei 20 Heften also 40 Minuten. Das lohnt sich schon.

3.5 Vermerke im eigenen Textexemplar

Beim Korrigieren sollte man sich in seinem eigenen Exemplar Vermerke machen, wie man bei bestimmten typischen Verstößen entschieden hat: ob halber oder ganzer Fehler oder nur Verbesserung am Rande; oder, wenn man mit Rohpunkten arbeitet: auf welche Version man wieviel Rohpunkte gibt – damit man nicht Schüler für den gleichen Verstoß unterschiedlich behandelt. (Das kann besonders dann leicht vorkommen, wenn man die Korrektur der Arbeit auf mehrere Tage verteilen muß und sich an Einzelheiten nicht mehr genau erinnert.) – Für diesen Zweck ist es nützlich, wenn das eigene Exemplar (z. B.: die Vorlage für ein Diktat) mit weiten Zeilenabständen getippt ist bzw. einen breiten Rand hat, damit Platz für viele Anmerkungen ist.

3.6 Besondere Probleme beim Abitur / Zusammenwirken von Referent und Korreferent

☞ 11   Zunächst zwei Beispiele übertriebener Vorsicht, die Sie nicht nachahmen sollten:
Ein Kollege trug alle Korrekturen zunächst mit Bleistift ein – für den Fall, daß der Korreferent anderer Meinung sein könnte. Ein anderer

---

[7] Die Stelle stammt aus einer Schülerinterpretation des Gedichts „40 – love" von Roger McGough.

[8] Um den Unterschied mit einiger Genauigkeit herausfinden zu können, habe ich beide Vorgänge jeweils zehnmal durchgeführt und dabei die benötigte Gesamtzeit gemessen. Dabei ergab sich – nachdem ich diese Zeit dann wieder durch 10 geteilt hatte –, daß die Version A 11 Sekunden, die Version B nur 5 Sekunden dauert.

Kollege ging sogar so weit, daß er beim Korrigieren von Abiturarbeiten zunächst überhaupt nichts in die Schülerarbeiten schrieb, sondern dünne weiße Blätter einlegte, auf denen er alle Korrekturzeichen, Anmerkungen und Verbesserungsvorschläge gleichsam „ins Unreine" schrieb. Wer bereits Erfahrung mit Abiturarbeiten hat, wird sich vorstellen können, was für eine absurde Verschwendung von wertvoller Arbeitszeit das bedeutete!

☞ 3   Mein Vorschlag: Schreiben Sie resolut mit roter Tinte an den Rand, was Sie für angemessen halten, und markieren Sie nur bei den ganz wenigen Stellen, an denen Sie ernsthaft im Zweifel sind, den Fehler zunächst mit Bleistift. Wenn sich später, d. h. im Gespräch mit dem Korreferenten, ergibt, daß doch etwas geändert werden muß, dann streichen Sie deutlich durch, ohne deswegen ästhetische Qualen zu leiden.

Manche Kollegen ziehen es vor, gleich mit dem Korreferenten alle Arbeiten gemeinsam durchzukorrigieren und zu bewerten, anstatt zunächst allein zu korrigieren, dann die Arbeiten weiterzugeben und sich zu einem späteren Zeitpunkt, nachdem der Korreferent sich ebenfalls damit befaßt hat, zur endgültigen „Feinabstimmung" zusammenzusetzen. Ich halte dieses Verfahren für unrationell, weil dabei viele Stunden lang z w e i Arbeitskräfte etwas tun, was von e i n e r Person schneller und in den meisten Fällen ebenso gut erledigt werden kann. – Anders mag es aussehen, wenn der Referent ein sehr unsicherer Neuling ist, an dessen fachlicher Kompetenz überdies einige Zweifel bestehen. Dann ist es unter Umständen leichter für den Korreferenten, sich gleich mit dem Referenten an einen Tisch zu setzen, als hinterher über jede einzelne Arbeit eine Stunde streiten zu müssen.

3.7 Auszählen der Fehlereinheiten oder Rohpunkte[9]

Das Zählen geht schneller, wenn man einen „halben Fehler" nicht immer sofort addiert, sondern erst dann, wenn sich ein weiterer halber Fehler findet. Beispiel: Die Fehlerfolge |, |, –, |, |, –, | (die Sie sich bitte als senkrechte Folge von Randkorrekturen denken müssen), würde man zweckmäßigerweise nicht „eins, zwei, zweieinhalb, dreieinhalb, viereinhalb, fünf, sechs" lesen, sondern „eins, zwei", – überspringen! – „drei, vier, fünf, sechs".

[9] Die Bezeichnung „Rohpunkte" wurde gewählt, um keine Verwechslung mit den Notenpunkten (15er-Skala) der gymnasialen Oberstufe aufkommen zu lassen.

Bei Auszählungen in Arbeiten, in denen es *Rohpunkte* gibt (vorwiegend Unter- und Mittelstufe!), muß man sich rechtzeitig entscheiden, ob man die f a l s c h e n Stellen unterstreicht und zählt und dann von der maximal erreichbaren Punktzahl abzieht oder ob man jeden r i c h t i g e n Punkt kennzeichnet und nachher die erreichten Punkte durchzählt. Was günstiger ist, ist vom Schwierigkeitsgrad (d. h. vom allgemeinen Ausfall) der Arbeit abhängig. Meistens wird schnell klar, welches Verfahren gerade das rationellere ist.

☞ 20 Wer häufig Arbeiten zu korrigieren hat, bei denen die Fehlerzahl oder die Rohpunktzahl das einzige Kriterium für die Endbewertung ist, sollte sich per Umdruck oder Fotokopie einen Schwung von Blättern herstellen, auf denen in mehreren Spalten bereits alle in Frage kommenden Zahlen stehen (z. B. von 0 bis 50, oder bis 100, oder auch eine Folge, die halbe Fehler bzw. Punkte berücksichtigt: 0, ½, 1, 1½ usw.).

Wenn man in einer Schülerarbeit die Fehlerzahl oder Punktzahl gezählt hat, trägt man diese Zahl zunächst auf der Klassenliste beim Namen des Schülers ein; außerdem macht man auf der eben beschriebenen Zahlenliste einen Strich neben der betreffenden Zahl. So entsteht eine anschauliche Übersicht über die Fehler- bzw. Punkteverteilung, die das Festsetzen der Zensurengrenzen sehr erleichtert. (Man erspart sich das Feilschen um halbe Punkte – „Warum habe ich für diesen Satz nur dreieinhalb Punkte gekriegt? Wenn ich einen halben Punkt mehr gehabt hätte, hätte ich noch eine Vier!" –, wenn man die Zensurengrenzen so legt, daß sie etwas Abstand zur nächstniedrigeren Schülerleistung halten. D. h.: Man versucht zu vermeiden, daß drei Schüler mit 17 Rohpunkten eine Fünf bekommen, ein anderer mit 17,5 Rohpunkten aber schon eine Vier erreicht.)

3.8 Bewerten und Zensieren

Wir sind nicht nur verpflichtet, sondern (vielleicht von einigen wenigen Ausnahmen abgesehen?) auch ehrlich bemüht, nicht ungerecht zu urteilen. Wir wissen, daß wir mit Klassenarbeiten Kinder zum Weinen bringen, den Familienfrieden gefährden, langfristig auch Lebensschicksale beeinflussen können. Wir vergeben Zensuren nicht leichtfertig. Trotz aller Sorgfalt bleibt uns aber immer ein Rest von Unsicherheit, ob wir der Klasse insgesamt und auch allen einzelnen Schülern wirklich gerecht geworden sind. Wer diese Unsicherheit niemals spürt, ist entweder oberflächlich oder verhärtet.

Die Schwierigkeiten, die sich uns beim Bewerten und Zensieren
stellen, lassen sich nicht durch Rationalisierungsmaßnahmen beseiti-
gen. Wir müssen abwägen und vergleichen; müssen manchmal auch
den probeweise zugrundegelegten Maßstab ändern oder die vorläufige Entscheidung über eine bestimmte Schülerarbeit wieder verwerfen,
ehe wir uns endgültig festlegen. Immer wieder wird es auch Fälle
geben, in denen ein wirklich objektives Urteil gar nicht möglich ist
oder in denen wir uns einen Kompromiß zwischen kühler Gerechtigkeit (der Klasse gegenüber) und pädagogisch-psychologischer Angemessenheit (dem einzelnen Schüler gegenüber) abringen. Das kann –
und darf – Zeit kosten.

☞ 11   Aber auch hier gilt das Gesetz, daß Aufwand und Wirkung in einem
vernünftigen Verhältnis stehen müssen. Schieben Sie nicht durch
☞ 3   langes, ängstliches Grübeln Entscheidungen hinaus, die dadurch gar
nicht besser werden. Und: messen Sie nicht mit der Mikrometer-
schraube an Details herum, die auf die Endnote keinen Einfluß mehr
haben. (Es hat wenig Sinn, zehn Minuten zu überlegen, ob Olaf
Müller in der inhaltlichen Bewertung von Aufgabe 3 nun 10 oder doch
vielleicht 11 Punkte bekommen soll, wenn seine Gesamtzensur
dadurch unverändert bleibt.)

IV. Abschließende Arbeiten

4.1 Vorbereitung der Rückgabe der Arbeit

Machen Sie sich schon während der Korrekturdurchgänge Notizen
über die Punkte, die Sie vor der Rückgabe der Arbeit mit der Klasse
besprechen möchten. (Am elegantesten und schnellsten geht es mit
dem Diktiergerät, aber ein Zettel reicht natürlich auch!) Es ist wesent-
☞ 16   lich ökonomischer, solche Aufzeichnungen schon während der Korrektur zu machen, als hinterher in den Heften herumzusuchen mit der
Fragestellung „Da war doch noch etwas, das ich besprechen wollte . . . In welchem Heft stand denn das?"
Für eine gründliche, effektive Auswertung wichtiger Fehlerbeispiele
empfiehlt es sich, Zitate aus den Schülerarbeiten zu vervielfältigen.
Das ist allerdings recht zeitaufwendig und lohnt sich deshalb nur
dann, wenn Fehler zu besprechen sind, deren Korrektur genaues
Hinsehen und einiges Nachdenken erfordert: z. B. Unstimmigkeiten in
einer komplizierten Satzkonstruktion, interessante Verstöße gegen die
Logik, ungeschickte Verknüpfungen, stilistische Schwächen. Zur
☞ 11   Besprechung simpler Rechtschreibfehler oder solcher Verstöße, die die

Schüler ebensogut nach einmaligem Vorlesen verbessern können,
sollte man keine Matrize tippen. (W e n n Sie sich schon die Mühe
gemacht haben, dann sollten Sie den Umdruck aber auch optimal
ausnutzen. Es genügt nicht, wenn zu jeder zitierten Stelle ein Schüler
sich gemeldet und etwas Richtiges gesagt hat, während die anderen
ungeduldig warten, daß sie ihre Arbeit zurückbekommen, und nur
halb hinhören. Es ist empfehlenswert, nach der Besprechung aller
Stellen noch einmal gezielt einzelne Schüler aufzufordern, erneut zu
erklären, was bei bestimmten Sätzen falsch war und wie es richtig
heißen könnte. Vornehmlich solche Schüler, die es besonders nötig
haben!)
Was ist die Alternative zur zeitaufwendigen Vervielfältigung? Sie
haben einen Zettel, auf dem Sie sich notiert haben, in welchen Heften
auf welcher Seite die Dinge stehen, auf die Sie eingehen möchten. Die
betreffenden Hefte liegen in der richtigen Reihenfolge oben auf dem
Stapel. In den Heften haben Sie die Fehlerbeispiele mit kleinen
Bleistiftecken gekennzeichnet, so daß Sie nicht erst suchen müssen.

4.2 Verbesserungen

Unabhängig von der Art der geforderten Verbesserung sind auf jeden
Fall klare Anweisungen nötig.

Besonders bei Klassen oder Kursen, die man neu übernimmt, kann es
vernünftig sein, nach der Rückgabe der ersten Arbeit die Verbesserung oder einen Teil der Verbesserung noch in der Stunde anfertigen
zu lassen.

☞ 6   Die Schüler sollten angehalten werden, alle am Rande der Arbeit als
Fehler angestrichenen Verstöße fortlaufend zu numerieren und in der
Verbesserung die entsprechenden Nummern vor die korrigierten
Sätze zu schreiben. Nur so sind schnelle Stichproben möglich, ob ein
bestimmter Fehler angemessen verbessert worden ist. (*Alle* Verbesse-

☞ 11 rungen *aller* Schüler *ganz* durchzulesen, ist – vom Zeitaufwand her
gesehen – ein Luxus, den man sich gar nicht leisten kann; es ist
überdies eine Tätigkeit, bei der das Verhältnis von Aufwand und
Wirkung sehr ungünstig sein dürfte.[10]

☞ 16 Ein besonderer Arbeitsgang „Überprüfung der Verbesserungen" ist im
allgemeinen zu aufwendig (es sei denn, man hat es mit einer Klasse
mit extrem schlechter Arbeitshaltung zu tun, die man erst einmal in

---

[10] Vgl. die bei FUHR (S. 120) zitierte Untersuchung von BOGATZ und LÜBKE (1978),
nach der die häusliche Fehlerberichtigung vermutlich von sehr geringem
Wert ist.

den Griff bekommen muß). Man führt die Kontrolle besser erst im
Zusammenhang mit der Korrektur der nächsten Klassenarbeit durch.

4.3 Administratives: Einträge in Listen; Ablage

Unter „Listen" sollen hier sowohl die schulischen Listen (Klassenbücher, Kursbücher) als auch die persönlichen Listen (z. B. im Lehrerka-
lender) verstanden werden.

Schieben Sie das Eintragen nicht zu lange auf. Tragen Sie die
Ergebnisse aller geschriebenen Klassenarbeiten nicht erst kurz vor
dem Ende des Schulhalbjahres ein, sondern jeweils nach der Rückgabe der betreffenden Arbeit. Andernfalls haben Sie möglicherweise die
Übersichtsbögen mit dem Ausfallspiegel nicht mehr zur Hand und
müssen sich alles wieder mühsam zusammensuchen.

Andererseits sollten Sie die Ergebnisse auch nicht z u f r ü h in die
offiziellen Listen eintragen. Hin und wieder irrt man sich; man hat
einen Fehler übersehen, oder ein Schüler beschwert sich zu Recht, daß
er ungerecht beurteilt worden ist. Dann muß man wohl oder übel eine
Zensur revidieren – und es ist unschön, wenn man in Klassenbüchern
herumradiert oder durchstreicht. Faustregel: Resultate erst dann in
schulische Listen eintragen, wenn man die Hefte mit den Verbesserungen wieder eingesammelt hat und bis dahin keine Einwände
gekommen sind.

☞ 28   Heben Sie Ihre eigenen Übersichtsblätter (d. h. jene Namenslisten, auf
denen Sie während des Korrigierens die Teilaspekte der Klausur oder
Klassenarbeit – z. B. Fehlerzahl, Rohpunkte –, die jeweiligen Zensurengrenzen, den Ausfallspiegel und die Einzelzensuren notieren) gut
auf.[11] Wenn die Zeugnisse näherrücken, fangen manche Schüler an zu
handeln („Meine erste Arbeit war aber doch eine ‚Vier plus'!"), und es
ist gut, wenn man dann noch präzise Auskünfte über Einzelheiten
geben kann.

4.4 Vermerke auf dem eigenen Exemplar

Machen Sie sich auf dem Textblatt, dem Klassenarbeits-Umdruck o. ä.
einen Vermerk, wann und in welcher Klasse Sie die Arbeit geschrieben haben. Notieren Sie ggf. weitere Einzelheiten, die bei einer

---

[11] Ich habe für jede Klasse, die ich unterrichte, eine eigene Hängemappe, in der
ich im Laufe des Jahres alle Dinge ablege, die mit dieser Klasse zu tun haben:
Klassenarbeits-Übersichtsblätter, Unterlagen für die lang- und mittelfristige
Unterrichtsplanung, Durchschläge von Briefen an Eltern, Protokolle von
Elternversammlungen, Notizzettel über Telefonate und sonstige Gespräche
mit Eltern, persönliche Notizen über einzelne Schüler usw.

erneuten Verwendung nützlich sind: Wieviel Zeit hatten die Schüler? Wo lagen die Zensurengrenzen? Wie war der Ausfall? Haben sich einzelne Aufgaben als ungeeignet erwiesen? Wie könnte man sie beim nächsten Mal verbessern?

Derartige Notizen helfen zu verhindern, daß man Schülern eine Arbeit vorlegt, die sie vielleicht schon kennen; sie helfen auch, bestimmte Arbeiten im Lauf der Jahre immer weiter zu verbessern. (Sie lassen auch interessante Rückschlüsse auf die Leistungsfähigkeit einer Klasse zu, wenn man ein Ausfallergebnis mit Resultaten aus früheren Jahren vergleicht.)

Nicht alle Punkte, die in diesem Kapitel angesprochen wurden, hatten etwas mit Zeiteinsparung zu tun. Manches betraf lediglich die vernünftige, handwerklich solide Organisation der Arbeitsabläufe. Ich möchte deshalb an dieser Stelle noch einmal jene Empfehlungen zusammenstellen, die meiner Erfahrung nach am spürbarsten helfen, Zeit zu sparen:

☞ 13 1. Streben Sie Mehrfachbenutzbarkeit an!

2. Stellen Sie sicher, daß Sie Arbeiten zu korrigieren haben, die sauber geschrieben, gut lesbar und nicht zu lang sind!

3. Korrigieren Sie mit „Köpfchen" – achten Sie auf Ökonomie bei den einzelnen Arbeitsschritten!

4. Nehmen Sie sich gelegentlich die Freiheit, eine Arbeit schreiben zu lassen, deren Erstellung, Korrektur und Bewertung weniger Zeit kostet!

☞ 3 5. Zaudern und grübeln Sie nicht; entscheiden Sie!

Zum Abschluß möchte ich jedoch noch eine Empfehlung hinzufügen, die der Tendenz dieses Kapitels – nämlich: mit möglichst wenig Zeitaufwand auszukommen – zu widersprechen scheint.

Konzentrieren Sie sich nicht immer nur auf das Anstreichen von Fehlern, sondern machen Sie sich die kleine Mühe, öfter einmal eine lobende Bemerkung an den Rand oder unter die Arbeit zu schreiben. Ich habe die Erfahrung gemacht (und natürlich steht das auch in der einschlägigen Literatur), daß dieses bißchen Mehrarbeit insgesamt

☞ 12 nicht zu einer Verschlechterung, sondern zu einer *Verbesserung* des Aufwand-Wirkung-Verhältnisses führt. Das ganze Fehleranstreichen, Kritisieren und Verbessernlassen bringt wenig ein: schon in der nächsten Arbeit kommen oft die gleichen Fehler vor. Eine anerkennende Bemerkung aber behalten die Schüler im Gedächtnis, und sie versuchen eifrig, das Gelobte (z. B. einen guten Ausdruck, eine geschickte Wendung) bei nächster Gelegenheit erneut zu benutzen.

Klassenfahrten

Ursprünglich sollte das Kapitel „Klassenfahrten von A bis Z" heißen. Mir wurde jedoch schnell klar, daß sich der Anspruch auf Vollständigkeit, der in einem solchen Titel liegt, nicht aufrechterhalten ließe. Wenn ich Ihnen wirklich alles Wissenswerte über die Vorbereitung und Durchführung von Klassenfahrten mitteilen wollte, würde dieses Kapitel so umfangreich, daß es nicht mehr in den Rahmen des vorliegenden Buches paßte – und so viel Beachtung hat dieses „Randthema" doch auch gar nicht verdient . . .
Haben Sie gemerkt, daß ich Ihnen eine Falle gestellt habe?
Ich bin nämlich von der falschen Voraussetzung ausgegangen, daß Klassenfahrten Randerscheinungen des Schulbetriebs sind, die der Lehrer so nebenbei erledigt; angenehme Randerscheinungen sogar, über die man besser nicht allzu laut redet, weil sonst die neidische Öffentlichkeit darauf aufmerksam wird, daß die faulen Lehrer auf diese Weise eine Art zusätzlichen Urlaub bekommen, kostenlos irgendwo hinreisen können, wo's schön ist, und sich eine Woche lang nicht um Unterricht, Konferenzen und Klassenarbeiten zu kümmern brauchen.
Gewiß, eine Klassenfahrt sollte nicht nur den Schülern, sondern kann auch dem Lehrer Freude machen; und wenn er von der erzieherischen Bedeutsamkeit solcher Unternehmungen überzeugt ist, wird ihm sein Idealismus helfen, über die weniger angenehmen Seiten hinwegzusehen. Trotzdem soll zunächst einmal nüchtern und in aller Deutlichkeit darauf hingewiesen werden, daß die Vorbereitung einer Klassenfahrt sehr viel Arbeit macht – Arbeit, die schon viele Monate vor Fahrtbeginn einsetzt und zusätzlich zu den normalen schulischen Belastungen bewältigt werden muß – und daß die Durchführung äußerst strapaziös ist, weil man als Lehrer dabei praktisch 24 Stunden am Tage im Dienst ist, sich kaum jemals entspannen kann und ständig damit rechnen muß, daß irgendetwas Unerfreuliches oder Gefährliches geschieht.
Von Zeitersparnis mag ich in diesem Zusammenhang kaum sprechen – ich fürchte, hier läßt sich nicht viel Zeit einsparen. ☞ 6 (Natürlich werden Sie versuchen, einige Aufgaben an Schüler zu delegieren – schon aus pädagogischen Gründen. Eine Reduzierung der

Arbeitslast ist damit aber kaum verbunden, weil Sie die meisten Dinge
zur Sicherheit doch noch einmal selbst nachkontrollieren müssen.)
Lassen Sie uns den Hauptakzent dieses Kapitels stattdessen auf einen
anderen Bereich effizienter Arbeitstechnik legen: auf die Frage, wie
man ein schwieriges, vielschichtiges Projekt in überschaubare Teilauf-
gaben gliedern, durch geschickte Planung in den Griff bekommen
und Schritt für Schritt verwirklichen kann.

Wenn Sie – sagen wir: als Anfänger, der erst seit kurzer Zeit Mitglied
des Kollegiums ist – die Aufgabe auf sich zukommen sehen, eine
Klassenfahrt zu organisieren, werden Sie wahrscheinlich von einer
Mischung aus ängstlicher Unsicherheit und konstruktiver Vorfreude
erfaßt. Alle möglichen Gedanken und Bedenken gehen Ihnen durch
den Kopf und verfolgen Sie vielleicht bis in Ihre Träume. Wenn man
diesen bunten, ungeordneten Reigen von Einfällen in die Form einer
Stichwortliste brächte, kämen wahrscheinlich viele der folgenden
Punkte darin vor, wenn auch vielleicht unter anderem Namen (und
natürlich nicht in alphabetischer Reihenfolge – die ist hier nur gewählt
worden, um das Fehlen einer *sinn*vollen Ordnung ironisch zu verdeutlichen!):
Abrechnung, Adressen, Alkohol, Aufsicht, Ausgangserlaubnis, Ausweis, Badeerlaubnis, Begleitperson, Besichtigungen, Bettwäsche, Boot-
fahren, Bundesbahn, Busunternehmen, Diebstahl, Disziplin, DLRG,
Einverständniserklärungen, Elternversammlungen, Erlasse, Fahrtter-
min, Finanzierung, Freizeit, Genehmigungen, Haftpflicht, Hausordnung, Heftpflaster, Herbergseltern, Jugendherbergsverzeichnis, Klas-
sendiskussion, Kleidung, Konflikte, Korrespondenz, Küchendienst,
Lärm, Medikamente, Museen, Musikinstrumente, Nachbereitung,
Nachtruhe, Packliste, Programmgestaltung, Prospekte, Quittungen,
Radfahren, Rauchen, Reiseapotheke, Sammelfahrschein, Schuhwerk,
Sehenswürdigkeiten, Sexuelle Probleme, Regen, Sonderkonto, Spiele,
Sport, Tagebucheintragungen, Taschengeld, Telefonnummern, Unfäl-
le, Unterricht, Verantwortung, Verkehrsregeln, Versicherungsschutz,
Vordrucke, Wanderungen, Wetter, Zimmeraufteilung, Zuschüsse . . .

Wie läßt sich dieses verwirrende Durcheinander in zielstrebiges Plan-
en und Handeln umsetzen?
Zunächst einmal ganz sicher nicht dadurch, daß Sie Ihre Einfälle und
☞ 31   Assoziationen im Kopf behalten. Sie müssen aufs Papier. Aber wie?
Ein nützlicher erster Schritt kann darin bestehen, daß Sie eine Skizze
wie die auf S. 208 zeichnen, die die verschiedenen Aspekte einer

Klassenfahrt veranschaulicht und den Gesamtkomplex inhaltlich
strukturiert. Der Vorteil eines solchen Diagramms[1] liegt darin, daß es
Gedanken und Zusammenhänge in knappster Form aufzeigen kann,
ohne die vielen Füllwörter, auf die man bei konventionellen Notizen
im allgemeinen doch nicht verzichten mag, und daß es unmittelbar
vom Kern des Themas ausgehen kann, ohne dem Zwang zum linearen
„Nacheinander" unterworfen zu sein, der für die gewöhnliche schriftliche Darstellung typisch ist.

Das hier abgebildete „Klassenfahrt"-Diagramm ist nicht nur für das
erste Gedanken-Sortieren nützlich; man kann es auch für die weitere
Planungsarbeit einsetzen:
- Man kann es als „Einfallsgenerator" verwenden, denn es übt (gemäß
  den Gesetzen der Gestaltpsychologie) einen starken visuellen
  Anreiz zum Weiterdenken und Vervollständigen aus.
- Man kann Teile daraus (z. B. „Vorbereitung" oder „Programmgestal-
  tung") zum Kern neuer Diagramme machen und dort stärker ins
  Detail gehen.
- Man kann es auf einer Korkpinnwand befestigen und mit dickköp-
  figen farbigen Markiernadeln jene Punkte bezeichnen, die bereits in
  Angriff genommen werden können. (Oder, noch eleganter: magnet-

---

[1] BUZAN (*Use your head*, S. 8ff., 83–96, 100–105) begründet die Nützlichkeit
dieser Diagramme, die er „brain patterns" nennt, mit der Fähigkeit des
Gehirns, nicht-lineare Informationen zu verarbeiten. Er beschreibt eingehend
ihre Vorteile und preist sie als eine Art Universalwerkzeug für geistige Arbeit
– für das Mitschreiben bei Vorlesungen, für das Aufbereiten von zu lernen-
dem Wissensstoff, als Vorbereitung für Essays, als Gerüst für Vortragsmanu-
skripte usw. Den unbestreitbaren Vorteilen stehen allerdings gewisse praktische Nachteile gegenüber, die es mir persönlich schwer machen, BUZANS
Begeisterung für die „brain patterns" voll nachzuvollziehen: Die Anfertigung
einer solchen Skizze nimmt (wenn sie einigermaßen übersichtlich und
leserlich werden soll) durchaus einige Zeit in Anspruch. Je feiner die
„Verästelungen" werden, desto mehr Platz braucht man, und das Fassungs-
vermögen des Bogens ist bald ausgeschöpft. Der fertige „pattern" läßt sich nur
in sehr beschränktem Umfang ändern, umstrukturieren oder erweitern. (Den
letzten beiden Einwänden läßt sich natürlich dadurch begegnen, daß man
einen Teilbereich zum Kern einer neuen Zeichnung macht bzw. daß man eine
Neufassung des ursprünglichen Diagramms herstellt. Wie gern und wie
effektiv man mit „brain patterns" arbeitet, ist letztlich wahrscheinlich eine
Frage der Gewöhnung; es mag auch mit dem individuell verschieden
ausgeprägten Gefühl für Raumaufteilung, graphische Darstellung, Layout
etc. zusammenhängen.)

haftende Hintergrundfläche, farbige Signalmagnete! Zu den technischen Einzelheiten vgl. die Ausführungen im Kapitel „Planen oder Durchwursteln?".)
– Man kann einige Fotokopien herstellen und nacheinander verbrauchen. Auf ihnen kann man mit Leuchtstift die Stellen kennzeichnen, die bearbeitet werden sollen oder über die noch weiter nachgedacht werden muß.

Haben Sie sich – auf diese oder auf andere Weise – einen Gesamtüberblick über die vor Ihnen liegende Aufgabe „Vorbereitung und Durchführung einer Klassenfahrt" (einer Wanderwoche, eines Schullandheimaufenthaltes, einer Studienreise) verschafft, so sollten Sie sich als nächstes die nötigen Hilfsmittel für die weitere Arbeit anschaffen oder bereitlegen. Am günstigsten (vgl. das Kapitel „Arbeitszimmer und Arbeitsmittel") ist es, wenn Sie zwei oder drei ☞ 28 Hängemappen in der Hängeregistratur für diesen Zweck reservieren können (die „Feineinteilung" erfolgt dann mit Hilfe von Klarsichthüllen oder Einstellmappen mit Sichtreitern); aber natürlich können Sie auch einen Ordner einrichten oder mit Klemmappen, Einschlagsammelmappen oder Schnellheftern arbeiten.
Hier wird sich im Laufe der nächsten Monate vieles sammeln: Reiseprospekte und Faltblätter von Fremdenverkehrsvereinen, Durchschläge eigener Anfragen, Antwortschreiben, Listen mit Anschriften und Telefonnummern, Antragsformulare, Quittungen, ausgefüllte Vordrucke, Kopien von Aufsätzen, Erlassen und Spielanleitungen – ☞ 29 und viele Zettel mit Fragen, Einfällen (nicht verloren gehen lassen; immer gleich notieren – oder Diktiergerät benutzen!), Notizen zu Detailproblemen, Checklisten und Plänen.
Plänen? Warum der Plural? Nun, aus den bisher angedeuteten Punkten ergibt sich, daß wir mindestens v i e r Teilpläne benötigen, die sich – zumindest teilweise – getrennt voneinander betrachten und bearbeiten lassen: einen Abklärungs- und Informationsbeschaffungsplan, einen Materialbeschaffungsplan, einen Finanzierungsplan, und einen Programmgestaltungsplan. (Und als ob all dies nicht schon Arbeit genug machte, wird mancherorts auch noch eine Art „Vertretungsplan" erwartet: der auf Fahrt gehende Lehrer soll für die zu Hause bleibenden Kollegen, die ihn während seiner Abwesenheit in anderen Klassen vertreten müssen, Unterrichtsideen und -material zur Verfügung stellen.[2]

[2] Vgl. FRANCK/TURBAN S. 11.

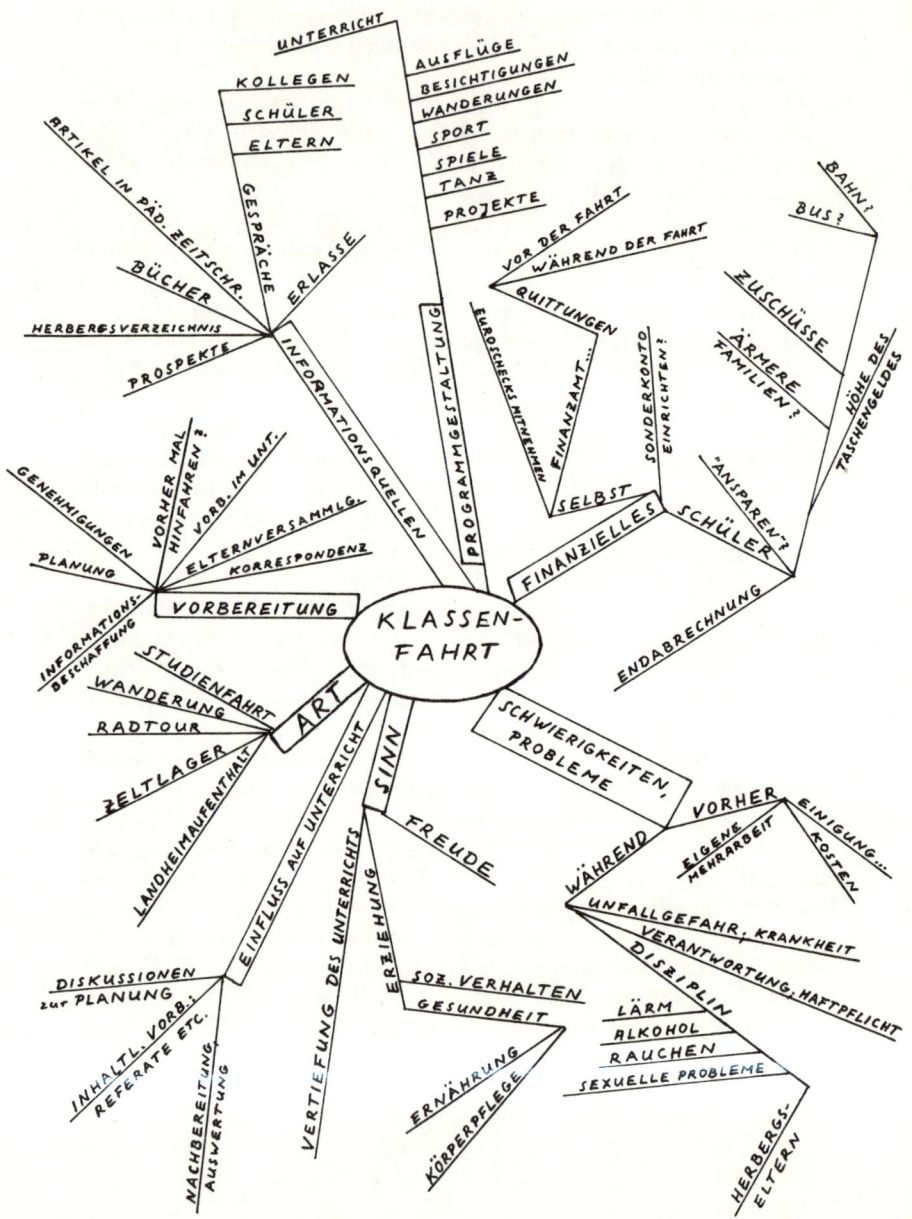

Im folgenden soll kurz und ohne Anspruch auf Vollständigkeit umrissen werden, welche Einzelfragen im Rahmen der genannten Pläne beantwortet werden müssen.

Abklärung und Informationsbeschaffung

– Gibt es schulinterne Entscheidungen darüber, welche Klassen oder Jahrgangsstufen Anspruch auf eine Fahrt haben? In welchem finanziellen Rahmen? Wie lange? Zu welcher Jahreszeit?
– Gibt es Gesamtkonferenzbeschlüsse zum Thema „Klassenfahrten"? (Es kann z. B. vorkommen, daß angesichts der restriktiven Reisekostenerstattungspraxis Solidaritätsabsprachen getroffen worden sind, aufgrund derer zeitweilig keine mehrtägigen Reisen durchgeführt werden sollen.)
– Von welchen Stellen (Schulleiter, Schulbehörde, Ministerium o. a.) muß ggf. eine Genehmigung eingeholt werden? An welche Bedingungen ist die Genehmigung geknüpft? (Wichtig bei Berlinreisen und bei Studienfahrten ins Ausland!)
– Wie ist die grundsätzliche Einstellung der Eltern zu einer Fahrt? Würden bestimmte Arten der Durchführung (z. B. Radwanderung) möglicherweise am Widerstand der Eltern scheitern?
– Wozu würden Eltern im einzelnen ihre Zustimmung erteilen, und wozu nicht? (Baden mit/ohne Aufsicht durch den Lehrer; Bootfahrten; freier Ausgang allein/mit anderen?)
– Welche Erlasse gilt es zu beachten? Was wird in ihnen ausgesagt über Aufsichtspflicht, Baden, Radfahrten, Bergwanderungen, Verhalten bei Unfällen? (Erlaßtext kopieren, aufbewahren, mitnehmen!)
– Hat die Klasse bereits Fahrten oder vergleichbare Gemeinschaftsunternehmungen durchgeführt? Welche Erfahrungen hat sie dabei gemacht? Welche Erfahrungen haben die Begleiter mit dieser Klasse gemacht?
– Wie ist die soziale Struktur der Klasse? Gibt es Eltern, für die die Kosten der Fahrt eine große Belastung bedeuten würden, die sich aber scheuen, ihre Schwierigkeiten zuzugeben?
– Gibt es möglicherweise innerhalb der Klasse – bei den Schülern – Gründe, die starken Widerstand gegen eine gemeinsame Fahrt hervorrufen könnten? Mitunter sind die Spannungen in einer Klasse so stark, daß einzelne Schüler es als unerträgliche Zumutung empfinden, mit den anderen längere Zeit zu engem Zusammensein gezwungen zu werden. Gesundheitliche Bedenken (Allergien, Asthma, Epilepsie),

psychosomatische Probleme (Bettnässen) oder religiöse Gründe (z. B. bei Gastarbeiterkindern) mögen auch eine Rolle spielen. Auf jeden Fall muß den Schülern rechtzeitig die Gelegenheit gegeben werden, sich einzeln vertraulich an den Lehrer zu wenden, um Schwierigkeiten, die zur Nichtteilnahme führen können, zu besprechen.
– Wer kommt als zweite Begleitperson in Frage?
Die Schüler sollten hier ein Vorschlags- und Mitspracherecht haben. Ebenso wichtig ist es für den verantwortlichen Lehrer aber auch, daß er jemanden findet, der in etwa die gleichen Vorstellungen über angemessenes Verhalten und sinnvolle Gestaltung der Fahrt hat.[3]
– Welche Unterbringungsmöglichkeiten kommen in Frage?
Jugendherbergsverzeichnis besorgen. Ggf. Kontakt mit den Landesverbänden des Deutschen Jugendherbergswerkes aufnehmen. Einzelne Herbergen f r ü h z e i t i g[4] anschreiben; dabei vervielfältigten Antwortvordruck[5] (und Rückumschlag) beifügen.

☞ 20

---

[3] Dieser Punkt wird bei WULFF (S. 307) nachdrücklich betont und näher erläutert.

[4] MENZE (S. 44) geht davon aus, daß das Anschreiben einzelner Heime bereits 70 (!) Wochen vor Fahrtbeginn erfolgen sollte. Auch FRANCK/TURBAN (S. 43) weisen darauf hin, daß viele Jugendherbergen bereits über ein Jahr im voraus belegt sind.

[5] Das folgende Muster einer vorbereiteten Rückantwort wurde mir freundlicherweise von Kollegen des Gymnasiums Neuenhaus zur Verfügung gestellt. (Ich habe es geringfügig ergänzt.)
  1. Tagessatz (. . . Mahlzeiten + Übernachtung) = ... DM
  2. Leihgebühr für Bettwäsche: . . . . . DM
  3. Bettenzahl insgesamt: . . . . .
  4. Bettenzahl pro Zimmer: . . . . .
  5. Getrennte Schlafzimmer für Lehrer vorhanden? . . . . .
  6. Unterrichtsraum pro Gruppe getrennt vorhanden? . . . . .
  7. Verdunkelbar? . . . . .
  8. Tageslichtprojektor vorhanden? . . . . .
  9. Tonfilmgerät 16 mm vorhanden? . . . . .
  10. Diaprojektor vorhanden? . . . . .
  11. Videorecorder vorhanden? . . . . . Welches System? . . . . .
  12. Dürfen Schlafräume ganztägig betreten werden? . . . . .
  13. Duschen vorhanden? . . . . . Benutzung jederzeit? . . . . .
  14. Duschzeiten festgelegt: . . . .
  15. Duschgebühr? / Münzduschen?   . . . .
  16. Tischtennisplatten vorhanden? . . . . . Wieviele? . . . . .

Berlin-Reisen: Informationszentrum Berlin (Jugendreferat) anschreiben.

☞ 6 Auslandsreisen: Wer nicht alle Abmachungen selbst treffen möchte, kann die Hilfe einer jener kommerziellen Organisationen in Anspruch nehmen, die in Zusammenarbeit mit dem verantwortlichen Lehrer wesentliche Details der Fahrt (Transport, Unterbringung, Verpflegung, Ausflüge, Besichtigungen) vorbereiten.

– Liegen bereits (positive oder negative) Erfahrungen von Kollegen mit einem der in Aussicht genommenen Heime vor?

– Läßt es sich einrichten, daß man, bevor man eine endgültige Entscheidung trifft, einmal hinfährt? (Auf diese Weise kann man unter Umständen sehr unangenehme Überraschungen vermeiden. Allerdings gehört beträchtlicher Idealismus dazu, die Zeit und das Geld hierfür zu investieren!)

– Können die Kollegen Auskunft geben, welches Busunternehmen ggf. besonders günstig ist?

Materialbeschaffung

Drei Fragen müssen gestellt werden:
1. Gibt es Dinge, die Sie bereits längere Zeit vor der Fahrt anschaffen oder ausleihen sollten?
2. Was sollten Sie selbst auf die Reise mitnehmen?
3. Was sollten die Schüler unbedingt einpacken?

Das meiste, was sich zu diesen Punkten sagen läßt, ist im Grunde selbstverständlich. Deswegen können wir uns hier kurz fassen und nur solche Dinge erwähnen, auf die man vielleicht nicht ohne weiteres kommt, wenn man noch wenig Erfahrung hat.

Zu 1:
Ein Jugendherbergsverzeichnis haben Sie wahrscheinlich schon oder können es von einem Kollegen ausleihen. Wenn nicht, bekommen Sie es (gegen Rechnung) bei folgender Adresse:
Deutsches Jugendherbergswerk, Bülowstr. 26, 4930 Detmold.

17. Weitere Beschäftigungsangebote durch die DJH bei Schlechtwetter? . . . .
18. Klassenfest mit lauter Musik möglich? . . . . .
19. Absolute Bettruhe von/bis: . . . .
20. DJH °°° vom °°° bis °°° frei für ca. 14 Jungen, 17 Mädchen, 1 Lehrer, 1 Lehrerin? . . . . .
21. Anmeldung mit endgültiger Zahl müßte erfolgen bis: . . . . . .

Was Sie wahrscheinlich noch nicht haben, ist die dicke (600 Seiten!), dabei aber sehr preiswerte Loseblattsammlung „Pädagogik im Schullandheim", die vom Verband Deutscher Schullandheime e.V. herausgegeben wird. (Die näheren Angaben zu diesem wie auch zu den folgenden Büchern finden Sie im Literaturverzeichnis.)

Die Broschüre „Schulfahrten / Planung und Organisation" von FRANCK und TURBAN ist u. a. deshalb lesenswert, weil sie eine gute Mischung von grundsätzlich-theoretischen Ausführungen und praktischen Hinweisen bietet; sie enthält auch weiterführende Literaturangaben. (Bevor Sie sich das Buch bestellen, fragen Sie erst, ob Ihr Schulleiter vielleicht die Reihe „Schulleiter-Handbuch" abonniert hat und Ihnen das Heft 17 einmal ausleiht!)

Was Sie sich allerdings unbedingt selbst anschaffen sollten, ist ein gutes Spiele-Buch. (Sie werden es sicher auch mal in der eigenen Familie verwenden können!) Es gibt viele davon. In dem Aufsatz von MENZE werden zwei ganz besonders empfohlen: „Das große Ravensburger Spielbuch" von GLONNEGGER/DIEM und „Spiele – Feste – Gruppenprogramme" von WOESLER.

Manche Lehrer nehmen einige Wochen vor Antritt der Fahrt Kontakt mit der zuständigen Bildstelle (bzw. dem Medienzentrum) auf und richten es so ein, daß sie ein Vorführgerät und einige Filme mitnehmen können.

In Zukunft werden wahrscheinlich auch viele Heime einen Videorecorder zur Verfügung stellen; dann braucht man sich nur noch geeignete (!) Videocassetten zu besorgen. (Keinesfalls von Schülern mitgebrachte oder empfohlene Videofilme zeigen, die Sie vorher nicht einmal angesehen haben – Sie können peinliche Überraschungen erleben!)

Es kann eine gute Idee sein, aus der Schule vor der Fahrt einen Satz Liederbücher zu entleihen; vielleicht auch einige Bälle und sonstige Sportgeräte.

Besitzen Sie eine Trillerpfeife? So ein Ding klingt zwar gräßlich und ruft militärische Assoziationen hervor; es kann aber sehr nützlich sein, wenn man in unübersichtlichem Gelände mit einer Gruppe wandert, die dazu neigt, sich kilometerweit auseinanderzuziehen.

Zu 2:

☞ 19 Als effizienter Mensch und guter Planer besitzen Sie natürlich längst eine persönliche „Reiseliste" (= eine per Umdruck oder Fotokopie vervielfältigte Checkliste, auf der all jene Dinge verzeichnet sind, die

Sie normalerweise einpacken, wenn Sie verreisen). Wenn Sie auf Klassenfahrt gehen, sollten Sie zusätzlich an folgendes denken:
- Erste-Hilfe-Koffer (Reiseapotheke; Sanitätstasche – nennen Sie es, wie Sie wollen), mit Heftpflaster, Brandsalbe, Binden, Kopfschmerztabletten usw.;
- Landkarten, Wanderkarten, Kompaß;
- großes „Gruppenportemonnaie" (ggf. zusätzlich einen Brustbeutel für die Scheine, wenn Sie besonders vorsichtig sein wollen);
☞ 20 - eine genügende Anzahl von Namenlisten zum Abhaken (unerläßlich bei komplizierteren Fahrten mit größeren Gruppen, z. B. bei Studienreisen, wenn es oft darauf ankommt, schnell nachprüfen zu können, ob alle wieder da sind, damit der Bus weiterfahren kann);
- die vorbereitende Korrespondenz (damit Sie nicht hilflos dastehen, wenn schriftliche Zusagen plötzlich nicht eingehalten werden).

Zu 3:
Schüler halten längst nicht alles für nötig, was wir für nötig halten. Sie setzen ihre Prioritäten anders. Einige von ihnen würden klaglos einen schweren Radiorecorder mitschleppen, es aber für unzumutbar halten, ein zweites Paar Schuhe einzupacken. Es ist deshalb durchaus sinnvoll, eine „Packliste" zu vervielfältigen und den Schülern (oder ihren Eltern) auszuhändigen.
Außer all jenen Selbstverständlichkeiten (z. B. aus den Bereichen „Kleidung" und „Körperpflege"), die hier nicht aufgeführt zu werden brauchen, könnten z. B. noch folgende Dinge auf dieser Liste stehen: feste Schuhe für Wanderungen (die geliebten Turnschuhe reichen nicht aus!), regenfeste Kleidung, Schreibmaterial, Karten- und Brettspiele, Tischtennisschläger und -bälle, ein paar Briefmarken (besonders bei jüngeren Schülern kann es angebracht sein, daß der Lehrer mit freundlichem Nachdruck dafür sorgt, daß die Eltern mal eine Postkarte bekommen).
Bei Auslandsreisen muß sichergestellt sein, daß alle Schüler ihren Ausweis oder Reisepaß haben (der Lehrer sollte ein paar Wochen vor der Abfahrt überprüfen, ob die Ausweise noch gültig sind; unmittelbar vor der Abreise noch einmal alle Ausweise zeigen lassen!).
Im Portemonnaie sollte jeder Schüler ein Zettelchen haben, auf dem sowohl seine Heimatanschrift als auch die Adresse des Heims stehen. (Seitdem ich einmal erlebt habe, daß eine verzweifelte Schülerin, die ausgerechnet in London ihr Portemonnaie verloren hatte, durch diese Vorsichtsmaßnahme schließlich ihr Geld zurückbekam, halte ich diese Empfehlung nicht mehr für übertrieben!)

Und da wir gerade beim Thema „Verlust von Wertsachen" sind: es kann nicht schaden, den Schülern nahezulegen, daß zumindest eines ihrer Gepäckstücke abschließbar sein sollte.

Manche Lehrer schreiben auch auf die Matrize, was n i c h t mitgenommen werden soll (Fahrtenmesser, Joghurtbecher, Kassettenrecorder . . .). Das wirkt zwar etwas komisch, kann aber z. B. bei Studienreisen in Ostblockländer sinnvoll sein.

Finanzierung

1. Aus welchen Einzelposten setzt sich die Summe zusammen, die von den Eltern der Schüler eingezahlt werden muß; d. h. welche nicht auf den ersten Blick ersichtlichen Nebenkosten müssen neben den Kosten für Fahrt, Unterkunft und Verpflegung noch mitberücksichtigt werden und fallen nicht unter „Taschengeld" (Eintrittsgelder, Gebühren für die Benutzung wichtiger Einrichtungen wie Münzduschen o. ä., kaum zu vermeidende Zwischenbusfahrten z. B. vom Heim zur Badeanstalt, Leihgebühr für Bettwäsche usw.)?

2. Von welchen offiziellen oder privaten Stellen[6] kann man ggf. Zuschüsse bekommen – entweder für die ganze Klasse oder für einzelne Schüler?

3. Abwicklungsprobleme:
   – Lohnt es sich, ein Sonderkonto einzurichten?
   – Sollten die Eltern die Gesamtsumme auf einmal oder in Raten einzahlen?
   – Läßt man sich das Taschengeld für die Schüler ebenfalls aufs Konto einzahlen und gibt es während der Fahrt nur ratenweise an die Schüler aus, um größere Verluste zu vermeiden? (Sollte man den Eltern einen Hinweis geben, wieviel Taschengeld angemessen sein dürfte? Sollte man eine Obergrenze festsetzen, damit das soziale Gefälle zwischen den Schülern nicht störend deutlich wird?)

4. Denken Sie daran, sich für alles Quittungen geben zu lassen! Zum einen für die Endabrechnung mit der Klasse, zum anderen für Ihre eigene spätere Abrechnung mit dem Finanzamt. Sobald Sie den Versuch machen wollen, dem Finanzamt beizubringen, daß die Klassenfahrt für Sie mehr gekostet hat als das, was Ihnen offiziell (von der Schulbehörde) dafür zurückerstattet worden ist, sind Sie darauf angewiesen, alles belegen zu können: Sie brauchen die Eintrittskarte zum

---

[6] In dieser Beziehung zeigt sich MENZE sehr erfinderisch (vgl. den Aufsatz „Landschulheimaufenthalt / Alp-Traum eines Lehrers", a.a.O. S. 43).

Schloß in Eutin, jede fettige Currywurstquittung und jede einzelne Buskarte aus Hintertupfingen – und natürlich auch die Quittung für die Taxifahrt zum Bahnhof. Bei letzterer müssen Sie sich dann die Frage gefallen lassen, ob Sie nicht auch mit der Straßenbahn hätten fahren können; Sie hätten doch nur zweimal umzusteigen brauchen . . .)

5. Ist es erforderlich, den Eltern oder Schülern eine schriftliche (ggf. vervielfältigte) Endabrechnung vorzulegen – das macht noch einmal etliche Arbeit! –, oder genügt eine mündliche Bekanntgabe?

Welche persönlichen vorgelegten Ausgaben sollte man in die Endabrechnung mit hineinnehmen? (Niemand kann von Ihnen erwarten, daß Sie die Portokosten für die gesamte vorbereitende Korrespondenz aus eigener Tasche bezahlen – z. B.: Anschreiben an 37 Jugendherbergen, jeweils mit Rückporto; dazu alle weiteren Briefe an Busunternehmer, Informationszentren usw. –; das Gleiche gilt für Ferngespräche.)

Ist es statthaft, einen geringfügigen Restbetrag nicht aufzuteilen, sondern in die Klassenkasse zu geben?

Programmgestaltung

Es ist nicht meine Absicht, detailliert auf die vielen verschiedenen Möglichkeiten der Programmgestaltung einzugehen. Sie finden hierzu vielfältige Anregungen in der bereits genannten Literatur sowie bei SCHMID. Wichtig erscheint mir jedoch der Hinweis, daß es nicht empfehlenswert ist, dem lautstark geäußerten Wunsch nach möglichst viel Freizeit nachzugeben, denn er entspricht gar nicht immer den wirklichen Bedürfnissen aller Schüler, und seine Erfüllung würde den Sinn einer gemeinsamen Fahrt in Frage stellen.

Lassen Sie sich etwas einfallen – oder besser: erarbeiten Sie zusammen mit der Klasse einen Programmplan. Nicht alle Punkte dieses Plans brauchen verbindlich zu sein; manche können Angebotscharakter haben; selbstverständlich soll auch Zeit zur freien Verfügung bleiben. Feste Regeln lassen sich nicht aufstellen; vieles wird vom Alter der Schüler, von den Möglichkeiten des Heimes, von den sonstigen örtlichen Gegebenheiten – und nicht zuletzt vom Wetter abhängen. Der Programmgestaltungsplan muß flexibel sein – aber, wie wir schon in anderen Kapiteln gesehen haben: ein Plan, der gelegentlich revidiert werden muß, ist wesentlich besser als überhaupt kein Plan!

Koordination der Teilpläne; Problematik der Umsetzung in eine zeitliche Abfolge

Es liegt nahe, einen „Verlaufsplan" für die Vorbereitung einer Klassenfahrt zu erstellen, d. h. eine Liste, aus der zu entnehmen ist, welche Schritte in welcher Reihenfolge zu erledigen sind.[7] Das Unbefriedigende einer solchen Liste liegt darin, daß die Abfolge der Schritte sich großenteils einer Festlegung in Form von „1., 2., 3., . . ." entzieht. (Man muß manchmal – um es bildlich auszudrücken – mit mehreren Bällen gleichzeitig jonglieren. Man weiß, daß die Lösung eines bestimmten Teilproblems Auswirkungen auf ein anderes Teilproblem haben wird, aber man kann mit der Bearbeitung des zweiten Problems nicht so lange warten, bis das erste wirklich endgültig gelöst ist.)

Wesentlich überzeugender ist die graphische Darstellung der Zeitplanung in Form eines *Balkendiagramms*.[8] In einem solchen Diagramm gibt die Länge des Balkens die Dauer eines Vorganges, die Lage des Balkens (bezogen auf die Zeitachse) seine zeitliche Einordnung an:

Vorgang Nr.	Bezeichnung	Wochenzahl vor Abreise				
		80	70	60	50	40 . . .
1	. . .		▬			
2	. . .		▬			
3	(z. B. Heime anschreiben)			▬▬		
4	. . .		▬▬			
. . .	. . .					▬
13	. . .			▬▬		
14	. . .					▬

Wenn die Zahl der Einzelvorgänge nicht zu groß ist, erkennt man bei einem Balkendiagramm recht gut, in welchem Zeitraum bestimmte Dinge erledigt werden müssen und wie lange sie etwa dauern. Für „Planungsfans" sei darauf hingewiesen, daß auch ein Balkendiagramm

---

[7] Solche Verlaufspläne finden sich z. B. im Aufsatz von MENZE (S. 44) und bei FRANCK/TURBAN (S. 41f.); außerdem habe ich für die Vorarbeiten zu diesem Kapitel eine sehr detaillierte Checkliste benutzt, die mir das Kollegium des Gymnasiums Neuenhaus freundlicherweise zur Verfügung gestellt hatte.

[8] Wer sich einen ersten Überblick über Balkendiagramme und die verschiedenen Verfahren der Netzplantechnik verschaffen möchte, sei auf H.-E. SCHOLZ (S. 53–71) verwiesen.

noch Nachteile hat: es zeigt zwar, daß manche Vorgänge nebeneinander laufen können, macht aber keinerlei Aussage darüber, wie einzelne Vorgänge einander beeinflussen. Wer diesen Nachteil vermeiden will, muß sich der *Netzplantechnik* bedienen – aber so kompliziert, daß sich das lohnte, ist die Vorbereitung einer Klassenfahrt nun auch wieder nicht!

Der „normale" Leser, der ein gesundes Gespür für ein vernünftiges Verhältnis von Aufwand und Wirkung hat, wird wahrscheinlich auch auf den Entwurf eines Balkendiagramms verzichten; er wird stattdessen regelmäßig seine gut geordneten Notizen und die bereits angelaufene Korrespondenz durchsehen und jene Aufgaben, die er demnächst in Angriff nehmen kann, auf die entsprechenden Wochen- oder Tagesblätter in seinem Zeitplanbuch übertragen.

Wenn dieses Buch den Anspruch erhöbe, einen würdigen Beitrag zur pädagogischen Literatur zu leisten, dann würden sicher am Ende dieses Kapitels einige Sätze stehen, die noch einmal auf die hohe persönlichkeitsbildende Kraft von Klassenfahrten hinwiesen, auf die Bedeutung des Gemeinschaftserlebnisses für das Erreichen sozialer Lernziele und auf die zu erwartende Vertiefung und Befruchtung des schulischen Lernens.[9]

Da dieses Buch aber keinen solchen Anspruch erhebt, sondern eher die Belange des geplagten Lehrers vertreten möchte, mag es verzeihlich sein, wenn wir die heilige Kuh „Klassenfahrten" mit etwas weniger Respekt behandeln und getrost einmal jene Frage stellen, die wir (im Zusammenhang mit den verschiedenen Aspekten unserer beruflichen Tätigkeit) verständlicherweise oft verdrängen: L o h n t s i c h d e r A u f w a n d ?

Zu Ihrer Beruhigung kann ich Ihnen – nach vielen Gesprächen mit Kollegen und jahrelangen eigenen Forschungen – versichern, daß die Anwort eindeutig positiv ist.

K l a s s e n f a h r t e n l o h n e n s i c h , d e n n

– manche Schüler haben auf solchen Reisen erfreuliche und tief befriedigende Erlebnisse (z. B. wenn gleichzeitig eine Mädchengruppe aus Gelsenkirchen in der Herberge weilt);

– manchen Schülerinnen gelingt es, durch realistisches Setzen von Prioritäten und präzise Planung lästige Programmpunkte zu umgehen und ihre wertvolle Zeit nicht in Kathedralen oder Kunstausstel-

---

[9] Wenn Sie solcher aufbauenden Worte bedürfen, greifen Sie bitte zu FRANCK/ TURBAN!

lungen zu vertun, sondern der Besichtigung von Kaufhäusern zu widmen;
- Lehrer lernen, mit wie wenig Schlaf der Mensch auskommen kann, wenn sie – vom Staub der muffig riechenden Jugendherbergsdekken nervös niesend – um 2 Uhr 37 zum fünften Mal aufstehen, um das wiehernde Gelächter im Schlafraum B 2 zu dämpfen, wo der starke Eberhard gerade den vierundachtzigsten unanständigen Witz erzählt;
- es kommt immer wieder vor, daß drei oder gar vier Jungen und Mädchen (aus einer Gruppe von 27) sich am Ende der Fahrt beim Lehrer freundlich verabschieden und vielleicht sogar „Danke" sagen, bevor sie – heftig über die primitive Unterbringung und unzumutbare Verpflegung schimpfend – den wartenden Müttern oder Vätern zum Auto folgen.

Das reicht Ihnen nicht aus?

Warten Sie nur – wenn Sie ein paar Wochen später, inzwischen wieder voll ausgeschlafen, gerührt die Fotos der Fahrt betrachten, sieht alles schon wieder viel positiver aus.

Und in Wirklichkeit war es das ja auch!

Fortbildung

Der Begriff „Fortbildung" soll in diesem Kapitel sehr weit gefaßt werden. In methodischer Hinsicht soll er sowohl die Teilnahme an dem umfassen, was man gemeinhin als Fortbildungsveranstaltungen bezeichnet, als auch das private, nach außen hin nicht vorzeigbare Bemühen um Weiterbildung. In inhaltlicher Hinsicht soll nicht nur von der Erweiterung des fachbezogenen Wissens oder der Verfeinerung von Unterrichtstechniken die Rede sein, sondern auch von der vertiefenden Beschäftigung mit Fragen der Pädagogik und Psychologie sowie vom Training bestimmter Grundfertigkeiten, die nicht nur für Lehrer nützlich sind.

Zunächst wollen wir auf etwas zurückkommen, was im Kapitel „Unterrichtsvorbereitung" gesagt wurde. Die „permanente Vorbereitung" wurde dort – in Anlehnung an den Satz „Man kann nur das aus dem Ärmel schütteln, was man zuvor hineingesteckt hat" – als ein „In-den-Ärmel-Hineinstecken" bezeichnet.
Der Ärmel – um im Bilde zu bleiben – ist sehr weit: man kann nicht nur Sachwissen hineinstecken, sondern auch andere Dinge. VALETTE und DISICK nennen (in einem Kapitel über die Einschätzung der Leistungen von Lehrern) drei Kategorien, die in diesem Zusammenhang hilfreich sind.[1] Bei der Bewertung der Qualifikation eines Lehrers unterscheiden sie zwischen Sachkompetenz („subject-matter competence"), Unterrichtskompetenz („professional competence") und persönlichen Einstellungen und Verhaltensweisen („personal attitudes"). Die Sachkompetenz eines Fremdsprachenlehrers z. B. würde sich in seiner Beherrschung der fremden Sprache sowie seiner Vertrautheit mit Lebensart, soziokulturellem Hintergrund und Literatur des anderen Volkes zeigen. Seine Unterrichtskompetenz erweist sich bei der Planung von Unterrichtseinheiten, der Auswahl angemessener Methoden der Stoffvermittlung und der Klassenführung sowie der Erstellung geeigneter Tests. Bei den „persönlichen Einstellungen und Verhaltensweisen" schließlich geht es nicht um Wissen oder Können,

[1] A.a.O. S. 109.

sondern um den affektiven Bereich: Ist der Lehrer an den Dingen, die er unterrichtet, und an den Fächern, die er studiert hat, wirklich interessiert? Wie steht er innerlich zu seinen Schülern? Was bedeutet ihm sein Beruf? Dieser affektive Bereich ist zielstrebiger Fortbildung sicher nicht im gleichen Maße zugänglich wie die beiden anderen Bereiche. Dennoch ist er keineswegs unveränderlich; und da er für die „Ausstrahlung" eines Lehrers und damit langfristig auch für seinen Erfolg bedeutungsvoll ist, wollen wir ihn wenigstens kurz in unsere Überlegungen mit einbeziehen. Zwei Denkanstöße seien genannt:

– Es hat erfahrungsgemäß einen nachhaltigen Einfluß auf die Einstellung und das Verhalten den Schülern gegenüber, wenn der Lehrer selbst Kinder hat. Das Miterleben ihrer Freuden und Schwierigkeiten, das aufmerksame Hinhören auf ihre Gefühle vermittelt Erfahrungen, die durch nichts anderes ganz zu ersetzen sind.
– In einem früheren Kapitel wurde bereits darauf hingewiesen, daß das Lesen von Romanen und Erzählungen, in deren Mittelpunkt ein Kind oder Jugendlicher steht, Gefühle und Einstellungen oft stärker beeinflußt als die Lektüre von wissenschaftlichen Werken über Pädagogik und Psychologie. Entsprechendes gilt sicher auch für die Lektüre von „Lehrerromanen".[2]

Das Hauptgewicht der permanenten Vorbereitung wird jedoch nicht im affektiven Bereich liegen, sondern auf der Weiterentwicklung der „Sachkompetenz" und der "Unterrichtskompetenz" – und es soll ausdrücklich betont werden, daß b e i d e Bereiche zu ihrem Recht kommen müssen. Der ständig in den lichten Höhen seines Faches schwebende Philologe (oder Naturwissenschaftler), der seine Schüler

---

[2] Hier sind einige „Lehrerromane", die mich (aus unterschiedlichen Gründen) beeindruckt oder nachdenklich gemacht haben:
James Barlow, *Term of Trial*
E. R. Braithwaite, *To Sir With Love*
James Hilton, *Goodbye Mr. Chips*
Muriel Spark, *The Prime of Miss Jean Brodie*
Friedel Thiekötter, *Jeden Tag Schule*
John Updike, *The Centaur*
Thomas Valentin, *Die Unberatenen*
(Daß es sich dabei vorwiegend um englischsprachige Romane handelt, hängt mit den weiter unten in diesem Kapitel ausgeführten Überlegungen zusammen.) Kein Roman, aber in diesem Zusammenhang trotzdem erwähnens- und empfehlenswert ist das von Walter KEMPOWSKI herausgegebene Bändchen *Immer so durchgemogelt / Erinnerungen an unsere Schulzeit*: eine Sammlung von über tausend Kleinaussagen von Erwachsenen zu der Frage „Was bedeutet Ihnen Ihre Schulzeit?". Vieles darin kann sehr nachdenklich stimmen.

nur am Rande wahrnimmt und eigentlich viel lieber in der Bibliothek oder im Labor seinen Studien nachginge, ist ein Zerrbild, das heute schon fast nostalgischen Reiz hat und in der rauhen Schulwirklichkeit nur noch selten anzutreffen ist.
Häufiger dürfte es vorkommen, daß Lehrer im Laufe der Dienstjahre zu nüchternen Soll-Erfüllern werden, die möglicherweise noch ein gewisses Interesse daran zeigen, ihre Unterrichtskompetenz zu verbessern und sich dadurch die tägliche Arbeit angenehmer und unproblematischer zu machen, die aber weder die Zeit noch die Energie aufbringen, sich mit Fragen der Fachwissenschaft auseinanderzusetzen, die keinerlei Bezug zum Unterricht zu haben scheinen. Das ist verständlich, aber nicht unbedenklich. Es führt nämlich allmählich zu einer Austrocknung und Verarmung, die auch den Schülern nicht verborgen bleibt – zumindest jenen Schülern nicht, die geistigen Dingen gegenüber offen sind und – bewußt oder unbewußt – durchaus bereit wären, sich von einem Lehrer beeinflussen und mitreißen zu lassen, dem sein Fach wirklich etwas bedeutet.

Es braucht wohl nicht eingehend begründet zu werden, daß Fortbildung grundsätzlich nötig ist. Wir wollen uns deshalb im folgenden nicht auf das „Warum" konzentrieren, sondern auf das „Wie". Dabei können wir die „eigentlichen" Fortbildungsveranstaltungen (Vorträge, Tagungen, Lehrgänge) relativ kurz abhandeln, denn sie decken erfahrungsgemäß nur einen geringen Teil des individuellen Fortbildungsbedarfs ab – oder, vorsichtiger formuliert: des Bedarfs an Fortbildung, den ein Lehrer haben s o l l t e. Ein bis zwei Vorträge im Jahr, alle drei oder vier Jahre vielleicht einmal ein fünftägiger Lehrgang – mehr kommt doch im allgemeinen nicht zusammen. Das ist nicht gerade viel – und überdies steht keineswegs fest, daß diese Veranstaltungen immer effektiv sind. (Denken Sie an das, was im Kapitel "Konferenzen" gesagt wurde! Nehmen Sie sich etwas zu arbeiten mit, ☞ 15 wenn Sie zu einem Lehrgang fahren; etwas, was Sie unauffällig nebenbei erledigen können, falls der Vortragende sein Honorar damit verdient, daß er modisch eingekleidete Selbstverständlichkeiten als wichtige Offenbarungen verkauft oder sich mit selbstgefälliger Rhetorik im Kreise dreht, anstatt sich an den realen Bedürfnissen der Teilnehmer zu orientieren).
Allerdings bemißt sich die Effektivität von Fortbildungsveranstaltungen nicht nur danach, ob man etwas dabei lernt. . .
Ich habe einmal im Rahmen eines Vortrages die Zuhörer gefragt: „Weshalb sind Sie eigentlich heute nachmittag hierher gekommen?"

und sie – mit ernstem Gesicht, versteht sich – gebeten, diese Frage
möglichst differenziert für sich selbst zu beantworten, entweder im
Kopf oder mit Bleistift und Papier hinter der vorgehaltenen Hand. Als
die Nachdenkzeit verstrichen war, habe ich – immer noch ganz
ernsthaft – gesagt, ich hätte auf einer Folie eine Reihe von denkbaren
Antworten zusammengestellt, die die Teilnehmer in die für sie zutreffende Reihenfolge bringen oder durch andere Antworten ergänzen
könnten.
Dann habe ich folgende Folie auf den Tageslichtprojektor gelegt:

Motive

1. *Ich bin abgeordnet worden, diese Veranstaltung zu besuchen.*
☞ 15 2. *Vielleicht sehe ich die hübsche junge Assessorin aus Bad Gandersheim wieder,
die letztes Mal da war?*
3. *Ich bin am Thema interessiert.*
☞ 17 4. *Ich wollte sowieso mal wieder nach Braunschweig fahren, um einzukaufen. Auf
diese Weise bekomme ich wenigstens die Reisekosten ersetzt.*
5. *Ich bin ehrgeizig. Jede Fortbildungsveranstaltung ist für mich ein kleiner Schritt
auf dem Wege nach oben.*
6. *Endlich mal wieder ein plausibler Vorwand, der unerfreulichen häuslichen
Atmosphäre für ein paar Stunden zu entkommen!*
7. *Das Thema interessiert mich gar nicht besonders, aber erfahrungsgemäß
ergeben sich bei Fortbildungsveranstaltungen immer interessante Gespräche mit
den Fachkollegen anderer Schulen, und ich möchte gern auf dem laufenden
bleiben.*
8. . . . ??? . . .

Ich muß es mir versagen, hier Effektivitätsüberlegungen zu den
Punkten 2, 4 und 6 anzustellen, aber der Punkt 5 verdient einen
Kommentar.
Es liegt durchaus ein Körnchen Wahrheit darin, daß es bei Bewerbun-
gen manchmal eine Rolle spielt, ob der Kandidat über einen längeren
Zeitraum die Bereitschaft erkennen lassen hat, sich fortzubilden.
Wenn Sie also beförderungshungrig sind, sorgen Sie dafür, daß Sie als
„interessiert" gelten! (Über die Teilnahme an mehrtägigen Kursen wird
meistens automatisch ein Vermerk in die Personalakte aufgenommen;
bei Einzelvorträgen ist das nicht der Fall – aber vielleicht erweist es
sich ja doch einmal als nützlich, wenn man hin und wieder gesehen
wird.)

Genug davon! Kommen wir zu Formen der Fortbildung, die zwar nach
außen hin weniger auffallen, die aber für die meisten Lehrer wesent-

lich größere Bedeutung haben. Sie sind dadurch gekennzeichnet, daß private Initiative bei ihnen eine wichtige Rolle spielt. Die Skala der Möglichkeiten ist von Fach zu Fach verschieden. Ein Fremdsprachenlehrer wird sich bemühen, durch häufige Studienreisen in das Land, dessen Sprache er zu unterrichten und über dessen Probleme er zu sprechen hat, seine Kenntnisse aufzufrischen; Geographen und Gemeinschaftskundelehrer, Biologen und Kunsterzieher werden ebenfalls versuchen, ihre Ferienreise so zu nutzen, daß es ihrem Unterricht zugute kommt.

Es soll jedoch keineswegs der Eindruck erweckt werden, daß private Fortbildung unbedingt viel Geld kosten müsse. Studienreisen, Exkursionen, der Besuch eines Fachkongresses in einer fremden Stadt – das sind zusätzliche Glanzlichter. Der Hauptteil der Fortbildungsarbeit vollzieht sich unauffällig und bescheiden zu Haus und an der eigenen Schule: im Gespräch mit Kollegen, bei der Mitarbeit in Arbeitsgruppen, vor allem aber durch häusliche Lektüre.

Allerdings – v o n s e l b s t „vollzieht" sich gar nichts, auch nicht die häusliche Lektüre. Sie muß, wie die meisten anderen Dinge auch, eingeplant werden:
– W a s will ich demnächst lesen? (Sekundärliteratur über die Dramen, die ich im nächsten Leistungskurs behandeln möchte? Zeitschriftenaufsätze zu Problemen der Unterrichtsgestaltung? Ein fachdidaktisches Werk? Ein Buch über Pädagogik oder Psychologie? Oder wird es vielleicht Zeit, daß ich nicht immer nur Sekundärwerke lese, sondern mein seit der Universitätszeit etwas eingetrocknetes und viel zu nüchtern-utilitaristisch gewordenes Verhältnis zur Literatur neu belebe, indem ich einmal wieder in Romanen, Dramen, Gedichten auf Entdeckungsreise gehe?)
– W o h e r will ich mir das Material beschaffen? Was will ich mir kaufen? (Prospekte der Schulbuchverlage nicht nur auf Unterrichtsmaterial hin durchprüfen, sondern auch auf Bücher für den Lehrer! Bei Buchausstellungen anläßlich von Fachkongressen, Fortbildungsveranstaltungen o. ä. Neuerscheinungen „anlesen" und prüfen, was sich lohnen könnte!) Will ich ein Zeitschriftenabonnement beginnen – ggf. an Stelle eines anderen, das sich mit der Zeit als unergiebig erwiesen hat? Was kann ich mir aus der Lehrerbücherei der Schule oder von einem Kollegen[3] ausleihen?

---

[3] Folgendes Verfahren hat sich bewährt: Der Leiter der Fachgruppe fragt alle Kollegen, die an dieser Form von Zusammenarbeit interessiert sind, welche

☞ 8 – W a n n will ich diese Bücher lesen? Das nicht gerade „lustbetonte" Erarbeiten von trockener Sekundärliteratur wird mit Sicherheit immer wieder zugunsten von dringenderen oder „wichtigeren" Aufgaben verdrängt, wenn es nicht langfristig mit eingeplant wird – und zwar so, daß zunächst ein Monats- und Wochenpensum festgelegt und später der Stoff in kleine, gut zu bewältigende „Tageshäppchen" von wenigen Seiten aufgeteilt wird. (Vgl. dazu die Ausführungen zum Aufstellen und Erledigen des Tagesplanes im Kapitel "Planen oder Durchwursteln?")

Sie wissen (aus der Lernpsychologie und aus eigener Erfahrung), daß bloßes Durchlesen noch kein Behalten garantiert. Wie können Sie eine größere „Tiefenwirkung" erzielen, ohne noch mehr Arbeitszeit zu investieren?

☞ 7 Flechten Sie die neuen Fragen und Erkenntnisse ins Gespräch ein! Natürlich nicht so, daß Sie dauernd Ihren Kollegen oder anderen Bekannten Referate halten, sondern so, daß Sie Gespräche (vorzugsweise Gespräche, bei denen Sie sich sonst ohnehin langweilen, die Sie aber nicht einfach beenden können) unauffällig in eine Richtung steuern, die Ihnen erlaubt, über Dinge zu sprechen, die in Zusammenhang mit Ihrer Lektüre stehen. Vielleicht stellen Sie dabei fest, daß Ihnen manches noch gar nicht so klar ist, wie es beim Lesen den Anschein hatte, so daß sie erneut darüber nachdenken; auf jeden Fall aber geben Sie dem Gelesenen eine Chance, tiefer in Ihr Gedächtnis einzudringen.

Sie mögen sich nicht immer mit Büchern beschäftigen, die nach „ernsthafter Arbeit" schmecken? Viel lieber möchten Sie zur Entspannung und zum Vergnügen lesen; vielleicht auch, um der Wirklichkeit für eine Weile zu entfliehen? Ein sehr verständliches Bedürfnis!

☞ 15 Aber – was spricht eigentlich dagegen, auch die Unterhaltungslektüre so auszuwählen, daß ohne zusätzliche Anstrengung noch ein wenig mehr als bloße Unterhaltung damit erreicht wird? Meine eigene Methode, beim Lesen das Angenehme mit dem Nützlichen zu verbinden, besteht darin, daß ich fast ausschließlich englische

fachbezogene Sekundärliteratur sie privat besitzen (und eventuell auszuleihen bereit sind) und welche Fachzeitschriften sie abonniert haben. Die Listen, die er von ihnen bekommt, fotokopiert er oder überträgt sie auf Matrizen, so daß dann jedes Mitglied der Gruppe weiß, an wen man sich bei Bedarf wenden kann.

Romane oder Erzählungen lese. Auf diese Weise habe ich nicht nur
mein Lesevergnügen, sondern festige gleichzeitig meine Sprachkennt-
nisse und nehme nebenbei noch landeskundliches Hintergrundwissen
in mich auf. Wenn der Roman dann auch noch an einer Schule spielt
(vgl. Anm. 2!), habe ich gleichzeitig einen Anlaß, über meine Rolle und
mein Verhalten als Lehrer nachzudenken...
Sie werden vielleicht dieses Beispiel nicht für Ihre eigene Praxis
übernehmen können oder wollen, aber Sie werden sicher Möglichkeiten finden, das zugrundeliegende Prinzip zu berücksichtigen.

☞ 15   Man kann es auf eine einfache Formel bringen: „Nach Möglichkeit
immer zwei Fliegen mit einer Klappe schlagen!"
(In diesem Zusammenhang mag auch erwähnt werden, daß ich mir –
in den langen Monaten, in denen noch keineswegs feststand, ob
dieses Buch jemals einen Verleger finden würde – immer sagen
konnte, daß die Arbeit auf jeden Fall ergiebig für mich war, auch
dann, wenn niemand anders sie jemals zu sehen bekäme.)

☞ 15   Das „Zwei-Fliegen-Prinzip" gilt auch für N e b e n t ä t i g k e i t e n.
Tätigkeiten, die – wenn auch vielleicht nur indirekt oder teilweise –
der Festigung beruflicher Kenntnisse und Fertigkeiten dienen, sind
sinnvoller als Aushilfsjobs, die keinerlei Fortbildungswert haben,
auch wenn diese vielleicht etwas besser bezahlt werden. Konkret:

☞ 12   Es ist langfristig gesehen sinnvoller, Nachhilfestunden zu geben,
einen Kurs an der Volkshochschule zu leiten oder in den Ferien eine
Jugendgruppe zu betreuen, als Büroräume zu säubern oder Taxi zu
fahren.
Natürlich sind dies Überlegungen, die zur Zeit von Tausenden arbeits-
loser Lehrer angestellt werden, und nur wenigen von ihnen ist es
möglich, befriedigende Übergangsarbeitsmöglichkeiten zu finden.
Das ist ein Problem, auf das im Rahmen dieses Buches nicht eingegangen werden kann.[4]

Es ist wichtig, den Begriff „Fortbildung" nicht zu eng zu fassen.
Selbstverständlich sollte man auch in diesem Bereich des Lehrerlebens
auf ein günstiges Verhältnis von Aufwand und Wirkung achten – aber
der Begriff „Wirkung" darf nicht ausschließlich mit „Verwendbar-
keit für den Unterricht" in Verbindung gebracht werden. Alles, was

---

[4] Wer sich in dieser Situation befindet, sollte auf jeden Fall einmal in dem von
HENNIGER und LINDER herausgegebenen „Umsteigerbuch für arbeitslose Hochschulabgänger" blättern.

☞ 12   den Lehrer zu einem interessierten und interessanten Menschen
macht, selbst wenn es nichts mit seinen Fächern zu tun hat, verstärkt
seine persönliche Ausstrahlung und trägt damit ein wenig zu seinem
Erfolg und seiner Befriedigung bei.
(Daß man diesen an sich richtigen Gedanken auch als Ausrede für die
Unfähigkeit zu klarer Prioritätensetzung und angemessener Pflichterfüllung mißbrauchen kann, braucht wohl nicht weiter erläutert zu
werden.)

Zum Abschluß dieses Kapitels möchte ich noch darauf hinweisen, daß
das Training bestimmter *Grundfertigkeiten* ebenfalls ein wichtiger
Bestandteil der persönlichen Fortbildung ist.
Was ist damit gemeint?
Lassen Sie es mich provozierend formulieren: Der Lehrer sollte
l e s e n , s p r e c h e n und s c h r e i b e n lernen!

Fangen wir von hinten an – mit dem „Schreiben". Nicht an schriftstel-
lerische Betätigung ist dabei gedacht, sondern ganz schlicht an den
Umgang mit der Schreibmaschine. Es ist kein großes Problem, sich
das Zehn-Finger-System selbst beizubringen. Wenn man erst einmal
den Punkt erreicht hat, an dem man – und das ist wirklich nicht
schwer – ebenso schnell tippt, wie man mit der Hand schreibt,
empfindet man es als angenehme Erleichterung, alle anfallenden
Schreibarbeiten mit der Maschine zu erledigen. Von da an macht das
Üben rasche Fortschritte.
Falls Sie diese nützliche Fertigkeit nicht schon während des Studiums
erworben haben: holen Sie es schnell nach. Es lohnt sich.

Ob Sie es nötig haben, auch das S p r e c h e n zu trainieren, ist eine
Frage der realistischen Selbsteinschätzung. Möglicherweise sind
Atemtechnik und Stimmführung bei Ihnen tatsächlich so gut geschult,
daß Ihre Stimme auch nach fünf Stunden Unterricht noch nicht
überanstrengt ist. Möglicherweise sind Sie ein guter Redner und
beeindrucken im Unterricht, bei Konferenzen und Elternversammlungen Ihre Zuhörer durch die Fähigkeit, klar, gewandt und lebendig zu
formulieren.
Bevor Sie sagen, diesbezüglich sei bei Ihnen alles in Ordnung, sollten
Sie über die folgenden Fragen nachdenken. Sie sind dem Aufsatz
„Sprechen und Reden: Sind Lehrer Stümper?" von WEIDENMANN entnommen:

> „Haben Sie einmal eine eigene Unterrichtsstunde per Tonband
> aufgezeichnet und sich selber zugehört?

Wissen Sie, wie Ihre Stimme, Ihr Sprechtempo, Ihre Gestik und Mimik auf andere wirken?
Als wie verständlich, anregend und übersichtlich schätzen Schüler wohl Ihre Ausführungen ein?. . .
Wissen Sie, wie man Diskussionen leitet, aktiv zuhört, Gefühle verbalisiert, vorstrukturiert, definiert, anleitet und Meinungsverschiedenheiten klärt?" (a. a. O. 40)
WEIDENMANN hat vermutlich recht, wenn er sagt, daß nur eine Minderheit diese Fragen mit Ja beantworten darf.
Was können Sie tun, wenn Sie Grund zu der Annahme haben, daß Sie sich nicht zu dieser Minderheit zählen dürfen?
Die Fortbildungsmöglichkeiten auf diesem Gebiet sind leider begrenzt. Rhetorikkurse werden relativ selten angeboten, und das bloße Lesen von Büchern über die Kunst des Redens, obschon möglicherweise informativ und anregend, bringt den Fortbildungswilligen noch nicht sehr viel weiter: er braucht kritische und kompetente Zuhörer, die seine Bemühungen aufmerksam verfolgen.
Wer nicht nur (?!) unter einem Mangel an rhetorischem Können, sondern unter ernsthaften Stimmschwierigkeiten leidet, sollte sich keineswegs damit abfinden, denn durch physiologisch falsches Sprechen können chronische Beschwerden entstehen. Einige Trainingsstunden mit einem Sprachtherapeuten können entscheidend zur Besserung beitragen. (Bitten Sie Ihren Hals-Nasen-Ohren-Arzt um eine entsprechende Überweisung; dann werden die Kosten von der Krankenkasse übernommen.)

Mit „Lesen" soll hier nicht ausdrucksvolles Vorlesen gemeint sein (daß Sie das können, darf wohl vorausgesetzt werden), sondern die Kunst der raschen Informationsentnahme: das rationelle Lesen von Büchern, Zeitschriftenartikeln usw.
Wenn Sie diese Grundfertigkeit nicht beherrschen, ziehen Sie sich weder gesundheitliche Schäden zu, noch blamieren Sie sich vor einem kritischen Publikum – aber es ist möglich, daß Sie eine Menge Zeit verschwenden.
Es gibt eine ganze Reihe von Lehr- und Trainingsbüchern[5] zu diesem Thema; es gibt auch Schnell-Lese-Kurse. Aber im Grunde genügt es, wenn Sie sich angewöhnen, ein paar einfache Regeln zu beachten, die Ihre Fähigkeit zu rationellem Lesen deutlich verbessern werden:
☞ 1   1. Fragen Sie sich, bevor Sie zu lesen beginnen, welche Absicht Sie

---

[5] Vgl. z. B. BUZAN, *Speed Reading*, und ZIELKE, *Schneller lesen – selbsttrainiert.*

eigentlich verfolgen, und wählen Sie danach die angemessene Lesetechnik.

- Wollen Sie möglichst schnell herausfinden, ob ein Buch Ihnen überhaupt weiterhelfen kann? Überfliegen Sie das Inhaltsverzeichnis, das Vorwort und den Klappentext bzw. die Rückseite des Buches; auch das Literaturverzeichnis und das Erscheinungsjahr können wertvolle Entscheidungshilfen sein. (Oft genügen – bei einem Buch von mehreren hundert Seiten – fünf Minuten für die Feststellung, daß eine weitere Beschäftigung sich nicht lohnt.)

☞ 2

- Sind Sie ausschießlich an Informationen über ganz bestimmte Punkte interessiert? Lesen Sie selektiv, d. h. „mit Filter"! (Bei selektivem Lesen ist eine sehr hohe Geschwindigkeit möglich. Man muß nur konsequent vermeiden, bei Stellen zu verharren, die für die Fragestellung nicht relevant sind. Orientieren Sie sich an dem Verhalten einer tüchtigen Hausfrau beim Einkauf im Supermarkt: sie geht zielstrebig zu jenen Regalen, in denen die Dinge stehen, die sie sich auf ihrem Einkaufszettel notiert hat, und würdigt die anderen Waren keines Blickes.)

- Wollen Sie den Text gründlich durcharbeiten und alle Ausführungen des Verfassers verstehen? Dann werden Sie langsamer lesen und nichts überschlagen. Allerdings gilt auch hier, daß nicht jedes Wort oder jeder Satz gleich viel Aufmerksamkeit beanspruchen können. Es wird immer redundante Stellen geben, bei denen man nicht zu verweilen braucht. (Orientieren Sie sich am Beispiel des guten Autofahrers: er richtet seine Geschwindigkeit nach den Verkehrsverhältnissen. Er fährt zügig, wenn möglich; aber in manchen schwierigen Situationen fährt er langsamer als ein Anfänger, der die Gefahren unterschätzt.)

☞ 14

2. Es ist oft sinnvoll, ein Buch oder einen Text *mehrmals* zu lesen: mit unterschiedlicher Absicht und deshalb mit unterschiedlicher Geschwindigkeit.

Ein schnelles „Orientierungsblättern" vermittelt einen ersten Gesamteindruck und hilft bei der Präzisierung der weiteren Leseabsicht. Es kann zu dem Entschluß führen, als nächstes bestimmte Kapitel selektiv zu lesen, in denen wichtige Informationen zu erwarten sind. Schließlich mag sich die Notwendigkeit ergeben, einige wenige Passagen gründlich zu studieren, weil in ihnen offenbar entscheidende Gedanken enthalten sind, die sich dem Verständnis nicht auf Anhieb erschließen.

Ein solches mehrphasiges Vorgehen ist ökonomischer als ein einmaliger langsamer Durchgang von der ersten bis zur letzten Seite!

☞ 29 3. Schaffen Sie sich Gedächtnisstützen.

Je nach Leseabsicht kann das die Anfertigung eines Diagramms[6] bedeuten, das Notieren von Gedanken auf einem bereitgehaltenen Schreibblock oder auch das Tippen von Exzerpten; aber wir wollen hier nur von der schlichtesten Form ausgehen und die Empfehlung so umformulieren: Lesen Sie mit Bleistift!

Es gibt Menschen, die jeden kleinen Strich, jedes an den Rand geschriebene Wort in einem Buch als eine unzulässige Schmiererei ansehen. Es gibt andere, die erst dann das Gefühl haben, ein Buch wirklich gelesen und „verdaut" zu haben, wenn sie es mit dicken An- und Unterstreichungen und vielen Randbemerkungen versehen haben. Gegen diese zweite Methode spricht einiges: Erstens kann man sie nur bei Büchern verwenden, die einem selbst gehören, und zweitens möchte man das gleiche Buch vielleicht später erneut lesen, aber dann unter einem anderen Gesichtspunkt (mit einem anderen „Filter") – und dann sind die dicken „Verzierungen" recht störend. Bewährt hat sich folgender Kompromiß:

┌ Arbeiten Sie mit kleinen „Bleistift-Eckchen" am Rande
  des Textes (ein Eckchen dorthin, wo die für Sie wichtige Stelle beginnt, eins dorthin, wo die Stelle endet),
  und schreiben Sie sich jedesmal, wenn Sie Eckchen
  gesetzt haben, die Seitenzahl vorn ins Buch[7] – ebenfalls
└ dünn mit Bleistift.

Beides zusammen ergibt eine hervorragende Hilfe zum Wiederfinden – und läßt sich ggf. ohne weiteres ausradieren.

Und jetzt, zum Abschluß, überlegen Sie bitte einmal, ob die Art, wie Sie dieses Buch bis jetzt gelesen haben, den hier ausgesprochenen Empfehlungen entspricht . . .

---

[6] Vgl. hierzu die Anmerkung 1 zum Kapitel „Klassenfahrten".

[7] Wenn Ihnen das Buch nicht selbst gehört, kleben Sie lieber vorn einen jener SCOTCH-HAFTNOTIZ-Zettel ein, die sich ohne Rückstand wieder ablösen lassen, und notieren Sie darauf die Seitenzahlen. – Diesen gelben Zettel können Sie z. B. auch ans Kopiergerät kleben, während Sie von den Seiten, die Sie sich als besonders wichtig notiert haben, Kopien machen. (Ein nicht zu unterschätzender kleiner Trick, wenn es auf zügiges Kopieren ankommt!)

Persönliches Zeitmanagement:
einige Grundprinzipien

Als Lehrer wissen Sie, daß es mit dem bloßen Verstehen des Lernstoffes noch nicht getan ist. Wiederholung und Übung sind entscheidend. Das Problem liegt oft nicht darin, daß man nicht wüßte, wie man seine Zeit am sinnvollsten nutzen sollte – es liegt eher darin, daß man es zwar weiß, aber nicht danach handelt.

Deshalb genügt es nicht, dieses Buch durchzulesen und zu verstehen. Die Grundregeln des persönlichen Zeitmanagement müssen so weit habitualisiert werden, daß selbst in Krisenzeiten ein gewisses Fundament von automatisch gesicherter Rationalisierung und vernünftiger Zeiteinteilung übrigbleibt.

Auf den folgenden Seiten werden Ihnen fünfunddreißig Prinzipien vorgestellt, deren Anwendung auf verschiedene Bereiche des Lehrerlebens die zurückliegenden Kapitel dieses Buches stark beeinflußt hat. Daß diese Prinzipien, auf die – direkt oder indirekt – bereits häufig Bezug genommen wurde, hier noch einmal ausdrücklich beim Namen genannt und in einem eigenen Kapitel zusammengetragen werden, mag Ihnen helfen, sich an gegebene Beispiele zu erinnern; vor allem aber soll es Sie anregen, in Ihrer eigenen Berufs- und Lebenssituation nach weiteren Anwendungsmöglichkeiten Ausschau zu halten.

Beschränken Sie sich dabei nicht auf jene Gelegenheiten, bei denen es „sich wirklich lohnt", d. h. bei denen sich ein erheblicher Zeitgewinn herausholen läßt. Wenn Sie die zahlreichen kleinen Möglichkeiten nutzen, die Wirksamkeit dieser Prinzipien zu beobachten – gleichsam zum Vergnügen, und ohne daß viel auf dem Spiel steht –, schärfen Sie Ihren Blick für rationelle Zeitgestaltung und werden dann auch in der Lage sein, größere Chancen geschickt auszunutzen, an denen Sie sonst wahrscheinlich aus Mangel an Erfahrung vorübergehen würden. Außerdem: auch viele kleine und kleinste Zeitgewinne summieren sich allmählich und sollten nicht unterschätzt werden!

Die 35 Abschnitte dieses Kapitels folgen einem einheitlichen Muster. Das jeweilige Prinzip wird, soweit erforderlich, kurz kommentiert oder mit einem Beispiel, das noch nicht in den vergangenen Kapiteln genannt wurde, veranschaulicht. Dabei werden in einigen Fällen bewußt Beispiele angeführt, die außerschulischen Lebensbereichen entnommen sind.

Dann wird – sofern es sich lohnt – auf andere Prinzipien hingewiesen, zu denen sich reizvolle Querverbindungen ziehen lassen.

(Dazu empfiehlt es sich, daß Sie sich eine Fotokopie der Übersicht auf S. 261–63 machen und bei der Lektüre dieses Kapitels griffbereit haben. Wenn Sie das nicht tun, würden Sie möglicherweise darauf verzichten, diese vertiefenden Überlegungen nachzuvollziehen, weil es Ihnen zu lästig erscheint, immer hin- und herzublättern. Das wäre schade!)

Danach werden – mit der Aufforderung „Bitte blättern Sie zurück!" – Stellen genannt, an denen das betreffende Prinzip berücksichtigt oder ausdrücklich erwähnt wurde und die in diesem Zusammenhang nachlesenswert sind.

Abschließend haben Sie – in der Rubrik „Testen Sie sich selbst" – Gelegenheit zur Selbstbefragung.

1. Gute Zeitgestaltung beginnt damit, daß man sich über seine Ziele klar wird und daß man Prioritäten setzt. Sinnvolles Auswählen der zu erledigenden Dinge ist wichtiger als das ach-so-tüchtige Erledigen jeder Aufgabe, mit der man zufällig gerade konfrontiert wird.

Einer der Gründe, weshalb viele Menschen immer wieder gegen dieses Prinzip verstoßen, ist, daß das Auswählen, Nachdenken und Planen zunächst einmal Zeit k o s t e t – Zeit, die man nicht zu haben glaubt. Man muß sich immer wieder klarmachen, daß das ein Trugschluß ist. Arbeit ohne Planung ist unrationell und aufwendig. Jede auf effektive Planung verwandte Minute kann später ein Vielfaches an Zeit einsparen.

Wäre es nicht eine gute Idee, auch S c h ü l e r n dieses Prinzip pädagogisch geschickt nahezubringen, so daß sie es anzunehmen bereit sind? Wieviel Schülerarbeit verpufft und zahlt sich nicht aus (weder in persönlichem Gewinn noch in Zeugnisnoten), weil die Anstrengungen (bei Hausaufgaben, bei der Vorbereitung auf eine Klassenarbeit oder ein Referat) auf Nebensächliches gerichtet sind! Wie wenige Schüler machen sich klar, daß zur Tüchtigkeit nicht nur Fleiß, sondern vor allem auch Konzentration aufs Wesentliche gehört!

QUERVERBINDUNGEN ergeben sich zu Nr. 6, Nr. 8, Nr. 12, Nr. 13 und Nr. 35.

Bitte blättern Sie zurück: 8, 55, 113, 140, 147, 150, 175, 227.

Testen Sie sich selbst: *Dieses Prinzip beachte ich*   ☐   *fast immer*
                                                              ☐   *gelegentlich*
                                                              ☐   *selten*

Die Beachtung dieses Prinzips hat sich für mich als
besonders lohnend erwiesen.   ☐
Dieses Prinzip sollte ich in Zukunft stärker beachten!   ☐

2. Am meisten Zeit spart man durch den Entschluß, eine Sache n i c h t zu tun. Die Tüchtigkeit eines Menschen läßt sich unter anderem daran ablesen, welche Dinge er nicht zu tun beschließt.

Die Bedeutung dieses Prinzips wird am augenfälligsten, wenn man das „Zeitausgeben" mit dem Geldausgeben vergleicht. Geld spart man am schnellsten und effektivsten dadurch, daß man es nicht ausgibt. Wenn Sie nur ein einziges Mal auf den Kauf eines unwichtigen Gegenstandes für 70,— DM verzichten, bringt Ihnen das ebensoviel ein, wie wenn Sie ein ganzes Jahr dafür Sorge tragen, daß Ihre 2000,— DM Sparguthaben nicht auf einem Sparbuch mit gesetzlicher Kündigungsfrist (für, sagen wir, 3,5 % Zinsen) bleiben, sondern – in Form von Wertpapieren – 7 % Zinsen bringen.

Transfer: Dinge rationell und geschickt zu tun, spart gewiß Zeit – aber Dinge gar nicht zu tun, spart mehr Zeit!

Es versteht sich von selbst, daß hier nicht das Vernachlässigen wirklich wichtiger Aufgaben empfohlen werden soll. Es geht um die „C"s, nicht um die „A"s. Fragen Sie sich mit LAKEIN (a.a.O. 73–75): „Muß ich dieses C wirklich erledigen? Welche negativen Folgen hätte es, wenn ich es nicht täte?", und wenn die Antwort lautet „Praktisch keine!", dann lassen Sie es. (Das erfordert einiges Umdenken und fällt den meisten von uns gar nicht leicht, denn wir haben uns daran gewöhnt, ein schlechtes Gewissen zu haben, wenn wir Dinge unerledigt lassen, die wir uns einmal aufgeschrieben hatten, oder wenn wir Aktivitäten, die sich als unergiebig erwiesen haben, nicht länger fortsetzen.)

Von diesem Prinzip lassen sich QUERVERBINDUNGEN zu den Prinzipien 6, 11, 17, 22, 23 und 34 ziehen.

Bitte blättern Sie zurück: 90, 117, 228.

Testen Sie sich selbst: *Dieses Prinzip beachte ich*   ☐   *fast immer*
                                                              ☐   *gelegentlich*
                                                              ☐   *selten*

Die Beachtung dieses Prinzips hat sich für mich als besonders lohnend erwiesen.
Dieses Prinzip sollte ich in Zukunft stärker beachten! ☐

3. Das zügig-beherzte Treffen von Entscheidungen kann sehr viel Zeit einsparen.

Nicht das überhastete Entscheiden in wichtigen Fragen ist hier gemeint, sondern der Kampf gegen das chronische Zögern und Schwanken. Der Prozeß der Entscheidungsfindung darf nicht länger dauern, als die Sache wert ist.

Die voraussichtliche Richtigkeit einer Entscheidung hängt davon ab, wie klar das Ziel ist und wie vollständig die zur Verfügung stehenden Informationen sind.[1] In vielen Fällen ist es jedoch nicht möglich, so lange Informationen einzuholen, bis man alle möglichen Konsequenzen einer Handlung überblicken kann. Man muß die Entscheidung schon vorher treffen. Die Bereitschaft hierzu, die „Entscheidungsfreudigkeit", gilt bei manchen Berufen (bei Managern in führenden Positionen, bei Offizieren, bei Flugzeugführern) als ein entscheidendes Eignungskriterium. Sie wird mit raffinierten Methoden getestet und in Schulungskursen gefördert. Daß diese Fähigkeit bei Lehrern für weniger wichtig gehalten und deshalb während der Ausbildung kaum erwähnt wird, sollte uns nicht davon abhalten, sie gebührend zu würdigen, denn Unentschlossenheit kostet nicht nur Zeit, sondern verzehrt auch seelische Energie. Deshalb ist irgendeine Entscheidung oft besser als gar keine; oder, in SWOBODAS paradox-einprägsamer Formulierung: „Das optimale Handeln kann zuweilen durchaus darin bestehen, suboptimal, aber rasch zu handeln."[2]

Überdenken Sie die QUERVERBINDUNGEN zu folgenden Prinzipien: 4, 5, 6, 11, 14, 21, 22, 23, 34, 35.

Bitte blättern Sie zurück: 85, 117, 131, 175, 189, 198, 200, 203.

Testen Sie sich selbst:　Dieses Prinzip beachte ich ☐ *fast immer*
☐ *gelegentlich*
☐ *selten*

---

[1] Swoboda, *Richtig entscheiden*, S. 12. – Dieses sehr lebendig und anschaulich geschriebene Buch gibt eine gute Einführung in die Entscheidungstheorie. Wichtige Ausführungen zu den verschiedenen Aspekten des Entscheidungsprozesses finden sich auch bei BEER *(Entscheide dich richtig)*, S. 31–46 und bei LAKEIN, S. 18–24.

[2] A.a.O. 52.

Die Beachtung dieses Prinzips hat sich für mich als
besonders lohnend erwiesen.
Dieses Prinzip sollte ich in Zukunft stärker beachten!

4. Wichtiger als alle Tricks und Einzeltechniken der Zeitgestaltung ist die „seelische Hygiene". Die schlimmsten Störungen kommen im allgemeinen von innen, nicht von außen; sie werden durch die Schwierigkeiten verursacht, die man mit sich selbst hat. Das ständige Bemühen um Selbsterziehung ist deshalb mindestens ebenso wichtig wie das Erlernen von Rationalisierungstechniken.

Der „Behandlung" (= dem ‚ständigen Bemühen') muß die Diagnose voraufgehen . . . Haben Sie Ihre persönlichen „schlimmsten Störungen" (bezogen auf die Thematik dieses Buches) schon identifiziert? Wenn ja: Sind Sie sicher, daß Ihre Selbsteinschätzung objektiv ist? Vielleicht würde ein Gespräch mit Menschen, die Ihnen nahestehen, blinde Flecke in Ihrer Selbstwahrnehmung aufdecken? Hätten Sie den Mut zu einem solchen Gespräch?

Wie auch immer Ihre Antworten ausgefallen sein mögen: Bedenken Sie, daß Selbsterziehung in jedem Fall ein mühsamer, von mancherlei Rückschlägen begleiteter, nie ganz abgeschlossener Prozeß ist. Erwarten Sie keine Wunderheilungen, lassen Sie sich aber auch nicht entmutigen. Freuen Sie sich über Ihre – zielbewußt angebahnten – kleinen Erfolge und schöpfen Sie aus ihnen die Kraft zu weiterem Bemühen!

Überdenken Sie die QUERVERBINDUNGEN zu Nr. 3, Nr. 5, Nr. 8, Nr. 11, Nr. 23 und Nr. 34!

Bitte blättern Sie zurück: 11, 127f., 133, 139–41, 151, 155, 156, 159.

Testen Sie sich selbst: Dieses Prinzip beachte ich   *fast immer*
gelegentlich
selten

Die Beachtung dieses Prinzips hat sich für mich als
besonders lohnend erwiesen.
Dieses Prinzip sollte ich in Zukunft stärker beachten!

5. Unangenehme Aufgaben sollten nach Möglichkeit grundsätzlich zuerst erledigt werden.

Vielleicht ist dieser Satz ein wenig zu vorsichtig formuliert? Hören Sie sich an, mit welch starken Worten HIRT gegen das Aufschieben unangenehmer Aufgaben zu Felde zieht:

„Das Hinauszögern und Verschleppen von unangenehmen Aufgaben ist eine üble und schädliche Gewohnheit, einem krebsartigen Geschwür vergleichbar! Je rascher man die unangenehmen Aufgaben hinter sich bringt, um so eher ist man von ihrem Alpdruck erlöst und kann den Blick befreit aufatmend in die Zukunft richten."[3]
Ein paar Tips, wie Sie mit diesem psychologischen Problem fertigwerden können, sind bereits genannt worden – vielleicht erinnern Sie sich an die Stichworte „Drang nach Abwechslung und Flucht befriedigen, ohne den A-Block zu verlassen", „Kurzzeitwecker", und „Schweizer-Käse-Methode"?

Bitte blättern Sie zurück: 93, 131, 151, 155, 156.

Testen Sie sich selbst: Dieses Prinzip beachte ich   ☐ *fast immer*
☐ *gelegentlich*
☐ *selten*

Die Beachtung dieses Prinzips hat sich für mich als besonders lohnend erwiesen.   ☐
Dieses Prinzip sollte ich in Zukunft stärker beachten!   ☐

6. Glauben Sie nicht, immer alles selbst tun zu müssen. Lernen Sie, geschickt zu delegieren.
In der Management-Literatur nimmt das Thema „Delegation" breiten Raum ein. Zeit für die wirklich wichtigen Aufgaben, so heißt es, hat nur derjenige, der es versteht, Routinejobs an seine Mitarbeiter (sprich: Untergebenen) zu delegieren.
Völlig richtig. Nur: was hilft uns Lehrern diese Erkenntnis? Wenig. Abgesehen von den wenigen Gelegenheiten, bei denen uns die Sekretärin oder der Schulassistent einmal eine Arbeit abnehmen können, bleibt uns nur die Möglichkeit, Aufgaben an Schüler zu delegieren – und das ist häufig eher ein pädagogischer Akt als eine Rationalisierungsmaßnahme. Immerhin – wir sollten diese Möglichkeit ausschöpfen, und einige Hinweise dazu finden sich in den vorangegangenen Kapiteln.
Nicht um die eigene Entlastung, sondern um die angemessene Weiterführung der Aufgaben, für die man verantwortlich ist, geht es in folgendem Hinweis: Ein guter Lehrer wird dafür sorgen, daß bei seiner Abwesenheit die in seiner Klasse nötig werdenden Vertretungsstunden nicht einfach „vergammelt" werden; er wird dem Kollegen,

[3] Kursteil I, 60f.

der den Vertretungsplan macht, einen Zettel mit detaillierten Anweisungen aushändigen. (Diesen Zettel tippt er am besten mit drei Durchschlägen: einen für den Kollegen, der in die Klasse gehen muß, einen für sich selbst, ggf. auch einen für den Klassensprecher: „In der Stunde am Mittwoch werde ich nicht da sein. Ich weiß noch nicht, wie die Vertretung geregelt wird. Bitte erledigt die Aufgaben, die auf diesem Zettel stehen. Falls kein Vertretungslehrer kommt, übernimmt Peter die Verantwortung.")

Abschließend noch ein Hinweis für Leserinnen: Delegation ist oft die einzig mögliche Antwort auf die Belastungen, die sich aus der Doppelrolle „Hausfrau und Lehrerin" ergeben. Weisen Sie jedem Familienmitglied bestimmte Verantwortungsbereiche zu! Vernünftige Grundregeln und anschauliche Beispiele finden Sie in dem (gut lesbaren und insgesamt sehr empfehlenswerten) Buch „Madame und ihr Management" von COLLANGE.

QUERVERWEISE: Berücksichtigen Sie Nr. 8, Nr. 10 und Nr. 15 – aber auch Nr. 34!

Bitte blättern Sie zurück: 44, 45, 49–52, 93, 115, 175, 180, 183, 185, 191, 194, 201, 204, 211.

Testen Sie sich selbst: Dieses Prinzip beachte ich   ☐ *fast immer*
☐ *gelegentlich*
☐ *selten*

Die Beachtung dieses Prinzips hat sich für mich als besonders lohnend erwiesen.   ☐
Dieses Prinzip sollte ich in Zukunft stärker beachten!   ☐

7. Jeder Augenblick hat seinen Wert. Gehen Sie von der Vorstellung aus, daß Ihr „Ein/Aus"-Schalter immer auf „Ein" steht: Holen Sie aus jeder Minute irgendetwas heraus (Leistung, Freude, Besinnung, Erholung) und lassen Sie nicht zu, daß Ihre Zeit sinnlos verrinnt – auch nicht tropfenweise.

Ähnlich wie beim Prinzip Nr. 2 läßt sich auch hier der Umgang mit Geld zum Vergleich heranziehen. Sie kennen das Sprichwort „Wer den Pfennig nicht ehrt, ist des Talers nicht wert". Die englische Entsprechung „Look after the pennies, and the pounds will look after themselves" macht noch deutlicher, worum es geht: um die langfristige positive Auswirkung einer vernünftigen Gewohnheit. Mit den Minuten sorgsam umzugehen, ist sogar noch wichtiger, als auf den Pfennig zu achten, denn die Gleichung „Zeit ist Geld" stimmt nicht:

„Geld wächst mit der Zeit, aber Zeit nicht durch Geld. Geld läßt sich auf Vorrat anlegen, Zeit nicht. Fazit: Nichts ist schlimmer als Zeitverschwendung."[4]

Ein wenig L e i s t u n g kann man z. B. selbst noch aus jenen Minuten herausholen, in denen man – müde und erschöpft von der Schule nach Hause gekommen – zu nichts anderem mehr in der Lage zu sein glaubt, als auf das Mittagessen zu warten. Man kann und sollte sie zu mechanischen Verrichtungen nutzen, die keinerlei Konzentration oder geistige Anstrengung erfordern: zum Prüfen der Post; zum Auspacken von Dingen, die auf jeden Fall ausgepackt werden müssen; zum raschen Überfliegen der Überschriften in einer Zeitung (mit der Fragestellung „Gibt es irgendeinen Artikel, den ich später gründlich lesen sollte, oder kann der Punkt ‚Zeitung lesen' hiermit bereits als ‚erledigt' abgehakt werden?"). Voraussetzung ist natürlich, daß die nötige E r h o l u n g auch noch zu ihrem Recht kommen wird – z. B. durch den Mittagsschlaf.

Aber es geht nicht nur um die beiden Pole Leistung und Erholung; F r e u d e und B e s i n n u n g sind ebenso wichtige Komponenten des Lebens. Es gibt so viele Anlässe zur Freude, aber wir hasten an vielen von ihnen achtlos vorbei, weil wir uns (ganz zu Unrecht) angewöhnt haben, sie als Selbstverständlichkeiten anzusehen, oder weil wir mit unseren Gedanken bei etwas Zukünftigem sind und darüber die Offenheit für den gegenwärtigen Augenblick eingebüßt haben.

Machen Sie sich die Freude, in einer ruhigen Viertelstunde einmal das Kapitel aus Michael Endes Märchenroman „Momo" nachzulesen, in dem Momo an den Teich mit den Stunden-Blumen geführt wird,[5] und lassen Sie sich von der liebevoll-beschaulichen Einstellung zur Zeit anrühren, die dort bildhaft verdichtet wird. Sie braucht keinen Gegensatz darzustellen zu dem Bemühen um aktiv-zweckmäßige Zeitausnutzung, das im Prinzip Nr. 7 ebenfalls angesprochen wird.[6]

QUERVERBINDUNGEN ergeben sich zu Nr. 15, Nr. 26 und Nr. 30.

Bitte blättern Sie zurück: 6, 12, 40, 140, 142, 143, 157, 158, 224.

Testen Sie sich selbst: *Dieses Prinzip beachte ich*   ☐ *fast immer*
☐ *gelegentlich*
☐ *selten*

---

[4] Stroebe, *Arbeitsmethodik I*, 9.

[5] a.a.O. 161ff.

[6] In diesem Zusammenhang ist auch das Heft *Zeit zum Leben* (hg. von Th. Hauser) lesenswert.

Die Beachtung dieses Prinzips hat sich für mich als
besonders lohnend erwiesen.
Dieses Prinzip sollte ich in Zukunft stärker beachten!

8. Wer sich vom D r i n g e n d e n vergewaltigen läßt, kommt oft nicht dazu, das eigentlich W i c h t i g e zu tun. Schaffen Sie sich durch sorgfältige Planung die nötige Freiheit für die Beschäftigung mit jenen Dingen, die Ihnen wirklich wichtig sind.
Wer entscheidet, was „das eigentlich Wichtige" ist? Letztlich Sie selbst. Aber wäre es nicht recht interessant zu wissen, was andere dazu meinen? Der Schulleiter, die Behörde, die Eltern der Schüler – vor allem aber die Schüler selbst? Vielleicht befragen Sie Ihre Schüler einmal darüber, was einem Lehrer ihrer Meinung nach wichtig sein sollte . . .
Eine andere Überlegung: Ist das Wichtige grundsätzlich im beruflichen Sektor zu suchen? Doch wohl nicht!
Überdenken Sie die QUERVERBINDUNGEN zu folgenden Prinzipien: Nr. 1, Nr. 4, Nr. 12, Nr. 35.

Bitte blättern Sie zurück: 5, 17, 35, 144, 147, 148, 156, 224.

Testen Sie sich selbst: Dieses Prinzip beachte ich   *fast immer*
                                                     gelegentlich
                                                     selten

Die Beachtung dieses Prinzips hat sich für mich als
besonders lohnend erwiesen.
Dieses Prinzip sollte ich in Zukunft stärker beachten!

9. Bei vielen Entscheidungen ist die „Zeitrendite" wichtiger als die „Kapitalrendite".
Hierzu kann man keine immer und überall gültigen Regeln aufstellen. Man muß von Fall zu Fall entscheiden, was man wichtiger findet. – Zunächst ein Negativbeispiel:
Ich kenne einen alten Herrn, der, wenn er eine 80-Pfennig-Briefmarke braucht, aber nur noch eine zu einer Mark im Hause hat, lieber zur Post geht und die richtige Marke kauft, als daß er zwanzig Pfennig zuviel auf den Umschlag klebt. Aber das ist ein Extremfall.
Hier sind einige Beispiele, die zu einer vernünftigen Beherzigung des genannten Prinzips anregen können:

- Wenn das Telefonieren ab 18 Uhr billiger wird, empfiehlt es sich, ein Ferngespräch schon zwei oder drei Minuten vor 18 Uhr zu beginnen, wenn man dadurch sicherstellen kann, daß man sofort durchkommt. Man vermeidet den Ärger und den Zeitverlust, der mit den häufigen vergeblichen Wählversuchen verbunden ist.
- Es kann vernünftiger sein, schnell ein paar Kleinigkeiten im Laden an der Ecke zu kaufen, auch wenn sie dort ziemlich teuer sind, als den weiteren Weg zum Supermarkt (und die Warteschlangen an der Kasse) in Kauf zu nehmen. (Natürlich ist damit nichts gegen den sorgfältig geplanten Großeinkauf beim Supermarkt gesagt; vgl. Prinzip 16!)
- Wenn ich in eine fremde Stadt fahre, kaufe ich mir an der ersten Tankstelle einen Stadtplan. Das spart Suchzeit und Umwege.

Beachten Sie auch die QUERVERBINDUNGEN zu den Prinzipien Nr. 18 und Nr. 20!

Bitte blättern Sie zurück: 45, 160, 166.

Testen Sie sich selbst: Dieses Prinzip beachte ich   ☐ *fast immer*
☐ *gelegentlich*
☐ *selten*

Die Beachtung dieses Prinzips hat sich für mich als besonders lohnend erwiesen.
Dieses Prinzip sollte ich in Zukunft stärker beachten! ☐

10. Messen Sie Ihre Leistung an den Ergebnissen – nicht an der aufgewandten Arbeitszeit oder an der verbrauchten Energie!

Als zehnjähriger Junge las ich in dem damals von mir heiß geliebten Buch „Durch die weite Welt", daß eine Lokomotive nur etwa 16 Prozent der Energie aus der verfeuerten Kohle wirklich ausnutzt; der Rest verpufft durch den Schornstein. – Als ich, in den ersten Jahren meiner Lehrertätigkeit, häufig unzufrieden mit meinen Leistungen war, fiel mir auf, wie ähnlich ich doch solch einer alten Dampflok war: ich brauchte nur „Zeit" statt „Kohle" einzusetzen . . .

Vielleicht geht es Ihnen ähnlich? Machen Sie sich folgendes klar: Jemand, der den ganzen Tag hektisch gearbeitet hat, hat deshalb noch keinen Grund, sich auf die Schulter zu klopfen. Vielleicht verdient er sogar eher Kritik als Lob, weil „unter dem Strich" bei seiner Wühlerei recht wenig herausgekommen ist. Vielleicht hat er trotz großen Energieverbrauchs nur wenig erledigen können, weil er ungeschickt und unwirtschaftlich arbeitet? (Vielleicht gehört er auch zu jenen

Menschen, die, wenn sie mit dem Kopf gegen eine Wand rennen, das Problem dadurch zu lösen hoffen, daß sie die Energie erhöhen, mit der sie gegen die Wand rennen?) Dann muß er sich sagen lassen, daß es nicht auf die „Eimer von vergossenem Schweiß" ankommt,[7] sondern nur auf die erzielten Resultate. Oder er hat zwar geschickt und zügig eine Reihe von Aufgaben erledigt – aber nicht die, die wirklich wesentlich gewesen wären, sondern leichte, unbedeutende Ausweichaktivitäten. Er war zwar effizient, aber nicht effektiv. (Im vorher genannten Falle war er weder das eine noch das andere.)
Lassen Sie uns dieses Prinzip aber auch einmal freundlich-positiv interpretieren:
Sie dürfen mit gutem Gewissen „abschalten" und sich Ihrer Familie oder Ihren Hobbys widmen, wenn es Ihnen gelungen ist, dank souveräner Planung und rationeller Arbeitstechnik Ihre beruflichen Aufgaben in der Hälfte der Zeit zu erledigen, die der Kollege X dazu brauchen würde!
Zu folgenden Prinzipien ergeben sich QUERVERBINDUNGEN: Nr. 1, Nr. 2, Nr. 3, Nr. 6, Nr. 11, Nr. 12, Nr. 22, Nr. 33.

Bitte blättern Sie zurück: 4, 117.

Testen Sie sich selbst: Dieses Prinzip beachte ich ☐ *fast immer*
☐ *gelegentlich*
☐ *selten*

Die Beachtung dieses Prinzips hat sich für mich als besonders lohnend erwiesen.
Dieses Prinzip sollte ich in Zukunft stärker beachten! ☐

11. Beachten Sie das Gesetz der abnehmenden Wirkung bei zunehmendem Aufwand. Entscheiden Sie, bis zu welchem Grade eine Aufgabe erfüllt sein muß, damit die angestrebte Wirkung erzielt wird. Perfektionismus verschlingt unverhältnismäßig viel Zeit und ist in den meisten Fällen gar nicht erforderlich.
Für Lehrer gibt es keine Arbeitsplatzbeschreibung, die in allen Teilbereichen den Perfektionsgrad der zu leistenden Arbeit definiert. Das führt leicht zu Selbstzweifeln – gerade bei solchen Lehrern, die darunter leiden, daß ihre Mühe anscheinend so wenig Früchte trägt,

---

[7] MACKENZIE a.a.O. 17.

und die glauben, eigentlich viel mehr tun zu müssen, damit ihre Schüler optimal gefördert werden.

Das Bestreben, möglichst gute Arbeit zu leisten, ist anerkennenswert und sympathisch; es ist auch eine Voraussetzung für beruflichen Erfolg und persönliche Befriedigung. Krankhafter Perfektionismus dagegen – der Zwang, übertrieben hohe selbstgesetzte Normen hundertprozentig erfüllen zu müssen – führt eher zu Mißerfolg, Depressionen und gesundheitlichen Schäden. (Wenn Sie herausfinden möchten, ob Ihr eigenes Leistungsstreben noch als gesund oder schon als bedenklich anzusehen ist, lesen Sie den Aufsatz von BURNS; Sie erhalten dort nicht nur Gelegenheit, sich selbst zu testen, sondern lernen auch einiges über die Ursachen von Perfektionismus.)

Wahrscheinlich gilt Ihr Interesse aber gar nicht so sehr den psychologischen Hintergründen des Perfektionismus, sondern der praktischen Frage, bei welchen Gelegenheiten Sie sich besonders vor ihm in acht nehmen sollten. In den vorangegangenen Kapiteln finden Sie viele Hinweise dazu.

Beachten Sie auch die QUERVERBINDUNGEN zu den Prinzipien Nr. 2, Nr. 3, Nr. 12 und Nr. 13.

Bitte blättern Sie zurück: 10, 26, 90, 94, 117, 128, 147, 157, 175, 182, 197, 200, 201.

Testen Sie sich selbst: Dieses Prinzip beachte ich ☐ *fast immer*
☐ *gelegentlich*
☐ *selten*

Die Beachtung dieses Prinzips hat sich für mich als besonders lohnend erwiesen.
☐
Dieses Prinzip sollte ich in Zukunft stärker beachten! ☐

12. Ein wichtiger Gesichtspunkt bei der Auswahl der zu erledigenden Dinge ist die Frage nach der langfristigen Wirkung.

Erinnern Sie sich an das, was am Ende des Kapitels „Disziplin" über den scheinbaren Widerspruch zwischen „Zeitspartips" auf der einen Seite und der Empfehlung zeitaufwendiger Verfahren auf der anderen Seite gesagt wurde: Ob der Einsatz von Zeit und Kraft ökonomisch ist oder nicht, läßt sich nicht immer an kurzfristig meßbaren Einsparungen ablesen.

Vielleicht hilft Ihnen folgender Vergleich: Wenn Sie die Reifen Ihres Fahrrades stramm aufpumpen, bevor Sie es benutzen, kostet Sie das zunächst ein wenig Zeit und Kraft. Aber Sie erreichen damit, daß Sie

bei der anschließenden Fahrt Zeit und Kraft s p a r e n – und zwar um
so mehr, je länger Sie unterwegs sind.
Überdenken Sie die QUERVERBINDUNGEN zu Nr. 1, Nr. 2, Nr. 4,
Nr. 9, Nr. 13, Nr. 18, Nr. 22, Nr. 27, Nr. 28, Nr. 35.

Bitte blättern Sie zurück: 87, 119, 140, 175, 203, 225, 226.

Testen Sie sich selbst: Dieses Prinzip beachte ich ☐ *fast immer*
☐ *gelegentlich*
☐ *selten*

*Die Beachtung dieses Prinzips hat sich für mich als
besonders lohnend erwiesen.*
Dieses Prinzip sollte ich in Zukunft stärker beachten! ☐

13. Investieren Sie Arbeitszeit bevorzugt in solche Dinge, die Sie mehrmals nutzen können.

Dieses Prinzip ist eine Variante des vorigen. In Nr. 12 liegt der
Hauptakzent auf dem Erwerb von Fertigkeiten und Einstellungen und
auf dem rechtzeitigen Anbahnen wichtiger Entwicklungen, während
er in Nr. 13 eher auf der Anfertigung von Material liegt (Unterrichts-
materialien, Klassenarbeiten, Stundenentwürfe u. a.).
QUERVERBINDUNGEN ergeben sich deshalb nicht nur zu Nr. 12
und Nr. 27, sondern auch zu Nr. 18, Nr. 19 und Nr. 20.

*Bitte blättern Sie zurück: 110, 153, 163, 168, 175, 176, 179, 182, 185, 189, 190,
191, 195, 203.*

Testen Sie sich selbst: Dieses Prinzip beachte ich ☐ *fast immer*
☐ *gelegentlich*
☐ *selten*

*Die Beachtung dieses Prinzips hat sich für mich als
besonders lohnend erwiesen.*
Dieses Prinzip sollte ich in Zukunft stärker beachten! ☐

14. Arbeiten Sie zügig, aber nicht hastig. So vermeiden Sie es, Fehler zu machen, die andernfalls zu Zeitverlusten führen würden.

Die Richtigkeit dieser Aussage ist so offenkundig, daß sie nicht
begründet zu werden braucht. Beispiele aus allen Lebensbereichen
drängen sich auf. Denken Sie nur ans Schreibmaschineschreiben!

Hastiges Arbeiten bringt nicht nur Qualitätsminderung, Erhöhung der Fehlerzahl (und dadurch dann ggf. zeitraubende Korrekturen) mit sich, sondern hat auch psychologisch negative Folgen: Gereiztheit, Nervosität, keine Freude an der Arbeit. (Kennen Sie den alten Spruch „Raste nie, doch haste nie, sonst haste die Neurasthenie!"? Bei allem Vergnügen an dem hübschen Wortspiel sollte man allerdings nicht vergessen, daß „Raste nie!" ein falscher Ratschlag ist. Der Mensch braucht auch Pausen!)

Zügiges Arbeiten dagegen kann durchaus gelassen sein; es hat etwas mit bewußter, liebevoller Konzentration zu tun und kann ausgesprochen lustbetont sein.

Nicht nur bei einer bereits begonnenen Tätigkeit sollte man Hast vermeiden, sondern schon vorher. Es macht sich bezahlt, nicht sofort „drauflloszuarbeiten" , sondern erst einmal nachzudenken. Ist die Art, wie ich diese Aufgabe anfassen will, wirklich günstig? Habe ich alles bereitgelegt, was ich benötige?

In der Managementliteratur wird zu dieser zweiten Frage gern die Vorbereitung eines Telefongesprächs als Beispiel herangezogen: Habe ich mir alle wichtigen Besprechungspunkte notiert? Liegen alle Unterlagen vor mir, in denen ich möglicherweise etwas nachsehen muß? – Da wir gerade beim Telefonieren sind, möchte ich Ihnen ein Beispiel erzählen: Neulich wollte ich ein bestimmtes Gerät kaufen. Anstatt nun gleich in die Stadt zu fahren, habe ich erst einmal in der Zeitschrift „Test" nachgelesen, welches Modell für meine Bedürfnisse am ehesten geeignet war. Dann habe ich verschiedene Geschäfte antelefoniert. Erst dann bin ich in die Stadt gefahren – und habe das Gerät für 109,— bekommen anstatt für die 179,—, die das gleiche Modell in einem anderen Geschäft gekostet hätte. Das vorherige Telefonieren hatte mir nicht nur Geld, sondern auch Zeit gespart, denn zwei Geschäfte, die ich vermutlich zuerst aufgesucht hätte, führten das betreffende Gerät überhaupt nicht. – QUERVERWEIS: Prinzip Nr. 33!

Bitte blättern Sie zurück: 5, 93, 228.

Testen Sie sich selbst: Dieses Prinzip beachte ich ☐ *fast immer* ☐ *gelegentlich* ☐ *selten*

Die Beachtung dieses Prinzips hat sich für mich als besonders lohnend erwiesen. ☐
Dieses Prinzip sollte ich in Zukunft stärker beachten! ☐

15. Sorgen Sie möglichst oft dafür, daß mehrere Dinge zur gleichen Zeit geschehen.

Manche Menschen beherrschen diese Kunst der „Zeitverdichtung" so virtuos, daß es Freude macht, ihnen bei der Arbeit zuzuschauen.

Als wir vor einiger Zeit umzogen, bewunderte ich den Möbelpacker, weil er überaus geschickt mit beiden Händen gleichzeitig arbeitete und beim Auseinandernehmen eines Schrankes immer zwei Schrauben gleichzeitig löste. Auch die Angestellte in der Kopierstelle unserer Universitätsbibliothek beeindruckt mich durch die Perfektion, mit der sie die Reihenfolge ihrer Handgriffe optimiert hat: während ein Vorgang abläuft, bereitet sie den nächsten vor und erledigt andere Kleinigkeiten, so daß keine Sekunde ungenutzt bleibt. Viele Ärzte haben zwei Untersuchungszimmer, so daß sie sich bereits dem nächsten Patienten widmen können, während der erste sich in Ruhe wieder anzieht oder von der Sprechstundenhilfe weiter versorgen lassen kann.

Auch im Haushalt läßt sich dieses Prinzip verfolgen. Meine Frau freut sich, wenn die Waschmaschine und die Geschirrspülmaschine im Duett brummen, während das Mittagessen auf dem Herd brutzelt und sie selbst noch etwas anderes erledigt.

Den berufsbezogenen Beispielen, die in den anderen Kapiteln gegeben wurden, möchte ich auch noch eines hinzufügen: Während der Lehrer mit der ganzen Klasse etwas bespricht, schreiben zwei Schüler ihre Hausaufgabe links und rechts an die verdeckte Tafel; anschließend werden die Tafelflügel zurückgeklappt, und die anderen Schüler werden zur Verbesserung oder zur Stellungnahme aufgefordert. – QUERVERWEISE: Beachten Sie Nr. 6, Nr. 14 und Nr. 26!

Bitte blättern Sie zurück: 6, 29, 39, 40, 97, 116, 184, 221, 222, 224, 225.

Testen Sie sich selbst: Dieses Prinzip beachte ich ☐ fast immer
☐ gelegentlich
☐ selten

Die Beachtung dieses Prinzips hat sich für mich als besonders lohnend erwiesen.
Dieses Prinzip sollte ich in Zukunft stärker beachten! ☐

16. Bemühen Sie sich, „Rüstzeiten" einzusparen.

Dies ist eines der bekanntesten Rationalisierungsprinzipien in Wirtschaft und Industrie.

Unter „Rüstzeit" versteht man die Zeit, die zum Auf- und Abbauen der für den jeweiligen Arbeitsprozeß erforderlichen Geräte benötigt wird, zum Bereitlegen (und später zum Reinigen) der Werkzeuge, zum Einstellen und Programmieren der Maschinen – eine relativ konstante Zeitspanne also, die auf jeden Fall aufgewandt werden muß und die unabhängig ist von der Dauer und dem Volumen der „eigentlichen", produktiven Arbeit (z. B. von der Stückzahl der hergestellten Güter). Je geringer der Anteil der Rüstzeit am gesamten Arbeitszeitaufwand ist, desto ökonomischer ist der jeweilige Arbeits- oder Fertigungsprozeß.

Ein oft zitiertes Haushaltsbeispiel: Es ist unökonomisch, den Staubsauger aus dem Schrank zu holen, das Saugrohr aufzustecken, die Zuleitungsschnur abzuwickeln und einzustöpseln usw., wenn man nur einen einzigen Raum saugt und dann das Gerät wieder „abrüstet" und wegstellt. Entsprechendes gilt für viele Reinigungsarbeiten, für die Wäsche und fürs Bügeln. – Viele Frauen sparen Rüstzeit dadurch, daß sie von dazu geeigneten Gerichten gleich etliche Portionen mehr herstellen und einfrieren.

Der Großeinkauf beim Supermarkt ist nicht nur deshalb empfehlenswert, weil dort die meisten Waren billiger sind, sondern auch deshalb, weil man Rüstzeit (in Form von Wegzeit und Wartezeit an der Kasse) spart, wenn man nicht jeden Tag, sondern nur einmal in der Woche einkauft. (Vgl. hierzu aber das bei Prinzip Nr. 9 Gesagte.) Im übertragenen Sinne ist jeder Weg, jeder Gang (wenn man einmal vom reinen Spazierengehen absieht), jede Autofahrt „Rüstzeit". Um sie auszunutzen, sollte man sich immer fragen: „Gibt es etwas, was ich gleich mit erledigen kann, wenn ich schon einmal da bin?"

Rüstzeit wird immer dann verschwendet, wenn man Dinge in zu geringen Abständen tut: Tanken, Fensterputzen, Treppenhaus wischen. Und wenn Sie noch ein weniger wichtiges, aber „lehrertypisches" Beispiel haben möchten: denken Sie an das umständliche Ausfüllen von Beihilfeanträgen!

QUERVERBINDUNGEN ergeben sich zu den Prinzipien Nr. 13, Nr. 17, Nr. 21.

Bitte blättern Sie zurück: 118, 190, 200, 201.

Testen Sie sich selbst: Dieses Prinzip beachte ich   ☐ fast immer
☐ gelegentlich
☐ selten

Die Beachtung dieses Prinzips hat sich für mich als besonders lohnend erwiesen. ☐
Dieses Prinzip sollte ich in Zukunft stärker beachten! ☐

17. Vermeiden Sie Leergänge.

FERMER[8] berichtet, wie seine Großeltern dieses Prinzip in ihrem kleinen Textilgeschäft beachteten: Wenn sich eine Kundin mehrere Stoffballen zur Auswahl vorlegen ließ, dann wurden die ihr nicht zusagenden Muster sofort an die äußerste Ecke der Ladentheke geschoben und damit aus der Wahl ausgeschieden. Wenn weitere Ballen geholt wurden, wurden die ausgeschiedenen Stoffe gleichzeitig zum Regal zurückgebracht. Weil bei jedem Gang zu den Regalen nicht mehr Benötigtes zurückgetragen wurde, entstanden keine Leergänge.

Bei Besorgungen, aber auch bei der Hausarbeit ergeben sich häufig Möglichkeiten, Leergänge zu vermeiden, wenn man sich grundsätzlich die Frage stellt: „Was kann ich auf dem Rückweg erledigen?"
QUERVERWEISE: Nr. 15, Nr. 16, Nr. 29.

Bitte blättern Sie zurück: 222.

Testen Sie sich selbst: Dieses Prinzip beachte ich ☐ *fast immer*
☐ *gelegentlich*
☐ *selten*

Die Beachtung dieses Prinzips hat sich für mich als besonders lohnend erwiesen. ☐
Dieses Prinzip sollte ich in Zukunft stärker beachten! ☐

18. Zweckmäßige und schöne Hilfsmittel anzuschaffen, hat nicht nur praktischen Nutzen; es ist auch psychologisch wichtig. Man „kriegt sich leichter an die Arbeit" damit.

Ich möchte Ihnen ein Negativbeispiel erzählen. Während eines Studienaufenthaltes in England wohnte ich einige Wochen im Hause eines Lehrerehepaares. Der Mann war Deutschlehrer an einer Comprehensive School; seine Frau war Grundschullehrerin. Sie waren kinderlos, und finanziell ging es ihnen nicht schlecht; jedenfalls konnten sie sich recht teure Urlaubsreisen erlauben.

Beide besaßen keine Schreibmaschine. (Im Nebenhause wohnte ein Kollege; auch er hatte keine.) Das Korrigieren von Schülerheften erfolgte, da im ganzen Hause kein Schreibtisch stand, entweder am Küchentisch oder (die Küche ließ sich nicht richtig heizen) auf dem Sofa im Wohnzimmer, beim Schein einer trüben (aber angeblich „gemütlichen") 40-Watt-Deckenlampe. Der Mann – immerhin war er der Leiter der Fachgruppe Deutsch an seiner Schule – stützte sich

[8] A.a.O. 7f.

beim Vorbereiten von Texten oder beim Korrigieren auf ein kleines Lexikon (deutsch/englisch und englisch/deutsch in einem Band), das 1911 erschienen war.

Ich hatte oft Gelegenheit, bei ihm zu hospitieren – und es überraschte mich nicht, daß sein Unterricht ebenso trübe war wie seine Wohnzimmerlampe.

Jeder Handwerker weiß, wie wichtig gutes Werkzeug ist – und warum sollten Lehrer glauben, ihre Arbeitsmittel seien nebensächlich?

QUERVERBINDUNGEN ergeben sich zu den Prinzipien Nr. 9 und Nr. 32.

Bitte blättern Sie zurück: 153, 160ff.

Testen Sie sich selbst: Dieses Prinzip beachte ich   ☐ *fast immer*
☐ *gelegentlich*
☐ *selten*

Die Beachtung dieses Prinzips hat sich für mich als besonders lohnend erwiesen.   ☐
Dieses Prinzip sollte ich in Zukunft stärker beachten!   ☐

19. Erstellen Sie Checklisten.

Checklisten sorgen dafür, daß man bei bestimmten regelmäßig wiederkehrenden Aufgaben keine wichtigen Einzelheiten vergißt bzw. daß man die Arbeiten in der richtigen Reihenfolge und auf die günstigste Weise ausführt. Man kann sie als „programmierte Denk- und Arbeitsabläufe"[9] bezeichnen. Sie entlasten das Gedächtnis. In manchen Fällen machen Checklisten es möglich, eine Aufgabe zu delegieren, vorausgesetzt, die Anweisungen sind hinreichend ausführlich, verständlich und eindeutig.

Bei manchen Checklisten genügt ein einzelnes Exemplar, das man bei Bedarf zur Hand nimmt; bei anderen empfiehlt sich die Vervielfältigung, damit man durchstreichen oder abhaken kann. Falls die Liste hin und wieder geändert oder erweitert wird, ist Vervielfältigung per Matrize weniger günstig als Vervielfältigung per Fotokopie: eine Kopiervorlage läßt sich leichter ändern.

Hier sind noch einige (berufsunabhängige) Anregungen für Checklisten:

[9] WEILENMANN a.a.O. 49.

- Welche Standardvorbereitungen fallen an, wenn wir Gäste haben? (Speisen: was und wann; Getränke; Musik; ggf. Benachrichtigung der Nachbarn; Transportprobleme)
- Welche Haushaltsarbeiten sollen heute ausgeführt werden? (D. h.: eine Liste für die Hand der selbständig arbeitenden Haushaltshilfe. Alle in Frage kommenden Routinearbeiten stehen auf der vervielfältigten Liste; die Hausfrau kreuzt an, was diesmal gemacht werden soll, und die Haushaltshilfe streicht durch, was sie erledigt hat.)
- Was muß vor Antritt der Urlaubsreise erledigt werden? (Wer leert den Briefkasten und gießt die Blumen? Ist die Zeitung abbestellt? Soll Post nachgeschickt werden? Usw. usw.)

Beachten Sie die folgenden QUERVERBINDUNGEN: Nr. 13, Nr. 20.

Bitte blättern Sie zurück: 93, 139, 212.

Testen Sie sich selbst: Dieses Prinzip beachte ich ☐ *fast immer*
☐ *gelegentlich*
☐ *selten*

Die Beachtung dieses Prinzips hat sich für mich als besonders lohnend erwiesen.
Dieses Prinzip sollte ich in Zukunft stärker beachten! ☐
☐

20. Geeignete, gut durchdachte Vordrucke (Formulare, Listen) können Zeit sparen.

Wahrscheinlich wird diese Überschrift erst einmal spöttische Abwehr in Ihnen hervorrufen. Aber bedenken Sie: nicht um jene komplizierten, oft unverständlichen und ohnehin meistens überflüssigen Formulare geht es, die Sie bei Behörden (oder gar an Ihrer eigenen Schule?[10]) auszufüllen haben, sondern um die hervorragend durchdachten, klaren und nützlichen Vordrucke, die Sie selbst entwerfen...

QUERVERBINDUNGEN ergeben sich zu den Prinzipien Nr. 11 und Nr. 13.

Bitte blättern Sie zurück: 95, 176, 181, 194, 195, 199, 210, 213.

Testen Sie sich selbst: Dieses Prinzip beachte ich ☐ *fast immer*
☐ *gelegentlich*
☐ *selten*

[10] Falls Sie konstruktive Anregungen geben wollen: schenken Sie Ihrem Chef die Broschüre von HÖNIG zu Weihnachten! (Sie können übrigens auch selbst etwas daraus lernen.)

Die Beachtung dieses Prinzips hat sich für mich als
besonders lohnend erwiesen.
Dieses Prinzip sollte ich in Zukunft stärker beachten!

21. Gewöhnen Sie sich an, jedes Blatt Papier nach Möglichkeit nur einmal zu bearbeiten.

Hier geht es um einfache Einmalarbeiten, die eine schnelle Entscheidung ermöglichen. Ein großer Teil der eingehenden Post (oder besser gesagt Pseudo-Post) gehört hierher: Werbedrucksachen, die Ankündigung einer Altkleidersammlung oder der Brief einer caritiativen Organisation mit der Bitte um eine Spende.

Die „Bearbeitung" kann in vielen Fällen aus sofortigem Wegwerfen bestehen. Wenn das nicht möglich ist, sollte man sofort entscheiden, wann und in welcher Weise weiter verfahren werden soll, und im Zeitplanbuch einen entsprechenden Vermerk machen.

(Vorgänge, die sich n i c h t in einem einzigen Anlauf bewältigen lassen, werden in eine durchsichtige Plastikhülle gesteckt und kommen – je nach Wichtigkeit – in die A-, B- oder C-Mappe in der Hängeregistratur. Da aber jedes erneute In-die Hand-Nehmen etwas Zeit kostet, auch dann, wenn gar keine weitere Bearbeitung erfolgt, sollte man sich bemühen, solche Vorgänge jedesmal der Erledigung einen Schritt näher zu bringen.)

QUERVERBINDUNGEN ergeben sich zu folgenden Prinzipien: Nr. 2, Nr. 3, Nr. 5, Nr. 6, Nr. 10, Nr. 11, Nr. 35.

Testen Sie sich selbst: Dieses Prinzip beachte ich   *fast immer*
gelegentlich
selten

Die Beachtung dieses Prinzips hat sich für mich als
besonders lohnend erwiesen.
Dieses Prinzip sollte ich in Zukunft stärker beachten!

22. Scheuen Sie sich nicht davor, eine Fehlentscheidung rechtzeitig rückgängig zu machen.

Es ist offensichtlich Zeitverschwendung, einen als falsch erkannten Kurs weiter zu verfolgen.

Daß viele Menschen – und Lehrer machen da keine Ausnahme, eher im Gegenteil – es schwer finden, eine Fehlentscheidung rückgängig zu machen, liegt daran, daß sie befürchten, an Ansehen zu verlieren, wenn sie sich als fehlbar erwiesen haben.

Im allgemeinen ist diese Befürchtung jedoch unbegründet. Wer einen Fehler eingesteht, gewinnt meistens an Respekt – es sei denn, er handelt sich durch ständiges Zurücknehmen von Entscheidungen den Ruf ein, sehr unsicher zu sein. Die Antwort würde dann aber sicher nicht darin liegen, bei einer falschen Entscheidung zu verharren, sondern darin, den Ursachen der vielen Fehlentscheidungen auf die Spur zu kommen! Beachten Sie die folgenden QUERVERBINDUNGEN: Nr. 2, Nr. 3 (!), Nr. 4, Nr. 6, Nr. 33, Nr. 34.

Bitte blättern Sie zurück: 193.

Testen Sie sich selbst: Dieses Prinzip beachte ich ☐ *fast immer*
☐ *gelegentlich*
☐ *selten*

Die Beachtung dieses Prinzips hat sich für mich als besonders lohnend erwiesen. ☐
Dieses Prinzip sollte ich in Zukunft stärker beachten! ☐

23. Überprüfen Sie Ihren Fernsehkonsum und Ihre Zeitungslektüre. Sie können auf diesem Gebiet möglicherweise viele Stunden Zeit gewinnen, und zwar ohne Einbußen an Lebensfreude oder wichtigem Wissen.

Das ist auch eines jener Gebiete, bei denen man unbedingt über das Verhältnis von Aufwand und Wirkung nachdenken sollte.

Zwei Stunden Tageszeitungslektüre bieten dem durchschnittlichen Leser vermutlich nur unwesentlich mehr objektiven Gewinn als ein Überfliegen der Überschriften in fünf Minuten. Lesestoff in sich aufzunehmen, dessen einziger „Wert" darin besteht, daß er neu ist, kann allenfalls als eine „C-Aktivität" eingestuft werden – es sei denn, man ist auf diese Tagesinformationen angewiesen (z. B. zur Unterrichtsvorbereitung oder als Grundlage für irgendeine persönliche Entscheidung).

Auf dem Gebiet der Politik (das ja vielen Menschen als Ausrede für ausgedehnte Lektüre der Tageszeitung dient) besteht ein großer Teil des Lesestoffes aus Kommentaren zu Konstellationen, die am nächsten Tage großenteils schon wieder veraltet sind. Wer sich einmal wöchentlich eine Stunde mit den Analysen und Hintergrundinformationen in einer guten Wochenzeitung auseinandersetzt, hat vermutlich mehr davon, als wenn er jeden Tag zwanzig Minuten mit der Lektüre des politischen Teils einer Tageszeitung verbringt.

Eine Zeitung ganz durchzulesen mit dem Argument, man habe sie ja schließlich bezahlt, ist ebenso sinnvoll, wie mit der Straßenbahn bis zur Endstation zu fahren, weil der Fahrschein dazu berechtigt, anstatt nur bis dorthin, wo man hinwill.

Entsprechendes gilt auch fürs Fernsehen. Es ist ein „Zeitfresser" erster Ordnung. Natürlich ist nichts dagegen einzuwenden, daß man sich vom Fernsehen unterhalten und informieren läßt – solange man mit gutem Gewissen sagen kann, daß man das Tagespensum an wichtigen und dringenden Dingen erledigt hat, und solange man von dem, was man sich ansieht, wirklich angesprochen und gefesselt wird. Wenn diese beiden Bedingungen aber n i c h t erfüllt sind, sollte man sich fragen, wovor man eigentlich wegläuft, und ob es nicht an der Zeit wäre, etwas mehr Selbstdisziplin zu zeigen. . .

QUERVERBINDUNGEN ergeben sich zu folgenden Prinzipien: Nr. 2, Nr. 4, Nr. 7, Nr. 11.

Bitte blättern Sie zurück: 142, 143, 158.

Testen Sie sich selbst: *Dieses Prinzip beachte ich*   ☐ *fast immer*
☐ *gelegentlich*
☐ *selten*

Die Beachtung dieses Prinzips hat sich für mich als besonders lohnend erwiesen.   ☐
Dieses Prinzip sollte ich in Zukunft stärker beachten!

24. Stehen Sie morgens früher auf.

Ein unsympathischer Ratschlag, nicht wahr? Ich möchte ihn auch gleich einschränken: Wenn Sie merken, daß Sie dann unausgeschlafen sind und den Schülern gereizt und unfreundlich gegenübertreten, schlafen Sie lieber wieder länger!

Aber das Schlafbedürfnis der Menschen ist sehr unterschiedlich, und es ist immerhin möglich, daß Sie Ihre Nachtschlafzeit um eine oder anderthalb Stunden verkürzen können, ohne negative Auswirkungen zu spüren. Versuchen Sie es doch einmal! Sie müßten allerdings etwas Geduld haben; der Körper braucht Zeit, um sich umzustellen. Deshalb sollten Sie das Experiment nicht nach zwei Tagen schon wieder aufgeben.

In der „Erfolgs-Literatur" findet man häufig Hinweise auf bekannte Persönlichkeiten, deren eindrucksvolle Leistungen zum Teil dadurch zustande kamen, daß sie morgens schon einige Stunden gearbeitet hatten, wenn ihre müden Mitmenschen endlich aus dem Bett krochen.

Ein wichtiger Faktor ist dabei, daß die Zeit, die man auf diese Weise gewinnt, „Erste-Wahl-Zeit" ist. Zu keiner anderen Tageszeit hat man so viel Ruhe; man wird weder vom morgendlichen Straßenlärm noch von Familienangehörigen noch vom lauten Radioprogramm des Nachbarn abgelenkt.

Mir persönlich fällt es schwer, so früh aufzustehen, daß ich noch vor der Schule zu Hause arbeiten kann; ich werde dann während des Tages zu müde. Aber ich habe mir angewöhnt, an den Tagen, an denen ich nicht zur ersten Stunde in der Schule sein muß (auch am Sonntag), trotzdem zur gewohnten Zeit aufzustehen und konzentriert zu arbeiten, bis ich aus dem Hause gehen muß.

Vielleicht können Sie sich mit diesem Kompromiß ebenfalls anfreunden?

QUERVERBINDUNGEN ergeben sich zu den Prinzipien Nr. 4 und Nr. 25.

Testen Sie sich selbst: *Dieses Prinzip beachte ich*   ☐ *fast immer*
☐ *gelegentlich*
☐ *selten*

Die Beachtung dieses Prinzips hat sich für mich als besonders lohnend erwiesen.
Dieses Prinzip sollte ich in Zukunft stärker beachten!   ☐☐

25. Berücksichtigen Sie bei der Planung, zu welchen Zeiten Ihre persönliche Leistungsfähigkeit am größten ist und wann die wenigsten Störungen zu erwarten sind. Legen Sie schöpferische oder ausgesprochen schwierige Tätigkeiten in diese „Bestzeiten".

Diese Sätze bedürfen keiner Erläuterung. Sie sollen lediglich durch einige Randbemerkungen ergänzt werden.

– Auch die „Umkehrung" des Prinzips gilt: Halten Sie immer ein paar einfache Aufgaben bereit, die Sie auch dann noch erledigen können, wenn Ihre Konzentration gering, die Wahrscheinlichkeit von Ablenkungen groß und die Länge der bis zur nächsten Unterbrechung noch zur Verfügung stehenden Zeitspanne ungewiß ist. Es empfiehlt sich, eine Liste derartiger Aktivitäten im Zeitplanbuch mitzuführen. Auf diese Weise sorgen Sie dafür, daß auch die „Dritte-Wahl-Zeit" noch sinnvoll ausgenutzt wird.

– Versetzen Sie sich in folgende Situation: Sie wissen, daß Sie – am gleichen Tage, am nächsten Morgen o. ä. – an einen Ort (oder zu einer Veranstaltung) müssen, wo Sie zwischendurch ein bißchen Zeit zum Arbeiten haben werden. Sie wissen aber auch, daß Sie dort keineswegs j e d e Art von Arbeit erledigen können. (Sie werden dort z. B. keine Schreibmaschine zur Verfügung haben; oder es wird laut sein, Sie werden sich nicht konzentrieren und nichts wirklich Schöpferisches tun können.)
Wenn Sie nun die Auswahl haben – d. h. bei dem, was Sie heute bzw. jetzt gleich noch tun –, dann wählen Sie f ü r j e t z t etwas, was Sie an jenem anderen Ort n i c h t tun können. Das hingegen, was Sie auch dort tun können, stecken Sie ein, da Sie ja dort Ihre Zeit möglichst sinnvoll nutzen möchten.
– Nehmen Sie Rücksicht darauf, daß auch andere auf Blöcke von „Erste-Wahl-Zeit" angewiesen sind, um schwierige Aufgaben bearbeiten zu können. Vermeiden Sie, ohne zwingenden Grund jemanden zu stören, der gerade sehr konzentriert arbeitet. Verabreden Sie eine Zeit, die besser paßt.
Beachten Sie die folgenden QUERVERBINDUNGEN: Nr. 8, Nr. 31 und Nr. 34.

Bitte blättern Sie zurück: 148.

Testen Sie sich selbst: Dieses Prinzip beachte ich   ☐ *fast immer*
                                                              ☐ *gelegentlich*
                                                              ☐ *selten*

Die Beachtung dieses Prinzips hat sich für mich als besonders lohnend erwiesen.
Dieses Prinzip sollte ich in Zukunft stärker beachten!   ☐

26. Gewöhnen Sie sich an, Wartezeiten sinnvoll auszunutzen.

Früher pflegte ich beim Friseur oder im Wartezimmer des Zahnarztes planlos in den ausgelegten Zeitschriften herumzublättern.
Heute schaue ich grundsätzlich erst ins Inhaltsverzeichnis: Gibt es einen Artikel, der mich besonders interessieren könnte? (Beim bloßen Blättern – von vorn angefangen – würde ich vielleicht gar nicht bis zu diesem Artikel vordringen!)
Meistens stecke ich mir allerdings etwas anderes zu lesen ein, das mir wichtiger ist als solche Zufallslektüre.

In diesem Zusammenhang möchte ich eine Nutzungsmöglichkeit für Warteminuten empfehlen, die sich erfahrungsgemäß als sehr fruchtbar erweist: Beschäftigen Sie sich mit Ihrem Z e i t p l a n b u c h! Wenn Sie es sinnvoll eingerichtet haben, bietet es Ihnen viele Möglichkeiten zu kreativem Nachdenken – nicht nur über die Aufgaben, die noch auf dem jeweiligen Tagesblatt stehen, sondern auch über all die Dinge, die sich auf den Wochen- und Monatsvormerkblättern und auf den unterschiedlichen Notizzetteln im alphabetischen Register gesammelt haben.

Und was können Sie tun, wenn Sie absolut nichts zu lesen haben (oder nicht lesen mögen), kein interessantes Gespräch anknüpfen können und auch nicht in der Stimmung sind, konzentriert und konstruktiv über etwas nachzudenken? Machen Sie ein paar isometrische Übungen, oder praktizieren Sie autogenes Training!

QUERVERBINDUNGEN ergeben sich zu den Prinzipien Nr. 7, Nr. 29, Nr. 30, Nr. 31 und Nr. 32.

Bitte blättern Sie zurück: 39.

Testen Sie sich selbst: Dieses Prinzip beachte ich   ☐ *fast immer*
☐ *gelegentlich*
☐ *selten*

Die Beachtung dieses Prinzips hat sich für mich als besonders lohnend erwiesen
Dieses Prinzip sollte ich in Zukunft stärker beachten!   ⊟

27. Nutzen Sie Zeiten geringerer Belastung für das systematische Trainieren von Grundfertigkeiten.

Auch wenn Sie diesen Rat vernünftig finden – Sie werden sich kaum an ihn erinnern, es sei denn, Sie nehmen das Training von Grundfertigkeiten mit in Ihre schriftliche Planung auf!

Beachten Sie die folgenden QUERVERBINDUNGEN: Nr. 7, Nr. 12, Nr. 30 – und vielleicht auch Nr. 34?

Bitte blättern Sie zurück: 81, 130, 226–229.

Testen Sie sich selbst: Dieses Prinzip beachte ich   ☐ *fast immer*
☐ *gelegentlich*
☐ *selten*

Die Beachtung dieses Prinzips hat sich für mich als besonders lohnend erwiesen.
Dieses Prinzip sollte ich in Zukunft stärker beachten!   ⊟

28. Bringen Sie Ordnung in Ihr Material. Stellen Sie sicher, daß Sie nie lange nach etwas suchen müssen.

Über das zweckmäßige Aufbewahren und Katalogisieren von Material, über die Vorteile einer Hängeregistratur und über die Notwendigkeit des regelmäßigen Aussortierens und Wegwerfens ist bereits einiges gesagt worden (besonders im Kapitel „Arbeitszimmer und Arbeitsmittel"), nicht aber über das – buchstäblich – Nächstliegende: über das Durcheinander auf dem vollgepackten Schreibtisch. Alle Experten sind sich einig, daß nur das auf den Schreibtisch gehört, woran Sie gerade arbeiten – und nicht die siebenundzwanzig anderen Dinge, die Sie dort abgelegt haben, „damit Sie daran erinnert werden, sie zu erledigen", die aber in Wirklichkeit hauptsächlich dazu führen, daß Sie von der Arbeit, auf die Sie sich gerade konzentrieren sollten, abgelenkt werden.

Machen Sie sich die entsprechenden Vermerke in Ihrem Zeitplanbuch – und dann weg mit den anderen Dingen, in eine Schublade oder in die Hängeregistratur!

Bedenken Sie: „Ordnung ist Ausdruck der Selbstdisziplin; sie spart Zeit und Anstrengung."[11]

QUERVERBINDUNGEN ergeben sich zu Nr. 1, Nr. 9, 12, 13 und 18 (Aufbau eines vernünftigen, auf die persönlichen Bedürfnisse zugeschnittenen Ordnungssystems, Anschaffung der nötigen Hilfsmittel), Nr. 11, Nr. 35.

Bitte blättern Sie zurück: 95, 161, 163, 164, 175, 186, 189, 202, 207.

Testen Sie sich selbst: Dieses Prinzip beachte ich   ☐ *fast immer*
                                                            ☐ *gelegentlich*
                                                            ☐ *selten*

Die Beachtung dieses Prinzips hat sich für mich als besonders lohnend erwiesen.
Dieses Prinzip sollte ich in Zukunft stärker beachten!   ☐

29. Sorgen Sie dafür, daß Ihnen spontane Einfälle nicht verloren gehen. (Immer Schreibzeug bereit haben; ggf. Diktiergerät benutzen!)

Kennen Sie die Geschichte von dem Mann, der eine so hervorragende Idee hatte, daß er auf die Knie fiel, um Gott dafür zu danken? Als er

---

[11] SCHEITLIN a.a.O. 136.

wieder aufstand, konnte er sich nicht mehr an die Idee erin-
nern . . . [12]
Falls diese Geschichte Sie unbeeindruckt läßt, weil Sie nur selten
spontane Einfälle (geschweige denn hervorragende Ideen) haben, die
Sie der Lösung Ihrer Aufgaben und Probleme näherbringen: beschäf-
tigen Sie sich einmal mit den im Literaturverzeichnis genannten
Büchern „Laterales Denken" und „Das spielerische Denken" von DE
BONO und „Creativitätstraining" von KIRST/DIEKMEYER. Sie enthalten
Hinweise auf Methoden, mit denen Sie originelle Problemlösungsein-
fälle gezielt anlocken können.
QUERVERWEISE: Nr. 7, Nr. 26, Nr. 32.

Bitte blättern Sie zurück: 12, 29, 34, 175, 207, 229.

Testen Sie sich selbst: Dieses Prinzip beachte ich ☐ *fast immer*
                                                          ☐ *gelegentlich*
                                                          ☐ *selten*

Die Beachtung dieses Prinzips hat sich für mich als
besonders lohnend erwiesen.   ☐
Dieses Prinzip sollte ich in Zukunft stärker beachten! ☐

**30. P l a n u n g ist eine der besten Verwendungsmöglichkeiten für
Zeit.**
Warum das so ist und wie Planung konkret aussehen kann, ist in den
vorangegangenen Kapiteln gezeigt worden. – An dieser Stelle soll
noch einmal betont werden, daß Planen nicht nur nützlich und
vernünftig ist. Es ist eine kreative Tätigkeit; eine Kunst, in der man
sich vervollkommnen kann.
Planen kann Freude machen!
QUERVERBINDUNGEN ergeben sich zu folgenden Prinzipien: Nr. 1,
Nr. 2, Nr. 7, Nr. 8, Nr. 16, Nr. 17, Nr. 26, Nr. 29, Nr. 31, Nr. 32.

Bitte blättern Sie zurück: 98, 154.

Testen Sie sich selbst: Dieses Prinzip beachte ich ☐ *fast immer*
                                                          ☐ *gelegentlich*
                                                          ☐ *selten*

[12] Dieses Beispiel habe ich dem netten kleinen Essay „Schreib's auf!" von R.
UPDEGRAFF entnommen, den ich vor etlichen Jahren einmal aus der Zeitschrift
„Das Beste" herausgerissen hatte. Leider konnte ich nicht mehr feststellen,
um welches Heft es sich handelte.

Die Beachtung dieses Prinzips hat sich für mich als
besonders lohnend erwiesen.
Dieses Prinzip sollte ich in Zukunft stärker beachten!

31. Gewöhnen Sie sich an, nicht nur im Kopf, sondern häufig auch schriftlich zu planen.

Bitte blättern Sie zurück: 93, 144, 146, 149, 205.

Testen Sie sich selbst: Dieses Prinzip beachte ich   *fast immer*
gelegentlich
selten

Die Beachtung dieses Prinzips hat sich für mich als
besonders lohnend erwiesen.
Dieses Prinzip sollte ich in Zukunft stärker beachten!

32. Benutzen Sie ein sinnvoll eingerichtetes Zeitplanbuch.[13]

Welche Bedingungen dieses wichtige Werkzeug erfüllen muß, ist schon gesagt worden. Hier sind noch einige Anregungen zur Einrichtung des ABC-Registers:

Hinter dem jeweiligen Buchstabendeckblatt läßt sich zunächst ein Blatt mit den Adressen einfügen, die zu diesen Buchstaben gehören. Welche anderen Zettel sich dort noch sammeln, hängt von den individuellen Bedürfnissen ab. Beispiele: „Auto" (Inspektionen und Reparaturen, Ölwechsel, TÜV-Besuche, Ausgaben), „Besorgungen" (gemeint ist nicht die Lebensmitteleinkaufsliste, sondern eine Liste der bei Gelegenheit – z. B. bei der nächsten Fahrt in die Innenstadt – zu erledigenden Dinge), „Geburtstage", „Geld" (z. B. Außenstände, ausgeschriebene Schecks, Kontostand), „Geschenkmöglichkeiten", „Klassenarbeiten" (geplante Termine und Themen), „Leerungszeiten des nächsten Briefkastens", „Postgebühren", „Verliehenes".

QUERVERBINDUNGEN ergeben sich zu den Prinzipien Nr. 13, Nr. 18, Nr. 26, Nr. 29-31.

---

[13] Eine ausführliche Anleitung zur Benutzung des Zeitplanbuches findet sich bei HIRT (Kursteil 2, S. 18ff.). Sie bezieht sich auf das „autodynamische Zeitplanbuch", das zum Kurs gehört, ist aber durchaus auf andere Fabrikate übertragbar.

Bitte blättern Sie zurück: 98, 149, 169.

Testen Sie sich selbst: Dieses Prinzip beachte ich   ☐ *fast immer*
☐ *gelegentlich*
☐ *selten*

Die Beachtung dieses Prinzips hat sich für mich als
besonders lohnend erwiesen.   ☐
Dieses Prinzip sollte ich in Zukunft stärker beachten!   ☐

33. Prüfen Sie hin und wieder kritisch, ob die Verfahren, mit denen Sie Routinearbeiten erledigen, nicht noch verbesserungsfähig sind.

Wenn Sie andere Menschen (z. B. Schüler!) fragen, welche Assoziationen das Wort „Routine" in ihnen auslöst, bekommen Sie vorwiegend negative Antworten: Begriffe wie „stumpfsinnig", „langweilig", „ohne innere Beteiligung" werden häufig genannt. Daß darin ein wahrer Kern stecken kann, soll zugegeben werden; wir haben uns auch bereits mit dem Problem befaßt (im Kapitel „Unterrichtsvorbereitung", im Zusammenhang mit dem Problem der Stoffauswahl). Aber darum geht es hier nicht.

Routinearbeiten sollen an dieser Stelle positiv definiert werden als Arbeiten, die wir als leicht und unproblematisch empfinden, weil wir sie schon so oft getan haben, daß sie uns schnell von der Hand gehen. Wir haben sie automatisiert – und das führt leider auch dazu, daß wir gar nicht mehr über Möglichkeiten weiterer Verbesserung und Rationalisierung bei der Ausführung nachdenken.

In anderen Berufen fällt eine unzureichende Arbeitstechnik viel eher auf als bei uns. In der Schule merken es „nur" die Schüler – und zu Haus merkt es niemand. „Geht ein Handwerker mit der falschen Zange ans Werk, dann fällt dies bedeutend eher auf als die falsche Arbeitstechnik am Schreibtisch. Der Griff nach dem falschen Schraubenschlüssel ist visuell deutlicher erfaßbar als die falsche Überlegung am Schreibtisch, die sich nicht sogleich als unzweckmäßig herausstellen muß."[14]

Also: überprüfen Sie – und halten Sie sich offen für Anregungen von anderen –, ob Sie dieses oder jenes nicht noch geschickter und eleganter machen können. (Das gilt natürlich nicht nur für berufsbezogene Arbeiten, sondern auch für den Haushalt!)

---

[14] Fermer a.a.O. 36.

QUERVERBINDUNGEN ergeben sich zu folgenden Prinzipien: Nr. 2, Nr. 6, Nr. 10, Nr. 11, Nr. 22.

Bitte blättern Sie zurück: 5, 26, 93.

Testen Sie sich selbst: Dieses Prinzip beachte ich   ☐ *fast immer*
                                                                ☐ *gelegentlich*
                                                                ☐ *selten*

Die Beachtung dieses Prinzips hat sich für mich als
besonders lohnend erwiesen.   ☐
Dieses Prinzip sollte ich in Zukunft stärker beachten!   ☐

34. Lernen Sie, Nein zu sagen. Lassen Sie sich nicht immer gefügig von anderen Menschen vereinnahmen.

Dieser Rat ist zwar wichtig, aber wesentlich schwerer zu befolgen als viele andere der hier genannten Prinzipien. Es gibt zwar Bücher[15] und Kurse zum Thema „Selbstbehauptung", aber wer einmal so konditioniert ist, daß er sofort Schuldgefühle entwickelt und Angst vor dem Verlust von Anerkennung und Zuneigung hat, wenn er Nein sagt, der hat es schwer, diese Haltung abzubauen.

In Wirklichkeit wird derjenige, der unbedachten Überforderungen und unzumutbaren Ansinnen ein klares „Nein" entgegenstellt, eher respektiert als der, der vieles verspricht, was er dann doch nicht halten kann, oder der durch ausweichende Formulierungen den Frager im Ungewissen läßt.

Die folgenden vier Schritte[16] sollten Sie beachten, wenn Sie sich aus vernünftigen Gründen entschlossen haben, eine Bitte (oder einen Auftrag) abzulehnen:

a) Hören Sie erst einmal zu. Geben Sie dem Sprecher Gelegenheit, zu erläutern, was die Sache für ihn bedeutet. Nur dann können Sie abschätzen, wie wichtig (und wie dringend) sie ist.

b) Sagen Sie klar „Nein" – nicht „Vielleicht" oder „Mal sehen".

c) Nennen Sie Ihre Gründe für die Ablehnung, sofern es in der Situation angemessen ist.

d) Schlagen Sie, wenn möglich, eine Alternative vor (z. B. Erledigung eines bestimmten Teils der Aufgabe, oder Erledigung zu einem anderen Zeitpunkt; oder eine Lösungsmöglichkeit, an die der Fragesteller noch nicht gedacht hat und durch die Sie selbst entlastet werden).

---

[15] Z. B. DYER, *Pulling Your Own Strings* und SMITH, *When I say no, I feel guilty.*

[16] Frei nach EMBREY et al., a.a.O. 8.

QUERVERBINDUNGEN ergeben sich zu den Prinzipien Nr. 2, Nr. 3 und Nr. 4.

Bitte blättern Sie zurück: 90.

Testen Sie sich selbst: Dieses Prinzip beachte ich   ☐ *fast immer*
☐ *gelegentlich*
☐ *selten*

Die Beachtung dieses Prinzips hat sich für mich als
besonders lohnend erwiesen.   ☐
Dieses Prinzip sollte ich in Zukunft stärker beachten!   ☐

35. Lassen Sie Probleme nicht erst so groß werden, daß sie Ihnen über den Kopf wachsen. Vorbeugen ist besser als Heilen – und kostet weniger Zeit und Energie.

Diese schlichte Sprichwort[17]-Weisheit spielt in der Management-Literatur eine bedeutende Rolle. „Krisen-Management" (jener Arbeitsstil, bei dem man dauernd damit beschäftigt ist, kurzfristig Katastrophen abzuwenden und Probleme zu lösen, die sich bei weitsichtiger Planung hätten vermeiden lassen) wird zu den Hauptursachen von Zeit- und Energieverlusten in Wirtschaft und Industrie gezählt.

Sicher fallen Ihnen zusätzlich zu den im Text bereits genannten Beispielen noch viele weitere ein – nicht nur aus dem Berufsalltag, sondern auch aus dem Haushalt und aus anderen Bereichen.

Ich wünsche Ihnen, daß die Lektüre dieses Buches sich als eine wirksame Vorbeugungsmaßnahme erweist, die Ihnen hilft, manche Krise in Zukunft gar nicht erst entstehen zu lassen!

QUERVERBINDUNGEN ergeben sich zu folgenden Prinzipien: Nr. 1, Nr. 5, Nr. 8, Nr. 12 und Nr. 22.

Bitte blättern Sie zurück: 73, 74, 77, 107, 114, 138.

Testen Sie sich selbst: Dieses Prinzip beachte ich   ☐ *fast immer*
☐ *gelegentlich*
☐ *selten*

Die Beachtung dieses Prinzips hat sich für mich als
besonders lohnend erwiesen.   ☐
Dieses Prinzip sollte ich in Zukunft stärker beachten!   ☐

---

[17] Die englische Entsprechung „A stitch in time saves nine" ist sehr anschaulich. Vielleicht fallen Ihnen dabei gleich einige Ihrer Kleidungsstücke ein? Greifen Sie rechtzeitig zu Nadel und Faden, b e v o r der Knopf endgültig abgeht oder die Naht am Ärmelfutter weiter aufreißt . . .

Die Prinzipien im Überblick

1. Gute Zeiteinteilung beginnt damit, daß man sich über seine Ziele klar wird und daß man Prioritäten setzt. Sinnvolles Auswählen der zu erledigenden Dinge ist wichtiger als das ach-so-tüchtige Erledigen jeder Aufgabe, mit der man zufällig gerade konfrontiert wird.

2. Am meisten Zeit spart man durch den Entschluß, eine Sache n i c h t zu tun. Die Tüchtigkeit eines Menschen läßt sich unter anderem daran ablesen, welche Dinge er nicht zu tun beschließt.

3. Das zügig-beherzte Treffen von Entscheidungen kann sehr viel Zeit einsparen.

4. Wichtiger als alle Tricks und Einzeltechniken der Zeitgestaltung ist die „seelische Hygiene". Die schlimmsten Störungen kommen im allgemeinen von innen, nicht von außen; sie werden durch die Schwierigkeiten verursacht, die man mit sich selbst hat. Das ständige Bemühen um Selbsterziehung ist deshalb mindestens ebenso wichtig wie das Erlernen von Rationalisierungstechniken.

5. Unangenehme Aufgaben sollten nach Möglichkeit grundsätzlich zuerst erledigt werden.

6. Glauben Sie nicht, immer alles selbst tun zu müssen. Lernen Sie, geschickt zu delegieren.

7. Jeder Augenblick hat seinen Wert. Gehen Sie von der Vorstellung aus, daß Ihr „Ein/Aus"-Schalter immer auf „Ein" steht: Holen Sie aus jeder Minute irgendetwas heraus (Leistung, Freude, Besinnung, Erholung) und lassen Sie nicht zu, daß Ihre Zeit sinnlos verrinnt – auch nicht tropfenweise.

8. Wer sich vom D r i n g e n d e n vergewaltigen läßt, kommt oft nicht dazu, das eigentlich W i c h t i g e zu tun. Schaffen Sie sich durch sorgfältige Planung die nötige Freiheit für die Beschäftigung mit jenen Dingen, die Ihnen wirklich wichtig sind.

9. Bei vielen Entscheidungen ist die „Zeitrendite" wichtiger als die „Kapitalrendite".

10. Messen Sie Ihre Leistung an den Ergebnissen – nicht an der aufgewendeten Arbeitszeit oder an der verbrauchten Energie!

11. Beachten Sie das Gesetz der abnehmenden Wirkung bei zunehmendem Aufwand. Entscheiden Sie, bis zu welchem Grade eine Aufgabe erfüllt sein muß, damit die angestrebte Wirkung erzielt wird. Perfektionismus verschlingt unverhältnismäßig viel Zeit und ist in den meisten Fällen gar nicht erforderlich.

12. Ein wichtiger Gesichtspunkt bei der Auswahl der zu erledigenden Dinge ist die Frage nach der langfristigen Wirkung.

13. Investieren Sie Arbeitszeit bevorzugt für solche Dinge, die Sie mehrmals nutzen können.

14. Arbeiten Sie zügig, aber nicht hastig. So vermeiden Sie es, Fehler zu machen, die andernfalls zu Zeitverlusten führen würden.

15. Sorgen Sie möglichst oft dafür, daß mehrere Dinge zur gleichen Zeit geschehen.

16. Bemühen Sie sich, „Rüstzeiten" einzusparen.

17. Vermeiden Sie Leergänge.

18. Zweckmäßige und schöne Hilfsmittel anzuschaffen, hat nicht nur praktischen Nutzen; es ist auch psychologisch wichtig. Man „kriegt sich leichter an die Arbeit" damit.

19. Erstellen Sie Checklisten.

20. Geeignete, gut durchdachte Vordrucke (Formulare, Listen) können Zeit sparen.

21. Gewöhnen Sie sich an, jedes Blatt Papier nach Möglichkeit nur einmal zu bearbeiten.

22. Scheuen Sie sich nicht davor, eine Fehlentscheidung rückgängig zu machen.

23. Überprüfen Sie Ihren Fernsehkonsum und Ihre Zeitungslektüre. Sie können auf diesem Gebiet möglicherweise viele Stunden Zeit gewinnen, und zwar ohne Einbußen an Lebensfreude oder wichtigem Wissen.

24. Stehen Sie morgens früher auf.

25. Berücksichtigen Sie bei der Planung, zu welchen Zeiten Ihre persönliche Leistungsfähigkeit am größten ist und wann die wenigsten Störungen zu erwarten sind. Legen Sie schöpferische oder ausgesprochen schwierige Tätigkeiten in diese „Bestzeiten".

26. Gewöhnen Sie sich an, Wartezeiten sinnvoll auszunutzen.

27. Nutzen Sie Zeiten geringerer Belastung für das systematische Trainieren von Grundfertigkeiten.

28. Bringen Sie Ordnung in Ihr Material. Stellen Sie sicher, daß Sie nie lange nach etwas suchen müssen.

29. Sorgen Sie dafür, daß Ihnen spontane Einfälle nicht verlorengehen. (Immer Schreibzeug bereit haben; ggf. Diktiergerät benutzen!)

30. P l a n u n g ist eine der besten Verwendungsmöglichkeiten für Zeit.

31. Gewöhnen Sie sich an, nicht nur im Kopf, sondern häufig auch schriftlich zu planen.

32. Benutzen Sie ein sinnvoll eingerichtetes Zeitplanbuch.

33. Prüfen Sie hin und wieder kritisch, ob die Verfahren, mit denen Sie Routinearbeiten erledigen, nicht noch verbesserungsfähig sind.

34. Lernen Sie, Nein zu sagen. Lassen Sie sich nicht immer gefügig von anderen Menschen vereinnahmen.

35. Lassen Sie Probleme nicht erst so groß werden, daß sie Ihnen über den Kopf wachsen. Vorbeugen ist besser als Heilen – und kostet weniger Zeit und Energie.

PCs für progressive Pädagogen?

„Was, Sie haben einen Computer? Kommen Sie denn noch zum Arbeiten?", neckte mich neulich ein Bekannter.

Ich gebe es nur ungern zu – aber je mehr ich mich mit dieser Frage (und mit meinem Computer!) beschäftige, desto deutlicher wird mir, wieviel Wahrheit in jener spöttischen Bemerkung steckt.

Glauben Sie nicht, daß der Computer Ihnen hilft, Zeit zu sparen! Ganz im Gegenteil. Ich garantiere Ihnen: Wenn Sie sich einen Computer anschaffen, werden Sie weniger Zeit haben als früher.

Eine so vorsintflutlich-unzeitgemäße Behauptung muß ich natürlich begründen; aber bitte erlauben Sie mir, vorher noch einen anderen witzig-wahren Satz zu zitieren – einen Satz, den ich in einem Artikel über die Liebe der Motorradfans zu ihren schweren Maschinen gefunden habe. „Ich weiß zwar nicht, wo ich hinfahre, aber ich bin viel schneller da!"

Merken Sie, worauf ich hinauswill?

Meine These lautet:

> Der Computer fördert (vielleicht!) Ihre EFFIZIENZ. Aber er gefährdet Ihre EFFEKTIVITÄT.

(Sie erinnern sich: „Effectiveness is doing the right thing. Efficiency is doing it right." Genauere Erklärung: siehe Fußnote auf S. 140f.!)

Vier Gründe lassen sich anführen.

☞ 2 *1. Man tut Dinge, die man eigentlich gar nicht zu tun brauchte.*

Man erfindet Aufgaben für den PC, da man seine Anschaffung (und die dauernde Beschäftigung mit diesem Spielzeug) ja irgendwie rechtfertigen muß. Man legt Listen und Verzeichnisse an, auf die man recht gut verzichten könnte, und aktualisiert sie viel häufiger als nötig: man katalogisiert dies und jenes, was man hinterher dann auch nicht häufiger benutzt als vorher . . .

Ich mag gar nicht darüber nachdenken, wie unendlich viele Stunden es mich gekostet hat, all meine Fachliteratur-Bestände (Bücher, Zeitschriftenaufsätze, Fotokopien usw.) durchzusehen, aufzuschlüsseln und in ein ach so kluges Datenbank-Korsett zu stecken! Meine Frau wagt zu bezweifeln, daß es eines Tages wichtig für uns sein wird, den Computer fragen zu können, in welchem Zeitschriftenartikel aus dem Jahre 1958 Einzelheiten über die Erdnußpreise im amerikanischen Süden standen; und selbst ich bin mittlerweile nicht mehr so ganz überzeugt davon, daß die Qualität meines Unterrichts merklich steigt, wenn ich per Knopfdruck die Fundstelle einer Kurzgeschichteninterpretation aufspüren kann, die mich schon vor elf Jahren nicht befriedigt hat.

2. Man erledigt Aufgaben mit einem höheren Grad an Perfektion als nötig.

Niemand bestreitet, daß es Schriftstücke gibt, bei denen jedes Wort Gewicht hat; bei denen sowohl der Stil als auch das Layout höchsten Ansprüchen genügen müssen. Aber wie oft kommt das vor?

☞ 11 Der Computer verführt dazu, in perfektionistische Spielerei zu verfallen – und je mehr Möglichkeiten das Textverarbeitungsprogramm bietet, desto größer ist diese Versuchung. Es mag ja sein, daß das Aufgabenblatt für die Biologieklausur tatsächlich n o c h besser aussähe, wenn der Absatz mit den Erläuterungen 2,4 cm nach rechts eingerückt würde; aber der Ausfall der Klausur wird davon – leider – kaum beeinflußt werden. (Es gibt „Layout-Freaks", die den dritten Entwurf des monatlichen Briefes an Tante Irmgard in Gummersbach verärgert in den Papierkorb werfen und ein neues Blatt einspannen, weil der Hinweis „Schuhgröße 41" in Zeile 27 kursiv gedruckt worden ist, obwohl sie ihn eigentlich fett haben wollten.)

3. Man setzt den Computer für Aufgaben ein, die zu klein sind.

Der Einsatz des Computers lohnt sich erst bei Aufgaben ab einer gewissen Größe, aber viele PC-Besitzer verhalten sich wie ein Junggeselle, der für zwei Teller, drei Teelöffel und eine Kaffeetasse die Geschirrspülmaschine einschaltet.

Einen kurzen Brief schreibt man schneller auf der Schreibmaschine oder sogar mit der Hand; Listen lassen sich meistens bequem mit dem Kugelschreiber aktualisieren – aber diese schlichten Einsichten pflegt man nur noch sehr selten zu haben, wenn man erst einmal etliche tausend Mark für das geliebte Superspielzeug ausgegeben hat ...

4. Der tatsächliche Zeitverbrauch ist v i e l höher, als man glaubt.
Man vergißt gern die „festen Zeitkosten", die auf jeden Fall entstehen, unabhängig von der Dauer der Erledigung einer einzelnen Aufgabe:

– Zeitaufwand für Vorüberlegungen, für Gespräche mit Bekannten und „Experten", bevor man sich endgültig zur Anschaffung eines Computers entschließt;

– Zeit für den Kauf der verschiedenen Hardware- und Software-Komponenten, die man haben möchte;

– Einarbeitung bzw. „Ausbildung": ganz erheblicher Zeitaufwand für das (mühsame und mehrfache) Durcharbeiten der notwendigen Literatur: Betriebsanleitungen zum PC und zum Drucker / Handbuch zum Betriebssystem (z. B. DOS) / Handbücher zur Software, z. B. zum Textverarbeitungsprogramm . . .
(Manche dieser Handbücher sind geradezu abenteuerlich schlecht: falsches Deutsch; verquollene, mit zunächst unverständlichen Fremdwörtern gespickte Sätze; hilfloses Ungeschick bezüglich der didaktischen Aufbereitung des Lernstoffes. Es ist kein Zufall, daß es sowohl zu den Betriebssystemen als auch zu vielen Anwenderprogrammen im Buchhandel Dutzende von unverschämt teuren Handbüchern gibt, die nur deshalb gekauft werden, weil die „Erklärungen" in den Gebrauchsanleitungen so verwirrend sind, daß man verzweifelt!);

– viele, viele Stunden des Probierens, der nächtlichen Mißerfolgserlebnisse (Mehrfachinterpretation unzulässig, da Kausalzusammenhang nicht nachweisbar . . .), der bleichwangig-hohläugigen Fehlersuche;

– Zeitaufwand für das Up-to-date-Halten von Inhaltsverzeichnissen gespeicherter Daten (Festplatte und/oder Disketten); für das Entwickeln und ständige Verbessern eines sinnvollen Ordnungssystems;

– Zeitaufwand für die unerläßlichen regelmäßigen BACKUP-Aktionen;

– Zeitaufwand für das Behebenlassen von Störungen; für Reparaturen und Serviceleistungen;

– Zeitaufwand für „Weiterbildung": Lektüre von Computerbüchern und PC-Zeitschriften; Fachsimpelei mit anderen Fans . . .

– . . . und dann geht es wieder von vorn los, denn der Appetit kommt beim Essen: Zeitaufwand für Modernisierung, Aufrüstung, Neuanschaffungen von Hardware und Software . . . (Wie konnte man letztes Jahr nur so rückständig sein, sich ein Gerät zu kaufen, das nur zwei Diskettenlaufwerke, aber keine Festplatte hat! Kann man sich überhaupt noch mit einem PC sehen lassen, wenn etliche Kollegen bereits einen AT haben und Herr Rollingsmeyer – der, der in einem silbernen Porsche zur Schule fährt – sogar einen „386er" besitzt? Darf man sich als effizienter Mensch noch damit zufriedengeben, im Schneckentempo Datensicherung per DOS-BACKUP zu betreiben – oder ist man es sich schuldig, endlich ein paar hundert Mark für „Turbo Backup" oder „Fastback Plus" auszugeben?)

Genug der Spöttelei!
Kommen wir zum zweiten, zum konstruktiven Teil dieses Kapitels:

> *„Ist dies schon Tollheit, hat es doch Methode"* (HAMLET II/2) –
> oder:
> Hinweise, wie man die Zeitverschwendung am Computer
> einigermaßen in Grenzen hält . . .

☞ 16 *1. Reduzierung der „Rüstzeiten" spart nicht nur Zeit, sondern verringert auch den Verschleiß des Systems.*

Es ist wesentlich vernünftiger, den Computer nur einmal am Tage einzuschalten – sagen wir, für eine Arbeitssitzung von anderthalb Stunden –, als ihn dreimal für jeweils eine halbe Stunde hochzujagen.
Zum einen dauert es jedesmal ein Weilchen, bis das Gerät seine Selbsttest-Routinen durchgeführt und dann das gewünschte Programm in den Arbeitsspeicher geladen hat. Zum anderen ist jeder „Kaltstart" eine Belastung für das System.
Überlegen Sie jeweils vorher, ob es sich lohnt, den Computer jetzt einzuschalten. Werden Sie einige Zeit ungestört arbeiten können? Müssen die Dinge, die Sie gerade schreiben wollen, auf dem Computer geschrieben werden, oder würden ein paar Zeilen auf der Schreibmaschine oder eine handschriftliche Notiz auch reichen?
(Das ist übrigens nicht nur eine Frage des zeitlichen Aufwandes, sondern auch eine Geldfrage. Das Betreiben eines Computers kann recht teuer sein! Das merkt man z. B., wenn man – wie ich – nach einem knappen Jahr plötzlich für über tausend Mark eine neue Festplatte einsetzen lassen muß. Die Servicetechniker schütteln dann zwar erstaunt und mitleidsvoll ihre Köpfe und sagen, das sei ja sehr ungewöhnlich, und eigentlich müßte eine Festplatte viel länger halten

– aber das hilft einem auch nicht weiter: Wenn die Garantiezeit abgelaufen ist, muß man bezahlen.)

2. Sichern Sie regelmäßig und gewissenhaft Ihre Daten!!

☞ 35 Wenn Sie es nicht tun, kommt früher oder später eine Katastrophe: entweder eine wichtige Diskette oder gar die Festplatte gibt ihren Geist auf, oder Sie selbst machen irgendeinen schlimmen Fehler – und dann können Hunderte von Arbeitsstunden umsonst gewesen sein. Nehmen wir an, Sie haben einen PC mit Festplatte, der mit dem Betriebssystem DOS arbeitet. Dann haben Sie zwei verschiedene Möglichkeiten, Sicherheitskopien Ihrer Dateien zu machen: per „BACKUP" oder per „COPY". Beide Verfahren haben ihre Vorteile, aber auch ihre Nachteile, über die Sie sich Gedanken machen sollten – wobei Sie, wenn Sie ein vorsichtiger Mensch sind, möglicherweise zu dem Schluß „Sowohl – als auch" kommen werden.

– *BACKUP* geht wesentlich schneller, wenn Sie viele Dateien (z. B. den gesamten Festplatteninhalt) sichern wollen – obwohl es immer noch irritierend langsam ist. (Als Anhaltspunkt: Mein letztes Total-BACKUP – ca. 700 Dateien mit etwa 10 Megabyte Gesamtumfang – dauerte knapp zwei Stunden.)

– *BACKUP* bietet die Gewähr, daß tatsächlich a l l e Dateien (bzw. bei einem „Ergänzungs-BACKUP": alle Dateien, die seit dem vorigen Mal verändert worden sind) gesichert werden.

– Die per *BACKUP* auf Sicherungsdisketten kopierten Dateien sind (weil das System sie mit bestimmten Codierungen versieht) nur dann benutzbar, wenn man sie mit dem RESTORE-Befehl auf die Festplatte zurückholen kann – andernfalls sind sie praktisch unbrauchbar. Das bringt Risiken mit sich: BACKUP und RESTORE sind störanfällige Verfahren, bei denen sich (schon im Normalbetrieb) Fehler einschleichen können; und äußerst problematisch wird es, wenn Sie (z. B. nach einem „Totalschaden") Ihre vertrauensvoll BACKUP-gesicherten Dateien auf ein Gerät mit einer anderen DOS-Version oder gar auf einen Computer mit einem anderen Betriebssystem überspielen wollen.

– *COPY* ist ein unproblematischer Befehl: Sie schaffen ein getreues Abbild der Datei, das Sie jederzeit von der Diskette wieder zurückholen können – auch auf eine neue Festplatte oder einen anderen Computer.

– *COPY* nimmt Ihnen aber – im Gegensatz zu BACKUP – das Denken nicht ab: Sie müssen in mühsamer Kleinarbeit alle Dateien, die seit der letzten Sicherungsaktion verändert wurden oder neu hinzuge-

kommen sind, einzeln von der Platte auf die Diskette schicken. (Gewiß, „einzeln" ist übertrieben: Sie können Gruppen von Dateien zusammenfassen, indem Sie die „Wildcards" * und ? benutzen. Trotzdem: Sie müssen Dutzende, vielleicht Hunderte von Einzelbefehlen eingeben. Und wer garantiert Ihnen, daß Sie nicht ein paar Dateien vergessen – und später merken, wie wichtig es gewesen wäre, gerade von diesen Dateien eine auf den letzten Stand gebrachte Sicherheitskopie zu haben?)
Ob sie nun mit BACKUP oder mit COPY oder mit einer Kombination aus beiden Verfahren arbeiten – auf jeden Fall sollten Sie sich die Nummern der benutzten Sicherungsdisketten notieren und eine Liste der gesicherten Dateien anfertigen (d. h. vom Computer anfertigen lassen) – sonst können Sie lange suchen.

3. Vorsicht bei riskanten Operationen!

Es gibt Befehle, deren fürchterliche Auswirkungen man erst dann erkennt, wenn der Schaden schon geschehen ist. Kollegen sollen schon in Weinkrämpfe ausgebrochen sein, weil sie – völlig übermüdet oder aus anderen Gründen nicht mehr ganz zurechnungsfähig – statt „FORMAT A:" den tödlichen Befehl „FORMAT C:" eingegeben und damit den gesamten Inhalt ihrer Festplatte unwiderruflich vernichtet hatten. Nun, das dürfte eine seltene Ausnahme sein – aber, Hand aufs Herz, welchem PC-Besitzer ist es noch nicht passiert, daß er (in der verständlichen Absicht, Zeit zu sparen) mit einem zu umfassenden „Wildcard"-Befehl (Extrembeispiel: „DEL *.*") gearbeitet und dabei wichtige Dateien verloren hat?
Faustregel: Bevor Sie einen DEL-Befehl mit „Sternchen" eingeben, lieber erst den entsprechenden DIR-Befehl vorwegschicken (z. B. erst „DIR test*.txt" und *danach* DEL „test*.txt" – dann merken Sie noch rechtzeitig, daß nicht nur die Dateien „test9a.txt", „test10b.txt" und „test11a.txt" erfaßt werden, die Sie gemeint hatten, sondern auch die Dateien „test-LK.txt" und „testprob.txt", die Sie völlig vergessen hatten).
Denken Sie auch daran, daß sie kein Zirkusartist sind – machen Sie keine riskanten Kunststücke ohne Netz! Wenn Sie eine Funktion Ihres Programms nutzen wollen, mit der Sie noch nicht vertraut sind: speichern Sie Ihre Datei vorher zur Sicherheit ab, dann können Sie auf die ursprüngliche Version zurückgreifen, falls etwas schiefgeht.

4. Grundfertigkeiten sollten zügig erworben und konsequent geübt werden.

An erster Stelle soll hier das eigentliche „*Tippen*" genannt werden: es lohnt sich, flott mit zehn Fingern blind schreiben zu lernen. Auch das raffinierteste Textverarbeitungsprogramm erwartet, daß man ihm zunächst einmal den Text eingibt, bevor es ihn verarbeitet – und das kostet, wenn man aufs Zwei-Finger-Such-System angewiesen ist, viel Zeit. Es gibt mittlerweile gute Computerprogramme, mit deren Hilfe man Blindschreiben lernen kann!)

Zweitens sollte man mit dem *Betriebssystem* einigermaßen sicher umgehen können. Bei DOS z. B. reicht es nicht aus, daß man eine Diskette formatieren, die Befehle „COPY" und „DISKCOPY" auseinanderhalten und sich mit den verschiedenen Spielarten von „DIR" Dateienverzeichnisse zeigen lassen kann; man sollte auch in der Lage sein, Unterverzeichnisse einzurichten, Daten mit „BACKUP" zu sichern und ggf. die Datei „AUTOEXEC.BAT" den eigenen Bedürfnissen entsprechend zu modifizieren.

Vor allem aber muß man sich mit dem *Textverarbeitungsprogramm* gründlich vertraut machen. Das kann, leider, durchaus einige Zeit dauern (es sei denn, man hat ein sehr schlichtes Programm erworben), und viele Einzelheiten vergißt man wieder, wenn man einige Tage oder gar Wochen (z. B. während des Urlaubs) den PC nicht eingeschaltet hat.

Es ist ähnlich wie mit dem Spielen eines Musikinstrumentes: ohne ständiges Üben kann man nicht einmal den schon erreichten Stand halten, geschweige denn Fortschritte machen. (Glauben Sie immer noch, daß der Computer Ihnen hilft, Zeit zu *sparen*?)

5. Ordnen Sie Ihre Dateien zweckmäßig und übersichtlich!

Mit diesem Hinweis sollen zwei verschiedene Punkte angesprochen werden: die Aufteilung der Festplatte und das Führen von (gedruckten) Listen.

Der Zugriff auf einzelne Dateien wird schneller, wenn das System nicht erst Hunderte von Dateinamen durchsuchen muß, die sich alle im gleichen Verzeichnis befinden. Das Anlegen einer logischen „Baumstruktur" von Unterverzeichnissen ist deshalb sinnvoll; es ist, wenn man so will, auch ästhetisch befriedigend und kommt dem (uns Lehrern selbstverständlich angeborenen) Drang nach Ordnung entgegen. Man soll es aber auch nicht übertreiben! Wer filigranartig verästelte Strukturbäumchen bastelt und dann dauernd lange Pfadbezeichnungen eintippen muß, um von *subdirectory* zu *subdirectory* zu hüpfen, verliert eher Zeit, als daß er sie gewinnt. In einem Handbuch fand ich den Hinweis, daß die ideale Zahl von Dateien für ein Unterverzeichnis zwischen 20 (so viele Dateinamen kann man normalerweise gleichzeitig auf dem Bildschirm sichtbar machen) und 64 (günstige Größe für die Speicherung eines Verzeichnisses auf der Festplatte) liege.

☞ 28 Abgesehen von der „Baumstruktur" gibt es ein weiteres Ordnungsprinzip, das Sie beim Abspeichern Ihrer Dateien berücksichtigen sollten: das geschickte Benennen mit je nach Inhaltsbereich gleichlautenden Zeichengruppen, damit Sie später (beim Kopieren, beim Löschen, beim Umbenennen usw.) mit den „Wildcards" * und ? arbeiten können. Ein Beispiel: Für meinen Englisch-Leistungskursus „*Growing Up*" sammle ich laufend Texte, Aufgaben usw., die für Klausuren in Frage kommen. Die diesbezüglichen Dateinamen beginnen mit den Buchstaben „GUKLAU". Wenn ich all diese Dateien von der Festplatte auf eine Diskette übertragen will, brauche ich sie nicht einzeln aufzurufen, sondern muß nur „COPY C:GUKLAU*.TXT A:" eingeben.

☞ 28 Das Führen (und Auf-dem-neuesten-Stand-Halten) von ausgedruckten Listen empfiehlt sich, weil man sonst – trotz der Möglichkeit, sich mit dem DIR-Befehl alle Unterverzeichnisse einer Festplatte oder auch die Inhaltsverzeichnisse von Disketten auf dem Bildschirm zeigen zu lassen – bald die Übersicht darüber verliert, was man wo unter welchem Namen abgespeichert hat, so daß man Dateien aufbewahrt, die längst überflüssig geworden sind (und nun unnötigerweise Speicherplatz beanspruchen und die Platte langsamer machen). Ich führe deshalb zwei Dateien, die ich ständig aktualisiere und neu ausdrucke: ein Dateienverzeichnis namens „DV.TXT" (Welche Dateien sind in welchem Verzeichnis der Festplatte zu finden?) und ein Diskettenverzeichnis namens „DiskVz.TXT". Es gibt mir z. B. Auskunft darüber, was die Diskette 84 gerade enthält, denn ich beschrifte die Schildchen auf meinen Disketten nur mit Nummern, da die Inhalte wegen unterschiedlich umfangreicher BACKUP-Aktionen häufig wechseln.

Wobei kann ein PC Lehrern w i r k l i c h nützen?

Viele Computer-Neulinge – besonders die, die sich ein solches Gerät kaufen, weil ihre Freunde auch eines haben – benutzen den PC vorwiegend als eine Art komfortabler Schreibmaschine: komfortabel deshalb, weil Fehler sehr schnell korrigiert werden können, bevor sie überhaupt auf dem Papier erscheinen. Nun ja. Ob dieser Vorteil allerdings wirklich den erheblichen zeitlichen Aufwand und Tausende von Mark wert ist, mag jeder selbst entscheiden.

Im folgenden sollen einige Anwendungsgebiete stichwortartig aufgelistet werden, in denen der PC im Laufe der Zeit spürbaren Nutzen
bringen kann.

☞ 13 *Speicherung von Tests, Klassenarbeiten, Klausuren*
- Teile einer Arbeit, die sich als ungeeignet erwiesen haben, können
  leicht durch andere ersetzt werden, ohne daß alles neu geschrieben
  werden muß.
- Wenn die Matrize verbraucht ist, kann man sehr schnell eine neue
  herstellen.

☞ 13 *Speicherung einzelner Items (Bausteine) für Tests usw.*
a) *Aufgaben:*
- Flexibilität bei der Neuzusammenstellung von Arbeiten;
- problemloses Anfertigen der A- und B-Version einer Arbeit (zur
  Erschwerung des Mogelns).
b) *Anweisungen, Erklärungen, Beispiele usw.:*
- Das optimale Layout braucht nicht immer wieder neu gefunden zu
  werden.

☞ 13 *Speicherung von Briefköpfen*
Vornehme Leute ziehen gedrucktes Briefpapier vor – aber Computer-
Enthusiasten speichern einfach verschiedene Briefköpfe (mit und
ohne Titel, mit Privat- und/oder Dienstanschrift, bei Bedarf mit
Kontonummer und Bankleitzahl etc.; eventuell sogar für jede häufig
angeschriebene Adresse eine eigene Briefanfangs-Datei mit der passenden Anrede!).

Texte, bei denen man sehr sorgfältig formulieren muß
Gutachten, Aufsätze, wichtige Briefe – kurzum: Texte, an denen man
viel „feilen" muß, lassen sich mit dem PC besser erstellen als mit einer
schlichten Schreibmaschine. Man ist dann sehr dankbar für die
Möglichkeit, nicht nur einzelne Wörter, sondern ganze Passagen
problemlos zu ändern, zu streichen, einzufügen oder umzustellen.

Längere Referate, Artikel oder Bücher
Hier bieten leistungsfähige Textverarbeitungsprogramme (wie z. B.
WORD) interessante Hilfen: automatische Fußnotenverwaltung, Inde-
xierung, Aufbau einer Gliederung in mehreren Ebenen usw.

Erstellung und Aktualisierung von Listen

Hierbei kann man auch gleich die Fähigkeit des Programms nutzen, ungeordnet eingegebene Stichwörter alphabetisch zu ordnen.

Ein Beispiel: Ich habe eine recht nützliche Datei „U-TonLi" (= eine *Liste* der im *Unterricht* verwendbaren *Ton*aufnahmen). Sie entstand so: Zunächst habe ich die Notizblätter mit den Inhaltsangaben meiner vielen Kassetten so ausgewertet, daß ich Blatt für Blatt die nötigen Stichwörter – z. B. Verfassernamen, Titel der Sendung, Inhaltsstichwort – in die neu eingerichtete Datei „U-TonLi" eingab. Nachdem dieser Sammelprozeß abgeschlossen war, brauchte ich nur noch den Befehl zum alphabetischen Sortieren einzugeben – und in Sekundenschnelle hatte alles seine richtige Ordnung. (Nein, nicht ganz: Ich hatte vergessen, daß mein Programm der Ansicht ist, Umlaute gehörten grundsätzlich ans Ende des Alphabets – so daß ich z. B. bei der Erstellung eines alphabetischen Inhaltsverzeichnisses der gesammelten „TEST"-Hefte zu meiner Verblüffung sah, daß „Äpfel" nach „Zahnbürsten" kamen! Aber solche kleinen Merkwürdigkeiten lassen sich schnell korrigieren, und außerdem sind keineswegs alle Textverarbeitungsprogramme so eigensinnig.)

Datenbanken

Datenbanken (Anwendungsbeispiel: Fachliteratur; Eingaberaster: Verfasser, Titel, Verlag, Jahr, Inhaltsstichwörter) ermöglichen das schnelle Finden der gewünschten Informationen. Dabei ist es besonders reizvoll, daß man verschiedene Suchkriterien miteinander kombinieren kann. Man kann das Programm z. B. fragen, welche Bücher, Zeitschriftenartikel oder anderen Materialien man zur amerikanischen Landeskunde hat, oder wie der genaue Titel des Aufsatzes war, der sich mit walisischem Brauchtum beschäftigte, oder wie der Verfasser hieß, dessen Name mit „Do ..." begann und dessen Buch über Diziplinprobleme im Diesterweg-Verlag erschien.

Reizvoll, gewiß – aber all diese Daten müssen erst einmal gespeichert werden, und das kostet s e h r viel Zeit!

Sonstige Ideen

Da ich nur Englisch und Deutsch unterrichte, hatte ich bisher keinen Anlaß, die vielfältigen Einsatzmöglichkeiten zu prüfen, die ein PC auf dem Gebiet der Mathematik und Physik bietet; aus dem gleichen Grunde bin ich nicht an grafischen Darstellungen interessiert, die z. B. für Geographie und Sozialkunde, aber auch für naturwissenschaftliche Fächer nützlich sein können. Sie werden aber sicher Kollegen finden, die Ihnen da weiterhelfen.

☞ 9 Je mehr Aufsätze und Bücher über die PC-Benutzung man liest, desto mehr Anregungen zum sinnvollen Einsatz bekommt man. – Es kann (finanziell und zeitlich) durchaus ein sinnvoller Aufwand sein, mehrere verschiedene Bücher zu einem Textverarbeitungsprogramm zu kaufen und zu lesen. Zwar würde für die schlichte Erklärung der Funktionen und Befehle sicher auch das Handbuch genügen – aber der entscheidende Punkt ist, daß verschiedene Verfasser auch immer wieder verschiedene Einfälle zur sinnvollen *Nutzung* der einzelnen Funktionen haben und auf zeitsparende „Kniffe" hinweisen, auf die man sonst nicht käme. Manches, was der Autor des einen Buches als selbstverständlich voraussetzt, ist für den Leser keineswegs selbstverständlich; und der Autor eines anderen Buches hat sich möglicherweise viel ausführlicher dazu geäußert.

Hinweise zur Anschaffung von Hardware und Software

Geräte, die heute den letzten Stand der Technik repräsentieren, sind in spätestens einem Jahr schon wieder „veraltet" (was allerdings zum Glück nicht heißt, daß sie nicht mehr benutzbar sind); Programme werden ständig weiterentwickelt und erscheinen in immer wieder verbesserten und leistungsfähigeren Versionen.

Auch auf die Preise ist kein Verlaß: Was vorgestern für Lehrer kaum erschwinglich war, bekommen heute die Schüler zur Konfirmation geschenkt; andererseits schnellen Preise plötzlich hoch, wenn z. B. die Chips knapp werden oder wenn preiswerte Importware durch neue Einfuhrbestimmungen verteuert wird.

Die folgenden Hinweise sind deshalb absichtlich sehr knapp gehalten; sie beschränken sich auf Gesichtspunkte, die voraussichtlich noch einige Zeit Gültigkeit behalten werden.

Festplatte – oder nur Disketten?

Eine Festplatte ist zwar nicht zwingend erforderlich, aber sehr empfehlenswert. Der Zugriff auf Programme und Daten ist wesentlich schneller, und das lästige Diskettenwechseln entfällt.

☞ 9 Wer sich keinen Rechner mit Festplatte leisten kann (obwohl die Festplatten-Preise schon drastisch gesunken sind), sollte auf jeden Fall ein Gerät mit zwei Diskettenlaufwerken wählen; ein Computer mit nur einem Laufwerk ist für ernsthafte berufliche Nutzung kaum geeignet.

Speicherkapazität

Die meisten Computer werden heutzutage bereits mit 512 oder 640 KB RAM ausgestattet. Da die Programme immer umfangreicher werden (das Textverarbeitungsprogramm WORD 4.0 braucht z. B. mindestens 320 KB, plus ca. 40 KB für das Betriebssystem), sollte man sich auch nicht mit weniger zufriedengeben; andernfalls ist man auf die Benutzung „magerer" Programme angewiesen, die nach einiger Zeit dann nicht mehr befriedigen.

Betriebssystem

Hier kann man nicht viel falsch machen. Wenn man aber daran interessiert ist, möglichst große Freiheit bei der Auswahl von Anwenderprogrammen zu haben, ist man zur Zeit mit *MS–DOS* wahrscheinlich am besten bedient.

Auf jeden Fall sollte man sicherstellen, daß man bereits vorhandene Disketten (auf denen vielleicht die Ergebnisse von Hunderten von Arbeitsstunden abgespeichert sind) bei einem Geräteneukauf wiederverwenden kann; d. h. man wird beim einmal gewählten Betriebssystem bleiben.

Monitor

Denken Sie daran, daß Sie häufig stundenlang vor dem Bildschirm sitzen werden. Ihre Augen werden es Ihnen danken, wenn Sie hier etwas mehr Geld investieren – für höheres Auflösungsvermögen und für Flimmerfreiheit des Monitors.

Wenn Sie ausschließlich Textverarbeitung betreiben wollen, brauchen Sie keinen Farbmonitor; ein guter Monochrommonitor ist dann nicht nur billiger, sondern sogar sinnvoller. Ob bei einem Monochrommonitor die Hintergrundfarbe grün, bernsteinfarben oder weiß sein sollte, ist noch umstritten; der Trend geht anscheinend in Richtung „schwarze Buchstaben auf weißem Grund".

Drucker

Typenraddrucker, Thermotransferdrucker, Tintenstrahldrucker, Laserdrucker, Nadeldrucker – sie alle haben ihre Vor- und Nachteile.

Typenraddrucker liefern hervorragende Schriftqualität; Thermo- und Tintenstrahldrucker sind schnell und angenehm leise; Laserdrucker sind sehr schnell und bieten (z. B. in Verbindung mit einem Desktop-

Publishing-Programm) bestechend viele Möglichkeiten und ein tadelloses Schriftbild, sind aber auch entsprechend teuer – nicht nur in der Anschaffung, sondern auch im Verbrauch.

Für Lehrer dürfte zur Zeit ein guter Nadelmatrixdrucker (z. B. ein 24-Nadel-Drucker) den sinnvollsten Kompromiß darstellen.

Er bietet ein recht gutes Schriftbild, solange man ihn in einer etwas gemächlicheren Gangart („NLQ" = *near letter quality*) arbeiten läßt, kann aber auch sehr schnell drucken (dann allerdings weniger schön). Er ist robust und hat eine hohe Lebenserwartung; er ist auch angenehm sparsam im Verbrauch.

Ein Gesichtspunkt, der für Lehrer nicht unwichtig ist: mit einem Nadeldrucker kann man (im Gegensatz zu einem Laserdrucker, einem Thermodrucker oder einem Tintenstrahldrucker) auch Durchschläge herstellen und Matrizen schreiben; bei anderen Druckern (mit Ausnahme des Typenraddruckers) ist man aufs Fotokopieren angewiesen.

Bevor Sie sich endgültig für einen bestimmten Drucker entscheiden, sollten Sie ihn (beim Händler) t e s t e n :

– Arbeitet der Drucker problemlos mit Ihrem Computer und Ihrem Programm zusammen? (Das ist keineswegs selbstverständlich!)
– Sind Sie mit dem „Endprodukt" (z. B. dem im NLQ-Modus bedruckten A4-Blatt) ästhetisch zufrieden?
– Kann der Drucker eine Matrize zufriedenstellend beschriften?
– Faßt er nur normalstarkes Papier, oder wird er auch mit einer Karteikarte, einem dickeren Formularsatz o. ä. fertig?
– Kann man kleinere oder ungewöhnliche Papierformate einspannen und ohne Schwierigkeiten bedrucken?
– Hat der Drucker einen Einzelblatteinzug? (In bestimmten Bereichen mag die Arbeit mit Endlospapier sinnvoll sein; für die meisten Aufgaben, die ein Lehrer zu Haus am Computer erledigt, ist die Arbeit mit Einzelblättern angemessener.)

Programme

Ein Textverarbeitungsprogramm werden Sie mit Sicherheit brauchen; vielleicht auch noch andere Programme – das hängt von Ihren Fächern und von Ihren sonstigen Bedürfnissen ab.

Eine Frage, mit der Sie sich auseinandersetzen sollten, bevor Sie tief in die Tasche greifen, ist folgende: Soll es ein reines Textverarbeitungsprogramm sein – oder wäre es praktischer, gleich ein „Programmpaket" zu kaufen, das außer dem Textverarbeitungsprogramm auch gleich ein Datenbanksystem, ein Kalkulationsprogramm und anderes mehr enthält? Solche Pakete sind teurer; außerdem sind die Programmteile im

allgemeinen nicht so umfangreich und ausgefeilt wie die „reinen"
Programme. Auf der anderen Seite haben sie – abgesehen von ihrer
Vielseitigkeit – aber auch einen nicht zu unterschätzenden Vorteil: wenn
man die grundlegenden Bedienungsabläufe eines Programmteils gelernt
hat, gewinnt man auch schnell Zugang zu den anderen Programmteilen,
denn die Befehle und Tastenkombinationen ähneln sich.
Auf jeden Fall lohnt es sich, vor dem Kauf Preisvergleiche anzustellen
– beim gleichen Programm gibt es manchmal Preisunterschiede von
mehreren hundert Mark! –; außerdem sollte man sich erkundigen, ob
man (das gilt übrigens auch für Computer und Drucker) als Lehrer
Sonderkonditionen eingeräumt bekommt.

Rückblick ...

Vor zwei Jahren habe ich meinen Computer gekauft – und dieses
„Jubiläum" nehme ich zum Anlaß, meine Erfahrungen (die wahrscheinlich ziemlich typisch sind) kritisch, aber nicht unfreundlich
zusammenzufassen.
Der Lernprozeß, das Ausprobieren, die Beschäftigung mit den technischen Möglichkeiten, das Lösen von Problemen: all das hat sehr viel
Zeit verschlungen, so daß „unter dem Strich" sicher k e i n Zeitgewinn
dabei herausgekommen ist. Dennoch hat sich der PC mittlerweile
schon oft als recht nützlich erwiesen, so daß ich ihn (trotz allen
Ärgers, den er mir – besonders anfangs – verursacht hat) als Arbeitsmittel nicht mehr missen möchte. Aber natürlich steckt mehr dahinter:
der PC ist eben nicht nur ein Arbeitsmittel, sondern die „Computerei"
wird zum Hobby. Das vielzitierte Kind, das in jedem von uns steckt
(nicht nur „im Manne"!), freut sich, wenn es mit einem raffinierten
Apparat spielen darf, dem es – obwohl er klug und mächtig ist und
manchmal erbitterten Widerstand leistet – letztlich doch seinen Willen
aufzwingen kann. Groß ist die Genugtuung, wenn man wieder einmal
ein kniffliges Problem gelöst hat; und die ästhetische Freude an einem
gut gestalteten Dokument befriedigt künstlerisch-kreative Impulse,
die sonst vielleicht verkümmern. –
Aufpassen muß man allerdings, daß das Hobby nicht zur Sucht wird –
daß man nicht Programm-Probleme löst und anderen Problemen
dadurch ausweicht; daß man nicht am Computer all die Zeit verbringt,
die eigentlich der Familie gehören sollte oder die man früher fürs
Lesen, Musizieren oder Spazierengehen aufgewendet hat.
Aber das wird I h n e n schon nicht passieren!

Anstatt eines Nachwortes:

„Sprüche" und Widersprüche

Nie stille steht die Zeit,
der Augenblick entschwebt,
und den du nicht genutzt,
den hast du nicht gelebt.
(Rückert)

Wer wußte je das Leben recht zu fassen,
Wer hat die Hälfte nicht davon verloren
Im Traum, im Fieber, im Gespräch mit Toren,
In Liebesqual, im leeren Zeitverprassen?...
(August von Platen)

Der Langsamste, der sein Ziel nicht aus den Augen verliert, geht
noch immer schneller als der, welcher ohne Ziel herumirrt.
(Lessing)

... If you can fill the unforgiving minute
With sixty seconds' worth of distance run,
Yours is the Earth and everything that's in it,
And – which is more – you'll be a Man, my son!
(Rudyard Kipling)

„Guten Tag", sagte der kleine Prinz.
„Guten Tag", sagte der Händler.
Er handelte mit höchst wirksamen, durststillenden Pillen. Man
schluckt jede Woche eine und spürt überhaupt kein Bedürfnis
mehr, zu trinken.

„Warum verkaufst du das?" sagte der kleine Prinz.
„Das ist eine große Zeitersparnis", sagte der Händler. „Die
Sachverständigen haben Berechnungen angestellt. Man erspart
dreiundfünfzig Minuten in der Woche."
„Und was macht man mit diesen dreiundfünfzig Minuten?"
„Man macht damit, was man will . . ."
„Wenn ich dreiundfünfzig Minuten übrig hätte", sagte der kleine
Prinz, „würde ich ganz gemächlich zu einem Brunnen laufen . . ."
(Antoine de Saint-Exupéry)[1]

. . . Es war viel billiger und vor allem zeitsparender, die Häuser
alle gleich zu bauen. Im Norden der Stadt breiteten sich schon
riesige Neubauviertel aus. Dort erhoben sich in endlosen Reihen
vielstöckige Mietskasernen, die einander so gleich waren wie ein Ei
dem anderen. Und da alle Häuser gleich aussahen, sahen natür-
lich auch alle Straßen gleich aus. Und diese einförmigen Straßen
wuchsen und wuchsen und dehnten sich schon schnurgerade bis
zum Horizont – eine Wüste der Ordnung!
Und genauso verlief auch das Leben der Menschen, die hier
wohnten: Schnurgerade bis zum Horizont! Denn hier war alles
genau berechnet und geplant, jeder Zentimeter und jeder Augen-
blick.
Niemand schien zu merken, daß er, indem er Zeit sparte, in
Wirklichkeit etwas ganz anderes sparte. Keiner wollte wahr haben,
daß sein Leben immer ärmer, immer gleichförmiger und immer
kälter wurde.
Deutlich zu fühlen jedoch bekamen es die Kinder, denn auch für
sie hatte nun niemand mehr Zeit.
Aber Zeit ist das Leben. Und das Leben wohnt im Herzen.
Und je mehr die Menschen daran sparten, desto weniger hatten
sie.

(Michael Ende)[2]

---

[1] Antoine de Saint-Exupéry, *Der Kleine Prinz*, Karl Rauch Verlag, Düsseldorf 1952, S. 54f. (Kapitel XXIII).
[2] Michael Ende, *Momo*, K. Thienemanns Verlag, Stuttgart 1973, S. 36f.

Herr, ich habe Zeit,
Ich habe all meine Zeit für mich,
Alle Zeit, die Du mir gibst,
Die Jahre meines Lebens,
Die Tage meiner Jahre,
Die Stunden meiner Tage,
Sie gehören alle mir.
An mir ist es, sie zu füllen, ruhig und gelassen,
Aber sie ganz zu füllen, bis zum Rande,
Um sie Dir darzubringen, damit Du aus ihrem schalen Wasser
   einen edlen Wein machst, wie Du es einst tatest, zu
   Kanaa, für die Hochzeit der Menschen.
Herr, ich bitte Dich heute abend nicht um die Zeit, dieses und
   dann noch jenes zu tun,
Ich bitte Dich um die Gnade, in der Zeit, die Du mir gibst,
   gewissenhaft das zu tun, was Du willst, daß ich tun soll. .

(Michel Quoist)[3]

[3] Michel Quoist, *Herr da bin ich (Gebete)*, Verlag Styria, Graz/Wien/Köln, 12. Auflage 1959, S. 118.

| 11 | 12 | 13 | **14** | 15 | 16 | 17 |

Förderschlüssel:

| 1 | 2 | 3 | 4 | 5 | 6 | 7 | 8 | 9 | 1. Spieler |

| 1 | 2 | 3 | 4 | 5 | 6 | 7 | 8 | 9 | 2. Spieler |

| 1 | 2 | 3 | 4 | 5 | 6 | 7 | 8 | 9 | 3. Spieler |

| 1 | 2 | 3 | 4 | 5 | 6 | 7 | 8 | 9 | 4. Spieler |

| 1 | 2 | 3 | 4 | 5 | 6 | 7 | 8 | 9 | 5. Spieler |

| 1 | 2 | 3 | 4 | 5 | 6 | 7 | 8 | 9 | 6. Spieler |

10		18
9		19
8		20
7		**21**
6		22
5		23
4		24
3		25
2		26

| 1 | 32 | 31 | 30 | 29 | **28** | 27 |

Spielen Sie mit![1]

Sie dürfen den Titel ruhig wörtlich nehmen: Dieses Spiel ist durchaus zum vergnüglichen Zeitvertreib bestimmt und nicht nur zur einmaligen Lektüre. Vielleicht macht Sie das Spielen sogar nachdenklich: Manche Zusammenhänge sind gar nicht so sehr an den Haaren herbeigezogen, wie es zunächst scheint; und das spielerische Durchprobieren neuer Möglichkeiten in einer streßfreien, freundlichen Atmosphäre kann eine recht anregende und nützliche Trainingsform sein.[2] Besorgen Sie sich also das nötige „Handwerkszeug", und dann – viel Spaß!

Spielmaterial

Zum Spiel gehören:
1. Ein Spielplan. Kopieren Sie den abgedruckten Plan und kleben Sie ihn auf ein Stück Pappe.
2. Spielfiguren in verschiedenen Farben. Jeder Spieler benötigt zwei Figuren der gleichen Farbe; bei drei Teilnehmern müßten also z. B. zwei rote, zwei schwarze und zwei braune Spielfiguren vorhanden sein. (Die Wahl Ihrer Farbe ist Ihnen zur Zeit noch freigestellt.)
3. Eine beträchtliche Anzahl von Zeitmarken. Jeder Spieler bekommt zu Beginn 30 Zeitmarken; außerdem müssen 30 Zeitmarken zurückbleiben, die während des Spiels möglicherweise benötigt werden. – Sie können sich Spielmarken besorgen; aber Erbsen, Knöpfe oder Streichhölzer erfüllen den gleichen Zweck. (Eine andere Möglichkeit wäre, Pfennige, 5-Pfennig- und 10-Pfennig-Stücke zu verwenden – aber dann könnten nicht eingeweihte Zuschauer zu der irrigen Meinung verleitet werden, den Lehrern ginge es ums Geld!)

---

[1] Dieser Aufsatz erschien erstmals in der Zeitschrift „Bildung und Erziehung", Heft 6/1974, 472–478.

[2] Wer sich mit diesen Zusammenhängen einmal ernsthaft beschäftigen möchte, sei auf die im Literaturverzeichnis genannten Bücher von DE BONO und KIRST/DIEKMEYER hingewiesen.

4. Ein Würfel. Leihen Sie sich einen von Ihrem Sohn! (Böse Menschen behaupten zwar, jeder Lehrer besitze ohnehin einen Würfel mit den Ziffern 1 bis 6; aber auf dieses Niveau wollen wir uns gar nicht erst herablassen.)

5. Ein Päckchen mit Ereigniskärtchen. Kaufen Sie sich einen Stoß DIN-A-6-Karteikarten, übertragen Sie die Ereignisse aus der hier abgedruckten Liste auf die Karten – oder, wenn Sie dazu keine Zeit haben, numerieren Sie einfach die leeren Kärtchen und lesen Sie, sobald die betreffende Nummer von dem (natürlich gut gemischten) Häufchen abgehoben wird, das entsprechende Ereignis aus der Liste vor. (Individualisten, die ihre eigene Ereignisliste für dieses Spiel zusammenstellen möchten, finden reichhaltige Anregungen im Schulverwaltungsblatt.)

Spielregeln

Jeder Spieler bemüht sich, in der zur Verfügung stehenden Zeit die ihm anvertrauten 100 Schüler möglichst intensiv zu fördern. Wer am Ende die meisten „Förderpunkte" erreicht hat, ist Sieger. Wie sehr er sich darüber freuen kann, hängt allerdings noch von einem anderen Faktor ab: von der Zahl der „Zeitmarken", die er dabei verbraucht hat. (Die Konsequenzen, die sich hieraus ergeben, sind einer besonderen Liste zu entnehmen.)

Die Dauer des Spiels wird vorher festgelegt, z. B. eine Stunde. (Nachträgliche Änderungen der getroffenen Abmachung bedürfen der Genehmigung des zuständigen Kultusministeriums.)

Zu Beginn des Spiels werden die „Lehrereigenschaften" der Mitspieler festgestellt:

Jeder Spieler würfelt zweimal; wenn er die geworfenen Werte addiert, erhält er eine Zahl zwischen 2 und 12. Er liest die dieser Zahl zugeordnete Beschreibung in der Liste „Lehrereigenschaften" laut vor; dabei erfährt er gleichzeitig seinen „Förderschlüssel" und setzt eine seiner beiden Spielfiguren in das entsprechende Kästchen seines im Innenfeld des Spielplanes liegenden Förderschlüssel-Kontrollfeldes. (Der Förderschlüssel kann sich im Verlaufe des Spiels erhöhen oder verringern, jedoch nicht über die im Spielplan vorgezeichneten Grenzen hinaus.)

Der „Förderschlüssel" zeigt an, mit welcher Zahl der Spieler bei jeder Spielfeldumkreisung die Zahl 100 multiplizieren darf: ein Spieler mit dem Förderschlüssel „5" bekommt also jedesmal, wenn er die Grenze zwischen Feld 32 und Feld 1 überschreitet, 500 Förderpunkte gutgeschrieben.

Der Spieler, der beim Auswürfeln der Lehrereigenschaften die höchste Gesamtzahl geworfen hat, wird gebeten, die Verwaltungsaufgaben zu übernehmen. Er führt Buch über die Förderpunktgewinne und -verluste der Mitspieler und verwaltet die Zeitmarken. Nach Ablauf der verabredeten Spielzeit gibt er bekannt, wer die meisten Förderpunkte erreicht hat; dann fragt er die Mitspieler, wieviele Zeitmarken sie noch haben, und liest ihnen vor, welche Konsequenzen sich daraus ergeben.

Der Spieler, der beim Auswürfeln der Lehrereigenschaften die geringste Gesamtzahl geworfen hat, darf das Spiel beginnen. Er setzt seine Spielfigur auf das Feld 1, würfelt einmal und rückt die entsprechende Anzahl von Feldern vor.

Wer eine 6 gewürfelt hat, hat einen erfreulichen pädagogischen Erfolg zu verzeichnen, wird dadurch angespornt und würfelt noch einmal. (Falls ihn der erste Wurf auf ein Ereignisfeld bringt, muß er erst die entsprechende Anweisung befolgen, bevor er zum zweitenmal würfelt. Diese Anweisung hat grundsätzlich Vorrang: sollte er also aufgefordert werden, mit Würfeln auszusetzen, so hat die 6 keine Wirkung mehr.)

Dann würfelt der nächste Spieler. Wenn dabei – oder im weiteren Verlaufe des Spiels – ein Spieler auf ein Feld kommt, das bereits von einem Kollegen besetzt ist, so darf er diesen um ein Feld zurückschieben.

Wer beim Vorrücken auf eines der vier „Ereignisfelder" kommt oder von einem Mitspieler auf ein solches zurückgesetzt wird, hebt die oberste Ereigniskarte ab, dreht sie um und liest vor, was dort steht. Dann verfährt er nach den dort gegebenen Anweisungen.

Lehrereigenschaften

2: Als Sie im 17. Semester waren, wurde Ihr Vater ungeduldig und kürzte Ihr monatliches Taschengeld. Sie mußten Ihren Bierkonsum erheblich einschränken und entschlossen sich widerwillig, Examen zu machen. Jetzt haben Sie ein Unterkommen an einer Provinzschule gefunden, und Ihr Schwiegervater hat Ihnen das Grundstück für ein Fertighaus besorgt. Was Ihnen am Lehrerberuf gefällt, sind die Ferien. – Förderschlüssel: 2.

3: Sie haben Ihre Examina nach mehreren Versuchen doch noch geschafft. Sie sind sehr erleichtert und wollen jetzt zeigen, daß Sie trotz allem ein brauchbarer Lehrer sind. – Beginnen Sie mit dem Förderschlüssel 3.

4: Eigentlich wollten Sie nie Lehrer werden. Aber nach Ihrer Heirat haben Sie Ihre hochfliegenden Pläne für die Sicherheit eines Beamtendaseins eingetauscht. – Förderschlüssel: 3.

5: Ihre Staatsexamensarbeit rief an der Universität große Aufmerksamkeit hervor. Sie denken mit Wehmut an diese Zeit zurück und sind oft entsetzt darüber, wie wenig Ihre Schüler zu wissenschaftlichem Denken fähig sind. – Förderschlüssel: 3.

6: Sie sind erleichtert, daß die anstrengende Zeit des Studiums vorüber ist. Sie halten nicht viel von all der grauen Theorie. Die Kinder sollen bei Ihnen etwas Brauchbares lernen und zu anständigen Menschen erzogen werden. – Förderschlüssel: 5.

7: Sie haben sich aus sehr ungünstigen Verhältnissen emporgearbeitet und sind mit Recht stolz darauf. Es empört Sie, wie wenig arbeitswillig die meisten Schüler heutzutage sind und wie wenig Gebrauch sie von den vielen Chancen machen, die ihnen geboten werden. – Förderschlüssel: 5.

8: Sie sind ein erfahrener Lehrer und betonen das auch häufig. Sie kennen das Lehrbuch fast auswendig, und Sie sorgen dafür, daß Ihre Schüler etwas lernen. Der Einführung neuer Lehrbücher widersetzen Sie sich energisch. – Förderschlüssel: 5.

9: In den ersten Jahren Ihres Lehrerdaseins waren Sie manchmal unglücklich, weil Sie, trotz guten Willens und sachlicher Tüchtigkeit, mit den Schülern nie so recht warmwerden konnten. Jetzt, da Sie eigene Kinder im schulpflichtigen Alter haben, können Sie sich besser in die Schüler hineinversetzen und haben mehr Freude und Erfolg in Ihrem Beruf. – Förderschlüssel: 5.

10: Sie sind jung, und Ihr Enthusiasmus wirkt ansteckend. Zwar machen Sie gelegentlich etwas falsch; aber das merken Sie selbst. Sie halten sich nicht für unfehlbar und nehmen auch durchaus von den Schülern Kritik an. Ihre Aufgeschlossenheit und Ihr Wille, gute Arbeit zu leisten, beeindrucken die Schüler. – Förderschlüssel: 6.

11: Der Lehrerberuf liegt bei Ihnen in der Familie. Sie gehören zu den Menschen, die man als geborene Erzieher bezeichnen könnte; mit ruhiger Sicherheit und gewinnender Liebenswürdigkeit erreichen Sie eine Unterrichtsatmosphäre, in der die Schüler Freude an ihrer Arbeit haben und deutlich spüren, daß sie Fortschritte machen. – Förderschlüssel: 7.

12: Sie sind in gleichem Maße von Ihrem Unterrichtsstoff wie von Ihrer pädagogischen Aufgabe fasziniert. Sie empfinden Ihren Beruf als

Berufung und sind ständig bestrebt, sich sachlich und menschlich weiterzubilden, um Ihre Aufgaben noch besser erfüllen zu können. – Förderschlüssel: 7.

Ereignisliste

1. Sie haben sich angewöhnt, immer ein paar Minuten zu spät in den Unterricht zu gehen. – Sie bekommen eine Zeitmarke, müssen sich aber 40 Förderpunkte abziehen lassen.
2. Sie haben in den letzten drei Monaten zwei Bücher über pädagogische Psychologie, 11 Fachzeitschriften und 3 fachdidaktische Werke gelesen. – Rücken Sie 12 Felder vor und zahlen Sie 7 Zeitmarken!
3. In der Schülerzeitung sind Sie von einem Mitglied der Basisgruppe „Rote Kreide" wegen Ihres reaktionären Glaubens an die Nützlichkeit von Hausaufgaben so heftig angegriffen worden, daß es Ihnen auf den Magen geschlagen ist und Sie einen Tag zuhause bleiben müssen. – Rücken Sie ein Feld zurück – und lassen Sie sich 20 Förderpunkte gutschreiben.
4. Finanziell geht es Ihnen zur Zeit recht gut, und Sie können es sich leisten, stundenweise eine Sekretärin (z. B. eine hübsche Studentin im 7. Semester) zu beschäftigen, die Ihnen bei Korrekturen, Schreibarbeiten und anderen Dingen hilft. – Lassen Sie sich 12 Zeitmarken auszahlen!
5. Sie haben nach Jahren zum erstenmal wieder in den RICHTLINIEN Ihres Faches geblättert. Die Diskrepanz zwischen diesen weisen Worten und Ihrer tatsächlichen Unterrichtspraxis hat Sie erheblich deprimiert. – Rücken Sie traurig 3 Felder zurück!
6. Sie laden Ihre Klasse zu einem Bier ein. – Sie bekommen 20 Förderpunkte, rücken 2 Felder vor und zahlen eine Zeitmarke.
7. Neuerdings hilft Ihnen Ihre Frau (Ihr Mann) häufig bei den Korrekturen. Dadurch gewinnen Sie viel Zeit. – Lassen Sie sich 6 Zeitmarken auszahlen!
8. Sie haben private Sorgen, und es ist Ihnen zur Zeit kaum möglich, sich auf Ihre schulische Arbeit zu konzentrieren. – Verringern Sie Ihren Förderschlüssel um eine Ziffer.
9. Bei einer Klassenfahrt haben Sie zuviel getrunken und heftig mit einer Ihrer Schülerinnen geflirtet. Erheblicher Prestigeverlust! – Rücken Sie drei Felder zurück. Sie bekommen 50 Förderpunkte abgezogen.
10. Sie sind in einer Mittelstufenklasse mit Apfelsinenschalen beworfen worden und haben sich so geärgert, daß Sie zwei Stunden

ausfallen lassen mußten. – Sie müssen ein Feld zurückgehen und sich
10 Förderpunkte abziehen lassen.

11. Sie nehmen an einem Fortbildungslehrgang teil, der Ihnen wichtige pädagogisch-psychologische Einsichten vermittelt, so daß sich fortan Ihr ganzer Unterrichtsstil ändert. – Zahlen Sie drei Zeitmarken, erhöhen Sie Ihren Förderschlüssel um eine Ziffer und setzen Sie beim nächsten Mal mit Würfeln aus.

12. Durch Intrigen, unkollegiales Verhalten und mangelnde Hilfsbereitschaft haben Sie es dahin gebracht, daß der Kollege, der vor Ihnen gewürfelt hat, in seiner Leistungsfähigkeit so stark beeinträchtigt worden ist, daß sein Förderschlüssel um eine Ziffer reduziert werden muß. – Schämen Sie sich! Zurück auf Feld 1!

13. Sie haben in den Ferien an einem längeren Fortbildungskursus im Ausland teilgenommen. Alle Achtung! – Sie zahlen 3 Zeitmarken und lassen sich 120 Förderpunkte gutschreiben.

14. Sie haben 6 Wochenstunden bezahlte Mehrarbeit angenommen, damit Sie das Studium Ihrer Tochter leichter bezahlen können. – Zahlen Sie 10 Zeitmarken und reduzieren Sie Ihren Förderschlüssel um eine Ziffer.

15. Man hat Sie zum Korreferenten für die Abiturarbeit gemacht, obwohl Sie gar nicht an der Reihe waren. – Sie unterdrücken Ihre unfreundlichen Bemerkungen, zahlen 2 Zeitmarken und lassen sich 30 Förderpunkte abziehen.

16. Die hübsche Schülerin Caroline aus der 9c hat ihr Tagebuch im Klassenzimmer liegenlassen, und es ist dem Chef in die Hände gefallen. In dem Tagebuch ist fast nur von Ihnen die Rede, und zwar in recht eindeutiger Weise. Der Chef ist entsetzt. Finstere Wolken ziehen sich über Ihrem Haupte zusammen. Sind Sie wirklich so unschuldig, wie Sie behaupten? Wie dem auch sei – die Sache zehrt an Ihrer Leistungsfähigkeit und hat Sie viel Zeit gekostet. – Reduzieren Sie Ihren Förderschlüssel um eine Ziffer und zahlen Sie 8 Zeitmarken!

17. Sie haben durch Hilfsbereitschaft, Anerkennung und freundliches Entgegenkommen viel dazu beigetragen, daß der Kollege, der nach Ihnen würfelt, sich an der Schule wohlfühlt und seine Arbeit gut macht. – Ihr Kollege darf seinen Förderschlüssel um eine Ziffer erhöhen; Sie selbst zahlen eine Zeitmarke und rücken 12 Felder vor.

18. Sie sind seit einiger Zeit ein sehr gewissenhafter Lehrer geworden: Täglich nehmen Sie sich mindestens 5 Haushefte mit nach Haus und sehen sie gründlich durch. – Sie dürfen 5 Felder vorrücken und

bekommen 120 Förderpunkte gutgeschrieben; dafür müssen Sie allerdings 6 Zeitmarken abgeben.
19. Sie müssen wegen eines Magengeschwürs vier Wochen ins Krankenhaus. – Gehen Sie 5 Felder zurück, geben Sie 4 Zeitmarken ab und setzen Sie einmal mit Würfeln aus.
20. Die Schülerschaft hat Sie zum Vertrauenslehrer gewählt. – Sie dürfen sich 50 Förderpunkte zusätzlich anrechnen, zahlen aber 3 Zeitmarken.
21. Sie fühlen, daß Ihre häufigen Mißerfolgserlebnisse durch Schwächen in Ihrer eigenen Persönlichkeitsstruktur hervorgerufen werden, und begeben sich in langfristige psychotherapeutische Behandlung. – Setzen Sie zweimal mit Würfeln aus; danach dürfen Sie ihren Förderschlüssel um eine Ziffer erhöhen.
22. Sie haben sich in letzter Zeit mehr um Ihren Hausbau als um Ihre Unterrichtsvorbereitungen gekümmert. – Ihr Förderschlüssel wird um eine Ziffer niedriger.

Wieviele Zeitmarken haben Sie noch?

Über 35: Das Mogeln sollten Sie Ihren Schülern überlassen!
31-34: Sie sind noch nicht ausgelastet. Treten Sie einer Kommission zur Reform der Sekundarstufe I bei; dann wird sich das schon ändern.
28-30: Sie haben sich nicht hetzen lassen – gut so! Hoffentlich können Sie auch mit Ihrer Förderpunktzahl zufrieden sein.
25-27: Schreiben Sie das „Prinzipien"-Kapitel aus diesem Buch dreimal ab – natürlich mit der Schreibmaschine!
20-24: Sie kokettieren mit einem Herzinfarkt. Den Gefallen sollten Sie Ihren Schülern nicht tun!
15-19: Ihre Frau läßt sich demnächst von Ihnen scheiden. Aber das macht nichts; Sie leben ohnehin nicht mehr lange.
Unter 15: Ihnen hilft nur noch Bettruhe und/oder Berufswechsel.

Literaturverzeichnis

Ingrid Adam / Eva Renate Schmidt, *Umgang mit Zeit / Analysen, Übungen und Arbeitsmaterial zum Verständnis und zur Bewältigung von Problemen mit Arbeitszeit und Überlastung*, Gemeindeberatung, Ergänzungsheft 1, Burckhardthaus-Verlag, Gelnhausen / Berlin 1978.

Hans Aebli, *Grundformen des Lehrens*, Klett, Stuttgart 1963.

Paula Almqvist, *Depression / Die Seelenqual mit der Sehnsucht nach dem Tod*. Stern, Nr. 42, 13. Oktober 1983, 66ff.

Elliot Aronson, Ayala M. Pines, Ditsa Kafry, *Ausgebrannt*. Psychologie heute, Oktober 1983, 21–27.

Karl Aschersleben, *Einführung in die Unterrichtsmethodik*, Kohlhammer, Stuttgart 1976.

Fred Auer, *Stress dich gesund*, Heyne, München 1976.

Heinz Bach, *Die Unterrichtsvorbereitung*, Zickfeldt, Hannover 1968.

George R. Bach / Peter Wyden, *Streiten verbindet / Formeln für faire Partnerschaft in Liebe und Ehe*, Bertelsmann, Gütersloh 1970.

Ulrich Beer, *Methoden der geistigen Arbeit*, Katzmann, Tübingen 1969.

Ulrich Beer, *Entscheide dich richtig, hab Mut zum Glück!*, Goldmann, München 1982.

Linde Bernath, *Helfen die Hilfen?*, betrifft: erziehung, März 1978, 82–85.

Richard Bessoth u. a. (Hg.), *Schulleitung – Ein Lernsystem*, Loseblattsammlung, Luchterhand-Verlag 1980ff.

Karlheinz Biller, *Unterrichtsstörungen*, 2., korrigierte Auflage, Klett, Stuttgart 1979.

Vera F. Birkenbihl, *Kommunikationstraining*, Goldmann, München o. J.

Wilhelm Bitter, *Die Angstneurose*, Kindler, München 1971.

Kenneth Blanchard / Spencer Johnson, *The One Minute Manager*, Fontana/ Collins, London 1984.

R. L. Bowley, *Teaching without Tears*, Centaur Press, London 1973.

Gerhard Braune / Richard Bessoth, *Konferenzen in der Schule*, Westermann, Braunschweig 1977.

Gerhard Braune, *Die Leitung von Konferenzen*, Schulleiter-Handbuch, Heft 21, Westermann, Braunschweig 1982.

Horst Brück, *Die Angst des Lehrers vor seinem Schüler / Zur Problematik verbliebener Kindlichkeit in der Unterrichtsarbeit des Lehrers – ein Modell*, Rowohlt, Reinbek 1978.

Christa Bruhn-Jade, *Chefentlastung durch die qualifizierte Sekretärin* (Sekretärinnen-Handbuch in ständig aktualisierter Loseblattform), WEKA-Verlag, Kissing 1983ff.

David D. Burns, *Perfektionismus: „Niemand ist vollkommen"*. Psychologie heute, Heft Januar 1984, 21–27.

Tony Buzan, *Use Your Head*, BBC Publications, London 1980.

Tony Buzan, *Speed Reading*, David & Charles, Newton Abbot 1981.

Dale Carnegie, *How to stop worrying and start living*, 31. Auflage, Pocket Books, New York 1970.

Dale Carnegie, *How to develop self-confidence and influence people by public speaking*, Pocket Books, New York 1971.

Dale Carnegie, *How to win friends and influence people*, Pocket Books, New York 1973.

Christian Caselmann, *Wesensformen des Lehrers*, Klett, Stuttgart 1964.

Adriana Caudrey, *Large classes blamed for rise in staff breakdowns*. The Times Educational Supplement, 9. 3. 84.

Christiane Collange, *Madame und ihr Management*, Rowohlt, Reinbek 1973.

Shirley Conran, *Superwoman / Everywoman's Book of Household Management*, Penguin, Harmondsworth 1977.

Joseph D. Cooper, *So schafft man mehr in weniger Zeit*, Moderne Verlags GmbH, München 1980.

A. Corbett, *Occupational hazard*. The Times Educational Supplement, 22. 4. 83, S. 16.

Werner Correll, *Pädagogische Verhaltenspsychologie*, Ernst Reinhardt Verlag, München / Basel 1965.

Werner Correll / Hugo Schwarze, *Lernstörungen programmiert*, Auer, Donauwörth 1969.

Werner Correll / Hugo Schwarze, *Pädagogische Psychologie programmiert*, Auer, Donauwörth 1970.

Colin Dawson, *How to face a class / A Practical Guide*, Harrap, London 1981.

Edward de Bono, *Das spielerische Denken*, Scherz, Bern und München 1967.

Edward de Bono, *The Mechanism of Mind*, Ward Lock, London 1969.

Edward de Bono, *Laterales Denken / Ein Kursus zur Erschließung Ihrer Kreativitätsreserven*, Rowohlt, Reinbek 1971.

Edward de Bono, *The Happiness Purpose*, Penguin, Harmondsworth 1981.

Klaus W. Döring, *Mißverständnisse über den Lehrer*. Schulpraxis, Heft 4 / 1982, 7ff.

Peter A. Döring, *Arbeitstechniken für Schulleiter*, Schulleiter-Handbuch, Heft 12, Westermann, Braunschweig 1979.

Rudolf Dreikurs / Pearl Cassel, *Disziplin ohne Strafe*, Maier, Ravensburg 1975.

Rudolf Dreikurs / Bernice B. Grunwald / Floy C. Pepper, *Schülern gerecht werden / Verhaltenshygiene im Schulalltag*, Urban & Schwarzenberg, München 1976.

Rudolf Dreikurs / Loren Grey, *Kinder lernen aus den Folgen. Wie man sich Schimpfen und Strafen sparen kann*, Herder, Freiburg 1978.

Manuela du Bois und Bruno Schonig (Hg.), *Lehrerlebensgeschichten*, Beltz, Weinheim / Basel 1982.

M. Duckenfield, *Sweden: Vast majority of teachers complain of stress*. The Times Educational Supplement, 28. 10. 77.

Jack Dunham, *Stress in Schools.* The Times Educational Supplement, 23. 7. 82, S. 16.

Marie-Claude Dutilly, *Lehrproben / Rituale in der Lehrerausbildung.* betrifft: erziehung, Juli 1977, 29–33.

Wayne W. Dyer, *Pulling Your Own Strings,* Hamlyn Paperbacks, Feltham 1979.

Theodor Eggers (Hg.), *Schulhaus–Geruch / Ein Lesebuch für Lehrer und solche, die es werden wollen,* Kösel, München 1979.

Chris Embrey et al., *Time Management,* Series „Management in School Science Departments", produced by The British Gas Corporation and the Association for Science Education, London 1984.

Michael Ende, *Momo,* Thienemann, Stuttgart 1973.

Henry Fermer, *Wie verbessere ich meine Arbeitstechnik?,* Taylorix-Fachverlag, Stuttgart 1975.

Frederic F. Flach, *Depression als Lebenschance / Seelische Krisen und wie man sie nutzt,* Rowohlt, Reinbek 1979.

V. Flörkemeier / W. Diel, *Arbeite dich nicht zu Tode / Führungskräfte lernen leben,* WEKA-Verlag, Kissing 1981.

Wolfram Flößner, *Schulleiter: Amt und Rolle,* Schulleiter-Handbuch, Heft 15, Westermann, Braunschweig 1980.

G. Franck / W. Turban, *Schulfahrten: Planung und Organisation,* Schulleiter-Handbuch, Heft 17, Westermann, Braunschweig 1978.

Viktor E. Frankl, *Psychotherapie für jedermann,* Herder, Freiburg 1971.

Hartmut Wilhelm Frech / Roland Reichwein, *Der vergessene Teil der Lehrerbildung / Institutionelle Bedingungen und inhaltliche Tendenzen im Referendariat der Gymnasiallehrer,* Veröffentlichungen des Max-Planck-Instituts für Bildungsforschung, Klett-Cotta, Stuttgart 1977.

Anna Freud, *Das Ich und die Abwehrmechanismen,* Kindler, München 1964.

Reinhard Fuhr, *Handlungsspielräume im Unterricht,* Scriptor, Königstein 1979.

Lesley Garner, *How to Survive as a Working Mother,* Jill Norman Ltd., London 1980.

Richard Garner, *More staff assaults.* The Times Educational Supplement, 5. 11. 82.

Erich E. Geißler, *Analyse des Unterrichts,* Kamp, Bochum 1973.

Berthold Gerner, *Erziehungsstile und Lehrerverhalten in der neueren deutschen Forschung,* Wissenschaftliche Buchgesellschaft, Darmstadt 1976.

Berthold Gerner, *Der Lehrer – Verhalten und Wirkung / Ergebnisse empirischer Forschung im deutschsprachigen Raum,* Wissenschaftliche Buchgesellschaft, Darmstadt 1972.

Gewerkschaft Erziehung und Wissenschaft, *in Sachen: Arbeitsplatz Schule (Lehrer '80: Beruf–Berufung–Job?),* Scriptor, Königstein 1980.

Klaus Gimmler / Karin Ginhold, *Leben im Kollegium.* In: Gudjons / Reinert, Schulleben, 77–88.

William Gladstone, *Test Your Own Mental Health,* Paperfront, Elliot Right Way Books, Kingswood / Surrey 1978.

Horst Glänzel, *Lehren als Beruf / Eine Berufskunde für Lehrer aller Schulformen*, Schroedel, Hannover 1967.

Erwin Glonnegger / Walter Diem, *Das große Ravensburger Spielbuch*, Otto Maier Verlag, Ravensburg 1974.

Alfred Göller, *Zensuren und Zeugnisse*, Klett, Stuttgart 1968.

Alexander Gonzales / Philip G. Zimbardo, *Die Zeit, die wir uns nehmen*. Psychologie heute, Juli 1985, S. 32–37.

Franz Goossens, *Konferenz- und Verhandlungstechniken*, Heyne, München 1974.

Thomas Gordon, *Lehrer-Schüler-Konferenz / Wie man Konflikte in der Schule löst*, Hoffmann & Campe, Hamburg 1977.

Jochen und Monika Grell, *Unterrichtsrezepte*, Urban & Schwarzenberg, München 1979.

Bernd Christian Grimm / Dieter Weber, *Steuertips für Lehrer (Handbuch der Steuerersparnis des Lehrers)*, laufend aktualisierte Loseblattsammlung; Herausgeber: Akademische Arbeitsgemeinschaft für Lehrer, Postfach 150, 6800 Mannheim.

Herbert Gudjons / Gerd-Bodo Reinert (Hg.), *Schulleben*, Scriptor, Königstein 1980.

Herbert Gudjons / Gerd-Bodo Reinert (Hg.), *Lehrer ohne Maske? Grundfragen zur Lehrerpersönlichkeit*, Scriptor, Königstein 1981.

Gerald Haigh, *Beginning Teaching*, Pitman, London 1972.

Gerald Haigh (ed.), *On Our Side / Order, authority and interaction in school*, Temple Smith, London 1979.

Peter-Fritz Hallberg, *Schülerängste und Lehrerängste*. betrifft: erziehung, Juni 1977, 55–57.

Charles Hannam / Pat Smyth / Norman Stephenson, *The First Year of Teaching*, Penguin, Harmondsworth 1976.

Thomas A. Harris, *Ich bin o.k. – Du bist o.k.*, Rowohlt, Reinbek 1973.

Helmut Harsch, *Theorie und Praxis des beratenden Gesprächs*, Kaiser, München 1974.

M. Hasselhorn u. a. (Hg.), *Wirkungsvoller lernen und arbeiten*, Quelle & Meyer, Heidelberg 1974.

Theresia Hauser (Hg.), *Zeit zum Leben – Wie lebe ich meine Zeit*, Schriftenreihe „das Thema" (Arbeitshefte zu aktuellen Themen), hg. von der Arbeitsgemeinschaft Frauenseelsorge Bayern, Nr. 23, München 1981.

Norbert Havers, *Erziehungsschwierigkeiten in der Schule*, Beltz, Weinheim und Basel 1978.

Anneliese Heigl-Evers / Franz Heigl, *Die themenzentrierte interaktionelle Gruppenmethode (Ruth C. Cohn): Erfahrungen, Überlegungen, Modifikationen.* Gruppenpsychotherapie und Gruppendynamik, Heft 3 / 1973, 237–255.

Wolfgang Henniger / Horst Linder (Hg.), *Das Umsteigerbuch für arbeitslose Hochschulabgänger*, Athenäum, Königstein 1983.

James Herndon, *Die Schule überleben*, Klett, Stuttgart 1972.

Gilbert Highet, *The Art of Teaching*, Methuen, London 1963.

Josef Hirt, *Hirt-Methode-Kursunterlagen* (1. Kursteil „Das Ich und das Gesetz von Lust und Unlust"; 2. bis 6. Kursteil ohne Titel), Zürich 1968 und später (die einzelnen Kursteile werden in unterschiedlichen Abständen überarbeitet und neu aufgelegt). Diese Materialien sind nur Kursteilnehmern zugänglich.

Lucy Hodges, *Why teaching is a dying profession*. The Times Educational Supplement, 12. 11. 72, 7.

Manfred Hofer / Franz E. Weinert, *Pädagogische Psychologie / Grundlagentexte 2: Lernen und Instruktion*, Fischer, Frankfurt 1973.

Heinrich Hönig, *Formulare, Merkblätter, Standardbriefe*, Schulleiter-Handbuch, Heft 5, Westermann, Braunschweig 1978.

Walter Horney / Paul Merkel / Friedrich Wolff (Hg.), *Handbuch des Lehrers, Band I: Die Praxis im Lehramt*, Bertelsmann, Gütersloh 1960.

Walter Horney, *Zur Psychologie des Lehrers*. In: Horney et al. (Hg.), Handbuch des Lehrers, Band I, 17–29.

Walter Horney, *Disziplin*. In: Horney et al. (Hg.), Handbuch des Lehrers, Band I, 508–519.

Raymond Hull, *Alles ist erreichbar / Die persönliche Erfolgsschule*, Moderne Verlags GmbH, München 1970.

F. Hülshoff / R. Kaldewey, *Training Rationeller lernen und arbeiten*, Klett, Stuttgart 1976.

Gerhard Irle, *Depressionen / Menschen in seelischer Not*, Kreuz-Verlag, Stuttgart und Berlin, 2. Aufl. 1977.

Arnold Jennings (ed.), *Discipline in primary and secondary schools today*, Ward Lock Educational, London 1979.

Gustav Keller, *Wie und mit welchem Erfolg Schüler das Lernen lernen*. Die höhere Schule, Heft 2 / 1983, 45–47.

Walter Kempowski (Hg.), *Immer so durchgemogelt / Erinnerungen an unsere Schulzeit*, Fischer, Frankfurt 1982.

Werner Kirst / Ulrich Diekmeyer, *Creativitätstraining*, Deutsche Verlags-Anstalt, Stuttgart 1971.

Rainer E. Kirsten / Joachim Müller-Schwarz, *Gruppen-Training / Ein gruppendynamisches Übungsbuch*, Deutsche Verlags-Anstalt, Stuttgart 1973.

Doris Klapperich / Brigitte Haaß, *Elke B., Referendarin*. betrifft: erziehung, Mai 1976, 41–43.

J. E. Klausnitzer, *So teste ich meine Führungsqualitäten*, Heyne, München 1973.

Michael Korda, *Der M-Faktor oder wie man sich mit Erfolg durchsetzt*, Heyne, München 1983.

Jacob S. Kounin, *Techniken der Klassenführung*, Huber/Klett, Bern und Stuttgart 1976.

Helga Krahn, *„Das in den Unterricht umzusetzen, ist Ihre Aufgabe . . ." / Kritik an der Allgemeinen Ausbildung am Studienseminar*. Schulpraxis, Heft 2/1982, 24–26.

Wolfgang Kramp, *Hinweise zur Unterrichtsvorbereitung für Anfänger*. Die Deutsche Schule, Heft 2/1962, 78–103.

Moritz Krüger, *Schulflucht*, Rowohlt, Reinbek 1979.

Walter F. Kugemann, *Kopfarbeit mit Köpfchen*, Pfeiffer, München 1967.

Walter F. Kugemann, *Lerntechniken für Erwachsene*, Rowohlt, Reinbek 1978.

Henning Kuhlmann, *Klassengemeinschaft / Über Hauptschüler und Hauptschullehrer und den Versuch herauszufinden, wann Schule Spaß machen könnte*, Rotbuch Verlag, Berlin 1975.

Nina Kusmina, *Psychologie der Lehrertätigkeit*, Volkseigener Verlag Volk und Wissen, Berlin 1971.

Chris Kyriacou, *High Anxiety*. The Times Educational Supplement, 6. 6. 80, 12.

Alan Lakein, *How to get control of your time and your life*, Signet, New York 1974.

Rupert Lay, *Dialektik für Manager / Einübung in die Kunst des Überzeugens*, Rowohlt, Reinbek 1976.

Heike Lebeck, *Angst vor den Rüpeln / An rücksichtslosen Schulkindern zerbrechen viele gutwillige Lehrer*. Die Zeit, 20. 5. 1983, 33f.

Sebastian Leitner, *So lernt man lernen*, Herder, Freiburg 1972.

Hannes Lindemann, *Überleben im Stress / Autogenes Training: Der Weg zu Entspannung – Gesundheit – Leistungssteigerung*, Heyne, München 1977.

Bert Lodge, *Morale nosedives over low public opinion*. The Times Educational Supplement, 3. 6. 83.

Heidrun Lotz, *„Disziplinschwierigkeiten" und schulische Verhaltensauffälligkeiten*. In: Rolff u. a., Strategisches Lernen in der Gesamtschule.

Alexander Lowen, *Depression / Unsere Zeitkrankheit – Ursachen und Wege der Heilung*, Kösel, München 1979.

R. Alec Mackenzie, *Die Zeitfalle*, Sauer, Heidelberg 1977.

Maxwell Maltz, *Erfolg kommt nicht von ungefähr*, Econ, Düsseldorf 1967.

Michael Marland, *The Craft of the Classroom / A Survival Guide*, Heinemann, London 1977.

Herbert Mensen, *ABC des autogenen Trainings*, Goldmann, München 1977.

Frohmut Menze, *Willkommen in der Praxis . . .* betrifft: erziehung, August 1976, 20–23.

Frohmut Menze, *Landschulheimaufenthalt / Alp-Traum eines Lehrers*. betrifft: erziehung, April 1979, 42–50.

Hilbert Meyer, *Leitfaden zur Unterrichtsvorbereitung*, Scriptor, Königstein 1980.

Roger Mucchielli, *Gruppendynamik*, Otto Müller Verlag, Salzburg 1972.

Roger Mucchielli, *Das nicht-direktive Beratungsgespräch*, Otto Müller Verlag, Salzburg 1972.

Caroline Muhr, *Depressionen / Tagebuch einer Krankheit*, Kiepenheuer & Witsch, Köln 1970.

Christoph Müller, *Am Ende eines Referendariats: Blick zurück nach vorn*. Neue Sammlung / Zeitschrift für Erziehung und Gesellschaft, Sept./Okt. 1982, 503–520.

Gisela Müller-Fohrbrodt, *Wie sind Lehrer wirklich? / Ideale – Vorurteile – Fakten. Eine empirische Untersuchung über angehende Lehrer*, Klett, Stuttgart 1973.

Gisela Müller-Fohrbrodt / B. Cloetta / H.-D. Dann, *Der Praxisschock bei jungen Lehrern*, Klett, Stuttgart 1978.

Regula D. Naef, *Rationeller Lernen lernen*, Beltz, Weinheim 1972.

National Association of Schoolmasters and Union of Women Teachers (NAS/ UWT), *Stress in Schools*, Hemel Hempstead 1976.

Gertrud Neidiger / Wolfgang Anzinger, *Entspannte Atmosphäre (Erfahrungsbericht über Elternabende in einer 9. Hauptschulklasse)*. betrifft: erziehung, März 1978, 72ff.

Gert P. Nowosadko, *Vom zirzensischen Charakter der sogenannten Lehrproben*. betrifft: erziehung, Januar 1973, 37–40.

Karl Odenbach, *Die Übung im Unterricht*, Westermann, Braunschweig 1963.

Nicholas Otty, *Learner Teacher*, Penguin, Harmondsworth 1972.

Alan Paisey, *Organization & Management in Schools*, Longman, London and New York, 1981.

Alan Paisey (ed.), *The Effective Teacher in Primary and Secondary Schools*, Ward Lock Educational, London 1983.

Friedrich H. Quiske / Stefan J. Skirl / Gerald Spiess, *Denklabor Team / Konzept für kreative Problemlösungen in Forschung, Verwaltung und Industrie*, Deutsche Verlags-Anstalt, Stuttgart 1973.

Neil Rackham / Peter Honey / M. J. Colbert, *Developing Interactive Skills*, Wellens Publishing, The Sun, Guilsborough, Northampton 1971.

Fritz Redl, *Erziehung schwieriger Kinder*, Piper, München 1971.

Ilse Reichart-Schweinsberg, *Das Versammlungswesen*, Ludgerus-Verlag Hubert Wingen, Essen 1961.

H. Rieck / Rolf H. Ruhleder, *Bessere Konferenztechnik*. In: Management-Wissen, Heft „Methoden", Vogel-Verlag, Würzburg 1982, 81–83.

Eberhard Rieth, *Alkoholkrank?*, Blaukreuz-Verlag Bern und Wuppertal-Barmen, 1978.

John Robertson, *Effective Classroom Control*, Hodder & Stoughton, London 1981.

Hans-G. Rolff u. a., *Strategisches Lernen in der Gesamtschule / Gesellschaftliche Perspektiven der Schulreform*, Rowohlt, Reinbek 1974.

Heinrich Roth, *Pädagogische Psychologie des Lehrens und Lernens*, Schroedel, Berlin 1961.

Derek Rowntree, *Who needs a home computer?*, Methuen, London 1985.

Norbert Rückriem, *Disziplin in der Schule*, Herder, Freiburg 1975.

Rolf H. Ruhleder, *Dialektik – geschickt und erfolgreich verhandeln*. In: Management-Wissen, Heft „Methoden", Vogel-Verlag, Würzburg 1982, 71–75.

Rolf H. Ruhleder, *Fragetechnik*. In: Management-Wissen, Heft „Methoden", Vogel-Verlag, Würzburg 1982, 75–77.

Rolf H. Ruhleder, *Methoden der Einwandargumentation*. In: Management-Wissen, Heft „Methoden", Vogel-Verlag, Würzburg 1982, 78–80.

Klaus Schaefer, *„Aspects of Education" / Bericht über einen von Schülern gestalteten Leistungskurs der Sekundarstufe II*. Praxis des neusprachlichen Unterrichts, Heft 1/1978, 27–38.

Marcella Schäfer, *Anleitende Lehrer und Mentoren als Blitzableiter unseres Ausbildungssystems*. Allgemeiner Schulanzeiger / Magazin für Lehren und Lernen, 1/1982, 3–8.

Marcella Schäfer, *Lehrerseminare als Modelle für Unterricht*. Schulpraxis, Heft 4/1981, 10–14.

Victor Scheitlin, *Erfolgreiche Lebensgestaltung*, Walter, Olten und Freiburg 1980.

Walter Schmid, *Schullandheim / Planung, Aktivitäten, Spiele*, Klett, Stuttgart 1984.

H. J. Schmidt / H. Walther / L. Dietze, *Elternarbeit in der Grundschule*, Maier, Ravensburg 1976.

Peter F. Schlottke / Diethelm Wahl, *Stress und Entspannung im Unterricht: Trainingshilfen für Lehrer (mit Toncassette)*, Hueber, München 1983.

Hans-Eckart Scholz (Hg.), *Erfolg durch bessere Methoden / Techniken und Hilfsmittel für systematisches Arbeiten im Büro*, Siemens AG, Berlin und München 1982.

Gerold Scholz, *Der Referendar im Schnittpunkt widersprüchlicher Anforderungen*. betrifft: erziehung, Mai 1976, 39–41.

Alfons Schorb et al. (Hg.), *Lehrerkolleg: Unterrichtsanalyse Teil I*, hg. vom Bayerischen Rundfunk und dem Institut für Unterrichtsmitschau und didaktische Forschung. TR-Verlagsunion, München 1972.

Regula Schräder-Naef, *Keine Zeit / Ein Ratgeber für sinnvolle Zeiteinteilung im Alltag*, Beltz, Weinheim und Basel 1984.

Günter Schreiner / Albert Sowa, *Lehrerverhalten bei Disziplinkonflikten*. Die Deutsche Schule, Heft 7–8/1977, 436–451.

Schulleiter-Handbuch (fortlaufende Reihe, jährlich 4 Hefte), Westermann, Braunschweig, ab 1977.

Edgar Schumacher, *Vom Wert und vom Gebrauch der Zeit*, Verlag Genossenschaftliches Seminar, Muttenz 1957.

L. Schwäbisch / M. Siems, *Anleitung zum sozialen Lernen für Paare, Gruppen und Erzieher*, Rowohlt, Reinbek 1981.

Lothar J. Seiwert, *Mehr Zeit für das Wesentliche*, verlag moderne industrie, Landsberg am Lech 1984.

Hans Selye, *Stress / Bewältigung und Lebensgewinn*, Piper, München 1974.

Hans Sester, *Disziplin im Unterricht: Verbesserung durch indirekte Maßnahmen*. Schulpraxis, Heft 2/1981, 6–12.

Kurt Singer, *Maßstäbe für eine humane Schule / Mitmenschliche Beziehung und angstfreies Lernen durch partnerschaftlichen Unterricht*, Fischer, Frankfurt 1981.

Manuel J. Smith, *When I say no, I feel guilty*, Bantam Books, New York 1977.

Daniel Solomon, Larry Rosenberg und William E. Bezdek, *Lehrerverhalten und Lernerfolg*. In: Hofer/Weinert, Pädagogische Psychologie, Frankfurt 1973.

Freimut Stein, *Management-Wissen: Lebensregeln*, Vogel, Würzburg 1982.

Rainer W. Stroebe, *Arbeitsmethodik I*, Reihe „Arbeitshefte zur Führungspsychologie", Heft 7, Sauer, Heidelberg 1978.

Rainer W. Stroebe, *Arbeitsmethodik II*, Reihe „Arbeitshefte zur Führungspsychologie", Heft 8, Sauer, Heidelberg 1978.

Herbert Susteck, *Elternarbeit und Schulleben*, Kamps pädagogische Taschenbücher, Band 89, Bochum 1981.

Helmut Swoboda, *Richtig entscheiden*, Deutsche Verlags-Anstalt, Stuttgart o. J.

Reinhard Tausch, *Gesprächspsychotherapie*, 7., völlig neugestaltete Auflage, Hogrefe, Göttingen 1970.

Reinhard Tausch / Anne-Marie Tausch, *Erziehungspsychologie*, 8. Auflage, Hogrefe, Göttingen 1977.

Reinhard Tausch / Anne-Marie Tausch, *Wege zu uns / Menschen suchen sich selbst zu verstehen und anderen offener zu begegnen*, Rowohlt, Reinbek 1983.

Günter Tegtmeyer, *Eltern(mit)arbeit / Impulse zur Intensivierung der Elternarbeit im schulischen Alltag*. Schulleiter-Handbuch, Heft 25, Westermann, Braunschweig 1983.

Klaus Thomas, *Selbstanalyse / Die heilende Biographie, ihre Abfassung und ihre Auswirkung*, Thieme, Stuttgart 1976.

Klaus Thomas, *Konzentration für geistige Arbeit und Lebensgestaltung*, Herder, Freiburg 1976.

Peter Turla / Kathleen L. Hawkins, *Time Management Made Easy*, Panther, London 1985.

Michael Turner, *The deep end*. The Times Educational Supplement, 29. 10. 82.

Rebecca M. Valette / Renee S. Disick, *Modern Language Performance Objectives and Individualization*, Harcourt Brace Jovanovich, New York 1972.

Verband Deutscher Schullandheime e. V. (Hg.), *Pädagogik im Schullandheim (Handbuch)*, Hamburg 1975 (Anschrift: Tesdorpfstraße 16, 2000 Hamburg).

Verwaltungs-Berufsgenossenschaft, *Sicherheitsregeln für Büro–Arbeitsplätze*, Hamburg 1976 (Anschrift: Überseering 8, Postfach 60 28 60, 2000 Hamburg 60).

Frederic Vester, *Phänomen Streß*, Deutsche Verlags-Anstalt, Stuttgart 1976.

Janos Vidonyi, *Erfolg durch Planung*, Goldmann, München 1968.

Dietrich von Heymann, *Die Konferenzorganisation*. Schul-Management, Heft 5/1976, 64–66.

Ilsabe von Viebahn, *Struktureigentümlichkeiten der Lehrerpersönlichkeit aus tiefenpsychologischer Sicht*. Schule und Psychologie, Heft 6/1971, 169–176.

Wilfried Weber, *Wege zum helfenden Gespräch*, Reinhardt, München 1974.

Bernd Weidenmann, *Lehrerangst*, Ehrenwirth, München 1978.

Bernd Weidenmann, *Sprechen und Reden: Sind Lehrer Stümper? / Plädoyer für eine pädagogische Rhetorik*. Schulpraxis, Heft 3/1982, 40–45.

Friedrich Weil, *Ordnungsmöglichkeiten im Büro – eine Übersicht*. Sekretärin / Zeitschrift für die Frau im Büro, Heft 1/1981, 26f.

G. Weilenmann, *Arbeitstechnik im Büro*, Taylorix Fachverlag, Stuttgart 1978.

F. E. Weinert u. a., *Funk–Kolleg Pädagogische Psychologie*, 2 Bände, Fischer, Frankfurt 1976.

A. Weinstock, *I blame the teachers*. The Times Educational Supplement, 23. 1. 76.

Tom Werneck / Frank Ullmann, *Moderne Arbeitsmethodik*, Heyne, München 1973.

Norbert Wetzel, *Das Gespräch als Lebenshilfe*, Tyrolia, Innsbruck 1972.

Hilary Wilce, *Stress blamed for infertility*. The Times Educational Supplement, 16. 9. 83, 1+ 3.

Hilary Wilce, *Staff seek safety alarms*. The Times Educational Supplement, 7. 10. 83, 1.

Rainer Winkel, *Die eigene Angst bejahen*. betrifft: erziehung, April 1979, 66ff.

Andreas Winkler, *Kopflastig und praxisfern? Die Vermittlung von Theorie und Praxis im Studienseminar*. Schulpraxis, Heft 2/1982, 14–16.

Dietmar M. Woesler, *Spiele – Feste – Gruppenprogramme*, Fischer, Frankfurt 1978.

Peter Wulff, *Keine Angst vor Klassenfahrten!* Die höhere Schule, Heft 10/1982, 306–308.

Raphael Wunsch, *Systematisches Feedback in der Lehrerausbildung – ein Fragebogen.* Neusprachliche Mitteilungen, Heft 3 (August) 1982, 172–183.

Harold P. Zelko, *Successful Conference and Discussion Techniques*, Mc Graw Hill, New York 1957.

Jörg Ziegenspeck, *Der zensierende Lehrer in der Schule / Oder: Wann setzen sich wissenschaftliche Erkenntnisse und praktische Erfahrungen am „Arbeitsplatz Schule' durch?* In: GEW (Hg.), In Sachen Arbeitsplatz Schule, 114–123.

Wolfgang Zielke, *Schneller lesen – selbsttrainiert*, Verlag Moderne Industrie, München, 8. Auflage 1972.

Wolfgang Zielke, *Konzentrieren – keine Kunst*, Herder, Freiburg 1976.

W. Zimmermann / R. Becker, *Ratgeber für Studienreferendare*, Philologenverband Niedersachsen, Arbeitsgemeinschaft der Referendare und Assessoren, 8. Auflage, Hannover 1982.

Horst Zocker (Pseudonym), *Alkoholismus: „Mit der Krankheit leben lernen" / Alkoholkranke in der Bundesrepublik und die Selbsthilfe–Organisation „Anonyme Alkoholiker".* Der Spiegel, 19. 9. 83, 250ff.

Eduard Züghart, *Disziplinkonflikte in der Schule*, Schroedel, Hannover 1961.

Zur Gestaltung der zweiten Phase der Ausbildung für das Lehramt an höheren Schulen / Gemeinsames Positionspapier der Arbeitsgemeinschaft der Referendare und Assessoren und der Arbeitsgemeinschaft der Seminar– und Fachleiter. Gymnasium in Niedersachsen, Heft 4 (November)/1982, 252–256.

Stichwortverzeichnis

Hinweis: Gelegentlich sind auch Seiten angegeben worden, auf denen nicht das *Wort* vorkommt, sondern nur die zugrunde liegende Idee.